베어마켓

러셀
내피어

베어마켓

네 번의 금융위기에서 발견한 부의 기회

Anatomy of the Bear

권성희 옮김 | 송선재 감수

한국경제신문

카렌에게 바친다

홍춘욱(프리즘투자자문 대표)

30년째 이코노미스트 일을 하면서 크게 봤을 때 다섯 번의 장기 파동을 겪었다. 1997년 IMF 외환위기, 2001년 '9.11 테러' 및 정보통신IT 기술 업계 거품 붕괴, 2008년 글로벌 금융위기, 2018년 미중 무역분쟁 위기, 그리고 2022년 우크라이나 전쟁으로 인한 증시 붕괴. 마지막 증시 붕괴 사건은 지금도 현재진행형이기에 어떤 명칭이 붙을지는 모르지만, 역사에 이름이 남을 폭락이었던 것은 분명하다.

이처럼 빈번하게 찾아오는 금융시장의 붕괴로부터 우리는 어떻게 자산을 지키고 키워나갈 수 있을까?

이 고민을 하는 이들에게 이 책은 큰 도움을 줄 것으로 생각된다. 〈월스트리트저널The Wall Street Journal, WSJ〉에 실린 다양한 기사를 통해 1921년부터 1982년에 이르는, 거의 100년에 걸친 미국 증권시장의 역사를 개관할 뿐만 아니라, 주식시장에서 긴 침체장을 넘길 때 어떤 일이 있었는지를 생생하게 알 수 있기 때문이다. 예를 들어 1921년 주식시장에서 침체장이 끝나고 상승세가 보일 때, 전설적인 투자자 제시 리버모어Jesse Lauriston Livermore는 다음과 같은 글을 기고한 바 있다.

"기업들은 공장과 창고에 엄청나게 쌓여 있는 이 같은 재고를 소화하기 위해 끊임없이 저가 공세를 펼쳤다. 이 결과 산업별로 다른 속도로 서서히 재고가 소진되기 시작했다. (중략) 재고를 줄이기 위해 자발적으로 감산했던 많은 원자재 제조업체들이 완전히 문을 닫거나 공장가동 시간을 대폭 줄여야 했다. 하지만 이러한 과정이 진행되는 동안 재고는 서서히 줄어들었고 과잉생산 문제도 해소됐다. (중략) 생산이 아직도 정상 수준을 되찾지 못한 만큼, 일단 구매 열풍이 시작되면 전반적인 추세가 반전되면서 상품가격은 다시 오르기 시작할 것이다. 그리고 가격상승은 언제나 그렇듯 전국적으로 번영을 가져올 것이다."

그의 이야기는 오늘날에도 잘 들어맞을까?

다음 페이지의 그림은 가장 대표적인 상품 중의 하나인 구리 가격과 한국종합주가지수KOSPI의 추이를 비교한 것인데, 구리 가격이 상승세로 돌아설 때 한국 증시도 강한 상승세를 보이는 것을 발견할 수 있다. 이런 현상이 나타난 이유는 크게 두 가지 때문으로 판단된다. 첫 번째, 구리 가격이 충분히 하락하는 과정에서 인플레이션 압박이 낮아졌고, 이것이 중앙은행의 금리인상(및 통화 긴축) 기조를 완화시켰다. 두 번째, 상품가격이 재고 부족 등의 이유로 상승세를 타기 시작하면서 기업들의 실적 전망이 개선되었다. 전철부터 전기차 등 다양한 영역에서 활용되는 구리의 가격 반등은 곧 움츠러든 산업활동이 재개되는 신호탄으로 볼 수 있기 때문이다.

물론 구리 가격도 변동성이 꽤 큰 편이기에, 당장 시장이 바닥인지 아닌지를 판단하는 데 어려움이 있을 수 있다. 따라서 이 책에서 소개

표0-1_구리 가격 vs. KOSPI

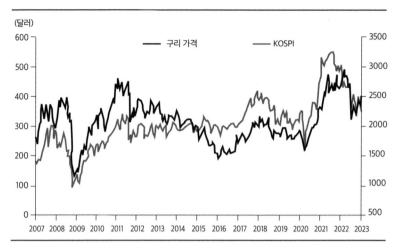

자료: 블룸버그, 한국은행
프리즘투자자문 작성

한 바닥의 다양한 징후들을 우리는 공부해야 한다. 중앙은행의 통화
긴축 완화나, 경기에 민감한 철강업체 주가 변화, 그리고 소비자들의
지출을 보여주는 다양한 지표 등이 여기에 해당될 것이다. 부디 많은
투자자들이 이 책을 통해 증시의 순환을 이해하고 국면을 판단하는
능력을 키우기 바란다. 끝으로 귀한 책을 발간한 한경BP와 번역자에
게도 감사하다는 말을 전한다.

메린 서머셋 웨브Merryn Somerset Webb(경제 전문 칼럼니스트)

러셀 내피어는 대중의 입맛에 맞는 이야기를 들려주는 사람이 아니다. 이 책에는 다우존스 지수가 1만 선이 될 것이라는 긍정적인 전망이 없다. 하지만 그는 역사학자이자, 교육가며, 이 책의 초판 도입부에서 이미 밝혔듯이 예측가다. 그는 2009년에 발간된 개정3판의 서문에서 증시의 밸류에이션이 낮고, 디플레이션deflation[물가가 뚜렷하게 지속적으로 하락하는 현상-옮긴이]이 심하다면 상당히 큰 베어마켓 랠리가 나타날 가능성이 있다고 봤다. 그리고 실제로 큰 폭의 랠리가 나타났다. 그렇다면 러셀도 개정3판 서문에서 질문했듯이, 대부분의 서방 증시에서 나타난 큰 폭의 상승은 단순한 반등 이상일까? 아니면 2009년 증시가 형성한 거대 바닥이었고, 우리 모두가 투자하고 있는 이 시장은 완벽하게 안전한 장기 강세장일까? 러셀의 대답은 '아니'라는 것이다. 2009년에 현재의 통화환경을 상상하는 것은 불가능했다. 최소한 나는 그랬다. 이 글을 쓰고 있는 지금까지 27분기 동안 영국 금리가 300년 만에 최저 수준에 머물러 있을 거라 짐작도 할 수 없었다. 마이너스 금리와 끝없는 양적완화 또한 상상할 수 없었다. 통화정책 완화가 자본을 균형적으로 배분되지 못하게 하고, 공급과잉을 유발해 경제에 독이 될 것이라는 사실은 즉각 드러나지 않았다. 중앙은행들이 그들의 정책 때문에 자산가격 버블이 초래되었는데도 불구하고 모든 정책이 잘 작동하고 있다고 주장할 것이라고는 생각하지 못했다. 확실히 어떤 해악도 없다고 말할 것이라고는 꿈도 꾸지 못했다.

2008년 이후 선출된 정부 권력은 금융위기 관리 권한을 연방준비제도Federal Reserve System와 영국 중앙은행, 유럽 중앙은행에 넘겨줬다. 그리고 이는 투자자들에게 좋은 일이 됐지만, 대부분의 이성적인 사람이라면 이것이 정말 바람직하지 않다고 생각할 것이다(한 국가에서 가장 중요하게 지켜봐야 할 일이 중앙은행의 통화정책 의사록이 되어선 안 된다). 모든 경기침체가 중앙은행들이 다시 시장에 개입하는 기회가 된다면 우리에겐 악재는 사라지고 자산가격은 올라가기만 할 것이다. 이런 상황은 지속될 수 없다!

중앙은행들의 끊임없는 개입으로 금융시장이 더 취약해지고 더 변동성이 커진 것은 분명하다. 금융시장의 일반적인 거래 범위가 급격히 확대됐다는 점에 주목하라. 동시에 2009년 이후의 증시 상승의 흐름이 장기 강세장으로 자리 잡기 위해서는 경제의 기초적인 여건이 제자리를 찾아야 한다. 밸류에이션은 역사에서 가장 중요한 지점에 있지만 기업들이 이 밸류에이션에 부합하는 만큼 매출액을 늘리고 이익성장률을 창출할 수 없다면 어떻게 주가가 계속 올라갈 수 있겠는가? 그리고 디플레이션에 대해선 어떻게 설명할 수 있겠는가?

러셀은 주식을 자산으로 여기는 대부분 투자자들의 생각이 틀렸다고 말한다. 주식은 자산이라기보다 '자산과 부채 사이에 존재하는 한 가닥 희미한 희망'이다. 즉 주식은 당신의 주식중개인이 '주식의 밸류에이션은 채권수익률보다 높지 않고, 다각화된 자산 포트폴리오는 장기적으로 절대 실패하지 않는다'는 설명이 끝나기도 전에 디플레이션에 의해 소멸될 수 있다(디플레이션은 자산을 축소시키지만 부채는 줄이지 않는다).

이 통찰력 있는 책에서 러셀이 던진 '베어마켓 랠리냐, 강세장이냐'라는 핵심 질문에 어떻게 대답할 것인가는 책에 등장한 어떤 약세장에서보다 현 시점에서 더욱 중요하다. 주식시장의 붕괴는 언제나 주식을 보유한 투자자뿐만 아니라 그 외 다양한 부문의 사람들에게 영향을 미쳤다. 그러나 연금액이 미리 결정되는 확정급여형DB 연금이 소멸되고 투자 수익에 따라 연금액이 결정되는 확정기여형DC으로 대체되고, 여러 서방 국가들의 급속한 노령화가 진행되는 현재의 상황을 고려할 때, 오늘날 주식시장의 등락은 우리의 금융자산과 생활양식에 과거 어느 때보다 더 직접적으로 영향을 미친다.

이 개정판은 투자전문가들의 필독서다. 그들이 러셀의 분석 결과를 인식하지 못한다면 고객에 대한 임무를 사실상 방기하는 것이나 다름없다. 하지만 투자전문가 상당수가 상대적인 주가수익비율Price Earning Ration, PER을 걱정하고, 지난해 수익률을 유추해 올해의 증시를 전망하며, 대중의 마음을 흡족하게 하는 기법을 연마하느라 얼마나 바쁜지를 생각한다면, 이 책은 비전문 투자자들에게도 필독서라고 할 수 있다. 무엇보다 언제 거대한 증시 바닥이 형성되는지 알기 위해서라도 이 책은 꼭 필요하다.

메린 서머셋 웨브, 2015년 11월

이 책이 2005년에 처음 출판된 이후 많은 것들이 변했지만, 책의 결론이 던지는 교훈은 여전히 같다. 이 책의 핵심 결론은 일반적으로 소비자물가지수CPI로 측정되는 전반적인 물가수준의 변화가 주식 밸류에이션의 변화를 결정하는 중추적 역할을 한다는 것이다. 낮은 인플레이션과 꾸준한 경제성장의 조합은 낮은 금리와 기업 이익의 증가를 가져오고, 이는 주식의 밸류에이션을 더 높게 밀어올린다. 반대로 인플레이션의 상승은 주식의 밸류에이션을 끌어내리는 경향이 있다. 인플레이션이 올라가면 인플레이션을 통제하기 위해 금리를 올려 경제성장세를 억제하려 하기 때문이다. 이러한 힘들은 경기순환이라는 기준에서뿐만 아니라 구조적인 기준에서도 주식의 밸류에이션에 영향을 미친다. 우리는 1980년부터 2020년까지 오랫동안 인플레이션 없는 시대, 즉 디스인플레이션disinflation 시대를 살아왔다. 1966년부터 1982년까지 이어진 미국 주식의 밸류에이션 하락은 높은 인플레이션과 관련이 있었다. 인플레이션의 주기적인 변동을 파악하는 것은 유용했다. 하지만 인플레이션 상승이나 디스인플레이션의 변동을 아는 것은 장기 전망을 할 때 가장 유용하다.

이 책은 주로 극단적인 사례들, 즉 디플레이션이 뚜렷하거나 디플레이션 위험이 높게 유지되던 시기에 초점을 맞췄다. 이런 상황에서는 기업의 현금 흐름이 줄고 자산가격이 하락해 기업의 생존 가능성이 위협받을 수 있기 때문에 주식의 밸류에이션이 매우 빠르게 하락할 수 있다. 기업의 자산은 주주들 소유지만, 이 자산은 부채로 인해 제약을 받는다. 기업이 부채에 대한 이자를 지불하지 못하거나, 부채 가치가 자산 가치를 뛰어넘으면 주주가 아닌 채권자가 기업의 자산을 소유하게 될 가능성이 높다. 기업이 부채를 갚지 못해 주식이 아무런 가치도 없어질 만한 분명한 위험이 있을 때 주식 밸류에이션은 특히 낮은 수준으로 떨어진다. 디플레이션은 이렇게 명백하고 긴급한 위험을 가져온다.

이 책이 처음 출간됐던 2005년 이후, 투자자들은 2008~2009년 글로벌 금융위기를 거치며 디플레이션이 주식 밸류에이션에 어떤 타격을 주는지 직접 경험했다. 이 책은 미국 주식시장의 바닥을 파악하는 데 유용하다는 것을 입증했다. 2009년판 서문은 디플레이션에서 인플레이션으로의 전환과, 이러한 전환이 주가에 미칠 긍정적 영향을 예측했다. 이 책의 연구를 통해 확립된 주가 상승을 예고하는 주요 지표들은 언제가 바닥인지를 알려는 투자자들에게 큰 도움이 됐다. 특히 회사채 가격과 구리 가격의 변화는 2009년 초 디플레이션 불황으로 인한 위험이 완화되고 있음을 예고했다. 1921년, 1932년, 1949년, 1982년과 마찬가지로 2009년에도 주식의 밸류에이션을 끌어내리는 지속적인 디플레이션이 완화될 조짐이 있었고, 실제 디플레이션이 완화되면서 주가는 급격히 상승했다.

　만약 일반적인 물가수준의 변화가 주식 밸류에이션의 변화를 결정하는 열쇠라면, 2023년에 우리는 주식 밸류에이션의 미래를 어떻게 바라보고 무엇을 기대해야 할까? 2020년 이후 우리는 많은 투자자를 놀라게 한 인플레이션의 귀환을 목격했다. 하지만 이는 많은 국가가 통화 공급량을 급격히 늘린 결과였다. 이처럼 통화 공급량이 늘어난 이유는 여러 가지가 있지만, 그중 핵심은 코로나19 팬데믹에 따른 경제 위기로 민간 은행들의 신용이 확장된 데 있다. 은행 시스템에서 대출이 늘어나면 대출 증가에 필요한 자금을 마련하기 위해 새로운 대출이 창출된다. 우리는 돈으로 창출된 부채를 알고 있다. 그것은 대출자의 은행 계좌에 입금된 돈이다. 2020년 이후 투자자와 정책 입안자들이 깨달은 사실은 바로 정부가 은행에 신용 보증을 제공해 은행의 신용 증가율과 이에 따른 돈의 증가율에 영향을 미칠 수 있다는 사실이다. 채무불이행(디폴트)으로 인한 손실 위험을 없애 가계와 기업에 대한 민간 은행들의 대출을 촉진한 것은 민간 은행들에 신용 보증을 제공할 만한 재무상태표를 가진 정부였다. 결국 은행을 통해 대규모 신용과 통화를 창출한 것은 중앙은행이 아니라 정부였던 것이다. 이 기간 동안 통화 권한에는 큰 변화가 있었다. 각국 정부는 정치적인 문제를 해결하는 방향으로 신용을 이용할 수 있다는 사실을 우연히 알게 됐고, 코로나19 위기가 끝난 이후에도 이를 계속 이용했다. 특히 유럽 정부가 그랬다. 이 사실은 매우 주목할 만하다. 금융의 역사를 보면, 신용이란 도구를 사용하는 모든 정부는 신용을 과도하게 이용하는 경향이 있기 때문이다. 이 결과 최근 수십 년 동안 경험한 것보다 훨씬 더 많은 은행 신용과 많은 통화량, 더 극심한 인플레이션이 나타났다. 이는 물가가 하락하고, 신용을 이용하기가 어려우며, 주식 밸류에이션이 붕괴되는 디플레이션 불황이 나타날 가능성이 구조적으로 낮아졌음을 의미한다.

만약 미래에 인플레이션 수준이 더 올라가면서 디플레이션으로 인한 불황의 가능성이 점점 더 낮아진다면, 주식 밸류에이션의 하락 속도는 완만해지겠지만 여전히 하락할 수 있다. 이 책에서는 주식의 밸류에이션을 측정하는 방법으로 최고라는 평가를 받고 있는 Q비율[기업의 시장가치를 기업자산의 대체 비용으로 나눈 비율. 즉 기업이 주식시장에서 평가받는 가치와 기업이 보유한 자산을 사들일 때 드는 비용을 비교한 것이다. Q비율이 1보다 크면 시장가치가 기업의 자산을 매입하는 비용보다 높기 때문에 자산 매입 등 기업의 투자가 촉진된다. 반대로 Q비율이 1보다 낮을 때는 기업의 자산에 비해 시장가치가 낮기 때문에 주가가 상승하게 된다 – 옮긴이]과 로버트 쉴러Robert Shiller 교수의 이름을 따서 흔히 쉴러 PEShiller PE Ratio라 불리는 경기조정주가수익비율Cyclically Adjusted Price Earnings Ratio[경기변동 요인을 반영해 최근 10년간 평균 조정 이익으로 나누어 계산한다. CAPE 비율, CAPE 지수라는 말로도 통용된다 – 옮긴이]을 이용해 주식의 가치를 평가했다. 이러한 밸류에이션 평가 방법과 그 방법의 오랜 역사를 보면 미국 주식이 여전히 매우 고평가되어 있다는 것, 주식의 밸류에이션은 단기간에 폭락하지 않고 오랜 기간에 걸쳐 서서히 하락할 수 있음을 시사한다. 주식에 대한 평가가 매우 높은 상태를 '거품(버블)'이라고 표현한다면 과거 역사가 보여주는 사실은 상당히 분명하다. 버블이 터지는 것이 급격한 주가 하락을 뜻한다면, 버블은 터지지 않을 수도 있다는 것이다. 1901년부터 1921년까지, 그리고 1966년부터

1982년까지 미국의 주식 가치는 장기간 하락했다. 이러한 주식 밸류에이션의 장기 하락세는 각각 1921년과 1982년에 디플레이션 충격이나 디플레이션 위험으로 인해 끝났음에도 두 번 모두 인플레이션과 금리가 놀랍도록 높았다는 특징이 있다. 정부가 과거보다 경제에 더 깊이 개입해 은행 신용과 통화를 창출하는 것이 새로운 흐름이라면 기업의 이익이 명목 기준으로 꾸준히 성장하는 현재, 투자자들이 기대할 것은 미국 주식 밸류에이션의 붕괴가 아니라 장기간 주가가 급등락을 반복하는 변동성 장세다.

2023년 현재, 높은 수준의 인플레이션이 과연 각국 정부에 달갑지 않은 현상일까? 그렇지는 않다. 코로나19 위기 동안 전 세계의 국내총생산GDP 대비 비금융부채는 사상 최대치를 기록했다. 이런 상황에서 각국 정부의 핵심 목표는 명목 GDP 성장률이 부채 증가율을 넘어서도록 만들고, 이로써 위험할 정도로 높은 부채 수준을 줄이는 것이다. 실질 GDP 성장률은 GDP를 구성하는 각 요소의 성장이 억제돼 있고 현재 생산성 증가율이 낮아 제한적일 수밖에 없다. 따라서 더 높은 수준의 인플레이션만이 기록적으로 높은 부채 부담을 줄이는 데 필요한 명목 GDP 성장률을 달성할 수 있게 해줄 것이다. 이렇게 인플레이션을 통해 부채의 가치를 줄이려면 금리가 인플레이션율 (가격상승률)보다 낮게 유지돼야 한다. 금리는 일반적으로 인플레이션으로 저축한 돈의 구매력이 훼손되지 않을 정도의 수익을 줄 수 있는, 고정 금리 증권을 보유하려는 투자자들의 의지를 반영한다. 하지만 금리가 인플레이션보다 낮게 유지되면 저축자들은 선택할 기회가 줄어든다. 어떤 사람들이 '아름다운 디레버리징(부채 축소)' 저축이라고 부르는 이런 상황은 금융회사들이 저축자들이 맡긴 돈으로 고정 금리를 주는 증권, 즉 대부분의 국채를 인플레이션율보다 훨씬 낮은 수익률로 사도록 강요받으면서 달성될 것이다.

처음에는 낮은 금리와 더불어 GDP와 기업 이익의 높은 명목 성장률로 주식 밸류에이션이 올라갈 것이다. 하지만 문제는 저축기관들이 고정 금리 증권을 매수하도록 강요당하면 무엇인가를 팔아야 한다는 것이다. 그들은 포트폴리오에서 어떤 자산이든 자유롭게 팔 수 있지만, 포트폴리오에서 팔 수 있는 가장 큰 자산은 주식이다. 이에 따라 궁극적으로는 기업의 이익이 늘어도 저축기관들이 주식을 매도할 수밖에 없는 처지에 몰리면서 주가는 큰 진전을 보이지 않을 수 있다. 이 과정은 결국 주식 밸류에이션을 낮출 것이다. 또 각국 정부가 GDP 대비 부채 비율이 더 지속 가능한 수준으로 낮아지기를 기다리면서 이 과정은 10년 이상이 걸릴 수도 있다.

미국 주식의 밸류에이션이 하락했던 1966년부터 1982년까지 오랜 침체장이 가르쳐준 교훈은 주식이 인플레이션의 피해로부터 투자자들을 보호하지 못했다는 사실이다. 아마도 이는 잘못된 결론일 것이다. 올바른 결론은 고평가된 주식은 인플레이션의 피해로부터 투자자들을 보호하지 못한다는 것이다. 1966년부터 1982년까지 S&P500 지수의 PER은 24배에서 7배로 하락했다. 같은 기간 S&P500 지수에 편입된 기업들의 주당순이익은 166% 증가했다. 만약 1966년에 CAPE 비율이 7배에 가까운 밸류에이션에서 주식을 사는 것이 가능했다면 주식은 기업의 이익 성장과 더불어 같은 기간 149%가 늘어난 배당금을 통해 투자자들에게 상당한 인플레이션 보호책이 됐을 것이다. 따라서 세계 최대의 주식시장인 미국은 현재 주식이 고평가된 만큼 장기간 밸류에이션이 하락할 것으로 보인다. 하지만 투자자들에겐 미국과 전 세계 모두에서 낮은 밸류에이션에 주식을 매수해 플러스 실질 수익률을 올릴 수 있는 기회도 있다. 세계 각국 정부가 GDP 대비 사상 최대 수준의 부채 규모를 줄이기 위해 금리를 낮게 유지하면서 명목 성장률은 높게 유지하는 것을 지상과제로 삼은 것은 이번이 처음은 아니다. 제2차 세계대전 직후에도 전쟁의 여파로 이러한 정책이 추진됐고, 이 결과 주식의 가치는 극히 저렴했던 1945년부터 1966년까지 상승했다. 전 세계 주식시장을 조사한다면 지금도 향후 플러스 실질 수익률을 제공할 가능성이 높은 주식이 있을 것이다. 지금 고평가된 주식을 보유하고 있다면 (특히 현재 S&P500 지수에 편입된 기업들은 대부분이 고평가되었다) 향후 실질 수익률은 장기간 저조할 것으로 전망된다.

중앙은행들이 어떤 대가를 치르고서라도 디플레이션은 막겠다는 확고한 목표를 세웠다는 것은 이제 잘 알려진 사실이다. 그러나 이 결심은 2002년과 2009년, 2015년, 2020년에 미국에서 디플레이션이 나타나거나 디플레이션 위험이 증가하는 것을 막지 못했다. 우리는 각국 정부가 디플레이션의 저주를 물리치기 위해 취할 수 있는 극단적인 조치들을 2020년에 목격했다. 2020년에 있었던 극단적인 정부 개입의 유산으로 높은 인플레이션이 초래됐다. 하지만 정부가 디플레이션과 채무불이행, 그리고 불황의 위험을 피하기 위해서라면 다시 그때와 비슷한 조치들을 취할 가능성이 높다는 것 역시 그때의 유산으로 얻은 교훈이다. 우리는 2020년 경기침체를 통해 정부가 믿을 수 없을 정도로 강력하다는 것, 특히 정부가 중앙은행보다 디플레이션의 결과를 막을 수 있는 훨씬 더 막강한 능력을 가지고 있다는 사실을 알게 됐다. 투자자들이 디플레이션의 충격을 다시 걱정하기까지는 아주 오랜 시간이 걸릴 수 있다. 제2차 세계대전 이후 1955년에 디플레이션이 나타난 뒤로 다시 디플레이션이 초래된 것은 2009년이었다. 정부가 인플레이션을 통해 부채 가치를 줄이기로 결심한 이상, 이것이 각국 중앙은행들로부터 통화정책의 권한을 사실상 빼앗는 것이 된다 할지라도, 이는 성공할 가능성이 높다.

나는 2005년에 《베어마켓》을 쓴 이유를 "현대 자본시장 이론과 가장 널리 알려진 금융 역사서에 대한 좌절감에서"라고 밝혔다. 2005년 이후 상황이 나아졌다 해도, 많이 나아지지는 않았다. 우리는 거대한 지정학적, 정치적, 통화적 변화의 시기를 살아가고 있고, 이 변화는 모두 본질적으로 구조적이지만 금융시장의 미래를 예측하는 데는 여전히 낡은 수학을 기반으로 한 모델들이 지배적으로 사용된다. 나는 이 책을 읽는 사람들이 그러한 철학에서 꿈꾸는 것보다 세상에는 더 많은 것이 있다는 결론을 내리기를 기대한다. 나는 이 책이 미래에 곰(침체장)이 숲에서 갑자기 나올 때 안전하게 피할 자리를 마련해준 뒤, 투자 수익을 얻을 수 있게 돕는 좋은 안내서로 남기를 바란다.

러셀 내피어, 2023년 2월

베어마켓

추천의 글   006
한국어판 서문   012
4판 서문   024
프롤로그   037

첫 번째 침체장
1921년 8월

1921년 8월까지의 시장

다우지수의 움직임: 1896~1921년   056
연방준비제도의 등장: 완전히 새로운 경기 1   064

1921년 시장의 구조

1921년 주식시장   088
1921년 채권시장   095

침체장 바닥에서: 1921년 여름

호재와 침체장   113
물가 안정과 침체장   123
유동성과 침체장   129
낙관론자와 비관론자   138
채권시장과 침체장   162

두 번째 침체장
1932년 7월

1932년 7월까지의 시장

다우지수의 움직임: 1921~1929년   174

연방준비제도: 완전히 새로운 경기 2   183

다우지수의 움직임: 1929~1932년   193

1932년 시장의 구조

1932년 주식시장   214

1932년 채권시장   224

침체장 바닥에서: 1932년 여름

호재와 침체장   245

물가 안정과 침체장   259

유동성과 침체장   264

낙관론자와 비관론자   273

채권시장과 침체장   303

루스벨트와 침체장   314

세 번째 침체장
1949년 6월

1949년 6월까지의 시장

다우지수의 움직임: 1932~1937년   330

다우지수의 움직임: 1937~1942년   338

다우지수의 움직임: 1942~1946년   343

다우지수의 움직임: 1946~1949년   350

1949년 시장의 구조

1949년 주식시장   360

1949년 채권시장   365

침체장 바닥에서: 1949년 여름

호재와 침체장   379

물가 안정과 침체장   394

유동성과 침체장   401

낙관론자와 비관론자   410

채권시장과 침체장   432

네 번째 침체장
1982년 8월

1982년 8월까지의 시장

다우지수의 움직임: 1949~1968년   446

다우지수의 움직임: 1968~1982년   460

1982년 시장의 구조

1982년 주식시장   480

1982년 채권시장   487

침체장 바닥에서: 1982년 여름

호재와 침체장   493

물가 안정과 침체장   504

유동성과 침체장   511

낙관론자와 비관론자   527

채권시장과 침체장   541

에필로그   548

감사의 글   556

이 책을 10년 전 처음 출간했을 때, 내 목표는 침체장 바닥에서 주식을 매수하려는 사람들에게 실질적으로 도움이 되는 지침을 제시하는 것이었다. 나는 이전에 이 책을 2005년과 2007년, 2009년 이렇게 세 차례에 걸쳐 새로 출간했는데, 그때마다 미국 주식시장 역사상 거대한 네 번의 침체장 바닥에 대한 분석을 통해 주식시장의 향후 방향을 전망했다. 그렇다면 그 전망은 얼마나 정확했을까? 그리고 역사상 네 번의 거대한 침체장이 미국 주식시장의 향후 방향에 대해 시사하는 바는 무엇일까?

이 책의 초판은 2005년 11월에 출간됐다. 그 당시 나는 '침체장이 끝나기 전에 다우존스 지수는 최소 60% 하락할 것으로 보인다'는 전망을 내놨다. 이 전망은 방향은 맞았지만, 하락의 폭은 틀렸다. 다우존스 지수는 2005년 11월부터 2007년 10월 고점에 이를 때까지 상승했다. 그리고 2007년 10월 고점부터 2009년 3월 저점까지 54% 하락했다. 이는 이 책이 처음 출간된 2005년 11월 당시 다우존스 지수보다 40% 낮은 수준이었다. 내가 전망한 60% 하락에는 미치지 못했던 것이다. 이 책이 추천하는 밸류에이션 측정 방법에 따르면, 2009년 3월에 다우존스 지수는 적정 수준에 도달했지만 과거 거대한 침체장 바닥 때만큼 싸지는 않았다. 이 책의 분석 결과에 따르면, 2009년 3월은 2000년부터 시작된 거대한 침체장의 바닥이 아니었던 셈이다.

2005년 초판의 결론은 다우존스 지수의 하락이 임박하지는 않았다는 것이었다. '전반적인 물가수준에 혼란이 없고', '국채 가격의 하락이 지금까지 나타나지 않고 있으며', 'Fed의 금리인하가 없었고', '침체가 없다'는 이유였다. 2005년 11월부터 2007년 10월 고점 때까지 인플레이션은 큰 폭은 아닐지라도 상승했다. 하지만 10년 만기 미국 국채 가격은 하락했고, 국채수익률은 4.5%에서 5.3%로 올랐다. Fed가 결정하는 정책금리인 연방기금 금리도 2005년 11월 4.0%에서 2007년 9월 5.25%까지 상승했다. 연방기금 금리는 2007년 9월에 처음 인하됐고, 경기 사이클은 2007년 12월에 고점을 쳤다.

따라서 2005년 초판에서 전망한 것처럼 침체장은 인플레이션과 채권수익률이 올랐을 때, Fed가 금리를 인하하기 시작했을 때, 경기 침체가 시작됐을 때 시작됐다. 이 모든 일이 2007년 말까지 이뤄졌고, 2009년 3월까지 잔인한 침체장이 전개됐다. 돌아보면 가장 놀라운 일은 채권수익률과 정책금리 상승, 그리고 인플레이션이 경기침체를 유발하는 데 필요했고, 이러한 침체장 바닥 때의 지표가 역사적인 기준과 비교해 두드러지게 낮았다는 점이다. 이후 이어진 붕괴에서도 알 수 있듯이 조금 올라간 금리에 자산가격이 이처럼 예민하게 반응한 것은 2001~2007년 경제 팽창기에 시스템 내에 쌓인 과도한 부채 때문이었다.

2007년 7월 출간된 2판 서문에서는 다우존스 지수가 2005년 11월 수준에서 60%까지 하락할 것이란 전망을 재확인했다. 앞에서도 살펴봤듯이 다우존스 지수는 그 수준에서 단지 40% 하락했다. 다시 한번 그러한 조정을 유발한 것은 '전반적인 물가수준에 대한 혼란'이었다. 2007년 7월 2판 서문에서 나는 '그러한 하락을 유발할 인플레이션 상승이 이제 더욱 분명해지기 시작했다'고 지적했다. 이러한 인플레이션의 역풍은 전반적으로 아시아, 특히 중국에서 초래된 것으로 보인다. 2005년 중국 은행 시스템의 주요 개혁은 중국 경제를 투자주도형 성장에서 소비주도형 성장으로 탈바꿈시켰다. 1994년부터 2005년까지 중국의 대규모 설비 확장이 글로벌 인플레이션을 억제하는 데 중요한 역할을 했다는 점을 고려할 때, 이러한 중국 경제성장의 체질 변화는 전 세계적인 인플레이션의 상승을 예고했다.

2007년 7월 2판 서문을 쓰고 있을 때, 인플레이션은 가격 혼란의 방아쇠를 당겨 미국 채권수익률을 끌어올리고 경기침체를 유발해 미국 주식시장을 급락시킬 변수로 보였다. 실제로 중국에서 갑자기 인플레이션이 급등했고, 중국에서 미국으로 수입되는 제품의 가격은 2007년 3월부터 2008년 7월까지 7% 올랐다. 중국에서 수입된 인플레이션과 최소한 일부는 중국의 지속적인 수요로 인해 초래된 원자재 가격상승 때문에 미국의 인플레이션은 2008년 7월에 5.6%까지 올랐다. 미국의 경기침체 초기 국면에 나타난 이 같은 인플레이션으로 Fed의 금리인하 속도가 늦어졌고, 이는 2008~2009년 침체와 주가하락의 폭을 키우는 데 기여한 것으로 보인다.

앞에서 살펴봤듯이 10년 만기 국채수익률의 상승과 연방기금 금리의 상승은 2007년 말부터 시작된 증시 급락과 경기침체의 전조가 되는 핵심적인 촉매였다. 이런 식으로 인플레이션 기대치 상승은 핵심금리를 끌어올려 2007~2009년 침체장을 촉발시키는 데 중요한 역할을 했다. 2007년 2판 서문에서 예상한 인플레이션 상승은 실제로 일어났지만 오래 지속되지는 않았다. 미국 자산가격의 하락과 경제 활동의 둔화가 인플레이션을 무너뜨렸을 뿐만 아니라, 1955년 이후 처음으로 미국에 디플레이션을 초래했기 때문이다. 인플레이션 기대치의 상승이 금리를 올리고 침체장을 유발했지만 금세 문제는 인플레이션이 아니라 디플레이션이라는 사실이 분명해졌다.

이 책의 연구에서 얻은 핵심적인 결론은 거대한 침체장은 디플레이션이나 디플레이션의 실질적인 리스크가 전개될 때 나타난다는 것이다. 아울러 이 책은 디플레이션 압력이 올라가면서 주식시장이 바닥에 도달한다고 본다. 주식의 밸류에이션을 싸게 끌어내리는 데 필요한 디플레이션은 실제로 2008년 9월에 전반적인 물가수준이 급격하게 하락하면서 나타났고 다우존스 지수는 급락했다.

하지만 2009년 3판 서문을 쓸 당시에는 낙관할 수 있는 여지가 있었다. 당시 나는 서문에 "앞으로 보게 되겠지만, 주식을 매수할 만한 시기는 디플레이션 리스크가 줄어들고 리스크 프리미엄이 축소되기 시작할 때다. 지금 이 글을 쓰고 있는 2009년 1분기 말 현재 시장은 디플레이션 리스크에 과잉 반응한 것으로 보이며, 2000~2014년 거대한 침체장에서 또 한 번 상당한 규모의 랠리가 나타날 가능성이 있다"라고 썼다. 2009년 3월에 증시가 바닥을 쳤다는 점을 감안하면 랠리를 전망한 것이 나쁘지는 않았다. 하지만 그 랠리는 2014년에야 바닥에 도달할 장기 침체장에서의 랠리가 아니었다!

2009년 3판 서문에서 랠리를 전망한 것은 회사채 가격과 구리 가격, 물가연동채권TIPS 가격이 2009년 1분기에 개선됐기 때문이었다. 이러한 핵심 지표의 개선은 주식시장에서 최악이 끝났음을 시사했다. 당시 서문은 '이 3가지 지표 모두 디플레이션 리스크가 지나갔다는 신호를 내보내고 있어 주가에 긍정적일 것'이라고 결론 내렸다. 이후 전개된 상황에서 알 수 있듯이 디플레이션 제거에 따른 긍정적인 효과는 내가 2009년 3월에 예상한 것보다 훨씬 오래 갔다.

2009년 3판 서문에서 수년간 지속될 랠리를 예측하긴 했지만, 미국의 통화 완화 정책이 장기간 지속될 것이라고는 상상조차 하지 못했다. '통화 공급량 증가와 대규모 국채 발행은 국채 가격을 훼손하겠지만 Fed의 국채 매입이 이러한 시장의 힘을 무력화할 것이다. 이러한 시장의 힘이 미국 금융시장에 교훈을 줄 때까지 얼마나 걸리느냐가 침체장 랠리가 얼마나 오래 지속될지 결정할 것이다. 미국 당국이 시장의 역풍을 맞아 교훈을 얻을 때까지 수년이 걸릴 수도 있는 만큼 주가를 억눌렀던 디플레이션 리스크를 제거하는 데는 성공할 것이다.' 이러한 교훈은 2015년인 지금까지도 이뤄지지 않고 있으며 미국 증시는 상승세를 지속하고 있다. 2000년에 시작된 침체장이 2014년에 바닥을 치지 않은 것은 확실하다. 그렇다면 2009년에 이미 바닥을 친 것일까? 2009년은 역사상 또 다른 거대한 침체장의 바닥으로 기록될까? 아니면 다우존스 지수는 2000년에 시작된 침체장의 새로운 저점에 아직 도달하지 못한 것일까?

앞에서 언급했듯이 미국 주식의 밸류에이션은 역사상 거대한 침체장의 바닥과 견줄 만큼 떨어지지 않았다. 2009년 3판 서문에서는 주식시장의 랠리를 예상하면서도 이 상승세가 침체장 랠리에 불과할 것이라고 보는 이유를 2가지로 설명했다. '진짜 위험한 것은 중국의 소비증가와 미국의 퇴직 인구증가라는 구조적인 변화다. 이 변화로 인해 미국 정부는 1970년대 이후 처음으로 교훈을 얻게 될 것이다.'

2015년에 이 2가지 핵심적인 구조 변화로 인한 압력은 더욱 거세졌고 이 변화가 초래할 디플레이션 압력은 더욱 가까워졌다. 이 구조 변화는 디플레이션의 전조가 되어 주식의 밸류에이션을 1921년과 1932년, 1949년, 1982년과 같은 거대한 침체장 바닥에 견줄 수 있을 만큼 끌어내리는 동력이 될 수 있다. 디플레이션의 이러한 부정적인 영향은 비전통적인 통화정책을 실행한 지 6년도 더 지난 현재, 중앙은행들의 통화 재팽창 능력에 대한 신뢰를 무너뜨리고, 특히 미국 증시에 타격을 줄 수 있다. Fed가 2009년부터 2015년까지 인플레이션을 창출하는 데 실패했다는 점을 고려하면 디플레이션에 대한 여러 해법은 더욱 무능해 보인다. 주식시장에 가장 큰 피해를 주는 디플레이션은 외견상 치료법이 없는 디플레이션이다.

그렇다면 중국의 소비증가와 미국의 퇴직 인구증가는 어떻게 미국 역사상 다섯 번째의 거대한 침체장이 바닥을 마련할 수 있도록 디플레이션 압력을 키울 수 있을까? 이와 관련해서는 미국과 중국의 통화정책과 더불어 소비 형태의 변화와 저축률 상승이 최종 수요에 미치는 영향이 결정적인 변수가 될 것이다.

우리는 미국 경제를 생각할 때 소비를 생각한다. 소비자 사회 자체가 1920년대에 미국에서 신용카드가 널리 사용되면서 탄생했다. 대공황과 제2차 세계대전은 소비자 증가세를 일시적으로 후퇴시켰을 뿐이었다. 제2차 세계대전 이후 소비자 집단의 증가와 소비자 부채의 증가는 미국식 성장을 정의하는 특징이 됐다. 이러한 구조적 변화의 상당 부분은 지금 갖지 못하면 내일이라도 모든 것을 사야 직성이 풀리는 베이비붐 세대의 일부 빚으로 충당된 높은 소비 수준이 주도했다.

저축이 욕망을 동결시킨다면 빚은 즉각적인 만족을 준다. 베이비붐 세대는 수십 년간 즉각적인 만족을 추구하며 이전 세대가 소비하지 못했던 방식으로 빚을 내 소비했다. 이제는 모든 애널리스트가 이를 미국의 일반적인 소비 형태로 받아들인다. 하지만 이제 베이비붐 세대가 51~69세에 이르면서 빚을 내 소비하는 데도 한계가 온 것 같다. Fed 자료에 따르면, 미국 가계의 부채비율이 최고조에 달할 때는 가장의 나이가 45~54세일 때며, 가장이 이 나이대에 속한 가계는 87%가 부채가 있었다. 가장의 나이가 65~74세인 가계에서는 부채가 있는 가계의 비율이 66%로 떨어졌다. 가장의 나이가 이보다 더 많으면 부채가 있는 가계의 비율이 더 급격하게 하락한다. 이를 간단하게 요약하면, 빚에서 벗어나지 못하면 은퇴하지 못한다는 뜻으로 해석된다. 그리고 빚에서 벗어나기를 원하는 사람은 누구나 소비를 줄이고 저축을 늘린다.

베이비붐 세대가 은퇴를 준비하면서 빚을 갚기 위해 소비를 줄이는 이 같은 구조적 변화는 미국의 경제성장과 인플레이션에 상당한 영향을 미친다. 이는 통화 공급을 늘려 인플레이션을 유발하고자 신용증가를 유도하는 Fed의 정책에도 걸림돌이 된다. 2009년 3판 서문에서 밝힌 이 같은 강력한 디플레이션 역풍은 베이비붐 세대의 나이가 6살 더 많아진 현재 더욱 강력해졌다. 만약 이러한 인구구조적 변화가 디플레이션 리스크를 강화시킨다면, 지난 6년간 Fed가 시행해온 비전통적 통화정책에도 불구하고 미국 증시는 급락할 것이다.

미국의 인구구조적 변화가 경제성장에 미치는 영향은 중국에도 큰 시사점을 준다. 그동안 중국의 경제성장은 기본적으로 미국 달러 대비 위안화 가치를 의도적으로 저평가시킨 결과였다. 중국은 1994년부터 이 정책을 통해 미국의 베이비붐 세대를 비롯해 수요가 있는 세계 곳곳에 제품을 수출해 높은 수준의 경제성장률을 달성해왔다. 이 정책은 경제를 성장시켰지만 동시에 인플레이션을 유발했고, 중국의 경쟁력은 최근 수년간 특히 가팔라진 인건비 인상에 의해 훼손되고 있다. 중국의 임금 수준을 측정하는 방법은 여러 가지가 있지만, 가장 광범위하게 사용되는 측정 방법에 따르면, 중국의 임금인상률은 2008년 말 이후 거의 200%에 달한다. 이러한 임금 인상은 미국 베이비붐 세대의 제품 수요가 잦아드는 시점에 이뤄졌다. 이러한 변화의 영향과 더불어 미국 내 에너지 생산 증가로 미국의 GDP 대비 경상수지 적자 비율은 2006년 5.9%에서 현재는 2.4%로 낮아졌다. 자국의 통화가치를 미국 달러와 비교해 의도적으로 조절하는 중국과 같은 국가는 미국의 경상수지 적자 비율이 낮아질 때 경제성장률 둔화와 자국통화의 추가적인 평가 절하 가운데 한 가지를 선택해야 한다.

2007년 2판 서문에서는 중국의 은행 시스템 개혁이 중국의 성장

체질을 투자주도형에서 소비주도형으로 바꿔 글로벌 인플레이션을 유발하는 요인이 될 것이라고 예측했다. 앞서 지적한 중국의 임금인상률은 실제로 이 같은 내부 변화로 이어졌다. 하지만 글로벌 인플레이션에 미치는 영향은 예상한 것과 달리 미미했다. 2008~2009년 글로벌 금융위기로 중국 정부가 또 한 번 계획 경제에 따른 신용팽창이 필요하다는 결론을 내렸기 때문이다. 이는 필연적으로 훨씬 더 많은 생산 설비 투자로 이어졌고, 이 결과 물가는 하락 압력을 받게 됐다. 이 결과 중국의 임금이 가파르게 인상됐음에도 미국에 수입되는 중국 제품의 가격은 하락했다. 하지만 고임금과 생산 설비 증가로 중국 기업들은 수익성 훼손이라는 값비싼 대가를 치러야 했다. 그러자 중국 기업에 재투자했던 중국 민간 부문 저축자들은 더 높은 수익률을 찾아 중국 밖으로 눈을 돌리게 됐다. 종합하면, 중국은 자국 통화 가치가 상승하는 미국 달러에 연동돼 있는 가운데, 임금이 오르면서 경쟁력은 하락하고 있고 주요 해외 시장에서의 수요는 둔화하고 있으며 자국 내 저축자들은 자금을 해외 투자로 돌리면서 총체적으로 어려운 처지에 놓였다.

미국 달러 가치가 국제 환율 기준으로 계속 오른다면, 이 모든 상황의 결과로 중국은 통화 완화의 효과를 누리면서 경제성장을 촉진하기 위해 자국 통화 가치를 절하할 가능성이 높다. 이 경우 값싼 제품들이 전 세계 시장에 밀려 들어올 것이고 이는 중국이 1994년에 통화 가치를 절하했을 때와 마찬가지로 중국과 경쟁하는 기업 및 국가들의 재정건전성을 위협할 것이다. 이 같은 디플레이션 압력에서 전 세계 중앙은행들이 성장과 인플레이션을 촉진할 수 있는 능력을 보유하고 있는지 의문이다. 어떤 사람들에게 디플레이션은 치유 불가능한 질병이다. 역사를 돌아보면 디플레이션일 때 주가는 매우 내려갔다.

중국의 국제수지 악화가 미국 민간 부문의 자금 조달 비용을 끌어올린다는 점도 주목해야 한다. 중국이 미국 국채 매입을 줄이면 미국 정부가 재정을 충당하는 데 상당한 부담을 느끼게 되기 때문이다. 중국이 1994년에 자국의 통화 가치를 절하해 국제수지가 흑자를 내자, 미국 국채 발행액에서 해외 중앙은행들의 보유 비중은 12%에서 2009년 1분기 최고치를 기록할 때는 38%까지 올라갔다. 해외 중앙은행들의 미국 국채 매입대금은 각국 중앙은행들이 자국 통화를 늘려 달러로 환전해 마련한 것이다. 중국 주도로 이뤄진 해외 중앙은행들의 대규모 미국 국채 매입은 미국 달러 대비 각국 통화 가치를 낮게 유지시키는 역할을 했다.

이러한 미국 국채 매입은 2014년까지 계속됐지만 2015년에는 끝난 것으로 보인다. 2009년 이후 미국 국채를 매입하기 위해 통화량을 늘린 것은 해외 중앙은행들만이 아니다. Fed도 2009년 1분기 이후 미국 국채 보유량을 1조 9,850억 달러로 늘렸다. 국채 매입대금은 Fed가 은행의 지급준비금을 늘려 달러를 새로 발행하는 방식으로 마련했다. 중요한 것은 각국 중앙은행들이 미국 국채를 매입하는 데 드는 자금을 통화량을 늘려 마련했다는 점이다. 이 결과, 저축자들은 미국 국채를 매입해 미국 정부에 돈을 대줘야 하는 의무에서 해방돼 그들이 원하는 다른 무엇에든 자유롭게 투자할 수 있게 됐다. 민간 저축자들은 1994년부터 2015년까지 다른 모든 것에 자금을 투자할 능력이 있었던 것으로 보인다.

하지만 미국 국채를 매입해야 할 의무가 다시 저축자들의 몫이 되면 민간 부문에 흘러들어갈 수 있는 자금이 줄어들게 될 것이다. 이는 민간 부문의 자금 조달 능력을 위축시켜 주가와 회사채 가격을 떨어뜨릴 것이고 미국 민간 부문이 자금을 조달하는 데 드는 비용은 올라갈 것이다. 중국이 자국의 통화 가치를 방어하기 위해 미국 국채를 팔면서 중국 중앙은행이 자산을 줄여야 하는 상황에 직면하게 되면 중국이 통화정책을 완화해 경제성장을 촉진할 수 없게 되고, 미국에 미치는 영향도 커질 것이다. 이런 식으로 미국의 소비성장률 하락은 중국의 자본유출과 더불어 중국의 경제성장률 둔화로 이어지고 미국은 역사적으로 주가하락으로 귀결된 디플레이션에 직면할 수 있다.

이 책의 분석에 따르면, 현재 미국 주식의 밸류에이션은 CAPE 비율로 보든, Q비율로 보든 너무 높기 때문에 미국 증시의 장기 수익률은 부진할 것이란 점을 시사한다. 이러한 가치 측정법에 따르면, 현재 미국 주식은 설사 10년을 보유한다고 해도 연평균 실질 수익률이 2%를 넘기 어려울 것으로 보인다. 이는 미국 주식의 장기적인 연평균 수익률이 그간 5~6%였다는 점을 고려하면 극히 부진한 것이다. 하지만 가치 측정법만으로는 부진한 장기 수익률을 구성하는 연간 수익률이 매해 어떻게 변할지 알 수 없다. 다만 과거 역사를 보면 장기 수익률이 이처럼 낮은 수준으로 떨어지려면 증시 수익률이 나쁜 해가 몇 년간 지속될 수 있다는 점을 짐작할 수 있다.

이번 서문에서 나는 증시 수익률이 나쁜 해가 임박했다고 보고 있다. 중국의 국제수지가 악화되면서 성장률이 둔화돼 궁극적으로 중국의 통화 가치가 절하될 것이기 때문이다. 이러한 조정은 미국 신용

여건의 악화와 디플레이션과 함께 진행될 것이다. 많은 사람들이 이러한 디플레이션 압력이 상쇄될 수 있을지 의심할 것이고 결과적으로 주식은 매우 싼 가격으로 떨어질 가능성이 높다.

중앙은행들이 디플레이션을 극복하는 데 실패하면 정부가 경기 부양을 시도하면서 통화가 재팽창할 수 있다. 이른바 '국민들을 위한 양적완화quantitative easing, QE'로서 학자금 대출 탕감과 사실상의 신용통제, 환율통제 같은 극단적인 대책들이 나올 수 있다. 중앙은행이 아니라 정부만이 이러한 대책들을 실행할 수 있지만, 이 과정에서 심각한 정치적 갈등이 초래될 것이다. 선진국의 이러한 극적인 조치들은 명목 GDP 성장률을 끌어올릴 것이고 인플레이션도 유발돼 디플레이션에서 벗어나게 될 것이다. 궁극적으로 가장 큰 인플레이션 압력은 정부가 중앙은행을 통제하고 환율 목표치 설정에 제한이 없는 중국이 매우 높은 명목 GDP 성장률을 달성하면서 유발될 것이다. 지금 말하긴 이르지만, 주가가 매우 저렴한 수준으로 떨어지고 시장의 역할이 구조적으로 축소된다고 해도 이러한 통화 재팽창의 힘이 나타난다면 새로운 강세장을 예고하는 신호가 될 것으로 보인다.

증시가 이러한 조치에 반응해 바닥을 쳤는지 확인하고 싶다면 이 책을 다시 한번 읽어보길 권한다. 앞으로 정부의 역할이 더 커지고 중국 인민은행의 중요성이 구조적으로 높아지는 전혀 다른 세상이 펼쳐질 것이다. 언제나 그렇듯 이러한 주요한 경제적 변화에 대한 정치적 반응은 예측하기 어렵다.

하지만 이 책의 핵심적인 교훈 중의 하나는 주가가 충분히 내려갔을 때 주가는 거의 모든 것을 반영한다는 점이다. 바라건대, 증시가

1921년과 1932년, 1949년, 1982년에 그랬던 것처럼 너무 많은 악재로 주가가 내려갈 때 이 책이 다시 한번 유용하다는 점이 증명됐으면 한다.

러셀 내피어, 2015년 11월

"처음 사냥에 나설 때는 말이야. 먼저 누군가에게 네가 무엇을 찾아야
하는지 물어본 다음에, 그것을 찾아 나서는 게 좋아."

존 파워스Joan Powers, 《곰돌이 푸의 작은 격언집Pooh's Little Instruction Book》중에서

플라이낚시를 즐기는 나는 종종 깊은 숲속을 찾는다. 내가 찾는 숲은
곰이 사는 깊은 곳이다. 나는 아일랜드 출신으로, 곰과 마주쳐본 경험
이 없다. 그래서 전문가들에게 내가 낚시를 하는 동안, 만약 곰이 나
타난다면 어떻게 해야 하는지 조언을 구했다. 미국 국립공원 서비스
국 직원의 말에 의하면, 곰이 나타나면 최대한 소음을 크게 내서 곰
이 달아나도록 만들어야 한다. 소리를 더 크게 내기 위해 냄비나 캔
같은 것을 부딪쳐야 한다. 옆에 누가 있다면 같이 서서 더 위협적인
모습을 보여야 한다. 이 모든 행동이 당신의 이름이 지난 20년간 북
미 대륙에서 곰의 공격을 받아 사망한 56명의 명단에 포함되는 것을
막을 수 있다.

　이 책은 당신이 진짜 곰만큼이나 위험한 다른 종류의 곰[주식시장에

서 'Bear'는 침체장을 의미한다 - 옮긴이]을 발견했을 때 어떻게 해야 하는지에 관한 내용을 담고 있다. 다시 말해 이 책은 당신의 재산에 심각한 타격을 가하는 금융시장의 곰에 관한 안내서라고 할 수 있다. 금융시장의 곰은 깊은 숲속에서 발견되는 곰보다 대다수 사람들에게 훨씬 더 위협적이다.

뉴욕증권거래소New York Stock Exchange, NYSE 통계연보에 따르면, 미국에만 대략 8,400만 명의 주식투자자들이 있다. 전 세계적으로 주식투자자들의 숫자를 집계하면 이보다 훨씬 더 커진다. 곰들은 이러한 주식투자자들의 금융 미래를 심각하게 파괴할 수 있다. 문제는 이런 곰들은 북미 숲속에서 종종 발견되는 진짜 곰처럼 쉽게 파악할 수 있는 것이 아니란 점이다. 설사 금융시장에서 이러한 곰을 발견했다 해도 큰 소음을 내거나 친구와 함께 위협적인 모습으로 서 있는 것으로 쫓아낼 수도 없다. 소음을 내거나 위협적인 모습을 보인다 해도 혼자 기분만 좀 나아질 뿐이다.

지금은 금융시장의 곰을 살펴보기에 적절한 시점이다. 2000년 3월부터 시작된 미국 주식시장의 하락은 2002년 말부터 점차 잦아들었다. 그렇다면 이것으로 침체장은 끝난 것일까?

2005년 가을, 증시가 저점 대비 상당히 높은 수준까지 올라갔지만 침체장이 끝났는지에 대해서는 전문가들 사이에서도 의견이 분분했다. 2002년 말부터 다시 강세장이 시작된 것일까, 아니면 그 이후 상승은 깊은 침체장에서 나타나는 단순한 반등에 불과한 것일까? 오늘날의 금융시장에서, 그리고 이 책에서 이보다 더 중요한 질문은 없을 것이다. 이 질문에 대한 대답은 극도의 고평가 시기 이후에 이어진 과거 주요한 침체장들을 살펴보는 것에서 찾을 수 있다.

우리는 여전히 2000년 3월부터 시작된 거대한 침체장 가운데 있다. 그렇다면 이 침체장은 언제 끝날까? 주식시장은 얼마나 더 내려갈까? 증시가 바닥을 쳤는지의 여부는 무엇으로 판단할 수 있을까? 답은 이 책에 있다.

침체장에도 상승은 있다. 펜실베이니아대학교 와튼스쿨의 제레미 시걸Jeremy Siegel 교수가 1802년부터 주식시장의 전체 실질수익률을 분석한 결과에 따르면, 어떤 투자자든 17년간 주식을 팔지 않고 계속 보유하고 있으면 주식시장에서 절대 손해를 보지 않는다. 주식시장의 움직임을 무시한 채 지낼 수 있다면 17년이 되기 전 어느 순간에 곰이 사라지고 당신의 구매력(물가상승률을 감안한 실질적인 자산가치)은 전혀 손상받지 않은 채 유지될 수 있다. 주식투자에 관한 한 기다리는 사람이 모든 것을 갖는다는 말은 진실이다. 만약 당신이 이 같은 장기투자를 생각하고 있다면 당신에게는 금융시장이란 현장을 잘 안내해 줄 안내서가 필요 없다.

하지만 투자자 중에 17년간 주식시장의 움직임을 무시할 수 있을 만큼 낙천적인 사람은 거의 없다. 실제로 NYSE의 2005년 상반기 통계를 보면, 미국의 8,400만 주식투자자들의 평균 주식 보유 기간은 12개월에 불과했다(1900년부터 2002년까지 평균 주식 보유 기간은 18개월이었다). 미국 주식시장은 20세기 100년 가운데 35년은 연평균 실질수익률이 마이너스였다. 실질수익률이 마이너스였던 35년 중 8년은 하락률이 20%가 넘었다. 결국 투자자들은 대략 3년마다 한 번씩 침체장을 접하게 되고 13년마다 한 번씩 특히 잔인한 침체장을 만나게 된다는 결론에 이른다.

NYSE의 거래량 상당 부분이 단기매매에 치중하는 헤지펀드와 NYSE 내에서 거래를 중개하는 사람들(플로어 트레이더와 스페셜리스트)에 의해 유발된다는 점을 감안하면, 일반 투자자들의 주식 보유 기간은 통계에 나타난 것보다 길어질 수 있다. 일반적인 투자자들은 10년의 장기적인 관점을 가지고 주식투자를 한다고 할 수도 있을 것이다. 물론 NYSE의 평균회전율이 지난 100년간 100% 남짓, 즉 평균 주식 보유 기간이 1년에 불과했다는 점을 고려할 때 이는 희망 섞인 가정일 뿐이다. 그리고 설사 주식 보유 기간이 10년이라고 해도 침체장의 덫에 걸릴 가능성은 여전하다.

지난 100년간 주식시장의 역사를 살펴보면 이후 10년간의 총실질 수익률이 마이너스였던 해가 아홉 번 있었다. 이는 10년의 장기 관점을 가진 투자자라도 11년 중 이후 10년간 장기투자를 해봤자 총실질 수익률은 마이너스가 될 수밖에 없는 어느 운 나쁜 한 해에 돈을 투자할 수 있다는 의미다.

무엇보다 거대한 침체장은 꾸물거리며 오래 남아 있는 경향이 있다. 기나긴 침체장에서 주가가 추가 하락하기 전에 반등하는 일은 전혀 이례적이지 않다.

앞으로 이 책을 통해 알게 되겠지만, 2002년 10월 이후 미국 증시의 상승은 이러한 침체장 속 반등이었을 가능성이 상당히 높다. 당신이 설사 10년의 관점을 가진 장기투자자라 하더라도 이는 매우 중요한 정보임이 분명하다.

하지만 침체장도 나름대로 아름다울 수 있다. 내가 이 책에 다른 제목을 붙인다면 《나는 어떻게 걱정을 멈추고 침체장을 사랑하는 법을 배웠을까?》 정도가 될 것이다. 침체장이란 주가가 낮아졌다는 의미다. 물건을 파는 것이 아니라 사는 입장이라면 소비자가 저렴한 가격을 마다할 리 없다. 마찬가지로 투자자도 싼 가격을 회피할 이유가 없다. 침체장을 피하면 자산을 보호할 수 있지만 주식시장의 장기 실질수익률을 고려할 때 침체장에서 싸게 사면 훨씬 더 높은 수익률로 자산을 늘릴 수 있다.

'금융시장의 곰'에 대한 이 안내서는 주가가 적정가치 훨씬 밑으로 떨어져 반등이 임박했던, 매우 돈을 벌기 쉬웠던 시기를 조망한다.

메이저리그의 전설 요기 베라Yogi Berra는 이렇게 말했다. "단지 지켜보는 것만으로도 아주 많은 것을 알아챌 수 있다." 금융시장의 곰을 지켜보는 것만으로도 우리는 어느 순간에 수많은 잠재요인들이 어떻게 시장이 나아지는 신호를 보내는지 알아챌 수 있다. 이러한 요인들에는 낮은 주가평가, 개선된 기업 이익, 거래량 증가, 채권수익률 하락, 시장 참여자들이 시장을 바라보는 관점의 변화 등이 포함된다. 이 책의 목표는 역사적으로 시장의 미래를 가늠하는 데 좋은 지표로 증명된 요인들을 알아차리고 투자자를 오도하는 잘못된 지표들을 분간할 수 있도록 도와주는 데 있다.

아인슈타인은 자신의 성공 비결이 '올바른 질문을 하고 답을 얻을 때까지 포기하지 않는 데 있다'고 고백했다. 금융시장에서 올바른 질문을 하는 것은 굉장히 어려운 일이다. 이 책은 금융시장의 역사를 분석해 침체장과 만났을 때 어떤 질문을 던져야 하는지를 제시하고자

한다. 여러분은 아인슈타인보다 유리한 위치에 있다. 금융이 물리학보다 유리한 것은 금융에서는 꼭 맞는 정답을 찾을 필요가 없다는 데 있다. 금융에서는 그저 대부분의 다른 사람들보다 더 나은 대답만 찾으면 된다. 이 책이 더 나은 대답을 찾는 데 도움이 되기를 희망한다.

침체장을 이해하는 수단으로 금융시장의 역사를 활용하는 데 대해서는 사실 논란의 여지가 있다. 헨리 포드Henry Ford의 "역사는 많든 적든 어느 정도는 헛소리다"라는 말은 어느 면에선 적절한 지적이다. 포드가 말한 '역사'란, 어떤 투자자에게든 위험할 수밖에 없는, 기존의 사실에서 미래를 추정하고 예단하는 전통을 의미한다. 선조들과 똑같이 행동해야 한다는 생각에 사로잡혀 있으면 아마 아직도 주식 포트폴리오에 아메리칸브러시라이트컴퍼니(에디슨이 전구를 발명하는 바람에 필요가 없어진 아크등 특허를 보유한 회사)와 로코모빌컴퍼니(한때 미국 자동차시장의 3분의 1을 점했으나 가솔린자동차의 보급으로 시장점유율을 다 빼앗겨버린 증기자동차를 만드는 회사) 등을 붙잡고 있을 것이다.

1990년 노벨경제학상 수상자인 해리 마코위츠Harry Markowitz가 1952년에 〈포트폴리오 선택〉이라는 제목의 논문을 발표하면서 포드의 명언이 금융시장의 학문적 연구에 인용되기 시작했다는 사실은 안타까운 일이다. 이 논문은 투자자들에게 역사가 갖는 가치를 학문적으로 공격하기 시작했다. 마코위츠는 시장이 효율적이라고 가정했고, 다양한 주식으로 자산 배분을 하는 것, 즉 포트폴리오를 구성하는 것이 유리하다는 명확한 결론을 내렸다. 금융시장에 효율성이라는 개념을 도입한 이 장난 같은 학문은 다른 이론들과 접목되면서 곧 '효율적 시장 가설efficient market hypothesis'로 발전되었다.

이 이론의 탄생은 많은 사람들에게 역사는 정말 '헛소리'에 불과하다는 것을 증명하는 것으로 보였다. 그들은 주식시장이 효율적으로 움직이고 이용 가능한 모든 정보를 즉각 반영한다면 금융시장의 역사를 공부하는 것이 무슨 의미가 있느냐고 묻는다. 역사란 이용 가능한 과거 정보들의 단순한 축적이 아닌가? 1970년대에 이르자, 이용 가능한 모든 정보가 시장 가격에 이미 반영돼 있다는 믿음이 월스트리트를 지배했다. 다음은 투자전략가 피터 번스타인Peter Bernstein의 지적이다.

> 1974년의 주식시장 폭락이 없었더라면 약 20년간 상아탑을 흔들어온 이론은 월스트리트의 관심을 거의 받지 못했을 것이다. 하지만 주식시장을 이기기 위해 동원된 임시방편적 전략들이 고객들의 이익을 위험에 빠뜨릴 뿐이라는 사실이 드러나자, 월스트리트 투자전문가들은 투자방식을 바꿔야 한다는 사실을 깨달았다. 그들은 마지못해 학계의 추상적인 관념을, 투자 위험을 관리하고 고객을 고통스럽게 만드는 손실을 억제하는 방법으로 전환시키는 데 관심을 보이기 시작했다. 이것이 새 월스트리트를 형상한 혁명의 원동력이었다.
>
> 피터 번스타인,《세계 금융시장을 뒤흔든 투자 아이디어》

새 월스트리트가 이전의 월스트리트를 대체했다. 효율성을 추종하는 사제들은 리스크와 수익의 수학적 모델이라는 성전을 세웠는데, 이 모델은 전적으로 효율성 가설에 근거했다. 모든 종교의 새로운 분파들이 그렇듯 효율성을 추종하는 사제들은 관습 타파자가 되어 과거 선배들의 투자방법론을 조잡한 것으로 철저히 무시했다. 그러나 이 새로운 이론이 정설로 자리 잡았을 때, 핵심 믿음에 타격을 주는 사건이 벌어졌다. 1987년에 새 월스트리트가 일종의 포트폴리오 보험인 파생상품을 만들었다. 리스크에 대비하고자 만들었지만 성공하지 못하고 파생상품은 오히려 그해 주식시장을 더욱 악화시키고 붕괴시켰다[1987년 10월 주가가 폭락했던 블랙먼데이를 의미한다－옮긴이].

새 월스트리트가 리스크를 관리하는 상품은 만들어냈는지 몰라도 이 상품이 인간의 탐욕과 어리석음까지 없애지는 못했다. 이는 캘리포니아주 오렌지 카운티와 카드회사 깁슨그리팅의 사례에서 확인할 수 있다(1990년대 초 캘리포니아주 오렌지 카운티와 카드회사인 깁슨그리팅은 파생상품에 내재한 금융 리스크를 간과한 채 투자했다가 커다란 손실을 입었다). 1998년에는 새 월스트리트 최고의 창조물이라 할 수 있는 롱텀캐피털매니지먼트가 파산하면서 가장 열성적인 효율성 추종자들조차 두려움에 떨어야 했다. 충격적인 파산 후유증 속에서 새 월스트리트가 고객의 이익을 보호하는 데 있어서 1974년 실패한 것으로 증명된 '임시방편적 전략'보다 나을 게 없다는 사실이 분명해졌다.

'임시방편적 전략'에 내재된 진리가 무엇이든 과거 선배들의 지난 교훈을 폐기하는 것이 정말 현명한 일일까? 1995년부터 2002년까지 일어난 일련의 사건들은 옛 월스트리트의 생각과 새 월스트리트의 아이디어를 종합하는 것이 금융전문가들에게 더 적절하고 유용한 접근법이 될 수 있다는 사실을 보여준다. 그리고 다시금 금융의 역사가 투자자들에게 의미가 있음을 상기시킨다.

또 하나의 버블인 최근의 증시상승과 붕괴는 우주 안에 효율성 철학이 생각하는 것 이상으로 많은 현상이 있다는 점을 주장할 수 있는 좋은 근거가 될 것이다. 또 다른 근거도 있다.

행동심리학자인 대니얼 카너먼Daniel Kahneman과 버논 스미스Vernon Smith는 심리학적 분석으로 얻은 식견을 경제학에 접목해, 특히 불확실한 상황에서 사람들이 내리는 판단과 의사결정에 대해 연구한 공로를 인정받아 2002년 노벨경제학상을 받았다.

노벨상심사위원회는 카너먼이 사람들이 왜 잘못된 판단을 내리는지에 대해 해명했다고 믿었다. 그것은 효율성 이론을 뒤흔드는 것이었다. 공교롭게도 카너먼의 첫 논문은 월스트리트가 효율적 시장 가설을 막 받아들이기 시작하던 1974년에 출간됐다. 또 노벨상심사위원회는 카너먼에게 노벨상을 수여하기에 앞서 1990년에는 해리 마코위츠와 머턴 밀러Merton Miller, 윌리엄 샤프William Sharpe에게, 1997년에는 마이런 숄즈Myron Scholes, 로버트 머튼Robert Merton에게 노벨상을 선사해 효율성 이론 추종자들을 기렸다. 노벨상심사위원회는 최근에야 인간의 판단이 총체적으로라도 효율성에 근거해야 하는지에 의문을 던진 심리학자를 깨달은 것이다.

금융의 역사는 불확실한 상황에서 인간의 판단과 의사결정을 연구하는 데 적절한 자료가 된다. 그런 데 쓸 게 아니라면 금융의 역사가 어디에 필요하겠는가? 심리학에서 행동주의 이론은 거의 100년간 선별한 자극에 대한 반응들을 연구하는 데 기반을 두고 있다. 금융의 역사는 시장의 가격을 살펴보는데, 시장의 가격은 수많은 시장 참여자들이 어떤 특정한 자극에 대해 행동한 결과가 반영된 것이다. 행동주의 경제학에서 역사는 금융시장이 어떻게 작동해야 하는지를 이론화하기보다 금융시장이 어떻게 움직일 것인지 예측하는 데 유용한 수단이 된다.

이런 역사 연구를 경험주의적으로 설명하기란 쉽지 않다. 이것만으로도 왜 아직 많은 사람들이 역사 연구를 거부하고 있는지 충분한 설명이 된다. 그러나 모든 지식을 컴퓨터 통계 처리에 맞게 계량화할 수 없다고 해서 그 연구의 가치와 통찰력이 없어지는 것은 아니다. 심리학이 수학적으로, 통계학적으로 그리 엄격하지 않은 학문이라면 불확실한 상황에서 인간의 의사결정을 평가할 때 금융의 역사를 활용하는 데 대해선 더 엄격하지 않아도 될 것이다. 인간의 판단과 의사결정을 수학 등식으로 예측할 수 없다는 점을 인정한다면 금융시장의 역사는 미래를 이해하는 데 안내자가 될 수 있다.

금융시장의 역사가 특별히 가치 있는 이유는 불확실성 속에서 인간의 판단이 어떻게 작용하는지, 특히 동시대의 의견을 파악할 때 식견을 제공하기 때문이다. 보통 역사학자들은 현재의 잣대로 과거를 평가하는 성향이 있지만, 같은 시대의 의견과 반응에 집중하면 최소한 어떤 사물에 자신의 선입견을 투사하는 위험은 줄일 수 있다.

신문은 역사적 자료로써 매일의 사건들을 효과적으로 분석할 수 있도록 해준다. 금융시장을 집중적으로 다루는 경제신문은 과거 100년 이상에 걸쳐 당시의 의견들이 어땠는지 보여주는 자료창고라 할 수 있다. 신문 1면에 주식시장의 호황이 등장한 것은 철도가 탄생했던 무렵까지 거슬러 올라간다. 당시 막 형성되고 있던 중산층은 새로운 기술 투자에 대한 유혹을 이기기 힘들었다. 이처럼 풍부한 정보의 금맥을 따라가다 보면, 1850년까지 거슬러 올라가 상당히 믿을 만한 정보를 얻을 수 있다는 사실을 알게 된다.

과거 침체장의 바닥이 어땠는지 알아보기 위해 나는 과거 네 번의 거대한 침체장 바닥 각각에 대해 전후 두 달씩 총 넉 달에 걸쳐 〈WSJ〉에 보도된 기사 7만 건을 분석했다. 이러한 분석 결과 발견한 것들을 이 책에 소개했다. 내 목표는 당대의 의견에 근거해 침체장 바닥에 대해 가능한 한 정확한 그림을 그리는 것이다. 이것이야말로 과거 불확실한 투자 환경 속에서 사람들이 어떤 의사결정을 내렸는지 이해하기 위한 출발점이 되어야 한다. 〈WSJ〉의 기사들은 그때 무슨 일이 일어났는지 보여주는 기본적인 자료다. 여러분은 이 책 곳곳에서 이러한 당대 사건에 대한 보도들과 침체장이 막 강세장으로 변하려는 순간을 판단하는 데 있어서 효과적이었던 접근 방법을 접하게 될 것이다. 그리고 과거 네 번의 거대한 침체장이 서로 얼마나 비슷한지 이해하게 되면서 투자전략으로 이어질 수 있는 시장의 신호들을 알아차리게 될 것이다.

이 책에서 나는 침체장의 역사에 초점을 맞추었다. 주식시장이 침체됐던 기간은 오늘날 투자자들에게 매우 중요한 실질적인 시사점이 되지만, 이 부분은 금융시장의 역사를 다루는 대부분의 책에서 빠져 있는 것처럼 보인다. 증시 호황과 붕괴는 매우 매력적인 분석 주제다. 특히 붕괴가 끝나고 호황이 시작되는 순간을 파악하는 것은 더더욱 그렇다. 그 순간을 콕 집어낼 수 있다면 분명 손실은 최소화하고 이익은 극대화할 수 있을 것이다.

하지만 1850년 이후 금융시장의 많은 침체장 가운데 어떤 순간의 자료가 우리를 올바른 결론으로 인도해줄 수 있을까? 활용하기 쉬운 자료들이 많고 가장 큰 금융시장이란 점에서 나는 영국이 아닌 미국을 선택했고, 미국의 침체장 가운데 어떤 침체장에 대해 가장 완벽한 이야기를 전달해줄까에 대해서 고민했다. 침체장 바닥은 이후 몇 년간 최고의 수익률을 선사해준다. 그러한 침체장 바닥은 최소한 실전에서 나온 실질적인 결과를 보여준다는 점에서 장점이 있다. 증시가 적정가격 밑에 있는지에 대한 논의가 아무리 주관적으로 이루어진다고 해도 이러한 저점 이후에 이어지는 탁월한 수익률은 가치가 있음을 보여주는 가장 객관적인 지표라 할 수 있다.

앤드류 스미더스Andrew Smithers와 스티븐 라이트Stephen Wright는 2000년에 출간한 《월스트리트 평가하기Valuing Wall Street》에서 20세기 미국 증시에서 가장 투자하기 좋았던 해를 계산해 찾아냈다. 이 책에는 '되돌아본 가치'라는 말이 나온다. 이는 각 연도별로 향후 40년간의 수익률을 계산해 40개 각 기간의 수익률을 평균해낸 것이다. 40개의 서로 다른 보유 기간별 수익률을 평균 낸 것이기 때문에 '되돌아본 가치'는 어느 한 해 주식을 매수한 서로 다른 투자자들의 서로 다른 보유 기간까지 모두 반영한다.

이 연구 결과, 미국 주식을 사기에 가장 좋았던 세 번의 시기는 1920년과 1932년, 1948년이었다. 이 세 번의 시기가 다우존스 지수가 최저점이었던 시기와 꼭 일치하지는 않는다. 이 차이는 수익률을 그해 말 기준으로 계산했기 때문이며, 증시가 매년 12월 31일에 최저점으로 떨어지는 것은 아니기 때문이다. 한 해 중간에 이뤄지는 증시 움직임을 고려해 조정하면 미국 증시에서 주식을 사기에 가장 좋았던 세 번의 시기는 1921년 8월, 1932년 7월, 1949년 6월이었다.

'되돌아본 가치'는 수익률을 이후 최소한 40년까지 계산할 수 있는 연도에만 적용할 수 있다. 따라서 주식을 사기에 좋았던 네 번째 해를 찾아내려면 어느 정도 주관성이 개입할 수밖에 없다. 그럼에도 이 책에서 분석한 결과, 1982년이 미국 증시에 투자하기에 좋았던 네 번째 해라는 사실을 믿을 만한 충분한 이유들이 있다. 1982년 이후 23년간의 수익률 경과를 보면, 1982년은 확실히 미국 주식을 사기에 가장 좋았던 네 번의 해 가운데 포함된다.

미국 증시가 가장 쌌던 해는 1921년, 1932년, 1949년, 1982년이었고, 각각 그 후에 최고의 수익률을 보인 것이다. 이 방법은 어떤 일이 일어난 이후 약 40년간을 관찰해야 하는 밸류에이션 방법이기 때문에 즉각 사용하는 데 한계가 있다.

매일 증시를 접해야 하는 투자자들에게는 즉시 활용이 가능한, 믿을 만한 가치측정법이 필요하다. 세상에는 가치를 평가하는 수많은 방법이 있지만 다행히 앤드류 스미더스와 스티븐 라이트는 밸류에이션 방법을 단 2개로 축소했다. 그들은《월스트리트 평가하기》에서 대부분의 일반적인 밸류에이션 방법들을 검사했다. 중요한 것은 이러한 평가방법이 '되돌아본 가치'와 같은 이후 수익률과 비교할 때 신뢰성이 얼마나 있느냐는 점이다.

여기서 알 수 있는 것은 1921년과 1932년, 1949년, 1982년과 같이 주가가 매우 쌀 때 투자자들이 이용할 수 있는 밸류에이션 방법이 있다는 사실이다. CAPE 비율은 로버트 쉴러 예일대학교 교수가 증시의 가치 수준을 평가할 때 사용했던 방법으로 유용하긴 하지만 스미더스와 라이트는 Q비율이 향후 주식의 수익률이 어떨지 특히 정확하게 파악하게 해준다는 사실을 알게 됐다. Q비율이 적어도 기간을 길게 놓고 보면 유용했다는 점을 고려해 나는 증시의 가치 수준이 서로 다른 시간에 걸쳐 어떻게 변했는지 평가하는 데 Q비율을 사용했다.

이 책에서 '증시가 적정가치 미만으로 거래되고 있다'라고 하면 전반적인 Q비율이 이 비율의 기하 평균보다 낮다는 뜻이다. 이 책에서 분석한 네 번의 시기에서 증시는 모두 대체가치 대비 70% 이상 할인된 상태였다. 이 책의 역할은 주가를 그 정도 수준까지 끌어내린 힘을 규명하고 주가를 다시 대체가치까지, 혹은 그 이상으로 끌어올리는 요인이 무엇인지 파악해내는 것이다. 네 번의 거대한 침체장을 바닥을 기준으로 전후 4개월간 분석하기 위해서는 더 큰 그림을 보지 않을 수 없다. 저평가된 주가를 적정가치보다 크게 낮은 수준으로 떨어뜨리는 투자자들의 두려움에 대해 이해해야 한다. 수십 년간의 투자 역사 속에서 주가의 이러한 순환 운동은 그 자체로 한 권의 책이 될 만한 주제지만 이 책에서는 편의상 대부분 축약하거나 생략했다.

이 책의 1부 '1921년 8월까지의 시장'은 주가하락의 배경을 설명하고 있다. 이어지는 세 번의 침체장을 분석한 2~3부에서도 비슷한 제목으로 증시가 급락한 여건을 소개했다. 각 침체장에서 금융시장의 구조를 간략하게나마 분석하는 것도 필요하다. 투자자들이 역사에서 배운 교훈을 현재의 시장에 적용하려면 각 침체장마다 중요한 구조적 차이가 있었다는 점을 기억해야 한다. 예를 들어 이 책에서 소개하는 첫 번째 침체장에서는 주요 금융기관들이 NYSE에 상장돼 있지 않았다. 이러한 금융시장의 구조에 대해선 '시장의 구조'란 제목으로 소개했다. 증시하락의 원인과 당시 시장의 구조를 설명한 다음엔 '침체장 바닥에서'란 제목으로 침체장의 종말을 알리는 신호를 집중적으로 분석했다. 채권시장의 움직임에 대해서는, 이 역시 또 하나의 책이 될 만한 주제지만, 주가에 직접적으로 영향을 주었던 두드러진 사건들만 추려 조명했다.

1929~1932년의 침체장에서 일어났던 사건들은 좀 더 광범위하게 분석했다. 이 책에서 분석한 여타 세 번의 침체장과 다른 중요한 차이점이 있기 때문이다. 아울러 1929~1932년의 기간은 침체장의 전형으로 자주 인용되며, 침체장이 과연 무엇인지에 대한 의견이 형성되는 데 지대한 영향을 미치고 있다. 따라서 1929~1932년의 침체장이 금융의 역사에서 얼마나 독특했는지 좀 더 이해할 수만 있다면, 이 기간에 더 많은 분량을 할애할 만한 가치는 충분하다.

이 책의 독자는 전문투자가는 물론이고, 재정적으로 미래에 대비하기 위해 최선의 투자 결정을 내리고자 하는 일반인도 대상으로 한다. 따라서 이 책 중간중간 전문가들은 대개 알고 있으나 일반인들은 알기 힘든 용어나 개념 등을 설명하는 부분을 배치했다. 그럼에도 이 책에서 설명하지 않고 그냥 넘어가는 전문용어들이 종종 있을 것이다. 이러한 전문용어가 어떤 뜻인지 알고 싶다면 경제 역사 서비스 사이트인 www.eh.net가 큰 도움이 될 것이다.

본문 중 색깔로 표기한 부분은 이 책에서 언급했던 사건들에서 유추할 수 있는 결론들로, 침체장 바닥과 침체장 바닥에 대한 확인, 이익을 극대화하기 위한 전략 등에 대한 보편적 결론들로 이어진다.

이 책의 각 장은 20세기 위대한 작가들의 책에서 인용한 문구로 시작한다. 이 작가들은 거대한 경제적 혼돈과 금융시장의 불확실성 속에서 살았다. 그들의 작품 중 시대적 배경이 이 책에서 분석하는 시기와 같은 경우 금융시장에서 일어난 사건을 비추는 거울이 된다. 이런 소설의 중심인물들은 증시가 바닥에 다가가고 있을 때 결정적인 투자 결정을 내렸다.

스콧 피츠제럴드Scott Fitzgerald의 《위대한 개츠비》에 나오는 닉 캐러웨이는 채권 딜러였으나, 1922년 개츠비가 죽은 이후 월스트리트를 떠나 위스콘신으로 돌아간다. 캐러웨이가 그곳에서 행복했는지는 알 수 없으나 미국 역사상 가장 위대한 증시 호황장이 막 시작됐을 때 그는 월스트리트를 떠났다. 제임스 패럴James Farrell의 《심판의 날 Judgement Day》에 나오는 가엾은 스터즈 로니건은 훨씬 더 운이 나빴다. 그는 최악의 증시폭락이 시작됐던 1931년에 밑천을 주식시장에 투자했다. 스터즈는 증시가 바닥을 쳤던 1932년 7월 이전에 세상을 떠났다.

《노란 숲에서In a Yellow Wood》의 로버트 홀튼은 1940년대 말에 결혼한 여자와 이탈리아로 떠나는 모험을 감행할 것인지, 안전하게 월스트리트에 머무를 것인지 결정해야 했다. 작가 고어 비달Gore Vidal은 홀튼이 머물러 있어야 한다고 조언했고, 책에는 나와 있지 않지만, 홀튼은 미국 역사상 최장기 호황장에서 상당한 수익을 거뒀을 것이다. 그가 이탈리아로 떠나지 않는 편이 더 나았다는 것은 말할 필요도 없다. 홀튼은 이러한 소설 속에서 재정적으로 현명한 결정을 내린 유일한 인물인 것 같다. 존 업다이크John Updike의 소설 《토끼 시리즈》에 나오는 주인공 해리 암스트롱은 미래를 위한 최고의 투자는 금이라고 생각했다. 그가 금을 투자한 시점은 금값이 사상 최고치로 올랐을 때와 거의 일치했다. 이 책에서 다루고 있는 4개의 시점, 즉 1921년과 1932년, 1949년, 1982년이 미국 사회에 중요한 변화가 생긴 분기점이었다는 사실은 단순한 우연의 일치일 뿐일까?

1921년에는 '소비자 사회'가 탄생했고 1932년에는 '큰 정부'가 태동했다. 1949년에는 '군산복합체'가 등장했으며, 1982년에는 '자유시장주의'가 재탄생했다.《토끼 시리즈》속 인물들은 그들의 재정적 미래에 커다란 변화를 초래할 영향과 맞서면서 급격한 사회적 전환에 직면해야 했다.

곰을 여러 번 만난 경험이 있는 오지탐험가와 점심을 함께했을 때였다. 내가 그에게 곰을 만나면 어떻게 해야 하냐고 묻자, 그는 짧게 대답했다.

"그놈을 쏘아버려야지."

하지만 금융시장에서 곰을 만나면 총으로 맞설 수가 없다.

부디, 이 책이 금융시장의 곰과 맞설 때 도움이 되기를 바란다.

첫 번째 침체장

1921년 8월

미국 주식시장은 1914년부터 시작된 제1차 세계대전 초기에 상승세를 보였지만 이후 급락세로 돌아서 1921년 8월에는 다우존스 산업지수가 22년 전 수준이 되어 있었다. 다우존스 산업지수에 포함된 새로운 기업을 위험하다고 생각했던 투자자들은 당시 우량주인 철도 주식을 갖고 있다가 더 심한 손실을 입었다. 철도주의 가격은 무려 1881년 수준으로 내려갔다. 하지만 그때야말로 주식을 사기에 최적의 시기였다. 당시 주가는 기업이 가진 자산을 모두 사는 데 드는 비용보다 70%나 쌌다. 기업의 자산을 돈을 주고 사느니 주식을 사는 게 훨씬 저렴했다. 증시는 1921년 8월 이후 상승세로 돌아서 1929년 9월에는 주가가 기업의 자산을 모두 사는 데 드는 비용보다 거의 100%나 더 비싸게 됐다. 이 기간 동안 다우존스 산업지수는 5배 가까이 급등했다. 그야말로 NYSE 140년 역사상 최고로 위대한 강세장이 펼쳐졌다.

1921년에 과연 어떤 일이 있었던 것일까? 투자자들은 어떻게 증시가 바닥에 도달했다는 것을 깨달아 '번창하는 20년대'에서 이익을 거둘 수 있었을까?

1921년 8월까지의 시장

"나 같으면 그녀에게 너무 많은 것을 요구하지 않을 겁니다."

내가 불쑥 말했다.

"과거는 반복할 수 없지 않습니까?"

"과거를 반복할 수 없다고요?"

그는 믿어지지 않는다는 듯이 큰 소리로 말했다.

"아뇨, 그럴 수 있고말고요."

스콧 피츠제럴드, 《위대한 개츠비》

다우지수의 움직임: 1896~1921년

맨해튼 남부 월스트리트에 위치한 JP모건 사무실에서였다. 갑자기 천
둥 같은 폭발음이 들리며 공기가 진동했다. 주위가 어두워지며 커다란
연기가 미국 금융 중심가를 에워쌌다. NYSE 중개인들이 공중으로 흩
어지는 유리 조각을 피해 뛰쳐나왔다. 유리창은 깨지면서 1km 떨어
진 곳까지 날아갔다. 1920년 9월 16일에 벌어진 이 사고로 40여명이

사망했다. 누가 폭탄을 설치했는지는 그 후에도 밝혀지지 않았다. 이에 앞서 몇 달 전인 4월에 노동운동에 비우호적인 유명인사 18명에게 폭탄이 배달된 일이 있었는데, 월스트리트에 설치된 폭탄도 이와 비슷한 사회주의자의 공격일 것으로 추정될 뿐이었다. 다만 이번 폭탄 공격은 미국의 중심이자 자본주의 세계의 중심지로 부상하고 있는 월스트리트를 노렸다는 점이 다를 뿐이었다. 폭발은 월스트리트 거리만 엉망으로 만든 것이 아니었다. 지독한 침체장 또한 점점 더 혼란에 빠지고 있었다.

이 책의 연구 대상은 침체장이다. 내가 투자의 역사 중에서도 특히 침체된 국면을 더 좋아해서 책의 주제를 침체장으로 잡은 것은 아니다. 오히려 나는 그 반대다. 아마도 주식시장의 최저점에서 주식을 사는 것은 모든 투자자들의 목표이자 꿈일 것이다. 이 책은 침체장이 호황장으로 바뀌는 시점을 파악하려는 사람들에게 판단의 근거를 제공하려는 데 목적이 있다. 증시 바닥이야말로 주식투자에 있어 가장 수익성이 높은 시점이다. 1921년 여름은 월스트리트 역사상 가장 높은 수익을 올릴 수 있는 시기였다고 할 수 있다. 하지만 증시 바닥을 파악하기 위해서는, 영국의 유명한 요리 저술가인 비튼Beeton 여사가 "먼저 곰부터 잡아라"['곰 가죽을 팔기 전에 먼저 곰부터 잡아라'라는 격언의 한 구절로, '김칫국부터 마시지 말라'라는 우리 속담과 비슷한 뜻이다-옮긴이]라고 말한 것처럼, 침체장을 잡는 것이 중요하다. 하지만 S&P500 지수와 다우존스 지수가 서로 다른 방향으로 움직이는 상황에서 침체장을 정의하는 것은 쉬운 일이 아니다. 1921년에는 증시 전체를 대표하는 지수가 없어서 침체장을 정의하기가 지금보다 훨씬 더 어려웠다. 당시 시장의 움직임을 판단하기 위해서는 2개의 지수를 함께 봐야 했다. 바로 다우존스 산업평균주가와 다우존스 철도평균주가였다.

찰스 다우Charles Dow가 만든 2개의 지수가 변천해온 과정은 미국 주식시장 자체의 발전 모습을 고스란히 보여준다. 1896년 NYSE의 전체 거래량에서 산업주가 차지하는 비율은 48%로, 철도주가 점하고 있는 52%보다 적었다. NYSE에서 주식을 매매할 수 있는 권리인 회원권 가격이 1896년까지 10년간 41% 하락했다는 점을 감안하면, 당시 증시 거래는 전반적으로 극히 저조한 상태였다. 증시가 1893년부터 1895년까지 급락세로부터 회복되는 과정에서 특히 철도주 거래가 부진했다.

JP모건이 1893~1895년 증시폭락의 위기 때 파산하거나 경영난에 처한 철도회사들을 사들인 것이 그나마 빈사상태의 철도산업에 생명을 불어넣는 역할을 했다. 다우존스 산업지수가 1896년 5월에 처음 발표된 직후부터 미국에는 기업합병 바람이 불었다. 이 결과 미국 내 기업합병 건수는 1897년 69건에서 1899년 1,200건 이상으로 늘었다. 이러한 합병 열풍은 공급과잉으로 이익이 급속도로 줄고 있던 철도산업에 긍정적인 영향을 미쳤다. 합병 바람 덕에 철도주가 상승하면서 다우존스 철도지수는 1896년부터 1902년까지 다우존스 산업지수보다 더 큰 폭으로 상승세를 이어갔다. 다우존스 산업지수에 포함된 기업들은 수익성에 타격을 입을 만큼 공급과잉을 겪은 적이 없어 합병 열풍의 혜택을 철도기업만큼 크게 보지는 못했다. 하지만 당시 투자자들은 굴뚝산업에 관심이 매우 많았는데, 찰스 다우가 1896년에 다우존스 산업지수를 만든 것도 이 때문이었다. 다만 굴뚝산업, 즉 제조업 주식이 전체 주식시장의 거래량에서 차지하는 비율은 1911년이 될 때까지 1896년 수준 이상으로 올라가지 않았다.

1901년, 윌리엄 맥킨리William McKinley 대통령이 갑작스럽게 암살당하고 시어도어 루스벨트Theodore Roosevelt 부통령이 대통령직을 인계하면서 철도주 거래의 정점도 끝이 났다. 새 대통령은 기업들이 합법적 트러스트로 산업복합체를 결성해 가격을 조절하고 결정하는 것을 좋아하지 않았다[트러스트는 19세기 말에서 20세기 초 미국에서 성행한 기업합동

다우존스 지수

우리가 흔히 말하는 다우존스 지수는 다우존스 산업평균주가Dow Jones Industrial Average, DJIA를 말하는 것으로, 1896년 5월에 처음 공개됐다. 당초에는 12개 기업의 주가를 평균해 계산한 것이었다. 찰스 다우는 철도주가 증시의 대부분을 차지하고 있을 당시인 1884년에 처음으로 자신의 이름을 딴 지수를 내놓았다. 그러다 굴뚝산업의 중요성이 점점 높아지자, 1896년에 투자자들에게 제조업체를 포괄하는 두 번째 지수를 내놓았다. 다우존스 산업지수에 편입된 기업은 12개에서 1916년 10월에 20개로 늘었고, 1928년 10월에는 30개 안팎으로 증가했다. 다우존스 산업지수는 편입된 기업들의 시가총액이 아니라 주가를 산술 평균해 계산한다. 이 책에서 '시장'이라고 언급한 부분은 대개 다우존스 산업지수를 의미한다. 투자자들은 이 책에서 분석하는 네 번의 침체장을 통해 시장상황을 안내해주는 길잡이로서 다우존스 산업지수에 주목해야 할 것이다. 투자자들이 시장을 어떻게 인식했는지 파악할 때도 다우존스 산업지수를 기준으로 삼았다. 때로는 다른 지수, S&P 종합지수를 언급해야 할 필요도 있었지만 이는 밸류에이션과 기업의 이익 계산에서 다우존스 산업지수보다 더 나은 자료가 있는 경우에 한했다. 아울러 이 책에서 다우존스 지수는 다우존스 산업지수를 뜻한다. 다우존스 철도지수와 구분해야 할 필요가 있을 때만 다우존스 산업지수로 표기하고 나머지는 다우존스 지수로 줄여 썼다[다우존스 지수는 엄밀한 의미에서 주가평균으로 번역하는 것이 맞지만 관행상 지수로 부르기 때문에 다우존스 주가평균이라고 쓰지 않고 다우존스 지수라 표기했다-옮긴이].

의 한 형태로, 같은 산업에서 활동하는 여러 기업의 주주가 자신들이 보유하고 있는 주식을 특정한 사람에게 위탁해 경영을 그 사람에게 일임하는 것을 말한다. 이렇게 되면 같은 산업 내 여러 기업의 경영을 한 사람 또는 한 집단이 담당하게 돼 사실상 독점 형태가 된다 – 옮긴이]. 새 정부는 트러스트를 규제하기 시작했고, 이는 성장하고 있는 굴뚝산업보다 성숙 단계에 접어든 철도산업에 훨씬 더 심각한 타격을 가했다. 굴뚝주의 거래량은 1911년에 이르러 1896년 수준을 회복했고, 사상 처음으로 철도주의 거래량을 앞섰다. 제조업과 철도업에 대한 투자자들의 관심과 거래량은 비슷한 수준을 유지하다 1914년에 발발한 제1차 세계대전을 계기로 급격하게 달라졌다.

주식시장은 제1차 세계대전을 계기로 완전히 변했다. 1918년 전쟁이 끝날 무렵 산업주는 NYSE 전체 거래량의 80%를 점하게 됐고 대부분의 철도회사들은 국유화됐다. 전쟁은 또 주가 전반에 불안감을 불러오면서 1919~1921년 침체장의 직접적인 원인이 됐다. 당초 시장은 제1차 세계대전의 도화선이 됐던 프란츠 페르디난트Franz Ferdinand 부부의 암살에 대해서는 상대적으로 무덤덤하게 반응했다. 오스트리아의 황태자 프란츠 페르디난트 부부는 1914년 6월 28일 보스니아 사라예보에서 암살당했고 오스트리아와 독일은 그해 7월 25일에 열린 6대 강대국(러시아, 대영제국, 프랑스, 오스트리아-헝가리, 이탈리아, 독일) 모임에 참석하지 않았다. 전쟁이 불가피하다는 사실이 점점 더 명백해지자, 증시에서 대량 매도의 가능성도 높아졌다.

투자자들은 유럽이 전쟁 비용을 대기 위해 채무국인 미국에서 금을 대량으로 빼내갈 것이고, 이 때문에 미국 내 유동성이 경색될 것이라고 걱정했다. 7월 28일에 오스트리아는 세르비아에 전쟁을 선포했

표1-1_철도주와 산업주의 시장점유율 추이: 1895~1921년

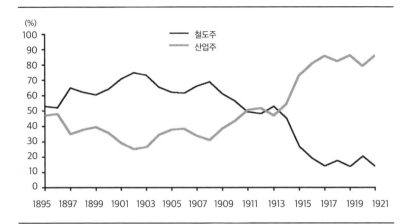

자료: NYSE

고 몬트리올과 토론토(캐나다), 마드리드(스페인)의 증권거래소가 폐장을 선언했다. 다음 날 빈(오스트리아), 부다페스트(헝가리), 브뤼셀과 앤트워프(벨기에), 로마(이탈리아), 베를린(독일)의 증권거래소가 문을 닫았다. 7월 31일에는 런던(영국)의 증권거래소가 폐장했고, NYSE도 다른 증권거래소를 따라 문을 닫는 것 외엔 선택권이 없었다. 그렇지 않으면 NYSE는 자산을 현금화하려는 전 세계 투자자들의 대대적인 매도 공세를 받아야만 할 상황이었다. NYSE는 다우존스 산업지수가 71.42, 다우존스 철도지수가 89.41일 때 문을 닫았다.

NYSE는 1914년 12월 12일 토요일에 재개장하면서 거래에 몇 가지 제한을 뒀다. 그다음 주 월요일 〈WSJ〉는 4개월 이상 싣지 못했던 다우존스 산업지수와 철도지수를 게재했다. 다우존스 철도지수는 90.21까지 오른 반면 다우존스 산업지수는 54로 7월 30일 폐장 직전보다 32% 폭락했다. 다우존스 지수는 며칠 후 이보다 조금 더 낮은 수준에서 바닥을 친 뒤 1915년까지 상승세를 이어갔다. 전쟁 비용 때문에 미국에서 자본이 대거 유출될 것이라는 우려와 달리 오히려 자본이 미국으로 물밀듯이 유입됐다. 전쟁 중인 유럽 국가들이 전쟁에 중립적인 미국에서 필요한 물자를 사들였기 때문이다.

다우존스 산업지수는 주식시장의 유동성이 늘어나면서 오르기도 했지만 지수에 편입돼 있는 기업들의 이익이 큰 폭으로 증가하면서 상승 탄력을 크게 받았다. 무엇보다도 제1차 세계대전 동안 미국 제조업체들의 이익이 믿을 수 없을 만큼 급증했다는 점에 주목할 필요가 있다.

다우존스 산업지수에 편입된 기업들의 이익은 1916년에 기록적으로 늘어나 이후 명목 기준으로도 1949년이 될 때까지 1916년 수준을 초과하지 못했을 정도다. 실질 기준으로는 1955년 12월이 되어서야 1916년 수준을 넘어설 수 있었고 그 후에도 1916년 이전 수준으로 여러 차례 내려갔다. 1992년 1월 말에도 S&P500 지수에 편입된 기업들의 실질 이익은 1916년 수준을 밑돌았다.

기업의 실질 이익은 2002년 3월에 바닥을 쳤을 때 1916년 수준보다 불과 4.7% 더 많았을 뿐이다. 이러한 환경에서 투자자들이 유럽의 대규모 전쟁으로 주문이 쌓이고 있는 제조업 주식으로 재빨리 옮겨간 것은 전혀 이상한 일이 아니었다.

유동성 개선과 이익 증가에 따른 강세장에 뒤이어 산업주와 철도주는 1916년 내내 전반적으로 횡보하는 모습을 보였다. 1917년에는 미국이 전쟁에 개입해 평화가 찾아올 가능성이 높아지자, '전쟁 수혜'가 끝났다는 판단에 따라 주가가 급락했다. 정부가 상품시장에 개입

표1-2_다우존스 산업지수 움직임: 출시 때부터 1921년 침체장 바닥까지

자료: 다우존스&Co.

해 가격을 조정하고 주간통상위원회(미국 각 주들 사이의 통상 관련 규제를 담당하는 기관)가 철도회사의 요금 인상 요청을 거절한 것도 1917년 약세장의 원인이 됐다. 이 외에도 비용 상승과 초과이득세(전쟁으로 과도한 이익을 얻은 기업에 부과한 세금)의 도입, 미국 정부의 채무 증가 등도 증시하락을 초래했다.

1918년 들어 전쟁이 진전 없이 소모전 양상을 보이자 다우존스 산업지수와 철도지수도 횡보하는 모습을 보였다. 다우존스 산업지수는 전쟁이 끝난 후 1919년이 되어서야 상승세로 바뀌어 그해 11월에는 사상 최고치를 경신했다. 제1차 세계대전 기간 동안, 그리고 전쟁 직후 다우존스 산업지수와 철도지수가 서로 다른 움직임을 보인 데는 여러 가지 이유가 있지만 1917년 12월 28일 정오에 단행된 철도 국유화 조치가 결정적이었다. 정부는 철도 주식을 채권으로 전환하고 철도주를 보유한 주주들에게는 각 철도기업의 국유화 이전 평균 이

익을 토대로 한 고정 배당금을 지급했다.

투자자들은 철도주의 수익률이 이런 식으로 제한되자 전쟁 특수로 호황을 누리고 있던 산업주로 옮겨갔다. 산업주의 상승세가 절정에 이르렀던 1919년에 NYSE 전체 거래량에서 철도주 비중은 13.8%에 불과했다. 그러나 투자자들은 1919~1921년 침체장이 진행되는 기간에도 철도주에 대한 관심을 완전히 버리지는 않았다. 그때까지도 많은 투자자가 철도주 하락은 일시적인 현상일 뿐이며 이러한 일시적 현상은 1920년 3월 철도 국유화가 마무리되면 끝날 것이라고 믿었다. 1921년 들어 산업주의 거래량이 철도주보다 압도적으로 많았음에도 여전히 투자자들은 침체장의 정도를 평가하는 데 다우존스 산업지수와 철도지수를 함께 고려했다.

연방준비제도의 등장: 완전히 새로운 경기 1

주식시장이 1921년에도 오늘날과 비슷한 방식으로 작동됐을 것이라고 짐작하기 쉽지만 이는 매우 위험한 생각이다. 1921년 8월 바닥을 기점으로 전후 4개월간인 6월에서 10월까지 증시를 자세히 분석하기 전에 당시와 지금의 금융시장이 제도적으로 어떻게 달랐는지 살펴보는 것이 필요하다. 특히 1921년 늦여름의 풍경을 짚어보기에 앞서 과거에는 시장에 없었던 새로운 변수의 등장, 즉 1914년 연방준비제도Federal Reserve System의 도입에 대해 알아보는 것이 중요하다.

연방준비제도는 FedFederal Reserve Board of Governors[연방준비제도의 최고의사결정기구인 이사회. FRB로 표기할 시 연방준비은행과 약자가 같아 혼동될 수 있고, 2008년

'the Fed'를 약어로 사용하라는 연방준비제도의 권고에 따라 이 책에서는 Fed로 약칭한다-옮긴이]와 12개의 연방준비은행Federal Reserve Bank으로 구성된 미국의 중앙은행 제도다. 연방준비은행은 할인율을 정할 수 있는 재량권이 있지만 이러한 재량권은 법에 의해 'Fed의 검토와 결정에 종속되어 있다.' 그러나 연방준비은행들의 공개시장조작open market operation [중앙은행이 금융시장을 상대로 공개적으로 유가증권을 사고팔아 금융기관과 민간의 유동성을 조절하는 정책 수단을 말한다-옮긴이] 역량을 감안하면 Fed가 할인율을 검토하고 결정할 권한을 가졌다고 말하기는 어렵다. 연방준비제도에서는 연방준비은행들이 높은 수준의 재량권을 행사할 가능성이 있었다. 이러한 재량권으로 인해 연방준비제도 도입 초기에는 미국 금융자본에서 핵심 역할을 했던 뉴욕의 연방준비은행이 통화정책을 주도했다.

연방준비제도의 구조가 이렇듯 중앙집권적이 아니었기 때문에 향후 정책을 예측하기는 매우 복잡했고 제도 내에서조차 정책을 둘러싸고 충돌이 일어나기도 했다. 이는 머지않은 미래에 중요한 사건으로 귀결된다. 당시 연방준비제도의 출현이 금융시장에 어떤 극적인 영향을 미쳤는지 이해하려면 당장 내일 이 제도가 사라진다면 투자 결정에 어떤 영향을 받을까 상상해보면 된다.

연방준비제도라는 중앙은행의 등장은 남북전쟁이 끝난 뒤 1879년 금본위제가 재도입된 이후 미국 투자자들에게 익숙해진 통화체제를 완전히 바꿔버렸다. 연방준비제도로 투자자들은 불확실성을 하나 더 안게 됐다. 통화정책이라는 '인간의 결정'이 시장에 어떻게 작동할지 예측하기는 매우 어려웠다. 통화의 순환에서 어떤 형태는 인간의 결정이라는 변수가 새로 도입되면 위험할 수 있다는 것이 오랜 믿음이었다. 이는 영국이 금본위제 도입을 검토하기 위해 설치한 금위원회 Bullion Committee가 1810년에 영국 하원에 제출한 보고서에도 잘 나타나 있다.

국가에서 실제 이뤄지고 있는 교역의 규모를 아무리 자세히 알고 있다 해도, 또 이 같은 최고로 상세한 정보에 돈과 돈의 유통에 관한 원칙들을 모두 포괄하는 심오한 학문까지 결합시킨다 해도, 어떤 사람 혹은 어떤 무리가 한 국가의 통화수단을 교역의 필요에 맞춰 적정 비율로 조절하고, 계속해서 그것을 유지해나가는 것은 불가능할 것이다.

〈금괴의 높은 가격에 관한 영국 하원 특별위원회 보고서〉 중, 1810년

연방준비제도가 도입되기 전에 미국에는 공식적인 중앙은행이 없었다. 앤드류 잭슨Andrew Jackson 대통령이 1832년에 제2차 미국 중앙은행 연장 결의안을 거부했기 때문이다[미국은 1791년에 영국에서 독립해 새로운 연방정부를 세우고 20년 기한으로 제1차 미국 중앙은행을 만들었다. 제2차 미국 중앙은행은 제1차 미국 중앙은행의 법정기한이 만료되고 나서 5년 후인 1816년 결의안에 의해 역시 20년 기한으로 세워졌다. 20년의 기한이 끝난 뒤 의회는 제2차 미국 중앙은행의 연장 결의안을 통과시켰으나, 잭슨 대통령은 이에 대해 거부권을 행사했다. 중앙은행 시스템이 부익부 현상을 심화시키고 국가의 금융 권력을 한 기관에 과도하게 집중시키며 외국 자본에 취약하게 만든다는 이유 때문이었다. 이 결과 미국에는 연방준비제도가 새로 등장하기까지 중앙은행이 없는 상태가 이어졌다 – 옮긴이].

따라서 새로운 제도가 금본위제와 어떤 식으로 상호 작용해 유동성과 금리, 금융시장에 영향을 미칠지 예상하기는 매우 어려웠다. 연

방준비제도의 설립 지침을 살펴본다 해도 향후 영향을 추정하기 어렵기는 마찬가지였다.

> 연방준비은행들의 설립 근거를 제공하고, 통화를 탄력적으로 공급하며, 기업어음의 재할인 수단을 제공하고, 미국 은행들에 대해 좀 더 효과적인 감독 체계를 구축하는 등 이외 다른 목적들을 위해 연방준비제도의 도입이 필요하다.
>
> 연방준비법 서문, 1913년

연방준비제도는 미국이 근래 두 번에 걸쳐 '탄력적인 통화 공급'에 실패해 거의 국가 부도 직전까지 갔다는 점 때문에 필요한 것으로 여겨졌다. 1895년 2월 위기 때는 JP모건과 로스차일드가 돈을 빌려준

금본위제

금본위제에서는 금화를 법정 화폐로 쓰며, 은행이 발행하는 지폐도 고정된 가격에 금으로 바꿀 수 있다. 금본위제를 채택한 국가들은 자국 화폐와 금의 교환 비율을 결정해 공표한다. 금본위제를 채택한 국가의 화폐는 일정량의 금으로 바꿀 수 있기 때문에 다른 나라의 화폐와도 고정된 비율로 교환이 가능하다. 이런 식으로 금본위제에서는 고정환율제가 시행된다. 이는 경제학에서 통화 공급과 경제활동, 가격 등과 관련해 중요한 영향을 미쳤다. 예를 들어 미국의 국제수지가 흑자라면 미국 달러를 팔려는 사람보다 사려는 사람이 더 많을 것이다. 이런 상황에서 고정환율제를 유지하려면 더 많은 달러를 찍어내야 한다. 달러의 양이 충분히 늘어나면 경제활동이 더 활발해지겠지만 물가는 오를 것이다. 물가상승은 결국 미국의 경쟁력을 떨어뜨리고 궁극적으로 미국의 국제수지는 적자로 전환된다. 어떤 통화를 사려는 사람보다 팔려는 사람이 더 많은 상황에서는 이러한 과정이 정반대로 전개된다. 제1차 세계대전 이후에는 다양한 형태의 금본위제가 도입됐다. 어떤 국가는 금으로 교환할 수 있는 다른 국가의 통화를 외환보유액의 일부로 보유하기도 했다. 이런 시스템을 금환본위제라고 한다.

덕분에 미국 정부 내 금 보유액이 바닥나는 사태를 피할 수 있었고 금본위제도 계속 유지할 수 있었다. 1907년 위기 때는 JP모건이 금융기관 간 협상을 주도해 주요 금융기관들의 파산을 막아내 미국 금융 시스템을 구했다. 우드로 윌슨Woodrow Wilson 대통령 때 여당이었던 민주당은 심각한 정치적 반대에도 불구하고 연방준비제도를 설립하는 내용의 법안을 만들어 '탄력적인 통화 공급 체제'를 도입했다. 이 결과 그때까지 민간은행이 수행해왔던 최종 대부자lender of last resort[은행이 민간 부문에서 정상적으로 자금을 조달받을 수 없을 때 은행에 자금을 공급해주는 최종 대출기관을 말한다-옮긴이]로서의 역할을 연방준비은행이 담당하게 되었다.

Fed는 화폐 발행과 함께 은행 예금의 일부를 Fed 내에 예치하도록 하는 지급준비제도를 통해 통화 공급을 탄력적으로 할 수 있게 됐다. 또한 금 매입과 적격어음 재할인[적격어음 재할인은 금융기관이 한 번 할인한 어음을 중앙은행이 다시 할인해주는 것을 말한다. 중앙은행은 일반 은행에 돈을 빌려준 대가로 차용증서를 받거나 은행이 민간에 돈을 빌려주고 받은 약속어음을 담보로 잡는다. 또 은행이 민간에 돈을 빌려줄 때 대출이자를 받듯이 중앙은행도 은행에 대출할 때는 대가를 받게 되는데 중앙은행은 이자 대신 담보로 잡은 약속어음을 일정 비율로 할인한다. 이 할인 비율을 재할인율이라고 한다. 중앙은행이 은행에 돈을 빌려주면 시중에 통화량이 늘어나게 된다-옮긴이], 무역어음 할인, 공개시장에서 국공채와 은행채, 환어음 매수 등의 방법으로 이런 2가지 종류(화폐 발행, 지급준비제도)의 유동성을 창출했다. 은행의 자산을 재할인해 통화 공급을 조절하는 이 같은 방법은 진성어음주의real bills doctrine[금융기관의 대출이 실물거래를 뒷받침하는 수준으로 한정되어 이뤄지고 이러한 실물거래에서 발생한 어음, 즉 진성어음만 중앙은행이 재할인할 경우 거래에 필요한 통화가 자동적으로 공급된다는 주장이다. 중앙은행은 금융기관이 대출할 수 있는 종류를 규제해 통화 공급을 조절할 수 있게 된다. 미국은 이때 진성어음주의의 영향을 받아 재할인정책을 통화량 조절 수단으로 규정하고 금융기관의 자금 사정과 상관없이 법에 열거된 적격어음만 재할인할 수 있도록 했다 – 옮긴이]로 알려져 있다. 투자자들은 금본위제를 유지하면서 어떻게 통화량을 탄력적으로 조절할 수 있는지 이해하기 어려웠다. 금본위제에서는 통화량이 국제수지에 필요한 만큼 조절된다. 반면 진성어음주의에서는 돈의 양에 한계를 두지 않는다. 밀턴 프리드먼Milton Friedman과 안나 슈바르츠Anna Schwartz는 금본위제와 진성어음주의의 모순이 '실제보다 훨씬 더 명백했다'고 주장했다.

> 금본위제는 총통화량의 좀 더 장기적인 움직임을 결정짓는 반면 단기적인 움직임에 대해서는 훨씬 많은 여지를 둔다. 금과 통화량이 일시적으로 일치하지 않아도 금 보유액과 국제 자본시장이 이 같은 일시적 불일치에 대한 완충역할을 해준다. 더욱 중요한 것은 금본위제가 시중에 유통되는 통화와 금융기관에 예치된 통화를 구분하지 않는 반면 진성어음주의는 이러한 구분과 관계가 있다는 점이다.
>
> 프리드먼과 슈바르츠, 《미국 화폐사Monetary History of the United States》, 1867~1960

미국이 겪은 1895년과 1907년의 금융위기는 사람들이 너나없이 은행에서 예금을 찾아가면서 악화된 측면이 컸다. 이른바 뱅크런Bank Run(은행 예금 인출사태)이 심각한 금융위기를 초래한 것이었다. 당시 연방준비제도법은 은행이 파산하지 않고, 예금 인출 요구에 제한을 두지 않고도 대규모 예금 인출이 가능하도록 하는 시스템을 만드는 데 목적이 있었다. 탄력적인 통화 공급 움직임은 대규모 예금 인출 사태에서 급속히 확산될 수 있었고 은행은 보유하고 있는 국공채나 환어음 등의 자산을 연방준비은행에서 할인받아 빠르게 통화를 공급받을 수 있었다.

이론적으로 보면 투자자들은 연방준비제도가 은행 시스템을 위기에 빠뜨릴 수 있는 예금 인출 사태를 완화해주는 역할만 수행할 것이라고 기대해야 했다. 문제는 연방준비제도 체제에서 이 같은 통화 공급이 실제로는 매우 다른 방식으로 일어났다는 점이다. 연방준비제도가 1914년 11월에 도입된 이후 1920년 6월까지 탄력적인 통화 공급이 늘어나면서 통화량이 2배 이상 증가했다. 투자자들 입장에서 더욱 혼란스러웠던 것은 통화 공급이라는 Fed의 역할이 일관되지 못해 예측이 불가능했다는 점이다.

표1-3을 보면 연방준비은행은 미국이 제1차 세계대전에 개입하기 전까지 본원통화량 변화에 거의 영향을 미치지 못했다는 것을 알 수 있다.

전쟁 초기에 본원통화량이 증가한 주된 원인은 전쟁에 참가한 국

표1-3_ 본원통화량 변화의 원인

	미국의 중립기 1914년 6월~ 1917년 3월	전쟁 참여기 1917년 3월~ 1918년 11월	전후 평화기 1918년 11월~ 1920년 5월
금 보유량	0.87	0.04	(0.41)
공공 부문과 은행에 대한 연방준비은행의 기준	0.15	1.24	1.44
통화당국의 다른 실물자산과 국공채	(0.02)	(0.28)	(0.03)

자료: 프리드먼과 슈바르츠
※주: 총 변화 =1.00

베어마켓

가들이 금을 팔아 현금화하거나 돈을 빌리면서 미국으로 금이 유입됐기 때문이었다. 이러한 과정으로 국제투자 구도에서 미국의 위상이 변하게 됐다. 미국은 1914년에 국제수지 적자가 37억 달러였으나, 1919년에는 비슷한 규모의 흑자로 돌아섰다. 이 당시 연방준비은행이 연방준비제도 내에 돈을 축적할 수 있는 유일한 방법은 상업은행 [상업은행은 시중은행과 지방은행 등 보통 은행 –옮긴이]의 적격자산을 재할인해주는 것뿐이었다. 금 유입이 늘어나면 본원통화량이 증가하게 되는데, 당시 연방준비은행은 이를 막을 정책적 수단이 없었다. 연방준비제도 내에 모아놓은 돈이 있어야 시중의 금을 사들이는 방법으로 본원통화량 증가를 막을 수 있지만 돈이 거의 없었기 때문이다. 좀 더 쉽게 말하면, 연방준비은행은 설립 초기 통화량 공급을 늘릴 수는 있었지만, 통화량을 줄일 수 있는 정책적 수단은 없었던 것이다. 이 때문에 연방준비제도는 미국이 1917년 제1차 세계대전에 참여하기 전까지 유동성 조절에 거의 영향을 미치지 못했고 결과적으로 주식시장에도

본원통화

본원통화, 또는 고성능통화는 중앙은행에서 거의 완벽하게 조절할 수 있는 모든 종류의 통화를 말한다. 본원통화를 고성능통화라고 하는 이유는 양이 조금만 변해도 국가 경제에 유통되는 총통화량에 매우 큰 영향을 미치기 때문이다. 본원통화의 변화는 총통화량에 영향을 미쳐 결과적으로 경제활동과 물가상승률에도 영향을 주게 된다. 연방준비제도가 도입되기 전까지 금본위제 아래에서 고성능통화에 변화를 초래하는 핵심 요인은 금의 유출입이었다. 금의 유출입은 연방준비제도가 도입된 이후에도 고성능통화 증감에 계속 영향을 미쳤다. 하지만 Fed 역시 고성능통화에 독자적으로 영향력을 행사할 수 있었다. 이후 수년간 주식투자자들은 향후 경제동향과 물가상승률, 주식시장 등을 예측하게 해주는 선행지표로 고성능통화의 동향을 주시했다.

별다른 영향을 주지 못했다.

미국의 참전은 2가지 이유에서 통화량 변화에 영향을 주는 결정적 요인을 바꾸는 계기가 됐다. 첫째, 미국은 전쟁 중인 국가에 금을 받고 물품을 파는 입장에서 정부의 보증 아래 금을 받지 않고 우방국에 물품을 공급해야 하는 입장으로 바뀌었다. 미국으로 흘러들어왔던 금 공급도 중단됐다. 그 결과 이 기간 동안 금 보유량은 본원통화량의 증가에 별다른 역할을 하지 못했다. 둘째, 미국 정부는 전쟁 비용을 대기 위해 돈이 필요해졌다. 이 때문에 세율을 올렸지만 기업들의 이익이 충분치 않아 세금을 거둬 전쟁 비용을 대는 데는 한계가 있었다. 이런 상황에서 중앙은행을 통한 통화창출이 정부의 자금 조달에 중요한 역할을 하게 됐다. 연방준비제도를 도입한 주요 목적 중 하나인 탄력적 통화 공급이 당초 의도했던 유동성 위기를 방지하는 것이 아니라 정부에 필요한 자금을 조달하는 데 활용된 것이다. '탄력적 통화 공급'이 어떻게 새로운 통화를 창출하고, 미국이 전쟁에서 이길 경우 늘어난 통화량은 어느 정도 줄어야 적절할까? 이 2가지 질문의 정확한 답을 알고 있는 투자자라면 1917~1921년에 최적의 투자 결정을 내릴 수 있었을 것이다.

미국의 참전은 탄력적 통화 공급을 급격히 늘리는 계기가 됐다. 연방준비제도 내에서 창출된 돈이 본원통화량에서 차지하는 비율은 1917년 4월 21%에서 1918년 11월에는 59%까지 높아졌다. 연방준비제도가 어떻게 작용했길래 통화량이 이처럼 큰 폭으로 늘 수 있었을까? 민간은행들이 고객들에게 돈을 빌려준 뒤 대출 어음을 12개 연방준비은행 중 한 곳으로 가지고 와서 재할인받아 다시 돈을 빌려가면 시중에 유통되는 통화량이 늘어나게 된다[12개 연방준비은행은 민간은행들이 출자한 자금으로 설립됐다. 연방준비은행에 주주로 참여한 이런 민간은행을 회원은행 Member bank이라고 부른다. 연방준비은행의 주식은 팔거나 거래할 수 없고 회원은행들은 매년 6%로 고정된 배당금을 받는다. 회원은행들은 주주이긴 하지만 연방준비은행의 운영에 직접적으로 개입할 수 없다. 회원은행들은 다만 각 연방준비은행 내에 설치되는 이사회 이사 9명 중 6명을 선출할 수 있는 권한을 갖는다 - 옮긴이]. 연방준비은행들은 1917년 이후 금융시장의 심리적 공황상태를 완화하거나 방지하는 수단이 아니라 정부의 자금 조달을 도와주는 수단으로 '통화 공급'을 탄력적으로 활용하기 시작했다. 제1차 세계대전은 미국이 남북전쟁 이후 처음으로 참여한 전쟁이었다. 남북전쟁 때는 금본위제를 중단해야 했지만 제1차 세계대전 때는 새로 도입한 탄력적 통화 공급 덕분에 금본위제를 유지할 수 있었다. 투자자들은 탄력적 통화 공급으로 전쟁 기간에도 금본위제를 지속할 수 있다는 사실을 깨닫게 됐다. 금 보유량이 늘지 않는 상황에서 통화량을 늘리기 위해선 금본위제를 중단하거나, 금본위제를 계속 유지하기 위해 통화량을 줄일 수밖에 없다고 생각했던 투자자들은 연방준비제도의 도입으로 통화 시스템이 어떻게 바뀌었는지 이해하는 데 어려움을 겪었다.

전쟁이 끝나자 전쟁 특수로 늘었던 수요가 꺾이면서 경제가 위축될 것으로 전망됐다. 전쟁 수요 소멸에 따른 경기위축은 정전 합의에 도달하기도 전인 1918년 8월에 이미 시작됐다. 많은 사람들은 이러한 경기위축이 오래 지속될 것으로 예상했지만 1919년 3월에 마무리됐다. 사람들은 전쟁 때 비상사태에 대비해 갖고 있던 현금을 은행 예금으로 옮겼다. 본원통화가 은행 시스템으로 이동하면서 통화량 안정에 도움이 됐다. Fed는 1919년까지 저금리 기조를 유지하며 시장금리보다 상당히 낮은 수준으로 은행들의 어음을 재할인해줬다. 이 같은 저금리 기조 때문에 회원은행들은 연방준비은행에서 돈을 빌려 개인과 기업에 대한 대출을 늘렸다. Fed는 정부의 유동부채를 갚을 돈을 마련하고 국채 가격이 하락하는 것을 막기 위해 이 같은 저금리 기조가 필요하다고 밝혔다. 당시 국채는 은행의 핵심 자산이자 중요한 대출 담보가 됐다. Fed는 이처럼 통화 공급을 확대하는 정책을 쓰면서 탄력적 통화 공급을 전쟁 때만큼 크게 늘렸다.

Fed와 재무부 사이에 심각한 논쟁이 있긴 했지만 금리가 인위적으로 낮게 유지되는 동안 사람들은 연방준비제도가 '적격한' 대출과 '투기적' 대출을 구분할 수 있다고 믿었다. 하지만 이 믿음은 사실이 아니었다. 제조업 주가와 상품가격이 급등하면서 투기적 강세장이 1919년까지 이어졌다. 전쟁 당시 인플레이션이 전쟁이 끝난 후에는 금본위제 때문에 디플레이션으로 바뀐다는 사실은 오랫동안 유지된 경제학의 기본 원칙이었다. 그러나 Fed가 정부에 필요한 자금을 조달하기 위해 탄력적 통화 공급을 확대하면서 반대 현상이 나타나고 있었다. 과거 경제 논리에 집착하고 있던 투자자들은 1919년까지 이어진 주식과 상품의 강세장을 놓쳤다.

투자자들은 전쟁 직후 이 기간 동안 통화 시스템이 작용하는 방식을 심하게 오인했다. 시장은 1919년까지 Fed가 보여준 정책 기조 탓에 이후에도 Fed가 탄력적 통화 공급 능력과 의지를 보여줄 것으로 잘못 해석했다. 많은 사람들은 Fed가 통화 공급을 확대하려는 의지를 갖고 있기 때문에 금본위제의 영향력을 벗어나 어떠한 급격한 금리인상도 막아낼 수 있을 것이라고 믿었다. 1914년 11월 이전까지는 Fed가 은행에 빌려준 돈이 하나도 없었지만 1919년 말에는 Fed가 은행에 제공한 신용이 약 30억 달러로 급증했다. 30억 달러는 당시 GDP의 거의 4%에 해당하는 금액이었다. Fed가 제공하는 신용이 제로에서 이처럼 큰 폭으로 늘어나자 일부 투자자들은 훨씬 더 큰 폭의 탄력적인 통화 공급도 가능하리라 믿게 됐다. 이러한 새로운 환경에서는 돈을 빌려 급등하는 자산에 투기적으로 쏟아붓는 것이 연방준비제도가 도입되기 이전만큼 심각하게 위험해 보이지 않았다. 이 같은 투자자들의 오판은, 1919년 강세장 파티에 뒤이어 고통스러운 1920~1921년의 침체장이 찾아온 원인이 되었다.

당시 투자자들이 잊고 있었던 것은 통화의 탄력적 공급에 법적 한계가 있으며 통화 공급이 이 한계에 빠르게 접근하고 있다는 점이었다. 법적으로 연방준비은행은 은행에 빌려준 자금의 40%를 금으로, 은행들이 유치한 순예금액의 35%를 법정 화폐로 보유하고 있어야 했다. Fed 내부적으로는 대출금과 순예금액의 최소 40%를 지급준비금으로 유지하도록 하고 있었다[은행들은 예금자들의 예금 인출 요구에 대비해 총예금액의 일정 비율을 지급준비금으로 중앙은행에 예치해야 한다. 아울러 금본위제에서는 중앙은행이 은행들에 대출해준 자금의 일정 비율을 금으로 보유하고 있어야 한다. 원래 지급준비율이란 총예금액 대비 지급준비금의 비율을 의미하지만 여기에서는 Fed의 대출금 대비 금 보유량까지 포괄하는 의미로 쓰였다 - 옮긴이]. 이 지급준비율은 미국에서 금이 빠져나가고 Fed가 재할인율을 시중금리보다 큰 폭으로 낮게 유지하면서 은행들의 대출이 늘어나자 하락했다. 지급준비율은 전쟁 중에 이미 큰 폭으로 떨어져 1918년 12월에는 48.1%로 내려갔으며 1920

년 1월에는 42.7%까지 하락했다. Fed는 이러한 지급준비율 하락을 아무 조치 없이 지켜보기만 했다. 하지만 1920년 1분기에 정부가 국채를 상환하기 시작하면서 Fed가 개입할 여지가 생겼다.

이제 Fed가 탄력적 통화 공급을 계속 늘려야 할 주된 원인이 사라졌다. 법적으로 지급준비제도를 중단시키고 통화 공급 확대를 계속할 수도 있었지만 이미 1919년 초 자금시장에는 지급준비제도가 중단될 것이란 기대가 전혀 없었다. 1919년 6월에 15%였던 콜금리가 그해 11월에는 30%까지 뛰어오르면서 자금시장의 긴축 조짐이 뚜렷해졌다. Fed는 1919년 11월과 12월에 재할인율을 인상해 처음으로 계속되는 지급준비율 하락을 막기 위한 조치를 취했다. 이 기간에 대부분의 은행이 어음 할인율을 4.75%로 올렸고, 1920년 1월과 2월에는 모든 은행이 어음 할인율을 6.0%까지 인상했다. 요약하자면, 제1차 세계대전 직후 제조업 주식을 중심으로 강세장이 펼쳐졌던 것은 Fed가 탄력적 통화 공급을 법적 한도까지 확대하려는 의지를 갖고 있었기 때문이다. 반면 뒤이어 침체장이 나타난 것은 지급준비율이 법적 제한선까지 떨어지자 Fed가 긴축 조치를 취했던 것이 결정적이었다.

투자자들은 1921년에 연방준비제도라는 새로운 통화기구에 관심을 쏟는 동시에 전반적인 물가수준의 변화도 주시했다. 물가상승률, 즉 인플레이션은 지금도 경제신문에서 정기적으로 다루는 주제 중의 하나지만 1921년에는 훨씬 더 큰 관심을 받았다. 투자자들이 물가상승에 이처럼 관심을 가졌던 이유는 금본위제가 주가에 미치는 영향 때문이었다. 금본위제에서 주식시장의 약세는 보통 경쟁력 약화, 국

표1-4_뉴욕 연방준비은행의 1914~1924년 재할인율

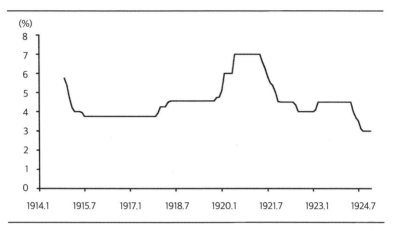

자료: Fed, 은행 및 통화 통계

제수지 악화, 유동성 긴축, 경기위축, 전반적인 물가수준의 하락 등과 관련이 있었다.

  침체장이 언제 끝날지 관심이 있는 투자자라면 미국 내 가격이 주요 무역 상대국보다 경쟁력이 있는지 주목했다. 국내에서 가격경쟁력이 있다면 국제수지가 개선되고 유동성이 완화되며 경기가 확장국면에 들어서는 등 모든 것이 증시에 호의적으로 바뀌면서 침체장이 호황장으로 변할 수 있었다. 1920년에 시작된 디플레이션 직전의 가격상승이 워낙 가팔랐기 때문에 언제 끝날지 예측하기가 특히 어려웠다.

  1914년 6월에서 1920년 5월까지 미국 내 도매물가는 147% 폭등했다. 이러한 급격한 인플레이션이 진정된 뒤 미국이 어느 정도 가격경쟁력을 갖고 있는지 판단하기는 매우 복잡했다. 핵심 교역 상대국도 전쟁 중에 물가가 급격히 올랐고 이들 국가의 환율은 고정된 것이

아니라 탄력적으로 변하고 있었기 때문이다.

전쟁 직후에는 프랑스 프랑화와 독일 마르크화, 영국 파운드화가 미국 달러화에 비해 가치가 떨어졌다. 외국 투자자들은 이들 국가가 금본위제로 복귀하면서 통화 가치를 전쟁 전 수준으로 되돌릴 것이라고 보고 미국에서 자본을 빼내 이들 국가로 옮겼다. 그러나 이러한 투자자들의 믿음은 점점 더 힘을 잃었고, 1919년에는 다시 프랑스, 독일, 영국의 통화 가치가 하락하기 시작됐다. 1919년 초부터 1921년 초까지 프랑스 프랑화와 독일 마르크화는 달러화에 비해 60% 이상 가치가 떨어졌고 영국 파운드화도 같은 기간 달러화에 비해 거의 30%가량 가치가 하락했다. 다른 국가도 물가상승률이 매우 높은 수준이었기 때문에 역시 물가가 많이 올랐던 미국에서 어느 정도까지 가격이 떨어져야 금본위제에서 국제수지 균형을 맞출 수 있는지 분명치 않았다.

이러한 물가조정이 얼마나 큰 폭으로 이뤄져야 하는지를 판단하는 것은 유동성이 얼마나 긴축돼야 하고 경제활동이 얼마나 침체될지 이해하는 데 핵심적으로 작용했다. 제조업 주식의 강세가 1919년 11월까지 계속되면서 이러한 물가조정이 필요하지 않다고 믿는 사람들도 생겨났다. 그러나 이들의 생각은 틀렸다.

투자자들은 전후 시기에 금본위제의 영향을 받는 국내 물가수준을 어떻게 평가했을까? 많은 사람들이 제1차 세계대전이 초래한 세계경제의 지각 변동에 혼란스러움을 느낀 것도 무리가 아니다. 당시의 물가상승률은 남북전쟁 이후 미국 역사상 가장 컸다. 게다가 연방준비제도라는 상대적으로 새로운 변수가 가격이 결정되는 데 어떤 영향을 미칠지 정확히 아는 사람은 아무도 없었다. 물가는 미국이 전쟁에

참여하기 전부터 이미 오르고 있었다. Fed가 1917년 4월까지 별다른
움직임을 보이지 않고 있던 상황에서 금본위제가 물가상승을 억제하
는 역할을 할 것이라고 기대한 사람들도 있었다. 하지만 금이 미국으
로 유입되고 있는 데다(표1-5 참조), 본원통화량이 증가하고 있어서 인
플레이션은 전혀 억제되지 않았다.

　정상적인 환경에서라면 불가피하게 유동성이 증가하면 물가가 상
승해 미국의 경쟁력이 떨어지고 이 결과 금이 유출돼야 한다. 그러나
전쟁 기간 중에 이 같은 조정 과정은 원만히 이뤄지지 않았다. 평상시
에는 가격이 오르면 수요가 줄어드는 경향이 있지만 전쟁 상황에서
는 가격이 올라도 군수품과 물자에 대한 수요가 별 영향을 받지 않는
다. 이 때문에 전쟁 중에는 가격이 올라도 미국 물품에 대한 수요는
계속 많아질 수밖에 없었다.

　원래 금이 유출된 국가에서는 통화량이 줄어 물가가 하락하면 그
국가의 가격경쟁력이 살아나 다시 금이 유입된다. 금본위제에서는 이
런 식으로 유럽에 다시 금이 들어오는 것이 정상이었으나 투자자들은

표1-5_연말 기준 미국 재무부의 금 보유량과 새로 유입된 금의 양　　　　(단위: 백만 달러)

	재무부 금 보유량	순유입량
1914년	1,526	-165
1915년	2,025	+421
1916년	2,556	+530
1917년	2,868	+180
1918년	2,873	+21
1919년	2,707	-292
1920년	2,639	+95

자료: 미국 조사통계국

전쟁으로 불안한 유럽에 금을 두기를 꺼렸다. 게다가 유럽은 통화 긴축 상태였지만 전쟁으로 물자가 부족해 물가가 계속 올라갔다. 전쟁이라는 특수한 상황이 정상적인 금본위제의 작용을 방해했다. 유럽과 미국의 물가 차이가 유럽의 경상수지 상황을 급격하게 변화시킬 만큼 크지 않았던 데다 전쟁이라는 특수 상황 때문에 금은 더더욱 유럽으로 되돌아오지 않았다. 미국은 금본위제를 유지하고 있었지만 이미 전쟁에 참여하기 전부터 상당한 정도의 인플레이션을 경험하고 있었다 (표1-6 참조). 전쟁이 끝난 뒤 투자자들은 금본위제가 물가에 어떤 영향을 미칠지 곰곰이 따져봐야 했다.

유럽이 미국의 산업과 국가경쟁력을 위협할 만큼 경제를 재건하기까지 어느 정도의 시간이 걸릴까? 평화가 찾아오면 금이 유럽으로 되돌아갈 것인가? 아니면 러시아와 독일에서 뚜렷하게 나타나고 있는 사회 혼란 때문에 외국인들은 금을 계속 미국에 둘 것인가? 순수하게 금본위제를 근거로 미래의 전반적인 물가수준을 분석하는 것조차 쉽지 않았다. 여기에 Fed가 1917년 3월부터 1919년 11월 사이에 취한 조치들이 물가 예측을 더욱 어렵게 만들었다.

투자자들은 금의 유출입에 어떤 변화가 일어날지, Fed가 얼마나 탄력적으로 통화를 공급할지 주시하면서 미국의 경제성장과 기업의

표1-6_제1차 세계대전을 기준으로 세 기간의 도매물가 상승률 (단위: %)

미국 중립기 1914년 6월~1917년 3월	전쟁 참여기 1917년 3월~1918년 11월	평화기 1918년 11월~1920년 5월
65	23	22

자료: 프리드먼과 슈바르츠, 《미국 화폐사》, 1867~1960

이익 증가가 얼마나 지속될지 판단해야 했다. 전쟁이 아닌 평상시에 상장기업들의 이익 수준이 어느 정도인지 평가하지 못한다면 상장기업의 가치를 평가할 수 없다. 지금 분석하려 해도 1914~1919년간 미국의 경제성장률 중 정확히 어느 정도가 실질성장률이고 어느 정도가 물가상승률 때문인지 파악하기란 쉽지 않다. 이 시기의 통화량 변화와 물가 변동에 대해선 상당히 높은 수준의 정확성을 가지고 말할 수 있지만, 경제 규모의 변화에 대해서는 정확성이 떨어질 수밖에 없다. 미국 상무부가 GDP 통계를 처음 발표한 것은 1929년이었다. 1929년 이전 미국의 경제성장률은 경제 역사학자들의 추정치에 의존하는 수밖에 없었다.

1914년 말부터 1919년 말까지 실질 경제성장률은 매우 높았으나 이 중 상당 부분은 1916년 경기호황 덕분이었다. 1916년은 유럽의 전쟁으로 자원에 대한 수요가 매우 높아졌던 때다. 당시 중립 상태였던 미국은 유럽에 필요한 자원을 공급하는 역할을 했다. 1916년 실질 경제성장률은 1915년부터 1919년까지 5년간 총실질성장률의 70%를 차지한다. 따라서 탄력적 통화 공급이 어느 정도까지 위축돼야 하는지 가늠하기가 어려웠던 것은 물론 전쟁으로 인해 증시의 적절한 가치를 평가하는 데도 상당한 문제가 발생했다. 전쟁 이후 주식의 가치를 평가할 때 투자자들은 몇 가지 핵심적인 질문에 대답해야 한다. 1916년의 경기호황은 국제 무역에서 미국이 차지하는 역할이 영구적으로 커졌다는 의미일까? 이에 따라 미국 기업들의 이익증가세 역시 계속 유지될 수 있는 것일까? 1916년 경기호황이 일시적인 것이라면 평화가 안정적으로 자리를 잡은 후에는 미국 기업들의 수익성

표1-7_연간 GDP 성장률 (단위: %)

	명목 GDP	실질 GDP
1914년	-6.3	-7.7
1915년	+5.8	+3.4
1916년	+26.4	+16.1
1917년	+19.5	-0.2
1918년	+26.4	+7.6
1919년	+10.5	-3.2
1914년 말에서 1919년 말	+123	+25

자료: 네이선 발크와 로버트 고든, 〈전쟁 전 GNP 추정치: 방법론과 새로운 증거〉, NBER 실용논문 2674

이 상당히 위축될 수밖에 없는 것일까? 전쟁 당시 수익성을 토대로 주식의 가치를 평가해도 괜찮을까? 아니면 전쟁 전 수익성이 주식의 가치를 평가하는 더 정확한 근거일까?

미국의 경제성장세가 지속될 것이라는 결론을 내린다 해도 전쟁 당시의 경제를 전쟁 후 상황에 맞춰 재조정하는 일은 여전히 투자자들에게 쉽지 않았다. 경제 규모가 전쟁 전에 비해 실질 기준으로 확실히 커졌다 해도 전쟁 당시 인플레이션은 분명 떨어질 필요가 있었기 때문이다. 그렇다면 어느 정도의 물가하락이 필요한 걸까? 이러한 물가하락은 미국의 금융 시스템에 어떤 타격을 줄까? Fed의 탄력적 통화 공급은 물가조정과 금융 시스템의 안정성에 어떤 영향을 미칠까? 당시엔 총 147%나 오른 도매물가가 대폭 낮아질 필요가 있으며, 이에 따른 물가하락의 폭도 상당해 경제를 심각하게 위축시킬 것이란 우려가 팽배했다. 특히 이 같은 물가하락은 돈을 빌려 매우 높은 가격에 물품을 구매한 사람들에게 심각한 타격을 입힐 수도 있었다. 하지만 Fed는 1918년 11월부터 1919년 말까지 취한 조치들을 통해 급격한 물가하락을 막기 위해 통화 공급을 늘릴 수 있음을 시사했다. 최소한 Fed가 1919년 11월에 재할인율을 올릴 때까지 투자자들은 그렇게 믿었다. 어느 정도의 물가하락은 필요한 것처럼 보였지만 얼마나 큰 폭으로, 얼마나 오래 필요한지는 그 누구도 예측하기 어려웠다.

투자자들은 전쟁이 끝난 뒤 물가가 내려갈 것이라고 예상했지만 반드시 그런 것은 아니었다. 금본위제의 제약을 받지 않는 국가들이 있었고 이런 국가들은 전후 경제 후유증에서 벗어나기 위해 다른 방법을 모색했다. 투자자들도 전후 경제상황을 타개하는 다른 방법이 있다는 사실을 깨닫고 있었다. 1921년 여름, 투자자들 사이에서는 독일과 러시아, 폴란드, 헝가리, 오스트리아 등이 전쟁 당시 올랐던 가격을 내리지 않고 다른 방법으로 전후 경제를 조정하는 것이 타당한지 논쟁이 있었다. 이들 국가는 더 이상 금을 자국 통화의 법적 축으로 삼지 않았다. 이 때문에 이들 국가는 돈을 마구 찍어내면서 경제성장을 촉진해 일자리를 만들고 물가하락을 막을 수 있었다.

이 정책은 최소한 처음에는 효과가 있는 것처럼 보였다. 표1-8에서 보듯 이 과정에서 이들 국가의 통화 대비 금 보유량 비율은 급격히 떨어졌다. 독일은 전후 물가하락을 피할 수 있었고 1921년 도매물가상승률은 29%에 달했다. 이는 도매물가가 프랑스에서 24%, 영국에서 26%, 미국에서 11% 하락한 것과 대비된다. 독일에서는 물가만 오른 것이 아니라 경제도 침체되지 않았다. 심지어 증시가 오르며 호황장이 펼쳐지기까지 했다.

표1-8_통화량 대비 금 보유량 비율 (금/통화량)   (단위: %)

	1914년	1921년
미국	18	93
영국	135	34
프랑스	67	15
이탈리아	60	10
벨기에	35	5
독일	54	1.5
오스트리아	54	.01
스위스	52	58
네덜란드	53	59
스페인	53	59
스웨덴	42	35
덴마크	51	46
일본	67	112

자료: WSJ, 1921년 7월 2일

물가상승이 그 국가의 통화 가치를 실질적으로 떨어뜨리는 한 결국엔 통화 가치 하락에 따른 가격경쟁력 획득으로 수출이 촉진되고, 이는 고용 창출과 생산 증가로 이어지게 된다. 이 경우 투자자들은 자신들이 저축한 돈을 보호하기 위해 은행 예금을 인출해야 할 상황에 놓인다. 물가상승으로 자국의 통화 가치가 떨어지면 저축해놓은 돈의 가치 역시 하락하기 때문이다. 이런 상황에서는 투자자가 되어 주식을 보유해야만 한다. 기업은 상품을 만드는 데 드는 비용이 올라가면 상품가격을 올려 비용이 상승된 부분의 부담을 소비자에게 전가한다. 반면 주주들에게는 물가상승률에 맞춰 배당금을 지급하게 된다. 이런 이유로 독일 증시는 1921년 말까지 상승했다.

배리 아이켄그린Barry Eichengreen, 《황금 족쇄》

1921년 3월부터 8월까지 프랑크푸르트 자이퉁 주가평균은 40%가 급등했다. 1921년 9월 초, 투기적 주식 매입으로 거래량이 처리할 수 없을 만큼 폭증하자 베를린증권거래소는 주식 거래를 중단시켜야 했다. 〈WSJ〉는 1921년 9월 9일 독일 마르크화의 가치 하락이 독일 강세장의 원인이라고 보도했다.

7월 초 마르크화가 평가절하되는 추세를 보이자 독일 투자자들은 깜짝 놀라 화폐가치가 더 떨어지기 전에 돈을 제조업 기업을 포함한 각종 주식에 묻어두려 증시로 몰려들었다.

초인플레이션의 재앙이 점점 더 분명해지는데도 일부 외국 투자자들은 여전히 독일 경제를 낙관적으로 보았다. 독일 정부는 1921년 중반에 외국인들이 10억 달러 상당의 독일 지폐와 채권을 보유하고 있는 것으로 추정했다. 외국인이 보유한 독일 지폐와 채권의 규모는 미국 달러화로 환산한 독일 마르크화의 가치가 8센트에서 1센트로 추락하는 동안 약 10억 달러로 늘어났다. 그러나 〈WSJ〉는 독일과 마르크화의 앞날을 극히 비관적으로 바라봤다. 심지어 독일인조차 이 같은 통화정책이 야기할 수 있는 결과를 눈치채고 있었던 것으로 보인다. 1921년 10월 3일자 〈WSJ〉에 따르면, 벨기에 브뤼셀에서 열린 국제회의에서 영국 대표가 '독일이 나락으로 떨어지고 있다'고 언급하자 독일 은행가가 다음과 같이 말했다고 한다.

"우리는 영국의 조언에 전혀 신경 쓰지 않는다. 영국인들은 오로지 자기

자신들만 생각할 뿐이다. 우리는 나락으로 떨어지고 있을 수도 있지만 그렇게 되면 독일은 프랑스의 발목을 잡고 늘어져 함께 나락으로 추락할 것이고, 이는 곧 모든 유럽경제의 파산을 의미하는 것이다."

표1-9에서 알 수 있듯 당시 독일은 최악의 경제상황을 겪고 있었다. 물가상승이 최고조에 달했을 때는 물가가 한 달 사이에 300만% 이상 폭등했다. 독일처럼 극단적이지는 않았지만 다른 국가들도 극심한 물가상승에 시달렸다. 가장 심할 때는 월간 물가상승률이 러시아가 213%, 폴란드가 275%, 오스트리아가 134%, 헝가리가 98%까지 치솟았다. 1921년에 물가하락을 유도하는 정책에 비해서는 투자자들에게 더 긍정적으로 보였던 통화량 증대 정책은 국가의 자본 가치를 거의 전적으로 떨어뜨리는 결과를 가져왔다.

당시 투자자들은 미국의 물가수준이 언제쯤 안정될지 가늠해보려면 물가상승을 유도하는 독일의 정책을 반드시 함께 고려해야 했다. 독일의 정책은 일시적으로 효과가 있는 것처럼 보였다. 마르크화의 가치가 떨어지자 독일은 가격경쟁력이 생겨 여러 상품시장에서 점유

표1-9_1918~1923년 독일 도매물가 지수

1918년	152
1919년	291
1920년	1,040
1921년	1,338
1922년	23,927
1923년	11,634,000,000,000

자료: B.R. 미첼, 〈1750~1970년까지 유럽의 역사 통계〉

율을 확대할 수 있었다. 만약 이러한 상태가 지속되고 러시아, 폴란드, 오스트리아, 헝가리까지 비슷한 과정을 거쳤다면 미국의 경기 조정 정도는 사람들이 일반적으로 예상할 수 있는 수준보다 훨씬 더 컸을 것이다. 금본위제를 채택하지 않았다면 가격이 안정되고 경제가 회복되는 시점을 파악하기가 훨씬 더 복잡했을 것이다.

1921년 시장의 구조

뉴욕으로 돌아온 뒤 나는 한동안 끝도 없이 쌓인

주식 시세표를 작성해야 했다.

그러다 회전의자에 앉은 채 잠이 들곤 했다.

정오가 되기 직전에 전화벨 소리가 울리면 잠에서 깨어,

이마에 땀방울을 흘리면서 다시 시세표를 작성했다.

스콧 피츠제럴드, 《위대한 개츠비》

1921년 주식시장

주식시장은 1921년에 기관투자가들이 통상적으로 관심을 갖고 참여하는 곳이 아니었다. 물론 주식시장에 기관투자가들이 있었지만 주식은 투기 성향이 강한 투자 방식으로 여겨졌고 기관투자가들은 주식보다 채권에 훨씬 더 많은 관심을 가졌다. 표1-10은 1921년 7월 30일 기준으로 NYSE의 주식시장 구조를 보여준다.

표1-10_1921년 7월 30일 주식시장 구조

상장주식 가짓수	586
우선주 가짓수	185
상장기업의 수	382

자료: WSJ, 1921년 8월 1일

※주: 한 기업이 한 종류 이상의 주식을 상장한 경우가 있어 상장주식의 수가 상장기업의 수보다 많다.

당시 NYSE에 상장한 기업은 총 382개였다. 현재 NYSE에 상장한 기업이 2,500개가 넘는다는 점을 감안하면 적은 숫자다. 그러나 당시 투자자들이 투자할 수 있는 산업의 영역은 상당히 넓었다. 당시 핵심 산업은 철도, 철강, 석유 등이었다. 1921년 상장주식들을 보면 당시 투자자들이 어떤 산업에 관심을 갖고 있었는지 엿볼 수 있다. 1921년 들어 8월 말까지 신규 상장된 주식은 공공설비와 제조업이 균형을 이루고 있는 가운데 철도 비중은 1%도 되지 않았다. 당시 주식시장에서 날로 중요성이 커지고 있던 신성장 산업은 자동차였다. 이 외에 고무산업이 자동차산업의 호황에 힘입어 중요하게 떠올랐고, 담배산업도 소비자들이 직접 말아 피던 담배에서 대량 생산된 얇고 단단한 담배를 찾으면서 성장세를 보였다.

- **철도:** 1830년에 모호크&허드슨 철도가 NYSE에 상장하면서 미국의 철도 주식에 투자할 수 있는 길이 열렸다. 철도산업은 초기에는 과잉 경쟁이 심했고 19세기에 수많은 철도회사가 파산하는 어려움을 겪었다. 그럼에도 1921년에 투자자들이 선택할 수 있는 철도 주식은 많았다. 애치슨토피카&산타페, 볼티모어&오하이오, 캐네디언

퍼시픽, 체서피크&오하이오, 뉴욕센트럴서던퍼시픽, 유니온퍼시픽 등이 대표적이었다.

- **철강:** 철강산업은 여전히 US스틸이 지배하고 있었다. US스틸은 1901년에 금융회사인 JP모건이 카네기철강을 비롯한 여러 철강회사들을 인수해 통합하면서 탄생했다. US스틸의 운전자본[기업자본 중에서 일상적인 기업 운용에 필요한 부분-옮긴이]은 다른 12개 상장 철강회사를 모두 합한 것보다 거의 2배가량 더 많았다. 1921년에 US스틸의 가동률은 20%로 떨어졌다.

- **자동차:** 포드자동차가 미국 전체 자동차시장의 거의 절반가량을 점유하고 있었다. 하지만 포드는 1956년에야 주식시장에 상장했다. 포드 다음으로는 제너럴모터스General Motors, GM가 자동차시장을 지배하는 사업자였다. GM은 주식시장에 상장돼 거래되고 있었다. 스튜드베이커와 피어스애로우, 윌리스-오버랜드, 리퍼블릭모터스, 맥스웰모터스 등도 주식시장에서 거래가 가능했다.

- **석유:** 당시 석유산업은 스탠더드오일트러스트[미국 내 석유 생산과 정유, 판매를 거의 독점했던 석유기업 간 연합체였다. 스탠더드오일은 미국의 거부 존 D. 록펠러가 설립했으며 스탠더드오일트러스트 역시 록펠러가 주도해 만들었다. 그러나 1911년 미국 법원의 판결로 해산 명령을 받아 33개가량의 회사로 해체됐다 - 옮긴이] 가 해체되면서 탄생한 뉴저지스탠더드오일, 오하이오스탠더드오일 등 13개 스탠더드오일 계열의 상장사들이 지배하고 있었다. 이들보다 규모가 훨씬 작은 독립 회사들은 제1차 세계대전 때 호황을 누린 후 멕시코 사업에 주력하고 있었다. 어소시에이티드오일, 코스던오일, 휴스턴오일, 인빈서블오일, 멕시칸페트롤리엄, 퍼시픽오일,

싱클레어오일 등이 투기 성향이 강한 투자자들이 선호하는 기업들이었다.

- **고무:** 찰스 굿이어Charles Goodyear가 1839년에 고무를 가죽처럼 단단하고 탄력 좋게 만들어주는 고무경화법을 발명한 이후 고무는 의류를 비롯한 여러 용도에 널리 활용됐고 고무사업은 쏠쏠한 돈벌이가 됐다. 고무산업은 고무 타이어를 필수적으로 장착해야 하는 자동차 보급이 늘어나면서 본격적인 호황을 누리기 시작했다. 주식시장에는 굿리치BF와 US고무 등 4개 고무회사가 상장돼 있었다.

- **광업:** 제1차 세계대전 때 광업은 대호황을 누렸다. 특히 구리산업이 최고 수혜를 입었다. 그러나 전쟁이 끝난 뒤 구리를 비롯한 상품가격이 급락하면서 광업은 심각한 타격을 입었다. 그 결과, 구리 가격은 1911년 수준으로 떨어졌다. 1921년에 구리 가격은 파운드당 12센트였는데, 이는 제1차 세계대전이 시작되기 전 8년간의 구리 평균가격 15.5센트보다 낮은 것이었다. 구리 가격은 1950년대 중반까지 1916년 수준을 넘어서지 못했다. 1921년에는 미국에서 오직 8개 회사만이 구리 생산을 계속했다. NYSE에는 아나콘다, 홈스테이크, 돔 등의 광업 기업들이 상장돼 있었다.

- **유통:** 가장 먼저 NYSE에 상장한 유통업체는 우편주문회사였다. 이후 체인점과 백화점이 NYSE에 상장할 만큼 규모가 커졌다. 주요 상장 유통업체로는 시어스-로벅, 울워스, 몽고메리워드, 메이백화점 등이 있었다.

- **설탕:** 설탕산업은 제1차 세계대전 당시는 물론 전쟁이 끝난 후에도 계속 활황이었다. 그러나 다른 1차 상품과 마찬가지로 설탕도

1920~1921년 경기침체 때 가격이 심하게 떨어졌다. 정제설탕 가격은 1920년에 파운드당 26센트까지 올랐으나 1921년 여름에는 파운드당 5.5센트로 주저앉았다. 설탕 가격이 급락하는 와중에 내셔널시티뱅크는 어쩔 수 없이 쿠바에서 가장 큰 설탕 생산업체를 인수하게 됐다. 내셔널시티뱅크가 보유하고 있던 채권이 부실채권이 되면서 담보로 잡은 설탕 생산업체를 떠안았기 때문이다. 설탕 생산은 주로 쿠바에서 이뤄졌다. 쿠바의 설탕 생산량은 6년간 2배로 늘었고 설탕산업은 쿠바 전체 경제의 3분의 1을 차지하게 됐다. NYSE에는 설탕 생산업체와 정제업체가 함께 상장돼 있었다. 주요 기업으로는 관타나모슈거, 쿠바콘슈거, 아메리칸슈거 정제회사 등이 있었다.

- **담배:** 담배산업은 아메리칸토바코트러스트가 해체되고 얇은 종이로 가늘고 길게 말아 놓은 궐련 사업이 급격한 성장세를 보이면서 변화의 계기를 맞이하고 있었다. 당시 상장된 대표적인 담배회사는 로릴라드와 리게트&마이어스 등이었다.

- **기타 산업:** 당시에는 이 같은 주요 산업 외에도 잠수함 제조부터 아스팔트 루핑[아스팔트를 이용해 방수성을 높인 재료로 지붕이나 지하실 방수층 보강재로 사용된다 – 옮긴이]에 이르기까지 다양한 신흥산업이 존재했다. 각종 산업의 중요성이 점점 더 커지면서 관련 기업들도 주식시장에서 활발하게 거래됐다. 이러한 기업으로 아메리칸익스프레스, AT&T, 코카콜라, 이스트먼코닥, 제너럴일렉트릭, 내셔널비스킷컴퍼니(나비스코), 오티스엘리베이터, 웨스팅하우스 등이 있었다.

주식시장이 하락할 때 투자자들은 정부가 제공하는 보장된 수익을 얻는 것이 최선의 선택이다. 철도회사는 국유화된 탓에 제1차 세계대전 이후에 나타난 주가상승과 제1차 상품가격 상승에 동참하지 못했다. 철도주 투자자들은 정부가 과거 평균 수준으로 산출해 지급하는 고정된 배당금만 받을 수 있을 뿐 주가상승에 따른 차익은 기대할 수 없었다. 이 때문에 철도주는 상승 여력이 크지 않은 것으로 여겨졌다.

그러나 1920~1921년 경기침체 때는 정부가 배당금을 꼬박꼬박 지급해주는 철도주의 안정성이 장점으로 부각됐다. 표1-11에서 알 수 있듯 1919년 주식시장 고점부터 1921년 8월 저점까지 철도지수는 다우존스 지수와 비교해 절반 정도밖에 떨어지지 않았다. 또 편입 종목 수가 많아 시장을 좀 더 광범위하게 반영할 수 있었던 S&P 종합지수와 배당금이 보통주보다 많아 안정적인 우선주도 당시 20개 종목만

표1-11_다우존스 지수와 비교한 철도주와 우선주, S&P 종합지수의 움직임

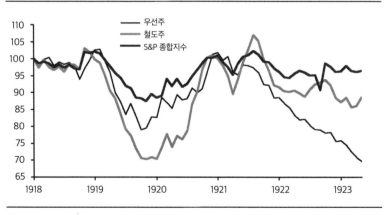

자료: NBER, www.econ.yale.edu/~shiller/data.htm

편입해 있던 다우존스 지수에 비해 훨씬 더 나은 움직임을 보였다.

주요 기업들이 모두 NYSE에 상장된 것은 아니었다. 상장되지 않은 기업들은 장외시장에서 거래됐다. 당시 장외시장에는 각각의 산업에서 훗날 세계적으로 성공한 기업들이 많았다. 1921년 6월 28일까지 장외시장이란 NYSE 옆 브로드스트리트에서 사람들이 만나 개별적으로 가격을 협상해 주식을 사고파는 거래를 총칭하는 것이었다. 훗날 크게 성장한 브리티시아메리칸토바코, 질레트, 필립모리스, RCARadio Corporation of America 등이 당시 길거리에서 거래됐다.

반면 당시에는 유망했으나 역사 속에서 완전히 사라졌거나 지금까지 사업을 계속한다 해도 과거의 명성이 빛바랜 기업들도 적지 않다. 비행기 발명가인 라이트 형제가 함께 세운 라이트에어로노티컬이 대표적이다. 1921년에 라이트 형제가 재기할 것으로 믿고 이 회사에 투자했던 사람들은 평판 높은 기업이 쇠락해가는 것을 경험했을 것이다. 라이트에어로노티컬은 비행기 엔진 제조에 주력하다 1924년에 몇몇 기술자들이 떠나면서 어려움을 겪었다. 1929년에 커티스에어로플레인이란 회사와 합병했으나 결국 1950년대 말에는 경쟁력을 잃고 항공 분야에서는 완전히 손을 뗐다. 레버액션 라이플총으로 유명했던 새비지암스는 1921년만 해도 매우 전도유망한 기업처럼 보였다. 이 회사는 1919년에 인디언 족장 '절름발이 곰Lame Bear'이 인디언 보호구역을 방어하기 위해 새비지암스의 레버액션 라이플총을 구입하며 인디언이 보증했다는 명성을 얻었다. 하지만 지금은 NYSE에서 상장 폐지돼 거래조차 되지 않는 작은 기업으로 전락했다. 어떤 투자자들은 만화 영화 '루니툰' 시리즈에 나오는 회사인 내셔널애크미에 투자하고 싶다고 생각한 적이 있을 수도 있다. 루니툰에 나오는 와일 E. 코요테는 새 로드 러너를 잡기 위해 내셔널 애크미의 각종 기구들을 구입한다. 내셔널애크미는 회장이 '노동력을 절감해주는 기구'라고 주장하는 제품들을 생산하지만 안타깝게도 와일 E. 코요테가 그토록 많이 사는 이 제품들은 훗날 전혀 독창적이지 않은 것으로 드러난다. 1921년만 해도 관타나모라고 하면 설탕회사를 연상했으나, 지금은 전혀 다른 이미지를 떠올리게 된다[관타나모는 쿠바 남동부에 위치한 항구도시로 미국 해군기지가 있는 곳이다 - 옮긴이].

1921년 채권시장

"파크 청년이 곤경에 빠졌습니다."

그가 서둘러 말했다.

"카운터 너머로 채권을 넘겨주다 붙잡혔어요. 바로 5분 전에 뉴욕에서 채권 번호를 알려주는 회람장을 받았거든요. 거기에 대해 뭐 좀 아는 이야기가 있습니까? 이런 촌구석에서는 통 알 수가 있어야죠."

스콧 피츠제럴드, 《위대한 개츠비》

주식시장이 1919년부터 1921년까지 약세를 보인 주요 원인은 장기간 이어져온 채권시장의 침체가 심화됐기 때문이었다. 채권시장 침체는 1899년부터 시작돼 1921년까지 이어졌다. 이 기간 동안 미국 국채의 만기수익률과 투자자들이 실제로 얻는 수익률 사이에는 차이가 있었다. 1900년부터 1916년까지는 국채 공급이 부족했다. 이 기간 동안 연간 국채 발행액수는 GDP의 평균 4.2%에 불과했다. 국채 공급이 제한된 반면 수요는 인위적으로 늘어나 있었다. 은행이 국채를 사서 보유하고 있으면 국채를 담보로 은행권을 발행할 수 있어 은행의 국채 수요가 많았기 때문이다[은행권은 은행이 발행하는 일종의 약속어음으로 화폐 기능을 할 수 있다 - 옮긴이]. 1913년에 발행된 9억 6,500만 달러의 국채 중 80%가 은행권의 지급을 보증하는 담보 용도였다.

국채는 이 같은 인위적인 요인으로 수요가 많아 수익률이 낮게 유지된 데다 공급은 제한돼 있어 유동성이 극히 부족했다. 이 때문에 투자자들은 좀 더 수익률이 높고 유동성이 풍부한 채권으로 눈을 돌렸다. 그 결과, 1899년부터 1916년까지 투자자들의 주요 투자 대상은 회사채가 될 수밖에 없었다. 회사채 시장은 미국 국채시장보다 거의 20배가량 더 컸다.

표 1-12는 1900년부터 1921년까지 회사채의 평균수익률 추이를 보여준다. 표를 보면 회사채 시장은 1899년부터 1916년까지 수익률이 서서히 오르며 침체 양상을 보이다가 1917~1920년에 수익률이 급격하게 뛰며 침체가 심화되는 것을 알 수 있다[채권은 수익률이 오르면 가격이 떨어진다. 따라서 표1-12처럼 채권수익률이 올라가면 가격이 떨어지고 있어 채권시장이 약세라는 뜻이다 - 옮긴이]. Fed는 1914년부터 1918년까지 금리를 낮게 유지했으나 이런 저금리 기조는 1917년 미국의 제1차 세계대전 참전 이후 채권 가격이 급락(채권수익률 급등)하는 것을 막지는 못했다. 1917년 1월부터 1920년 5월까지 최우량 회사채 가격은 23.6% 떨어졌는데 이는 1899년부터 1920년까지 전체 가격하락률의 절반 이상에 달하는 것이다. 채권 가격이 급락한 이 3년간은 남북전쟁(1861~1865년)

표1-12_미국 최우량 회사채의 평균수익률

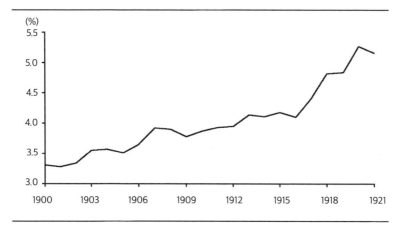

자료: 시드니 호머&리처드 쉴러, 《금리의 역사》

이 시작된 이후 회사채 시장 최악의 침체장이었다.

미국 채권시장은 미국의 참전을 계기로 급격하게 변했다. 전쟁의 영향으로 채권시장의 주도권이 회사채에서 국채로 넘어간 것이 가장 큰 변화였다. 이 결과 국채 발행액이 1916년에는 GDP의 2.7%에 불과했으나 1921년에는 32.9%로 급등했다. 이는 남북전쟁 여파로 정부 지출이 늘어난 1866년 수준을 넘은 미국 역사상 최대 수준이었다.

1866년 국채 발행액은 GDP의 31.0%였다. 국채는 1916년까지 유동성이 극히 부족해 가격이 실제 가치 이상으로 높을 수밖에 없었다. 그러나 1918년에는 정부가 전쟁 비용을 조달하기 위해 국채 발행을 늘리면서 유동성이 가장 풍부하고 사람들이 가장 많이 보유한 투자 대상으로 변했다. 1920년에는 국채 발행액이 243억 달러로 늘어나면서 180억 달러 규모의 회사채 시장보다 커졌다. 미국 정부가 제1차 세계대전 비용을 조달하기 위해 1917~1918년에 발행했던 네 종류의 '자유국채Liberty Bond'는 인수자가 1,800만 명에 달했던 것으로 추정된다. 당시 미국 인구가 1억 명을 약간 넘는 수준이었다는 점을 감안할 때 전체 인구의 18%가량이 자유국채 투자자였던 셈이다.

자유국채와 승리채권Victory Loan이 나오면서 수백만 명이 새로운 채권투자자로 들어오게 됐고 채권시장은 크게 성장했다. 1921년에 자유국채는 미국 전체 국채 발행액의 71%를 차지했다. 전쟁 후에 발행된 승리채권은 전체 국채 발행액의 16%를 점했다. 처음 나온 자유국채는 표면금리가 3.5%였으나 판매가 점점 어려워지면서 네 번째로 발행된 자유국채는 표면금리가 4.25%로 높아졌다. 전쟁이 끝나도 채권투자자들은 마음의 안식을 되찾을 수가 없었다. 전쟁 후의 짧은 경기호황이 나타나면서 물가상승률이 높아졌기 때문이다. 정부로부터 직접 자유국채를 샀던 원래 투자자들의 거의 80%가 1920~1921년

표1-13_미국 GDP 대비 미국 국채 발행액 비율

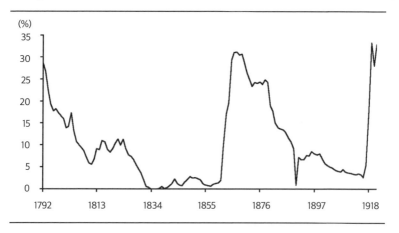

자료: 미국 조사통계국

베어마켓

채권시장 침체기 때 자유국채를 팔아치웠다.

1921년 여름 NYSE에서 채권의 일평균 거래액수는 1,000만 달러 가량이었다. 당시 주식의 일평균 거래액수는 3,600만 달러로 채권보다 훨씬 더 많았다. 투자자들의 관심은 국채와 회사채 사이를 왔다갔다 했지만, 국채는 항상 전체 채권 거래액수의 절반 이상을 차지했고 때로는 3분의 2를 점하기도 했다. 자유국채와 승리채권이 아무리 적어도 각각 매일 38억 달러씩은 거래됐기 때문에 어떤 회사채도 거래액수에서 이 두 종류의 국채를 능가할 수 없었다. 거래가 활발했던 다른 채권으로는 벌링턴, 영국, 쿠바콘슈거, 펜실베이니아철도, 프랑스, 웨스턴유니온(금융기관) 등이 있었다.

국채 외에 NYSE에서 거래되는 다른 채권들은 '기타'로 분류됐다. 기타 채권은 발행 주체에 따라 산업, 철도, 외국 정부 및 도시로 크게 세 종류로 나눌 수 있었다(외국 정부 및 도시로 분류되는 기타 채권 가운데 도시가 발행한 채권은 뉴욕시 채권이 유일했다).

물론 NYSE에 상장하지 않고 장외에서 중개인들이 거래하는 채권들도 많았다. 1920년에는 이미 상당수의 회사채가 NYSE 밖에서 거래되고 있었다. 다음 페이지의 표1-15에서 알 수 있듯 1920년에 채

표1-14_1921년 8월 31일 현재 기타 채권

	가짓수
외국 정부 및 도시	41
산업	63
철도	144

자료: WSJ

표1-15_1920년 12월 현재 미국 회사채 현황

	발행된 회사채 가짓수	발행금액 (백만 달러)
철도	1,700	9,631
공공설비	3,795	6,074
산업	868	2,380

자료: 브래독 히크먼Braddock Hickman, 〈1900년 이후 회사채 발행을 통한 자금조달 현황 통계측정〉

권시장에는 총 6,000종 이상의 채권들이 발행돼 거래되고 있었다. 이는 NYSE에 상장돼 거래되던 주식의 종목 수보다 10배 이상 많은 것이었다.

제1차 세계대전 동안 NYSE에 상장돼 거래되는 채권 가운데 외국 정부의 국채가 특히 많이 늘었다. 이는 미국이 영국의 라이벌이자 전 세계 금융의 중심지로 부상했다는 신호로 받아들여진다.

1921년 8월 당시 NYSE에는 아르헨티나, 벨기에, 브라질, 캐나다, 칠레, 쿠바, 덴마크, 도미니카, 프랑스, 일본, 멕시코, 노르웨이, 스웨덴, 스위스, 영국, 우루과이 등의 국채가 거래되고 있었다. 다만 일본과 도쿄시, 취리히, 아르헨티나 등의 채권은 NYSE에 상장돼 거래되긴 했지만 거래 단위는 영국 파운드화였다. 이런 사실은 당시 세계 금융시장의 주도권이 과도기에 있었음을 보여준다. 그러나 단일 규모로 가장 액수가 큰 채권을 발행했을 뿐만 아니라 해외에서 발행한 채권의 총액수도 가장 큰 국가는 영국이었다. 영국은 미국에 있는 자산을 모두 팔아도 제1차 세계대전에 드는 비용을 다 조달할 수 없었다. 이 때문에 영국은 국채를 많이 발행했는데, 1921년에 영국이 NYSE에서 발행한 국채의 액면가액만 4억 5,000만 달러에 달했다.

당시 신용등급이 낮아 위험한 정크본드로는 멕시코 국채가 대표적이었다. 멕시코는 1914년에 원리금을 갚기 어렵다고 선언한 이후 쭉 디폴트 상태였기 때문에 국채 가격이 30대 초반에 불과했다.

　1921년에도 장외시장에서는 1917년에 혁명으로 무너진 제정 러시아의 국채가 20달러로 거래되고 있었다. 제정 러시아 국채는 러시아에서 군주제가 부활하지 않는 한 원금을 돌려받을 수 없었다.

침체장 바닥에서: 1921년 여름

그러나 내 옆에는, 데이지와는 달리,

깨끗이 잊힌 꿈에 오래도록 미련을 갖지 않을 만큼

현명한 여자인 조던이 앉아 있었다.

스콧 피츠제럴드, 《위대한 개츠비》

큰 침체장에서는 주식의 밸류에이션이 큰 폭으로 낮아진다. 침체장에서는 주가가 급락하기 때문에 주식의 밸류에이션이 심하게 낮아진다는 것이 일반적인 생각이다. 하지만 주가급락이 주식의 밸류에이션을 낮추는 주된 요인은 아니다. 밸류에이션이 낮아지는 주된 이유는 침체장에 앞서, 주가가 경제성장세만큼, 또 기업의 이익증가세만큼 오르지 못하는 기간이 오래 지속되기 때문이다. 앞으로 살펴보게되겠지만, 1929~1932년의 대공황 당시 침체장을 제외하면, 미국 역사상 모든 침체장의 바닥에서 주식의 밸류에이션은 높아졌고, 침체장이 시작되기 직전에도 밸류에이션이 높았다. 다우존스 지수가 첫선을 보인 이후부터 1921년 8월 24일 바닥 때까지 어떤 움직임을 보

표1-16_다우존스 산업평균지수: 1896~1921년

자료: 다우존스&Co.

였는지 살펴보면, (심지어 침체장이 도래하기 직전까지도 그랬다.) 주가와 기업이익 사이의 괴리가 밸류에이션을 얼마나 떨어뜨리는지 이해할 수 있을 것이다(표1-16을 보라).

다우존스 지수는 1921년 8월 24일에 63.9로 거래를 마쳤다. 이는 1899년 1월 27일 이후 최저 수준의 지수였다. 다시 말해 다우존스 지수는 20여 년간 뚜렷한 상승세를 보이지 못한 채 박스권 안에서 등락만 계속했던 것이다. 이 같은 횡보 장세는 같은 기간 미국 경제의 모습과 견주어 보면 뚜렷이 대비된다. 다음 페이지의 표1-17을 보면 다우존스 지수가 오르락내리락하며 옆으로 기는 동안 미국 경제는 눈부실 정도로 성장했음을 알 수 있다. 1899년부터 1920년까지 미국의 명목 GDP는 383%가 늘었고 실질 GDP는 88%가 성장했다. 하지만 급격한 인구 증가로 1인당 국민소득은 33% 증가하는 데 머물렀다. 무엇보다도 주식시장에 상장된 기업들이 이 같은 성장의 혜택을 가

표1-17_1899년부터 1920년 말까지 미국의 변화

	1899년	1920년	+/-%
인구(백만 명)	75	106	+41
경제활동인구(백만 명)	29	42	+45
학생 수(백만 명)	16	23	+44
시간당 평균 임금(제조업)	21¢	66¢	+214
모든 산업의 평균 임금(달러)	480	1,489	+210
노조 가입자 수	611,000	5,048,000	+726
도매가격 지수	52.2	154.4	+196
생계비 지수	66.1	203.7	+208
소매가격지수	12.5	40.5	+224
평균 수명(나이)	48	56	+17
명목 GDP(십억 달러)	17.97	86.76	+383
실질 GDP (2000년 달러 가치를 기준으로 십억 달러)	322.1	606.6	+88
농장 수	4,565	6,448	+41
총광물 생산량 가치(백만 달러)	798	6,084	+662
광물 생산량 지수	19.6	50.8	+159
원유 생산량(백만 배럴)	57	443	+677
철광석 생산량(백만 영국 톤) [영국 톤은 1,0161톤 – 옮긴이]	24	68	+183
사람이 거주하는 주택수(백만)	16	24	+50
총주택담보대출(십억 달러)	3	9	+200
제조업의 장부상 자본(십억 달러)	9	40	+344
제련된 철강 생산량(백만 영국 톤)	10	42	+320
생산된 기관차 수	2,475	3,672	+48
자동차 생산량의 가치(백만 달러)	4	1,628	
건축자재 생산량의 가치(백만 달러)	1,006	4,777	+375
철도 운행거리(마일)	258,784	406,508	+57
철도 고용 직원수(천 명)	929	2,076	+123
자동차 판매대수	4,192	1.9(단위 백만)	
자동차 등록대수	8,000	9.2(단위 백만)	
전화기 대수(천 대)	1,005	13,329	
수출량(백만 달러)	1,321	8,664	+563
수출량 지수	70.8	141.8	+100

순국제투자(백만 달러) [순국제투자=대외투자-외국인투자 – 옮긴이]	(2,797)	3,700	
국내 민간부문 실질 총생산(지수)	43.6	78.3	+80
특허 등록건수	23,278	37,060	+37
총은행예금(백만 달러)	8,472	41,838	+394
상업은행의 수	11,835	30,291	+161
유통 중인 통화량(백만 달러)	1,904	5,467	+187
연방정부 세출(백만 달러)	605	6,403	+958
연방정부의 국채 발행량(백만 달러)	1,436	24,299	
현역 군인 수	100,166	343,302	+242

자료: 미국 조사통계국 네이선 발크와 로버트 고든의 논문, 미국 상무부의 해외에서
발생한 수입 자료를 추가해 조정한 것임
※주: %에서 증가율이 너무 큰 것은 공란으로 비워둠

장 많이 받았다. 표1-17을 보면 1899년부터 1920년까지 철강 생산량은 4배 이상 늘었고 철도 운행거리는 148% 증가했다. 수많은 상장기업들이 자동차산업의 급성장에 동참해 덕을 봤다. 주식시장엔 이외에도 담배, 전력, 전화 등 또 다른 성장산업에 속한 기업들이 많이 상장돼 거래되고 있었다.

당시 다우존스 지수에 편입되어 있던 기업의 숫자는 20개에 불과했다. 다우존스 지수가 포괄하는 증시의 폭이 너무 좁기 때문에 실질적인 수익률을 반영하기엔 너무 부족하다고 탓할 수는 없다. 이 책은 당시 투자자들이 그랬던 것처럼 다우존스 지수를 통해 시장의 전반적인 움직임을 파악할 것이다. 다만 하나의 잣대로서 시장을 훨씬 더 폭넓게 반영했던 코울스 지수를 다우존스 지수와 비교해볼 수는 있다. 코울스 지수는 1938년에 알프레드 코울스Alfred Cowles가 개발했다. 개인투자자였던 코울스는 소위 증시전문가란 사람들이 자신에게 해

췄던 투자 조언에 큰 불만을 품고, 그들이 전혀 투자에 도움이 안 된다는 사실을 증명하는 데 많은 시간을 쏟았다. 코울스는 이 과정에서 다우존스 지수보다 훨씬 더 광범위하게 증시 변화를 반영할 수 있는 지수를 만들었다. 이 지수는 다음과 같은 가정을 토대로 만들어졌다.

어떤 투자자가 1871년 초에 각 주식의 시가총액 비율에 맞춰 NYSE에 상장된 모든 주식을 매입한다. 이 투자자는 1938년까지 매달 각 주식의 시가총액 비율에 맞춰 주식에 투자한 자금을 재분배한다. 그렇다면 이 투자자가 전체 상장주식에 투자한 자금은 어떻게 변했을까?

알프레드 코울스&어소시에이츠, 〈1938년 보통주 지수들〉

보다 광범위한 증시 움직임을 포괄하는 코울스 지수 역시 1899년부터 1920년까지 주가가 거의 오르지 않았다는 사실을 보여준다. 코울스 지수에 따르면, 1921년 8월의 주식시장 가치는 심지어 1881년

S&P 지수

코울스 지수처럼 개별 주식의 시가총액 비율에 맞춰 지수를 산출하는 방식은 이후에도 계속 활용됐다. 미국 주식시장의 움직임을 측정하는 기준으로 중요성이 점점 더 커진 S&P500 지수도 코울스 지수와 같은 시가총액 방식으로 계산한다. S&P500 지수는 1871년까지 거슬러 올라가는 과거의 기업이익과 배당금 자료를 상세하게 갖고 있기 때문에, 이 책에서도 이익이나 밸류에이션에 대해 논할 때 종종 S&P500 지수를 인용했다. 하지만 주식시장 움직임을 논할 때는 다우존스 지수에 초점을 맞췄다. 1957년 S&P종합지수에서 S&P500 지수로 재편성되기 전까지, 심지어 1982년 침체장에 이르기까지 투자자들의 머릿속에 지배적으로 자리 잡고 있었고 신문 머리기사에도 주로 인용됐던 지수는 다우존스 지수였기 때문이다.

6월과 거의 비슷한 수준인 것으로 나타난다.

1881년부터 1921년까지 경제확장과 주가위축이라는 불일치가 나타난 이유는 아마도 기업의 이익증가세가 기대에 미치지 못했기 때문이라고 볼 수도 있을 것이다. 코울스의 1938년 연구에 따르면, 1881년부터 1921년까지 40년간 전체 주식시장의 주당 순이익은 34%가 감소했다. 1921년에 주당 순이익이 매우 낮았다는 점을 감안해도 이는 상당히 충격적인 사실이다. 표1-18은 NYSE의 주당 순이익이 가장 높았을 때와 가장 낮았을 때를 나타낸 것이다.

그렇다면 이 기간 동안 어떤 해의 이익을 평균 수준으로 보고 이익증가율을 계산해야 할까? 1916년의 이익을 평균 수준으로 보면 1881년 이후 40여 년간 상장기업의 이익증가율은 250%에 달한다. 하지만 1921년의 이익을 평균 수준으로 잡으면 40여 년간 상장기업의 이익은 오히려 34% 줄어든다.

또 1921년의 이익을 장기간에 걸친 미국 기업들의 평균 이익이라고 생각하면 1921년 1월의 PER은 24.5배나 되지만, 1916년 이익을 평균으로 삼아 계산하면 1921년 1월의 PER은 4.6배로 크게 낮아진다. 1916년에 미국의 실질 경제성장률은 16.1%로 이례적으로 높았다. 이

표1-18_S&P500 지수의 주당 순이익 고점과 저점(1871년 = 100)

1880년 - 19세기 이익 고점	123
1894년 - 19세기 이익 저점	40
1916년 - 1929년 이전의 20세기 이익 고점	383
1921년 - 20세기 이익 저점	73

자료: 로버트 쉴러, 《시장 변동성Market Volatility》

때문에 투자자들은 기업의 일반적인 수익성을 판단할 때 1916년은 기준이 될 수 없다고 생각했다. 실제로 1929년을 제외하면 1947년이 되어서야 1916년의 이익 수준을 넘어설 수 있었다. 당시 어떤 사람이 미래를 정확히 예측하는 능력을 가지고 있었다면 1921년에 기준으로 삼을 수 있는 이익은 경제가 회복되며 크게 성장했던 1922~1926년까지 기업이익의 평균 수준이라고 선언했을 것이다. 그리고 1922~1926년까지 평균 기업이익을 적용해 계산해보면 1921년의 PER은 7배로 나온다.

1922~1926년까지 평균 기업이익을 기준으로 계산해도 상장기업의 이익은 1881년보다 130% 늘어나는 데 그친다. 같은 기간 동안 미국의 명목 GDP는 732% 늘었고 실질 GDP는 435% 증가했다. 결론적으로 이익 변동성이 매우 큰 이 기간 동안 이익증가율을 계산할 때 기준이 되는 이익을 잘못 선택할 수 있다는 점을 감안한다 해도 1881년부터 1921년까지 상장 기업의 이익이 전반적인 경제성장만큼 따라오지 못했다는 점은 분명해 보인다.

1871년을 기점으로 명목 GDP와 S&P500 지수에 포함된 기업들의 이익을 비교해보면, 전반적인 경제성장에 비해 기업이익이 상당히 뒤처졌다는 사실을 쉽게 알 수 있다. 표1-19는 경제성장과 기업의 이익 증가 사이에 어느 정도 격차가 있었는지 보여준다. 이 결과 미국 경제가 눈부시게 발전하는 동안 주식투자자들은 이에 걸맞는 수익을 거두지 못했다. 투자자들이 1919~1921년 침체장이 시작되기도 전에 이미 주식에 실망했던 주된 원인은 이처럼 기업의 이익증가율이 오랫동안 경제성장 속도를 따라가지 못했기 때문이었다.

이 기간 동안 주가가 오르지 못하고 정체됐던 또 다른 이유는 주식 가치에 대한 평가, 즉 밸류에이션의 하락에서 찾을 수 있다. 1922~1926년의 평균 기업이익을 기준으로 삼아 계산하면, 시장의 PER은 1921년 1월까지 7배로 떨어진다. 표1-20을 보면 PER이 고점 대비 감소했다는 사실을 확인할 수 있다.

기업이익이 크게 감소했던 1921년 이익을 기준으로 계산하면, 1921년 12월의 PER이 25.2배로 크게 높아진다. 그럼에도 당시 주가가 매우 쌌다는 증거는 많다. 기업 실적에 비해 주가가 매우 낮게 형성됐다는 점은 기업 내에 누적된 유보이익의 증가세에서 극명하게 드러난다. 1915년부터 1920년까지 상장된 공업기업의 주당 평균 유보이익은 48달러였는데, 이는 1921년 공업기업의 평균 주가와 비슷한 수준이었다. 〈WSJ〉 9월 19일자에서 익명의 은행가는 이런 상황을

표1-19_미국 명목 GDP 대비 S&P500 지수의 이익 (1871년을 100으로 봤을 때)

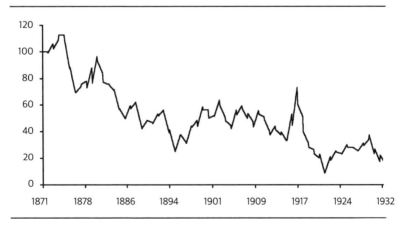

자료: www.econvale edu/rshiller/data.htm, 네이션 발크와 로버트 고든,
〈전쟁 전 GNP 추정치 방법론과 새로운 증거〉, NBER 실용논문 2674

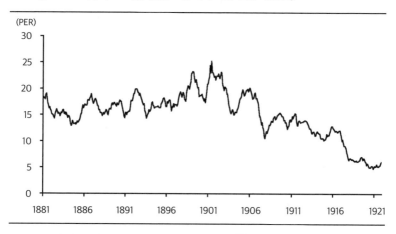

표1-20_S&P500 지수의 PER (경기순환 조정 이익 기준: 1881~1921년)

자료: www.econ.yale.edu/~shiller/data.htm

다음과 같이 묘사했다.

> 오늘날 주식시장에는 시가총액이 운전자본보다 적은 기업이 수십 개
> 에 달한다. 주가가 공장의 자산가치보다 더 싼 기업도 수두룩하다. 구
> 리 광산기업의 주가가 구리 광산을 새로 개발할 때 드는 돈보다도 더
> 싸게 팔리고 있다. 수많은 공업기업들의 주식이 내재가치의 불과 3분
> 의 1 수준으로 거래되고 있다.

투자자들은 이처럼 기업의 수익력을 외면하는 쪽을 택했다. 국채
가 1915년에 11억 달러에서 1921년에 240억 달러로 늘어난 것도 주
식시장에 유입될 수 있는 자금의 양을 줄이면서 투자자들의 관심을
주식에서 멀어지게 만들었다.

S&P500 지수는 1881년부터 1921년까지 거의 비슷한 수준이었다.

베어마켓

따라서 투자자들은 이 기간 동안 주식을 통해 어떠한 자본 수익도 거두지 못한 셈이다. 물론 배당금은 받았다. 배당금을 재투자했다면 주식이 우량 회사채보다 수익률이 높긴 했다. 하지만 40여 년간 수익률 차이는 별로 크지 않았다. 주식투자자는 최우량 채권에 투자한 사람보다 아주 조금 더 높은 수익을 거뒀을 뿐이다. 주가가 이처럼 40여 년간 사실상 제자리걸음밖에 하지 못했던 것은 상장기업들의 이익이 경제성장 속도에 크게 뒤처졌고 밸류에이션을 나타내는 PER도 거의 절반 수준으로 내려갔기 때문이다. 배당금을 받는다 해도 이처럼 적절한 자본 수익을 보상받기에 역부족이었다.

1921년에는 Q비율로 평가해도 주가가 매우 쌌다. 기업 자산의 대체가치는 연말에만 구할 수 있기 때문에 모든 연간 Q비율은 해당 연도의 12월에 계산한다. 20세기 들어 첫 25년간 Q비율이 가장 높았던 때는 1905년 12월로 1.12배였다. 이때는 주가 역시 최고점이었다.

표1-21_S&P500 지수: 1871년~1921년 8월

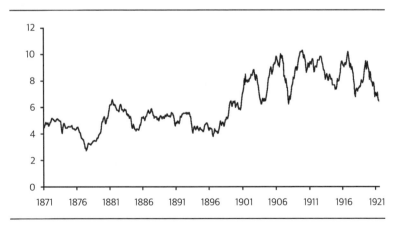

자료: www.econ.yale.edu/~shiller/data.htm

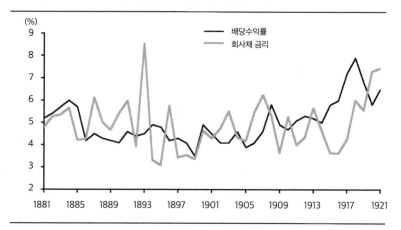

표1-22_S&P500 지수의 배당수익률, 4~6개월짜리 회사채 수익률

1921년 12월에 Q비율은 0.35배에 불과했다. 1921년 8월부터 12월까지 주가가 상당히 큰 폭으로 뛰었다는 점을 감안하면 1921년 8월에 Q비율은 0.3배 미만, 아마도 0.28배 정도로 낮았던 것으로 추정된다. Q비율이 0.3배 미만이라는 것은 기업이 가진 모든 자산을 교체할 때, 즉 모든 자산을 새로 살 때 드는 비용보다 주가가 70% 이상 낮다는 뜻이다.

1921년 8월에 주가는 매우 쌌다. 하지만 이는 1919년 이후 주가가 급락했기 때문만은 아니었다. 이는 논란의 여지가 있긴 해도 40여 년에 걸쳐, 40여 년이 아니라면 최소한 1907년 침체장 이후 오랜 기간에 걸쳐 누적돼 이뤄진 상황이었다.

베어마켓

표1-23_다우존스 지수의 움직임: 1919~1921년

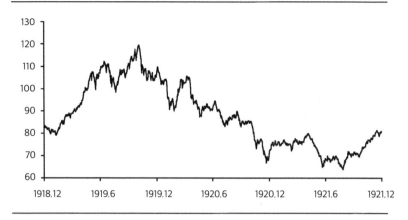

자료: 다우존스&Co.

호재와 침체장

그 순간은 인간이 깊이 있게 변하는 시간이었다. 그리고 흥분이 공기 중으로 퍼져 나갔다.

스콧 피츠제럴드,《위대한 개츠비》

'절대 떨어지는 칼을 잡지 말라' '증시 바닥에선 아무도 벨을 울리지 않는다' 등 투자자들 사이에 회자되는 주식 격언들이 있다. 그러나 가장 유명한 격언은 모든 소식이 나빠질 때 주식을 사라는 말일 것이다. 그리고 이 격언들의 가장 좋은 지표는 그날의 언론이다. 하지만 이 격언을 충실히 따랐다면 1921년 8월 24일 바닥에서, 또는 주가가 매우 쌌던 1921년 어느 때든 주식을 사지 못했을 것이다. 그리고 그로 인해 '번창하는 20년대'의 대세 상승장을 놓쳤을 것이다.

1921년 여름 〈WSJ〉에는 경기위축과 그에 따른 주가하락이 함께 끝나가고 있다는 보도가 자주 실렸다. 신문 사설에서만 이런 긍정적인 견해를 밝힌 것이 아니라 기업가 및 정치인들까지 제1차 세계대전 이후의 조정 과정이 끝났음을 단언했다. 다우존스 지수가 최저점으로 떨어진 8월 24일을 전후로 각각 두 달씩, 총 넉 달간 〈WSJ〉의 기사를 살펴보면 당시 낙관적인 의견이 여러 곳에서 많이 제기되고 있었음을 알 수 있다. 이는 좋은 뉴스가 완전히 사라질 때까지 기다렸다가 주식을 사야 한다는 증시의 오랜 격언과 배치되는 것이다.

- **6월 25일:** 철강회사들은 상황을 더욱 낙관적으로 보기 시작했다. 고객사들이 결국 철강제품을 구매할 수밖에 없으며 이 결과, 철강업계의 경영 실적도 머지않아 개선될 것으로 전망하고 있다.
- **6월 27일:** Fed가 발간하는 정기보고서에 따르면, 수출을 비롯한 전반적인 교역 여건이 개선되기도 전에 내수시장은 이미 여러 측면에서 나아지는 조짐이 나타나고 있다고 한다.
- **6월 27일:** 지역 연방준비은행들은 자금조달비용이 낮아질 것이라고 확고히 믿고 있으며, 실제로 자금시장은 깜짝 놀랄 정도로 개선되고 있다. 나는 회사채 금리가 곧 5%로 내려갈 것이라고 생각한다.
  —다니엘 크리싱어Daniel Crissinger(통화감독청장)[통화감독청Office of the Comp-ptroller of the Currency은 미국 재무부 산하 은행 감독기관이다 – 옮긴이]
- **6월 27일:** 주식시장은 이미 바닥을 쳤다. 주가가 조금이라도 오르는 조짐을 보이면 투자자들은 주식을 사려 몰려들 것이다. 기업들은 연방준비은행을 통해 사업 확장에 필요한 자금을 적절한 금리에 충분

히 조달받을 수 있게 되면 자연히 무역과 해외자금조달 등에도 관심을 기울이게 될 것이다.

-해리 싱클레어Harry Sinclair (싱클레어 콘솔리데이티드 오일 코프의 창업자)

- **6월 30일:** 광물유와 설탕, 제지 등과 같은 상품이 뒤늦게라도 청산됐다는 점은 매우 주목할 만하다. 이는 구리, 면화, 양모, 실크, 가죽, 곡물 등의 상품이 좀 더 낮은 수준에서 가격이 안정되고 있다는 증거가 점점 더 많아지고 있다는 사실보다 더 중요하다.

- **7월 1일:** 생산 전망이 밝고, 가격이 일부 측면에서 크게 안정된 상태에 도달했다는 점을 감안할 때, 올 가을 교역 상황은 매우 고무적일 것으로 예상된다.

  -연준 비즈니스 리뷰Fed Business Review

- **7월 1일:** 대다수 은행가들은 상품의 평균가격이 이미 바닥을 쳤거나 곧 바닥에 도달할 것으로 전망하고 있다.

- **7월 11일:** 우리는 이미 약세장에서 강세장으로 바뀌기 전, 증시가 체력을 축적하는 시기에 들어선 것으로 보인다. 이때 벌써 분명하게 상승세로 돌아선 기업들은 특별히 관심을 받게 된다.

  -JS배시&Co.의 JS배시

- **7월 12일:** 현명한 투자자들은 주가가 장기간에 걸쳐 등락하는 가운데 저점에서 주식을 샀다가 고점에서 파는 방식으로 계속해서 이익을 얻는다. 우리는 지금 그러한 주가의 장기 등락 가운데 바닥 하나에 이미 도달했거나 최소한 바닥 가까이에 근접했다고 할 수 있다. 지금 장기채권이나 주식을 사는 사람들은 앞으로 몇 년간 상당히 높은 수익을 거둘 것이다.

- **7월 14일:** 경기는 이미 침체의 고비를 넘겼다. 이는 허버트 후버 Herbert Hoover 상무부 장관이 최근 보스턴 연설에서 밝힌 견해다. 정계와 재계의 다른 저명인사들도 최근 이와 비슷한 의견을 잇달아 밝히고 있다. 경제의 기본 여건이 회복되는 가운데 임금 재조정이 진행되고 있다는 사실은 매우 중요하다. 농부들의 구매력 하락은 산업활동 위축에 커다란 영향을 미쳤다. 가격이 한꺼번에 임금 재조정에 비례해 오르진 않겠지만 격차는 줄고 있으며 밀 1부셸(약 35리터)의 가치는 올해 1분기보다 훨씬 높아졌다.

- **7월 15일:** 주요 증권사들은 고객들에게 증시가 9월까지 부진한 흐름을 이어갈 것이라고 말하고 있다. 하지만 주식시장은 경기가 더 좋아지든, 나빠지든 이를 최소한 6개월 앞서 반영하는 경향이 있다. 많은 사람들이 믿고 있는 대로 경기가 11월에 반등한다면 머지않아 주식시장은 이를 반영할 가능성이 높다.

- **7월 18일:** 전국적으로 자동차 판매가 조금 늘었다는 신호가 나타났다. 포드와 스튜드베이커, 닷지 등은 공장을 거의 100% 가동하고 있으며, 공장을 다소 여유 있게 돌렸던 다른 자동차회사들도 지난 10일간 자동차 판매가 눈에 띄게 증가하자 공장가동을 늘려야 하는 상황이 되었다.

- **7월 27일:** 농작물들이 시장에 쏟아져 나오고 어떤 중요한 자금 조달 거래가 잘 마무리되면 사람들은 상황이 개선되기 시작했으며 경기 침체도 끝나고 있다는 사실을 깨닫게 될 것이다. 이런 인식은 그 자체로 산업과 경기를 촉진한다.

- **8월 1일:** 무역업계의 여론이 전반적으로 낙관적으로 바뀌고 진정한

호경기가 다시 찾아오기까지는 조금 더 시간이 걸릴 수도 있다. 하지만 최소한 경기침체의 바닥에 도달했다는 믿음이 확산되고 있다. 지난주에는 2가지 희망적인 발표가 있었다. 하나는 US스틸의 분기 이익이 통상적인 예상치보다 1,000만 달러 더 많았다는 것이고, 다른 하나는 베슬리헴스틸이 보통주에 지급해야 하는 반기 배당금 전체를 이번 한 분기에 모두 벌었다는 것이다.

- **8월 1일:** 저지 게리Judge Gary US스틸 회장은 얼마 전에 밝힌 의견을 바꾸지 않고 있다. 그는 그때 머지 않은 미래에 '미국 역사상 최고의 사업 기회'가 도래할 것이라고 말했다.

- **8월 1일:** 소매 판매량을 보면(당연히 가격은 하락세를 보이고 있지만) 소비자들의 수요가 지난해 이맘때 수준을 유지하고 있거나 오히려 더 늘어나고 있는 조짐이 보인다. 지난 한두 달 사이에 나타난 이 같은 개선의 징후는 섬유와 부츠, 신발 등을 비롯한 여러 소비재에 영향을 주면서 지속되고 있다. 그러나 무엇보다도 가장 희망적인 신호는 농작물 수익이 매우 좋으며, 이 같은 상태가 이어질 것으로 예상된다는 점이다.

  -Fed의 7월 전반적인 경제 여건에 대한 검토

- **8월 1일:** 그렇게 오랫동안 디플레이션에 저항해왔던 상품들의 숫자가 점점 더 줄어들고 있다. 가격이 불확실했던 시기가 서서히 끝나감에 따라 미래를 불안하게 만든 요소들이 사라지고 있다. 농산물 재고도 점차 줄어들고 있는데, 이는 농가의 구매력 증가로 이어진다는 점에서 매우 중요하다.

- **8월 1일:** 경기가 바닥에 도달했다는 확신이 이제는 2배로 강해졌다.

누구든 그 사실을 발밑에서 바로 느낄 수 있다. 지난달에는 주식시장뿐 아니라 미국산업계 전반적으로 두드러진 변화가 있었다. 현재 침체 상황과 상반된 것처럼 보이는 변화들이었다. 은행 간 어음교환과 철도교통량이 늘어나고 있으며, 주요 상품들의 가격이 좀 더 안정되고 있는 조짐이 나타나고 있다.

-블로젯&Co, '고객들에게 보내는 편지'

- **8월 2일:** 시카고리퍼블릭 내셔널뱅크는 경제 여건이 개선되기 시작했다는 증거들이 곳곳에서 나타나고 있다고 밝혔다. 가격 불확실성은 사업계획을 세울 때 가장 곤란하게 만드는 점이자 공장가동률을 떨어뜨리는 주요 원인이다. 하지만 가격하락세가 막바지에 근접했으며 상품가격이 어느 정도 확신을 갖고 안정적으로 사업을 전개할 수 있는 수준에 도달했다는 신호들이 보이고 있다. 오랫동안 진척이 없었던 농작물 거래도 조금씩 되살아나는 조짐이 있다. 특히 밀 판촉이 예년보다 빨리, 대대적으로 이뤄지고 있다는 점이 소비 심리에 결정적인 변화를 가져왔다. 농작물 거래가 활발해지면 미국의 모든 산업이 긍정적인 영향을 받을 것이 확실하다.

- **8월 3일:** 기계 부품을 취급하는 담당자들은 공장 소유주들이 대대적으로 공장 수리에 나서고 있다는 점을 근거로 산업이 조만간 활기를 되찾을 것으로 믿고 있다.

- **8월 3일:** 철강 가격이 거의 바닥 수준에 도달한 것으로 보인다. 지난 1~2주간 철강 주문은 완만한 증가세를 보였다. 이는 철강산업의 상황이 서서히 개선돼 정상 수준으로 회복될 것이라는 점을 예고해주는 전조로 해석된다.

- **8월 3일:** 가죽산업의 회생은 매우 주목할 만하다. 6개월 전만 해도 가죽산업의 공장가동률은 20~30%에 불과했으나 현재는 아메리칸 하이드&레더의 경우 일부 공장에서 2교대 작업까지 이뤄지고 있을 정도다.

- **8월 5일:** 많은 증권사들이 지금부터 올해 말까지 증시가 상승세를 보일 것이라며 고객들에게 주식 매수를 권하고 있다.

- **8월 9일:** 비관론에 빠지기 쉬운 사람들에게 이미 미국 경제는 회복 사이클에 접어들었다고 말해주고 싶다. 경제가 나아지고 있다는 결정적인 증거 중의 하나는 돈을 빌리기가 쉬워졌다는 점이다.

  -벤저민 스트롱Benjamin Strong(뉴욕 연방준비은행장)

- **8월 24일:** 다우존스 지수 바닥

- **8월 25일:** 한여름에는 일반적으로 사업이 부진한 경향이 있기 때문에 경기가 개선되는 조짐이 분명하게 드러나지 않는다. 하지만 경영 여건은 확실히 한 달 전보다 개선됐다. 지난 6개월간 돈을 빌리기가 쉬워졌고 대출 금리가 하락했다는 사실은 기본적인 경제 여건이 나아지고 있다는 가장 분명한 증거다.

- **8월 29일:** 고품질 제지 생산이 전국적으로 재개됐다.

- **9월 1일:** 낙관적인 신호가 모든 분야에서 퍼지고 있다. 농촌에서 일하는 은행가들은 월스트리트에 아직까지도 비관론이 팽배해 있다는 사실에 대해 매우 놀라워한다. 농작물 수확의 결과가 완전히 느껴질 때쯤이면 상황은 더욱 좋아질 것이라는 얘기가 퍼지고 있으며 좋은 느낌을 얻고 있다. 대부분의 사람들이 이러한 변화를 깨닫고 있다.

- **9월 13일:** 면화산업이 회복되면서 최근 많은 돈이 시중에 풀렸고 철

도 화물은 늘었으며 정부는 산업 친화적 정책을 펼칠 준비와 역량을 갖추고 있다. 이 같은 현실에 비춰볼 때 앞으로 상황은 더 나아질 것이다. 정부의 지원이 면화산업과 축산업의 회복을 촉진했고, 모든 농축산업에 도움이 됐다. 재고는 산업 전 분야에서 줄어들고 있다.

- **9월 22일:** 사상 최고의 호황이 막 시작되려 하고 있다. 제임스 데이비스James Davies 노동부 장관은 "우리 경제는 결코 정상 수준으로 돌아가지 않을 것"이라며 "정상 수준을 넘어 훨씬 더 좋은, 최고의 호황기를 향해 가게 될 것"이라고 단언했다. 데이비스 장관은 또 "나는 미국 역사상 가장 위대한 번영의 시기가 가까이 왔다는 사실을 알고 있다"며 "우리는 지금 활황기 직전에 도달해 있다"고 말했다.

- **9월 23일:** 역사를 돌아보면 경기는 호황과 침체가 반복적으로 나타나며 순환했다. 경기순환은 (1)호황 (2)거품의 해소 (3)침체 (4)회복의 과정을 거친다. 지금은 거품 해소 과정이 상당히 진전된 상태다. 회복의 시기가 확실히 도래한 이후에는 새로운 번영의 시기가 뒤따를 것이다. 그때가 되면 더 큰 번영의 물결과 무분별한 경기확장 속에서 투기가 뒤따르게 되며 거품이 커질수록 침체의 골짜기는 더 깊어질 수밖에 없다는 사실을 기억하도록 하자. 지난 2년간의 교훈을 기억한다면 앞으로 찾아올 호황기는 과거 어느 때보다 오래 유지될 수 있을 것이며, 뒤이어 나타날 경기위축은 훨씬 덜 심각하게 끝날 것이다.

  -윌리엄 하딩William Harding(Fed 위원), 노스 캐롤라이나 샬럿에서 열린 '캐롤라이나 상품 전시회'에서

- **10월 2일:** Fed가 12개 연방준비은행을 통해 경제여건과 금융 상황을

조사해본 결과, 최근 1년여 중에서 가장 희망적인 것으로 나타났다.

- **10월 2일:** 경기침체의 바닥은 분명히 지나갔다. 생산량의 급격한 감소세는 지난 2월에 멈췄다. 구리와 주석, 납, 고무, 면화 등과 같은 주요 상품의 가격은 장기간의 약세 끝에 회복되고 있으며 최근 실업률은 전반적으로 소폭 낮아졌다. 이러한 지표들이 현재 경기가 부진하지 않다는 의미는 아니다. 하지만 최소한 우리가 최악의 상태는 지났으며 이제는 나아지기 시작했다는 뜻으로는 해석된다. 유럽 상황이 평상 수준으로 회복되고 미국에서 철도 파업이 일어날 가능성이 없다면 이러한 경기회복세는 지속될 것이라고 확신할 수 있다.

  -하버드대학교 경제연구회

- **10월 5일:** 국내 상황이나 국제 여건을 살펴봐도 세계경제가 영구적인 침체 속에 빠져들고 있다는 비관적인 전망이나 침울한 견해를 지탱할 요인은 전혀 없다. 가격이 적절한 수준에서 안정됨과 동시에 경기회복을 방해하는 요소들은 점진적으로 사라지고 있다. 해외의 사회적·정치적 상황도 점차 개선되면서 일반적으로 경기호전의 전제조건이 되는 구매력이 완전하게 회복되고 있다.

  -존 S. 드럼, 제47회 미국은행가협회 연차총회 연설

- **10월 5일:** 일 없이 놀고 있는 차량이 어느 정도인지 보면 경기가 어떤 상태인지 알 수 있다. 이런 점에서 지난 몇 주일간의 추세는 교역과 산업이 확실히 개선되고 있음을 보여준다. 공장의 평균가동률이 50%대인 현 시점에서는 산업에 동원할 수 있는 자동차와 기관차가 충분하다. 하지만 공장가동률이 정상 수준인 75%까지만 올라가도 화물을 처리하기 위해 철도뿐 아니라 모든 차량을 동원해야 할 판

이다. 산업이 정상 수준으로 회복되면 차량이 극도로 부족해질 것
이다.

- **10월 5일:** 목요일, 로버트 달러Robert Dollar 선장은 6개월간의 동양 여
  행을 마치고 상하이에서 돌아왔다. 자신의 선박회사인 '로버트 달
  러'가 운항하는 배를 타고 돌아온 선장은 "직접 살펴본 결과, 세계경
  제 전체가 이번 침체의 바닥을 이미 지났으며 사업여건도 점차 나아
  질 것이라고 확신하게 됐다"고 말했다.
- **10월 21일:** 현재 기업과 산업활동의 흐름은 분명히 바뀌었다. 경기
  변화의 신호를 읽을 수 있는 사람들은 경기의 저울 추가 위를 향하
  기 시작했다는 사실을 분명히 알 수 있다.

  *-캘빈 쿨리지Calvin Coolidge 부통령, 보스턴 상공회의소에서 밝힌 개인적
  인 견해*

1921년의 사례를 보면 호재가 완전히 사라질 때까지 기다렸다가
주식을 사는 전략은 전혀 효과가 없었다. 물론 1921년은 여느 평범한
침체장과 달랐다. 당시 증시는 20세기 들어 단 세 번밖에 없었던 극
심한 저평가 상태였다. 1921년의 증시를 예외적인 경우로 인정한다
해도 가장 높은 수익률을 기대할 수 있는 극심한 저평가 시기에는 긍
정적인 뉴스가 완전히 사라질 때까지 기다렸다가 주식을 사려 해서
는 안 된다는 점만은 분명하다.

1921년의 사례는 유명한 투자 격언과 반대되는 현상이 나타날 수
도 있다는 사실을 보여준다. 즉 증시가 극도로 저평가됐을 때는 기업
실적에서 긍정적인 변화가 감지되고 경기가 회복되는 징후들이 보여

도 투자자들은 이를 무시하고 주식 매도를 계속한다는 점이다. 훗날 전미경제연구소National Bureau of Economic Research, NBER가 판단한 경기침체의 바닥은 1921년 7월이었고, 다우존스 지수의 최저점은 한 달 뒤인 8월이었다.

호재에 반응하지 못하고 매수 기회를 놓친 투자자들은 이 침체장의 바닥을 결코 잊지 못할 것이다. 이런 사람들은 새로운 번영의 시대가 다가오고 있다고 정확히 예측한 저지 게리 US스틸 회장이나 제임스 데이비스 노동부 장관의 선견지명을 부러워할 따름이다. 뒤이어 윌리엄 하딩 Fed 위원도 예언을 했지만 불행히도 깨끗이 잊혀지고 말았다.

물가 안정과 침체장

걷잡을 수 없는 일종의 흥분이 느껴지면서 귓가에 한 문구가 울리는 듯했다.

'오직 쫓기는 자와 쫓는 자, 분주한 자와 지친 자만 있을 뿐이다.'

스콧 피츠제럴드, 《위대한 개츠비》

〈WSJ〉와 기업인들, 정부 관료들이 1921년 여름에 표명한 낙관론은 정확한 것으로 드러났다. 그렇다면 이들이 경기 사이클의 바닥과 침체장의 종말을 정확히 판단할 수 있었던 비결은 무엇일까? 경기침체가 끝났음을 알려주는 가장 정확한 징조는 이들이 반복적으로 인용했던 증거, 즉 가격이 점점 더 안정되고 있다는 사실이었다. 가격안정세를 근거로 이들은 다음과 같은 낙관적인 견해를 밝혔다.

- 구리, 면화, 양모, 실크, 피혁, 곡물 등의 상품이 이전보다 낮은 수준으로 가격이 안정되고 있다는 증거가 점점 더 많아지고 있다.
- 일부 라인의 가격은 크게 안정된 상태에 도달했다.
- 가격이 한꺼번에 (임금 재조정에) 비례해 오르진 않겠지만 격차는 줄고 있다.
- 주요 상품들의 가격이 좀 더 안정되고 있는 조짐이 나타나고 있다.
- 가격하락세가 막바지에 근접했으며, 상품가격이 어느 정도 확신을 갖고 안정적으로 사업을 전개할 수 있는 수준에 도달했다는 신호들이 보이고 있다.
- 가격이 불확실했던 시기가 서서히 끝나감에 따라 미래에 확신을 갖지 못하도록 방해했던 가장 큰 장해물이 사라지고 있다.
- 구리와 주석, 납, 고무, 면화 등과 같은 주요 상품의 가격은 장기간의 약세 끝에 회복되고 있다.
- 가격이 적절한 수준에서 안정됨과 동시에 경기회복을 방해하는 요소들은 점진적으로 사라지고 있다.

금본위제에서는 투자할 때 가격조정을 반드시 고려해야 한다. 경기가 위축될 때 금본위제에서는 국제적으로 가격경쟁력이 개선돼 국제수지가 호전될 때까지 국내 가격이 떨어지기 때문이다. 그래야 금이 국내로 유입되면서 국내 유동성이 완화된다. 즉 금본위제에서 경기가 위축되면 국내 가격하락→ 가격경쟁력 개선 → 국제수지 호전

→ 금 유입 → 국내 유동성 완화→ 경기회복의 과정이 나타난다. 가격이 안정되고 있다는 신호를 알아챘던 투자자들은 금본위제 아래에서 경기회복이 이어질 수 있을 정도로 유동성이 완화될 때까지 가격이 떨어질 것이라고 믿었다. 앞에서도 살펴봤지만 여러 가지 요인으로 인해 1921년에 어느 정도의 가격이 적정 수준인지 가늠하기가 매우 어려웠다. 많은 사람들이 가격이 어디까지 떨어져야 하는지 이론적으로 따져보는 동안, 가격안정세는 조정 과정이 끝났고 경기회복이 시작됐다는 실질적인 증거가 됐다. 이러한 이유로 가격이 안정되고 있다는 증거는 1919~1921년의 증시 침체가 끝났음을 알리는 신호로 받아들여졌다.

1921년 여름에 수많은 전문가들이 매우 다양한 의견을 밝혔다. 그 가운데 가격 추세의 변화에 주목했던 전문가들은 침체장이 끝났다는 가장 정확한 예측을 내놓았다.

지금 와서 돌아보면 1919~1921년의 침체장은 가격이 상상했던 것 이상으로 매우 많이 떨어졌다는 점도 놀랍지만 1929~1932년의 디플레이션 때보다 금융 시스템이 훨씬 더 견고하게 잘 버텨냈다는 점도 놀랍다. 현재 투자자들의 머릿속에 깊이 뿌리박힌 디플레이션의 악몽은 1930년대와 연결되어 있다. 하지만 제1차 세계대전이 끝난 이후 연간 기준으로 가격 낙폭이 가장 컸던 때는 오히려 1921년이었다. 아울러 당시 가격하락은 미국만의 현상이 아니었다. 1921년에는 9개의 주요 경제국들이 20세기 들어 연간 기준으로 가장 심각했던 가격하락에 시달렸다. 9개 경제국은 호주, 캐나다, 프랑스, 네덜란드, 남아프리카, 스웨덴, 스위스, 영국, 미국이었다. 이때의 가격하락은 전쟁 후 경제가 평상시 조건으로 복귀하는 과정에서 가격 역시 평상시 수준으로 돌아갈 것이라는 전망한 탓이 컸다. 미국과 스위스, 스웨덴, 네덜란드, 캐나다 등은 제1차 세계대전 당시 20세기 역사상 최고 수준의 물가상승률을 기록했다. 투자자들은 1921년에 가격하락세가 계속되자, 가격이 전쟁 전 수준으로 돌아갈 때까지 계속 떨어질 것인지 아니면 중간 수준까지 내려간 뒤 멈출 것인지 궁금해했다. 당시 가격조정의 속도와 폭은 무서울 정도였다.

아마도 1921년은 미국 역사상 가격하락세가 가장 가팔랐던 해일 것이다. 노동시장도 예외는 아니었다. 미숙련 노동자의 임금이 가장 비쌌을 때는 시간당 60센트까지 올랐으나 1921년 여름에는 25센트까지 떨어졌다. 표1-24를 보면 1920년에 가격이 어느 정도까지 떨어져야 충분한지 추측하기가 얼마나 어려웠을지 짐작이 갈 것이다. 결국 모든 가격이 전쟁 전인 1913년 평균 수준으로 돌아갈 만큼 하락하지는 않았지만 일부 상품의 경우, 특히 옥수수, 면화, 가죽 등의 가격은 1913년 평균 수준까지 내려갔다. 1921년 여름에 가격이 안정되고 있다는 증거가 늘어났다는 것은 그 자체로 경기침체가 끝났다는 중요한 신호였다. 하지만 1921년 여름의 가격안정세가 어떻게 지속된다고 확신할 수 있었을까? 가격이 1913년 수준으로 내려갈 때까지 조정을 계속하는 중에 잠시 하락세를 멈춘 것으로 볼 수도 있지 않았을까?

당시 가격안정세를 경기바닥의 신호로 믿었던 전문가들은 가격이 내려가자 수요가 늘기 시작했다는 점을 근거로 경기바닥을 확신했다. 특히 경기 사이클에서 매우 중요한 자동차산업은 1921년 초여름부터 가격 인하에 반응해 수요가 점점 더 개선되는 조짐이 나타났다.

	1920년 고점 대비 가격하락률	1913년 말 대비 가격상승률
농작물	87.7	18
식료품 등	72.2	52
섬유와 의류	69.1	79
연료와 전력	55.4	82
금속 및 금속제품	78.9	20
건축자재	59.3	98
화학제품과 의약품	50.0	61
가구 등 주거용품	52.0	130
잡화	68.0	47
원자재	69.8	52
완제품 철강	78.4	37
철강공장 일반직 임금	67.3	50

자료: 미국 노동통계국

다른 산업에서도 이와 비슷한 징후가 분명하게 드러났다.

〈WSJ〉는 1921년 7월 9일에 축음기 회사가 소비자 파업에 직면해 가격을 3분의 1로 내리자 고가 모델 판매가 상당한 수준으로 촉진됐다고 보도했다.

대중은 가격이 싸기만 하다면 물건을 살 의향도, 능력도 있는 것 같다.

수요가 늘어날 것이란 신호가 나타나자 향후 가격이 안정되거나 오를 것이라는 믿음도 견고해졌다. 〈WSJ〉는 8월 1일에 '가격이 불확실했던 시기가 서서히 끝나감에 따라 미래를 불안하게 만든 가장 큰 장해물이 사라지고 있다'고 보도했으며, 실제로 그날 이러한 견해를 뒷받침하는 증거가 실렸다. 〈WSJ〉는 석탄산업의 '경영자와 중개인들'이 석탄 가격이 오를 것으로 보고 9월 인도분에 현재의 현물가격을 적용하지 않으려 하고 있다고 전했다. 경기가 바닥을 쳤다는 또 다른 지표는 공급 측면에서 나타났다.

철강 가격의 상승세는 지난주 시카고 지역에서 처음 나타나 버팔로로 확산되더니 이후에는 사실상 전국적으로 퍼졌다. 철강 생산업체들은 원가를 크게 밑도는 가격으로 제품을 팔아왔는데 이러한 상황은 오래 지속될 수 없었고 수요자가 원하는 등급의 철강을 즉각 출하하기 어려울 정도로 재고가 줄었다는 점을 감안하면, 가격상승세는 당연한 결과라 할 수 있다.

WSJ, 1921년 8월 18일

가격이 안정되는 상품이 늘어날수록 가격안정세가 다른 품목으로 점점 확산될 것이라는 투자자들의 믿음도 더 확고해졌다. 이렇게 가격이 안정세에 접어들었다는 믿음이 퍼지면서 경기 사이클도 바닥을 쳤다. 제1차 세계대전 후에 디플레이션이 있을 것으로 예상했던 투자자들조차 실제로 가격이 지속적으로 떨어지자 자신들의 재산을 보호하기가 어려웠다. 실제로 한 은행가는 전쟁 후에 가격하락기가 도래할 것으로 예상하고 1918년에 다이아몬드 1만 5,000달러어치를 샀다. 하지만 1921년에 이 다이아몬드를 전당포에 맡기고 돈을 빌리려 하자, 1만 5,000달러의 10분의 1밖에 빌려주지 않았다. 돈이 필요했던 은행가는 결국 다이아몬드를 절반 가격도 안 되는 6,000달러에 팔아치울 수밖에 없었던 것이다. 여성들이 꿈꾸는 최고의 보석이라 할 수 있는 다이아몬드조차 디플레이션 때는 값어치를 보전할 수 없었던 것이다. 그만큼 1921년의 가격하락의 규모가 충격적이었다는 점을 감안하면 그해 여름에 가격이 안정세에 접어들었다는 소식이 얼마나 열광적인 반응을 얻었을지 짐작할 수 있을 것이다.

유동성과 침체장

> 나는 금융업과 신용 분석, 투자 증권에 관한 책 10여 권을 샀다. 그 책들은 조폐공사에서 방금 찍혀 나온 지폐처럼 빨간색으로, 황금색으로 책꽂이를 장식했다. 그들은 마치 미다스와 모간, 그리고 미시너스만이 알고 있는 눈부신 비밀들을 알려주겠다고 약속하는 듯했다.
>
> 스콧 피츠제럴드, 《위대한 개츠비》

전쟁을 계기로 주요 국가들 사이에 부의 이동이 일어났다. 1921년이 되자 전 세계 통화용 금 가운데 3분의 1이 미국에 집중됐다. 이러한 금은 Fed의 화폐와 함께 본원통화를 구성하는 주요 요소였다. 금이 미국으로 유입되자, 현금보유액과 신용 창출이 큰 폭으로 확대되는 것은 단지 시간문제로 보였다. 어떤 전문가들은 경제 여건의 개선과 증시호황을 예고하는 핵심적인 요인으로 자금-신용 사이클의 이러한 변화를 주목했다. 1921년 여름에 〈WSJ〉에 실렸던 낙관적인 보도들을 보면 주로 가격안정의 중요성에 초점을 두고 있지만 유동성 완화를 언급한 전망도 자주 눈에 띈다.

- 연방준비은행은 자금조달비용이 낮아질 것이라고 확고히 믿고 있으며, 실제로 자금시장의 흐름은 깜짝 놀랄 정도로 개선되고 있다.

  -다니엘 크리싱어

- 기업들은 연방준비은행을 통해 사업 확장에 필요한 자금을 적절한 금리에 충분히 조달받을 수 있게 되면 자연히 무역과 해외 자금 조달 등에도 관심을 기울이게 될 것이다.

  -해리 싱클레어

- 경제가 나아지고 있다는 결정적인 증거 중의 하나는 돈을 빌리기가 쉬워졌다는 점이다.

  -벤저민 스트롱

- 지난 6개월간 돈을 빌리기가 쉬워졌고 대출 금리가 하락했다는 사실은 기본적인 경제 여건이 나아지고 있다는 가장 분명한 증거다.

확실히 당시 사람들은 자금 사정을 살펴보는 것이 중요하다고 생각했다. 하지만 경기 사이클의 변화로 이어지는 자금시장의 전환점을 파악하는 일이 과연 쉬울까? 이론적으로 통화량 증가는 가격하락세를 멈추는 결과를 낳지만 실제로는 통화량 증가가 가격안정보다 앞서거나 뒤처지면서 시간의 차이가 발생해 투자자들의 판단을 어렵게 만든다. 1920~1921년에도 가격지표와 은행대출 잔액의 현저한 변화 사이에는 상당한 시간의 차이가 존재했다. NBER은 경기확장의 정점을 1920년 1월로 규정했다. 투자자들은 1919년 11월과 12월에 이뤄진 재할인율 인상으로 인한 대출의 감소보다는 특정 상품의 가격하락을 첫 경고 신호로 받아들였던 것으로 보인다.

특정 품목, 특히 섬유산업 상품의 가격하락은 거슬러 올라가면 1920년 2월과 3월 사이에 시작됐다. 전반적인 물가수준의 하락은 노동부 통계에서 알 수 있듯 이때부터 3개월이 지난 다음에야 시작됐다. 그러나 대출잔액은 1920년 여름까지도 매우 높은 수준으로 유지됐다. 대출잔액은 전반적인 물가수준이 최고치를 찍고 떨어지기 시작한 지약 5개월이 지난 그해 10월이 되어서야 최대치를 기록하고 감소하기 시작했다. 노동부의 물가 지수가 최고치 대비 46% 밑으로 떨어지고 뉴욕 연방준비은행의 기초 상품 지수가 최고치 대비 58% 밑으로 내려온 지금까지도 전국 은행들의 대출잔액은 최대 규모 대비 14% 감소하는데 그쳤다.

뉴욕 연방준비은행 보고서, 1921년 8월

상업은행의 대출잔액은 1919년 하반기에 전년 동기 대비 18% 늘었고 1920년 상반기에도 전년 동기 대비 8% 증가했다. 재할인율은 1919년 11월 4%에서 1920년 6월에는 1973년까지 한 번도 넘어서지 못했을 만큼 높은 수준인 7%까지 올랐는데, 재할인율의 이 같은 급격한 상승이 은행 대출에 영향을 주기까지는 다소 시간이 걸렸다. 1921년 당시 대출이 줄어드는 신용위축의 정도는 전반적인 가격하락의 폭만큼 크지 않았다. 이는 신용이 더 위축되면서 디플레이션이 더 이어질 것이란 의미일까, 아니면 신용과 전반적인 물가수준 사이의 연결고리가 사람들이 생각하는 것만큼 직접적이지 않다는 뜻일까? 신용과 전반적인 물가수준 사이에 어떤 관계가 있든 쉽게 해석할 수 있을 만큼 직접적인 연결고리가 있는 것은 아니었다.

통화 위축이 얼마나 더 진행될 것인지를 판단할 때 Fed의 통화정책 의지는 결정적인 기준이 되었다. Fed는 1920년 중반부터 통화정책을 긴축 기조로 운영하던 데서 벗어나려는 움직임을 보였다.

통화정책

통화정책은 Fed와 연방공개시장위원회Federal Open Markets Committee, FOMC가 수립해 실행한다. 연방준비제도는 은행의 지급준비금 유지 비용과 지급준비금 활용을 조절해 통화 공급과 금리, 대출 등에 영향을 준다. Fed는 이러한 통화적 요인에 영향을 줌으로써 경제가 높은 성장률을 달성하면서 물가상승률은 낮게 유지할 수 있기를 기대한다. Fed는 통화목표치, 즉 연방기금 금리의 수준을 결정하는데, 은행 지급준비금의 변화는 이러한 통화목표치가 달성되는 기제가 된다. 투자자들은 정기적으로 은행의 지급준비금에 영향을 주는 Fed의 재무상태표, 즉 자산과 부채의 변화를 분석해 전반적인 통화정책을 평가한다.

Fed는 금본위제와 금환보위제, 1944년 7월에 합의된 브레튼우즈 협정 등[금본위제는 화폐단위와 금 일정량을 같은 가치로 유지시키는 제도로 정부는 유통되는 통화량의 일정 비율을 금으로 보유하고 있어야 한다. 금환본위제는 정부와 중앙은행이 금을 직접 보유하지 않아도 금과 연결되어 있는 다른 나라의 통화를 보유해 간접적으로 자국 통화의 가치가 금과 연결되어 있음을 보증받는 제도를 뜻한다. 브레튼우즈 협정이란 제2차 세계대전 당시인 1944년 7월, 연합국 44개국이 미국 뉴햄프셔주 브레튼우즈에 모여 통화 안정을 위해 국제통화기금IMF과 세계은행을 설립하기로 합의한 협정을 말한다. 이때 미국은 금 1온스에 35달러로 자국 화폐(달러)의 가치를 고정시키는 금본위제를 택하고 다른 국가들은 자국 통화가 달러 대비 상하 각 1% 범위의 변동폭에서 벗어나지 않도록 하는 고정환율제를 도입했다. 그러나 미국은 1971년에 베트남전쟁에 따른 전쟁비용으로 막대한 무역수지 적자를 감당하지 못하게 되자 달러를 언제든 금으로 바꿔주겠다는 약속을 지킬 수 없다고 선언했다. 이를 계기로 달러 중심의 금환본위제와 고정환율제 시대는 막을 내리게 됐다. 또 미국은 금본위제를 포기하고도 달러를 세계의 기축통화로 유지시켜 통화정책을 운용할 때 국제 외환시장에서 달러 가치를 고려해야 하는 제약에서 상당 부분 벗어났다 - 옮긴이] 통화체제의 변화 속에서 국제 외환시장에서 달러의 가치를 안정적으로 유지해야 했기 때문에 통화정책 운용에서 여러 가지 제약을 받아왔다. 그러나 1970년대 이후에는 이러한 제약을 받지 않게 됐다. 투자자들은 통화정책이 완화돼 돈이 풀리는지, 반대로 긴축돼 돈이 흡수되는지 판단하려고 노력한다. 통화정책이 완화되면 잠재적인 성장률은 높아지지만 물가상승률 역시 올라가게 되고 긴축되면 잠재적인 성장률이 낮아지지만 물가상승률은 떨어진다.

〈WSJ〉는 신용 사이클을 평가할 때 연방준비제도의 재무상태표를 전반적으로 살펴보는 것, 특히 지급준비율을 파악하는 것이 중요하다고 지적했다.

지급준비율 자체가 가장 중요한 지표다. 연방준비제도법에 따르면, 연방준비은행들은 유통 중인 연방준비제도 화폐의 40%를 금으로, 은행 순예금액의 35%를 현금으로 보유하고 있어야 한다. 이 2가지를 종합한 비율이 약 40% 수준으로 떨어진 상태에서 신용확대가 계속되기 위해선 금이 대량으로 수입돼야 한다. 은행가들은 대출 계약을 줄이기 시작했고, 그 결과 물가가 하락했다. 물가하락은 국내로 들어오는 금 유입량에 영향을 미치고 이는 지급준비율을 개선시킨다. 물가가 내려가고 기업활동이 위축되면 연방준비제도 화폐에 대한 수요가 줄어 이러한 화폐가 빠르게 회수된다. 이 결과 금과 현금을 종합한 지급준비율이 더욱 개선된다. 지급준비율이 사상 최저 수준에서 30포인트 남짓 개선됐고 은행에는 대출하지 않고 쌓아 놓은 현금이 크게 늘었다.

WSJ, 1921년 12월 12일

〈WSJ〉는 이처럼 넘치는 현금이 어떻게 처음에는 주로 고수익 채권으로 몰리는지, 그리고 이 자금이 어떻게 채권수익률을 떨어뜨려 주식시장을 개선시키는지 계속 설명한다. 이 같은 과정은 매우 단순하게 들리지만, '지급준비율 자체가 가장 중요한 지표'라는 〈WSJ〉의 견해를 이해한다 해도 투자자들이 이 같은 신용 사이클의 각 단계를 예측하는 일이 과연 쉬웠을까?

Fed가 1921년 5월에 재할인율을 인하하면서 통화정책을 완화할 준비가 되어 있다는 첫 신호가 나타났다. 당시 지급준비율은 1918년 8월 이후 최고 수준인 56.4%로 올라 있었다. Fed의 이 같은 공식적인 금리인하는 주식시장이 바닥을 치기 3개월 전에 이뤄졌다. 이때부터 증시가 바닥을 칠 때까지 3개월간 다우존스 지수는 20% 하락했다.

Fed가 재할인율을 인하하려면 어느 정도까지 통화가 긴축돼야 하는지 당시 투자자들이 어떤 방법으로 판단할 수 있었는지는 분명치 않다. 당시 Fed는 정책을 결정할 때 어느 정도의 디플레이션이 경제에 적절한지 점검했다. 특히 당시 토론 내용을 보면 Fed는 임금상승률 하락이 필요하다고 생각했고 따라서 임금인상률이 내려갈 때까지 금리인하를 연기했다는 점이 확실해진다. 이는 Fed가 통화정책을 운용할 때 통화의 긴축 정도가 아니라 Fed가 필요하다고 생각하는 가격조정을 고려했다는 사실을 보여준다. 이 때문에 Fed의 재무상태표를 보고 통화정책이 완화되는 신호를 파악하려 노력했던 투자자들은 잘못된 판단을 할 수밖에 없었다. Fed는 재무상태표라는 나침반에 의존해 가야 할 방향을 정했던 것이 아니라 경제에 필요한 적절한 통화 여건이 무엇인지 적극적으로 판단하려 했다. 결국 금융 시스템의 붕괴를 막기 위해 고안됐던 탄력적 통화 공급은 1917~1919년에는 정부에 필요한 자금을 대는 데 이용됐고 이후에는 경제를 적절히 운용하는 데 활용됐던 셈이다. Fed의 통화정책 결정에는 이 같은 주관적 요인이 작용했기 때문에 온전히 Fed의 현재 재무상태표 상태에 근거해 미래의 통화 상황을 판단하는 것은 매우 위험한 일이었다.

상황이 개선되고 있다는 증거로 연방준비제도의 여건이 나아지고 있다는 점을 지적한 사람들도 어느 정도는 옳았다고 할 수 있다. 하지만 연방준비제도의 여건이 어느 정도 나아져야 경기와 증시의 회복을 촉발시키기에 충분한지 판단하는 것은 거의 불가능하다. 시장금리에 주목한다 해도 비슷한 문제가 있다. 1921년 8월 25일 증시가 바닥을 치기 이미 오래전에 시장금리는 개선되고 있었다. 1920년 6월에 콜금리는 10~14% 수준이었다. 당시 통화감독청에 따르면, 어떤 금리는 30%나 됐다. 시장금리는 1920년부터 1921년까지 증시가 계속 하락하는 가운데 상당폭 내려갔다(표1-25 참조).

1921년 6월 이후에도 시장금리는 완만히 하락했다. 〈WSJ〉는 1921년 8월에 5%의 금리면 콜머니(단기성 자금)를 '풍부하게 공급'받을 수 있다고 보도했다. 콜금리는 7월 28일에 1919년 11월 이후 첫 최저치를 기록했으나 주식시장은 여전히 하락했다. 금리가 어느 정도 하락해야 경기가 회복할 수 있다는 점은 자명하다. 하지만 금리가 어느 정도까지 떨어져야 경기를 촉진시킬 수 있는 수준이 되는지 어떻게 판단할 수 있을까? 이에 대해서는 과거의 기록을 살펴봐도 분명하게 판

표1-25_1920년 8월 31일부터 1921년 8월 31일까지 주요 금리 (단위: %)

	콜머니 (단기성 자금)	정기대부*	회사채	은행인수어음
1920년	10	9	8.25	6 3/8
1921년	5	6	6	5 1/8

자료: Fed, 은행 및 통화통계
*정기대부Time Loan란 30일, 60일, 90일 등으로 일정한 기한을 정하고 빌려주는 돈을 말한다.

단할 수 있는 기준이 없다. 이런 점에 비춰볼 때 전반적인 물가수준의 변화에 주목했던 투자자들이 경기와 증시의 전환점을 더 잘 가늠할 수 있었다고 할 수 있다. 가격안정의 첫 번째 신호는 경기회복과 동시에 나타났으나 Fed의 재무상태표는 경기회복이 시작된 이후에도 몇 년간 계속 위축됐고 시장금리는 증시가 바닥을 치기 훨씬 전부터 하락하고 있었다.

유동성 분석은 Fed의 재무상태표에 나타난 변화를 파악하는 것 이상의 의미가 있다. Fed의 재무상태표 변화가 본원통화에 직접적인 영향을 미치기는 하지만 이는 어떤 경제에서든 전체 통화 공급에서 아주 작은 부분을 차지할 뿐이다. 더 광범위한 기준에서 통화 증가량은 단기적으로 본원통화에서 나타난 추세와 상당히 다를 수 있다. 만약 '유동성 분석'이 이러한 더 광범위한 변수에 초점을 맞춘다면 침체장의 바닥을 나타내는 더 나은 지표를 발견할 수 있을까? 명목증가율을 보느냐, 물가상승률이 반영된 실질증가율을 보느냐에 따라 총통화 증가율에서 나타나는 신호에는 상당한 차이가 있다[총통화는 민간보유현금과 요구불예금을 합한 협의통화에 정기예금, 정기적금 등 은행의 저축성예금과 거주자 외화예금을 포함시킨 것이다. 반면 본원통화는 민간보유현금과 금융기관의 총지불준비금을 합한 것이다 – 옮긴이]. 증시가 바닥을 치고 상당히 오랜 시간이 흐른 1922년 중반까지도 총통화의 명목증가율에는 어떠한 개선의 조짐도 나타나지 않았다. 그러나 물가상승률을 반영한 실질증가율의 경우 1921년 4~5월 사이에 개선의 징후가 뚜렷했다. 이런 점에서 물가상승률이 반영된 총통화의 실질증가율이 당시 어느 정도 유용한 지표는 될 수 있었던 것으로 보인다. 하지만 이때부터 증시가 바닥을 칠 때까지 다우존스 지수는 20% 이상 더 떨어졌다. 더 광범위한 의미의 통화인 총통화 증가율 역시 재할인율 인하와 마찬가지로 다우존스 지수의 하락이 어느 정도 더 진행돼야 했던 5월에 일찌감치 매수 신호를 보낸 셈이다.

만약 Fed의 재무상태표에 나타난 변화를 해석하기 어렵고 더 광범위한 의미의 통화인 총통화의 양을 살펴보는 것도 정확하지 않다면 신용증가율이 경제와 증시의 바닥을 파악하는 데 더 나은 지표가 될 수 있지 않을까? 당시 상업은행의 대출은 경제활동 위축이 시작된 훨씬 이후까지도 증가세가 계속됐다. 심지어 경기와 증시가 바닥을 치고 몇 달이 지난 이후에야 대출이 늘기 시작했다. 월간 지표는 없지만 연간 지표를 보면 1921년 6월부터 1922년 6월까지 총대출은 5.5%가 줄었다. 이 기간 동안 경제는 실질 기준으로 거의 7% 성장했으며 다우존스 지수는 거의 36%가 올랐다. 결과적으로 신용증가율은 침체장의 바닥을 발견하는 데 별다른 도움이 되지 못했다.

통화 상태에 대한 분석이 증시의 바닥을 예측하는 데 큰 효용성은 없지만 매우 흥미로운 구조적인 문제는 제기한다. 당시 미국의 금융 시스템은 어떻게 지속적인 물가하락의 태풍을 헤쳐나갈 수 있었을까? 이는 1929~1933년에 있었던 비슷한 디플레이션 태풍이 미국 총예금의 10분의 1을 보유하고 있던 은행들을 초토화시켰다는 사실을 상기하면 매우 흥미로운 주제다(이 문제에 대해서는 2부에서 상세히 다룰 것이다). 1920~1921년에 사람들은 상업은행 시스템이 긴축을 견뎌낼 수 있을 것이라고 믿었고 예금을 늘렸다. 하지만 1929~1933년에는 그러한 신뢰가 부족했다. 미국 4위의 은행이었던 체이스내셔널의

표1-26_체이스내셔널 은행의 1920년 6월 30일 기준 재무상태표 (단위: %)

	전체 자산에서 차지하는 비율
현금, 외화, 연방준비은행에서 받을 돈	24
콜론(요구불 단기대출)	12
할인어음	24
정기대출	20
미국 국채와 채무증서	5
채권과 주식	7
기타	8
총자산	100

자료: WSJ

1920년 6월 30일 기준 재무상태표를 보면 왜 사람들이 은행에 그러한 신뢰를 가졌는지 어렵지 않게 이해할 수 있다.

미국의 상업은행 시스템은 1919~1921년에 디플레이션이 지속적으로 지행되는 동안에도 유동성이 좋았다. 은행들은 오랜 디플레이션에 적응하면서 재정 상황을 디플레이션에 대처할 만한 수준으로 만들어 놓았다. 이처럼 높은 수준의 유동성과 연방준비제도의 도입으로 은행 시스템이 안전하다는 믿음을 사람들에게 심어준 것으로 보인다. 그리고 1921년에는 사람들의 이 같은 믿음이 옳았다.

낙관론자와 비관론자

단순한 마음의 혼란 같은 그런 혼란은 없다. 우리가 차를 몰고 갈 때 톰은 뜨거운 공포의 감정을 느꼈다.

스콧 피츠제럴드, 《위대한 개츠비》

지금까지 분석에 따르면, 가격이 안정되고 있다는 증거가 늘고 있다는 점에 주목한 투자자들은 1921년 증시의 전환점을 정확히 예측할 수 있었다. 당시 금본위제가 효과적으로 작동하고 있었다는 점을 감안하면 가격안정성에 관심을 두는 것은 매우 합리적으로 보인다. 또 다른 접근법으로 연방준비제도의 재무상태표를 점검하는 방법이 있었다. 하지만 이 같은 접근법은 매우 주관적이라 가격안정성에 주목하는 것보다 신뢰성이 떨어진다.

물론 모든 시장 참여자들이 사물을 똑같은 방법으로 보는 것은 아니고 침체장에 휘말려서 하루하루를 보내는 상황에서는 그러한 독립적인 분석이 항상 가능한 것도 아니다. 투자에 대해 더 나은 지식을 얻기 위해 이번에는 1921년 8월 24일 증시 바닥 전후의 각 2개월 동안 투자자들의 발언과 반응에 주목해보자. 1921년 6월 25일부터 8월 24일 바닥까지 침체장이 하루하루 심화되는 과정을 따라가 보고 증시 바닥 이후 2개월간의 상황을 살펴보면 투자자들이 침체장과 싸우며 어떻게 상황을 판단했는지 알 수 있다.

〈WSJ〉에 실린 기사들을 보면 1921년 여름에 사람들이 증시가 바닥을 쳤다고 선언할 때 어떤 요인들을 중요하게 여겼는지 볼 수 있다.

- **6월 25일**: 최근 증시가 오를 것으로 보인다는 의견에 점점 더 많은 사람들이 공감하고 있다. 유동성이 좋아지고 있다는 점이 약세장에서 강세장 쪽으로 상당한 변화를 유발하고 있다.
- **6월 28일**: 경기가 나아지고 있다는 신호가 없다고 생각하는 사람들조차 현 주가 수준에서는 공매도를 꺼리고 있다. 현재 주가를 순전

히 올해(1921년) 실적 지표에 근거해 판단하는 것은 합리적이지 않다는 게 그들의 생각이다. 현재와 같은 상황에서 실적보다 더 중요한 것은 기업의 재무 건전성을 보여주는 재무상태표다[공매도는 주식을 빌려 매도하거나 주식이 아예 없는 상태에서 매도하는 것을 말한다. 주식을 빌려 매도한 뒤에 주식을 되사서 빌린 주식을 갚는 것을 대주거래 또는 대차거래covered short selling라고 한다. 주식도 없는 상태에서 먼저 주식을 매도한 뒤 나중에 주식을 사서 주식 매수자에게 넘겨주는 것을 무차입공매도naked short selling라고 한다. 공매도는 주가가 떨어질 것으로 보고 주식을 매도한 뒤 주가가 실제로 더 내려가면 주식을 되사서 차익을 얻는 것을 목적으로 한다 - 옮긴이].

- **6월 29일:** 비관론자들이 더 대담해졌다. 비관적인 생각을 가진 투자자들은 길고 고통스러운 주식 청산의 시기에 상당한 이익을 올렸다. 그리고 이제 그들은 증시가 어떤 식으로 전개되든 건설적인 방향으로는 전혀 움직이지 않을 것이라고 생각하는 단계에 도달했다. 하지

표1-27_침체장 바닥: 1921년 6월부터 10월까지 다우존스 지수

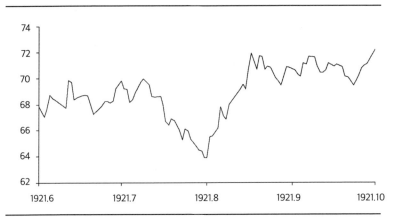

자료: 다우존스&Co.

만 향후 경기가 여전히 좋아지지 않을 것이란 확신을 강하게 갖고 있었다. 그러나 비관론은 서서히 낙관론에 자리를 내어주고 있으며 주식시장은 적당한 때 이를 반영할 것이다. 주식시장은 모든 측면에서 긴급한 주식들을 매도해 청산이 끝났다는 신호를 내보내고 있다. 현재 시장은 좁은 박스권에서 등락하고 있지만 비관론자들의 활동에 따른 움직임은 하나하나 뚜렷하게 눈에 띈다.

- **7월 6일:** 1년 중 거래가 가장 부진한 날이었다. 멕시칸페트롤리엄에 가해진 강력한 하락 압박에도 불구하고 주식들은 전반적으로 올랐다. 시장에는 여전히 공매도 잔고가 매우 높은 상태다[주식이 아예 없는 상태에서 매도했거나 주식을 빌려 매도했을 때 이렇게 매도된 주식의 양이나 금액을 공매도 잔고라고 한다. 국내에선 실제 주식이 없는 상태에서 매도하는 공매도는 금지돼 있고 주식을 빌려 매도하는 대주거래, 대차거래만 가능하다. 이 때문에 국내에선 빌려갔으나 아직 상환되지 않은 주식의 양 또는 금액을 대주잔고라 한다. 미국에선 주식을 빌려서, 즉 대주해서 파는 차입공매도뿐만 아니라 주식이 아예 없는 상태에서 미리 파는 무차입공매도도 허용돼 있기 때문에 대주잔고라 하지 않고 더 넓은 의미에서 공매도 잔고라 번역했다 - 옮긴이].

- **7월 7일:** 목요일 거래에서 멕시칸페트롤리엄의 맹렬한 폭락에도 불구하고 주식이 전체적으로 떨어지지 않았다는 점이 비관론자들에게 경고 신호를 올렸다. 멕시칸페트롤리엄은 결과적으로 심하게 과매도된 상태로 공매도 잔고가 매우 높다. 이같이 높은 공매도 잔고가 전반적인 하락 압력에 완충 역할을 하고 있다는 점이 증명됐다. 주식을 사서 공매도 잔고를 줄이려는 움직임이 전반적으로 나타나면서 오늘 하루 거래가 끝나기 전에 올 들어 일간으로는 가장 큰 폭의

반등이 이뤄졌다[공매도 잔고가 높으면 주가가 떨어질 때 주식을 되사서 갚으려는 사람들이 나타나게 된다. 따라서 높은 공매도 잔고는 주가의 추가 하락을 막는 역할을 하기도 한다 – 옮긴이].

- **7월 13일:** 일반 대중들 사이에는 여전히 비관적인 견해가 우세하다. 지난주의 주가상승에도 불구하고 공매도 잔고가 뚜렷이 줄고 있다는 조짐은 없다.

- **7월 13일:** 최근에는 공매도 투자자들에게 빌려주는 목적으로 공급되는 주식의 양이 많지는 않은 것으로 보인다. 다시 말해 현재의 기술적 상황은 어떤 긍정적인 신호라도 쉽게 시장에 반영돼 우량주가 올라갈 수 있음을 시사한다.

  –혼블로어&윅스, '고객들에게 보내는 편지'

- **7월 13일:** 증시가 전반적으로 하락했을 때 구리 주식이 견고하게 버텼다는 사실은 주목할 만하다.

- **7월 13일:** US스틸의 전체 주식 중 증권사들이 보유한 지분은 1916년 12월에 최대 58%까지 올라갔으나 1921년 6월 현재는 23%에 불과해 개인 투자자들이 더 많은 지분을 보유하게 됐다.

- **7월 15일:** 객장의 주식 매매자들은 여전히 수익을 남기기가 어렵다는 사실을 절감하고 있다. 시장에서 의미 있는 거래가 이뤄지고 있다는 신호가 나타나기 전까지는 객장 매매자들이 도심에 나타나지 않을 것이라는 얘기가 전날 오전에 회자됐다.

- **7월 18일:** 증시는 3년째 부진한 흐름을 이어가고 있다. 활동적으로 주식 거래를 했던 사람들이 금융가에 거의 모습을 드러내지 않고 있다. 거래를 할 만한 유인이 없는 상황에서 전형적으로 부진한 여름

장세가 전개되고 있다. 대규모 자금이 이미 매도 쪽으로 흘러들어갔으며 자금이 매수 쪽으로 돌아설 만한 징조는 현재 경제 여건에서는 아직 나타나지 않고 있다. 일반인들은 전반적으로 증시 참여를 기피하고 있는 것처럼 보인다.

- **7월 19일:** 대부분의 증권사들이 고객들에게 거래가 좀 더 활발해질 때까지 증시에 들어가지 말고 기다리라고 조언하고 있다.

- **7월 20일:** 산업 분야의 우선주들 일부가 매우 헐값에 나오고 있다. 장기 배당을 자랑하는 좋은 종목들은 현 주가 수준에서 7~10%의 배당수익률을 제공하고 있다. 현재 시장금리는 대략 6% 수준이다. 지난 분기에 중요한 5개 기업의 우선주가 배당금을 지급하지 않았다는 점이 우량주의 배당수익률을 끌어올리는 원인으로 작용한 것으로 보인다.

- **7월 21일:** 증시는 거래가 극히 부진한 가운데 하락했다. 주가가 떨어질 때 거래량이 적었다는 점은 낙관론자들에게 긍정적인 신호로 받아들여졌다.

- **7월 22일:** 올 들어 증시가 다섯 시간만 열린 날 중 거래가 가장 적었다. 재할인율 인하는 전혀 관심을 끌지 못했다. 철강주의 공매도 잔고가 매우 높은 상황에서 증시의 큰손들은 악재가 나올 때 새로 공매도하기보다 주식을 사서 기존 공매도 잔고를 메우려는 경향이 강하다. 공매도 투자자들 사이에서 투기적 성격이 강한 종목의 프리미엄[주식을 빌리려는 사람들이 많아지면 주식을 빌릴 때 프리미엄을 붙여줘야 한다. 프리미엄이 사라졌다는 말은 주식을 빌리려는 수요가 줄었다는 뜻이다 - 옮긴이]이 사라졌다. 어떤 주식들은 빌려준 주식의 양에 거의 변화가 없다.

- **7월 28일:** 콜금리가 1919년 11월 이후 최저치로 내려갔다. '변동성이 극히 제한된 가운데 전문가들이 주도하는 장세가 펼쳐지고 있다. 이러한 장세에서는 무언가 기대될 때 확실한 것은 거의 일어나지 않는다는 특징이 있다.'

  -혼블로어&윅스, '고객들에게 보내는 편지'

- **7일 29일:** 정보를 얻을 수 있는 위치의 사람들은 이날 장비 주식들이 폭락한 것은 전적으로 지난 몇 달간 이와 비슷한 일들을 기획해 왔던 비관론자들의 습격 때문이라고 지적했다.

- **8월 1일:** 아메리칸텔레폰의 9,000만 달러 규모의 주식 공모는 매우 성공적이었다. 이번 공모는 벌링턴과 프랑스 정부에 많은 부채를 지고 있는 상태에서 이뤄졌다.

- **8월 1일:** 증권사에 고객의 발길이 끊겼다.

- **8월 2일:** 스튜드베이커의 실적 호재에도 불구하고 자동차 주식들은 별다른 반응을 보이지 않았다(스튜드베이커의 2분기 실적은 기존의 최대 기록보다도 50%나 더 좋았다).

- **8월 2일:** 유나이티드프루트를 비관적으로 보는 투자자들이 실제 주가에는 거의 영향을 못 미치고 있다. 기업 사정에 정통한 사람들이 주가가 떨어질 때마다 주식을 샀다는 사실은 공공연한 비밀이다.

- **8월 3일:** 브로커즈 론Broker's loan이 약 8년 만에 최저치로 떨어졌다. 브로커즈 론은 지난 2년간 125만 달러에서 50만 달러로 급감했다. 브로커즈 론은 1919년 7월 31일에 최대치를 기록했다. 1919년 증시 고점에서 일일 콜시장의 규모는 4,500만 달러 수준이었으나 현재는 1,000만 달러에서 1,500만 달러 수준에 불과하다[브로커즈 론은

증권사가 고객이 주식을 매수할 목적으로 대출을 요구할 때 다른 금융기관으로부터 차입해 고객에게 빌려주는 돈을 말한다. 증권사의 자기자금으로 고객에게 대출하기도 하지만 자기자금이 부족한 경우 다른 금융기관으로부터 돈을 빌려와 고객에게 빌려준다. 브로커즈 론은 단기 자금인 콜론 형식으로 빌리는 경우도 있고 30일, 60일, 90일 등 기간을 정해 빌리는 방식도 있다. 국내에서는 증권사들이 투자자들에게 주식 매매 대금을 빌려주는 것을 신용융자라고 하는데 증권사가 자기자금으로 빌려주는 것을 자기신용, 증권금융회사에서 빌려 대출해주는 것을 유통금융이라 한다-옮긴이].

- **8월 5일:** 철도주가 거의 6주 가까이 상승세를 계속하고 있다. 이 기간 중 조정은 소폭에 그쳤다. 지난번 철도주 급등은 저가주가 투자자들의 선호를 받으며 오름세를 이끌었으나 이번 상승은 고가주와 우량주가 주도하고 있다는 점이 주목된다.

- **8월 5일:** 현재 월스트리트가 보유하고 있는 스틸 보통주는 90만 주에 불과하다. 몇 년 전만 해도 월스트리트가 보유한 스틸 보통주는 250만 주에 달했다['Steel'이라고 대문자로 표기돼 있어 특정 회사를 지칭하는 것으로 보인다. US스틸일 가능성이 높지만 이 책의 다른 부분에서 US스틸은 US스틸이라고 분명하게 표기해 다른 회사일 가능성도 배제하기 어려워 원문 그대로 표기했다-옮긴이].

- **8월 9일:** 주식시장이 가장 어두울 때 시장을 떠받쳐 줄 만한 소액투자자들은 아무도 보이지 않는다. 만약 증권사들이 (소액투자자들의 영향을 크게 받는) 그런 종류의 사업에 의존하고 있다면 증권거래소는 문을 닫아야 하거나 극장으로 업종을 변경해야 할지도 모른다.

- **8월 10일:** 하지만 우리 회사에는 투자 목적이든, 투기 목적이든 1914년 이후 그 어느 때보다 잠재 매수자들이 많다. 우리 회사에는

주식을 사고 싶어 안달이 난 고객들이 있으며 우리는 그들을 주식 매수의 주력 부대로 여기고 있다.

-익명의 증권중개인의 말

- **8월 11일:** 투기적 목적의 매도 공세는 전혀 완화되지 않았다. 투기적 매도는 아메리칸슈거가 배당금을 지급하지 않기로 했다는 소식에 더욱 극성을 부렸다. 이 발표로 아메리칸슈거는 신저점으로 추락했다.

- **8월 18일:** 주식을 빌릴 때 아직도 많은 종목들은 프리미엄을 지불해야 한다. 이는 공매도 잔고가 주목할 만큼 충분하게 감소하지 않았다는 사실을 의미한다.

- **8월 19일:** 하락 압박을 크게 받았던 몇몇 종목들이 지난 2일간 반등했다. 이는 공매도 세력들이 빌린 주식을 상환해 공매도 잔고를 줄이려 시도했기 때문으로 보인다. 예를 들어 피어스애로우는 심지어 보통주가 우선주보다도 싸게 팔릴 뿐만 아니라 지난 몇 주일간 이 같은 비정상적인 주가 수준이 유지되어 왔다.

- **8월 20일:** 장기투자를 위한 주식과 채권 매입 비중이 사람들이 생각하는 것 이상으로 커지고 있다. 재빨리 털어버리고 단기 차익을 챙기려는 매수는 거의 없다. 매수자 대부분이 1년 또는 2년 후를 바라볼 때 현재 주가가 싸다고 생각하는 주식을 고르고 있고, 이런 주식들이 현재 매수되고 있다. 지금은 장기적인 투자의 관점에서 주식 매수가 쌓이는 기간이다.

- **8월 23일:** 수많은 주식들에 대한 청산 열풍은 이제 끝난 것으로 보인다. 매도 행렬이 끝났다는 증거는 거래가 극히 부진하다는 점에서

찾을 수 있다. 이는 특히 구리 주식에 꼭 맞는 말이다.

- **8월 24일:** 다우존스 지수 바닥

- **8월 25일:** 현재 다우존스 산업지수와 철도지수의 움직임에서 낙관론자들에게 격려가 될 만한 것은 거의 없다. 하지만 침체장의 주요한 움직임이 확실히 재개됐다는 신호도 없다.

  -윌리엄 피터 해밀턴William Peter Hamilton의 '다우이론 분석'

- **8월 25일:** 인터내셔널페이퍼는 불과 몇 개월 전에 연차 보고서를 통해 주당 순이익이 53달러라고 발표했음에도 현재 보통주 주가가 39.50달러에 불과하다. 이는 증시에서 전례가 없는 일이다. 아메리칸인터내셔널은 주당 청산가치[기업이 영업활동을 중단하고 청산할 경우 남는 자산의 가치를 말한다. 주가가 청산가치보다 낮으면 주식을 매수한 뒤 최악의 경우 기업을 매각해도 주식 매입대금보다는 더 많은 돈을 챙길 수 있기 때문에 주식투자에 손실의 위험이 전혀 없게 된다 – 옮긴이]가 50에 달하는 데도 주가가 25.375달러까지 내려간 적도 있다.

- **8월 27일:** 기술적 분석상 시장에 강세장 징후가 나타나면서 상당한 양의 매수 주문이 몰리자 공매도 투자자들이 깜짝 놀라 서둘러 빌린 주식을 갚으려 주식 매수에 나섰다. 이처럼 공매도 잔고를 줄이려는 매수세가 집중되면서 사실상 거의 모든 주식이 큰 폭으로 뛰어올랐으며 이런 급등세는 오후까지 이어졌다.

- **8월 28일:** 비관론자들은 덫에 걸렸다. 증시는 이제 기술적 반등이 불가피한 상황에 도달했다. 예를 들어, 주식을 빌릴 때 프리미엄을 지불해야 하는 종목의 숫자가 2년 전 침체장이 시작된 이래 가장 많아졌다. 증시는 개장 후 채 한 시간이 되기도 전부터 오르기 시작해 지

난 3개월 가운데 최고의 상승세를 보였다. 지난 한 달간 월스트리트 구석구석에 퍼졌던 비관적인 소문들은 목요일에 멕시칸페트롤리엄이 배당금 지급을 연기할 것이라는 근거 없는 보고서가 나돌면서 극에 달했다. 하지만 이 같은 악성 루머들이 이제는 오히려 월스트리트의 건전한 투자 의식을 자극하고 있다. 큰 금융기관들은 합동으로 주요 공매도 세력들에게 빌려간 주식을 갚으라고 압박을 가할 것으로 알려졌다. 아울러 허위 사실 유포가 참을 수 없는 지경에 이르렀다는 경고 메시지도 발표할 것으로 전해졌다.

- **8월 29일:** 비관론자들의 공격이 실패로 끝났다. 수많은 기업들이 과거 어느 때보다도 많은 현금을 보유한 상태다.

- **8월 30일:** 제너럴일렉트릭을 낙관적으로 보는 증권사들은 최근 주위 사람들에게 제너럴일렉트릭의 임직원들이 공매도 세력들에게 뼈아픈 교훈을 주려고 하고 있으며 이에 따라 제너럴일렉트릭 주가는 더 오를 것이라고 말하고 있다.

- **8월 31일:** 공매도 세력들이 궁지에 몰렸다. 콜금리가 거의 한 달만에 최저 수준인 4.5%로 내려가면서 비관론자들 사이에 상당한 동요가 일어났다.

- **9월 1일:** 공매도 잔고가 여전히 높은 가운데 증시는 상승세를 이어갔다. 현재 총 6개 종목이 주식을 빌려줄 때 프리미엄을 요구하고 있다. 현재의 상승세가 시작되기 직전인 지난 목요일만 해도 프리미엄이 필요한 종목은 총 15개였다.

- **9월 2일:** 공매도 잔고가 대폭 줄어들면서 주식 매수세가 실종됐다.

- **9월 3일:** 공매도 세력을 몰아세우는 시위가 펼쳐지는 양상이었다.

또 한 가지 긍정적인 신호는 뉴스에 대한 월스트리트의 태도가 바뀌고 있다는 점이다. 지난 여름에는 악재에 훨씬 더 민감하게 반응하는 현상이 고착되는 듯했으나 이제는 호재에 더 주목하는 경향이 나타나고 있다.

- **9월 7일:** 기업인들은 경기하강 추세가 바닥을 쳤으며 전체 산업도 전반적으로 구조조정을 마무리했다고 판단하고 있다. 물가가 오를 때 많은 기업인들이 밀려드는 주문을 감당하기 위해 사업을 확장할 필요가 있다고 생각했다. 하지만 막상 물가가 떨어지기 시작하자, 전혀 팔리지 않는 원자재와 완제품이 공장에 쌓여가는 것을 보고 애를 태워야 했다. 미국 대중들은 가격이 쓸데없이 비싸다고 불평을 늘어놓았으며 마침내 소비자 파업이 나타났다. 기업들은 공장과 창고에 엄청나게 쌓여 있는 이 같은 재고를 소화하기 위해 끊임없이 저가 공세를 펼쳤다. 이 결과 산업별로 다른 속도로 서서히 재고가 소진되기 시작했다. 현재는 공장에 재고가 쌓여 있기는커녕 사실상 수많은 판매 경로에서 재고 부족 현상이 나타나고 있다. 재고를 줄이기 위해 자발적으로 감산했던 많은 원자재 제조업체들이 완전히 문을 닫거나 공장가동 시간을 대폭 줄여야 했다. 하지만 이러한 과정이 진행되는 동안 쌓였던 재고는 서서히 줄었고 과잉생산 문제도 해소됐다. 미국 소비자들이 번영의 시기가 다시 한번 눈앞에 다가오고 있고, 정부가 건설적인 방향으로 정책을 펼쳐왔으며, 또 앞으로도 그럴 것이라는 사실을 깨닫기만 하면, 가격할인이 전 분야로 확산된 지금 당장 필요한 상품을 사려는 사람들로 구매 열풍이 일어날 것이다. 생산이 아직도 정상 수준을 되찾지 못한 만큼, 일단 구매 열

풍이 시작되면 전반적인 추세가 반전되면서 상품가격은 다시 오르기 시작할 것이다. 그리고 가격상승은 언제나 그렇듯 전국적으로 번영을 가져올 것이다.

−제시 리버모어 [가난한 농부의 아들로 태어나 단돈 5달러로 주식 매매를 시작해 증권계의 거물이 된 역사상 가장 위대한 개인투자자 중 한 사람이다. 성공과 실패를 거듭하다 결국엔 큰 손해를 입고 1940년 11월 28일 미국 뉴욕의 한 호텔에서 권총 자살로 63년간의 삶을 마쳤다 − 옮긴이]

- **9월 7일**: 주식을 빌릴 때 프리미엄을 내야 하는 종목의 수가 2개로 줄었다.

- **9월 10일**: 거래가 끝나기 직전 비관론자들이 심리적 공황상태에 빠져든 것으로 보인다. 주식시장에 일관되게 비관적이었던 마지막 월도프Waldorf 추종자들이 궁지에 몰렸다.

- **9월 12일**: 증시는 물론 기업들의 활동도 상승세를 탈 것으로 확신하는 대규모 매수 집단이 이번 주에 우량 산업주와 철도주를 수천 주 사들였다. 이번 주에 증시가 오른 것은 의심할 여지없이 전반적인 사업 여건이 개선됐기 때문이다. 비관론자들은 월스트리트 역사상 가장 치명적인 패배를 당했다. 고객들에게 차익 실현을 권했던 증권사들은 최근의 상승세가 전문적인 투기꾼들의 작전에 의한 일시적인 돌풍이 아니라는 확신을 이제야 갖게 되었다.

- **9월 14일**: 아직도 많은 주식이 순유동자산에도 못 미치는 가격에 팔리고 있다. 주가가 순자산가치 대비 3분의 1 수준에 불과한 주식도 있다. 지금의 주가는 앞으로 아무리 오래 기다려도 다시 만나기 힘들 만큼 매력적인 수준이다. 이미 우리는 섬유와 신발을 포함해 다

른 많은 산업의 주가가 빠르게 정상 수준으로 회복되고 있다는 소식을 듣고 있다.

−윌리엄 톰프슨*William Thompson* (광업 기업가이자 전 뉴욕 연방준비은행 이사)

- **9월 14일:** 그러나 소수의 주식을 제외한 나머지는 주식시장에서 거의 관심을 받지 못하고 있다. 이는 최근의 상승세가 일반 대중들의 참여를 이끌어내지 못했다는 것을 의미한다.

- **9월 16일:** 주식시장에서 사고팔 수 있는 유동주식의 공급이 이미 줄고 있기 때문에 6개월 후에는 유통되는 주식의 양이 부족하다는 얘기가 나올 수도 있다. 커다란 가격 변동은 언제나 적정 수준 이상까지 진전되는 경향이 있으며 이는 강세장일 때나 약세장일 때나 마찬가지다. 기업의 이익 창출 능력을 빼고 자산만 두고 평가해봐도 순자산가치가 주가보다 더 높은 상황에서는, 투자자들이 비과세 지방채의 뛰어난 안전성에 눈이 멀어 세금이 매우 적을 것으로 보이는 주식을 간과했다고 말할 수 있다.

- **9월 22일:** 최근 주식시장에 떠도는 루머 대부분은 유명한 투자자와 유력 기업인에 관한 것이다. 이들 두 사람은 한 달 전부터 시작돼 거의 3주일간 이어지고 있는 증시상승세에 상당 부분 기여했다고 알려졌다. 현재는 두 사람 사이가 나빠져 각자의 친구들이 나서 상대방에 대해 온갖 종류의 비방을 퍼뜨리고 다닌다고 한다. 예를 들어 상대방이 공동 관리하기로 했던 주식을 매도했다거나 배신 행위를 했다거나 심지어 인격에 문제가 있다는 식의 비난들이다. 최근 시장의 움직임을 보면 확실히 내부에서 무언가가 잘못되고 있다는 느낌이 든다. 왜냐하면 이들 두 사람이 공동 관리한다고 알려진 주식들

이 최근 시장에서 가장 큰 폭으로 떨어지고 있기 때문이다(이는 제시 리버모어를 언급한 것이다).

- **9월 23일:** 일반 대중들이 아직 주식 매수세에 동참하지 않았기 때문에 주가가 여전히 싸다고 주장하는 증권사들이 많다. 주식시장의 상승세는 통상 일반 대중들의 주도로 촉발되지 않는다. 지난 2년간 주식시장은 상승할 때마다 뒤이어 더 큰 폭의 하락세를 맞아야 했고 반등을 이용한 주식 매도는 투자자들의 습관이 되어버렸다. 최근의 상승세는 이전의 반등과는 성격이 다르다. 이달 상반기의 증시 강세는 유력 은행가와 금융인이 경기가 바닥을 쳤다고 확신하면서 이어졌다. 증시의 대규모 매수세는 이런 은행가와 금융인이 형성해왔다. 전문투자자들도 특정 종목을 집중 매수하고 있는 것이 확실해 보인다. 하지만 증시상승세의 진짜 이유는 장기적으로 봤을 때 지금이 좋은 매수 기회이기 때문이다. 주식시장을 지지하는 진정한 힘은 대형 은행과 주요 금융기관에서 나온다. 이들은 2주 전보다 증시를 더 낙관적으로 바라보면서 좋은 주식을 계속 사 모으고 있다. 증권사들은 주식을 팔아치웠던 매도자들로, 이제야 한발 늦게 주식을 사라고 권하고 있다.

- **9월 26일:** 강세장 초기 단계에 기억해야 할 가장 기본적인 마음가짐은 인내라는 사실을 명심해야 한다. 지금부터 1년 후의 주가 수준에 대해서는 어떤 사람도 의심을 품지 않고 있는 것처럼 보이지만 하루하루의 증시 움직임은 잠재 매수자들을 끊임없는 의심 속에 몰아넣는다. 잠재 매수자들은 거래가 부진하고 주식이 별로 좋아 보이지 않을 때는 절대 주식을 사지 않을 것이다. 거래가 활발하고 주식이

매력적으로 보일 때만 주식에 관심을 보이며 사려고 할 것이다.

-혼블로어&윅스, '고객들에게 보내는 편지'

- **10월 4일:** 주식시장은 경제와 관련해 모든 사람들이 알고 있는 모든 사실을 완벽하게 반영한다. 이 점은 아무리 강조해도 지나치지 않는다. 주식시장이 기습을 당하면 엄청난 혼란이 생긴다. 그리고 과거 기록을 살펴보면 시장이 기습을 당하는 경우란 거의 없다.

  -윌리엄 피터 해밀턴

- **10월 4일:** 어떤 주식을 공매도하기는 쉽다. 하지만 공매도 잔고를 모두 청산한 뒤에 그 주식을 사서 보유하고 있기는 어렵다.

- **10월 4일:** 전문적인 주식투자자를 주식의 가치를 파괴하는 약탈자나 해적으로밖에 여기지 않는 일반 대중의 무지 때문에 최근 증시 상승세가 멈춘 것과 관련해 제시 리버모어가 비난을 받고 있다. 하지만 리버모어는 주가상승세를 멈추게 하기는커녕 주가가 계속 올라갈 수 있도록 할 수 있는 모든 일을 다했다. 그와 담배업계 거물인 조지 웰랜George Whelean은 증시가 오르는 과정에서 주요 매수 세력으로 활동했다. 일반 대중들은 그 과정에 전혀 없었고 참여도 거부했다(두 사람은 증시가 오르는 동안 어떤 종목이 상승세를 주도해야 하는지를 두고 의견이 갈려 사이가 벌어졌다).

- **10월 5일:** 주식시장의 작전세력은 주식을 유통시킬 준비가 되어 있을 때 대중을 원할 뿐 작전의 초기 단계에서는 대중을 원하지 않는다. 따라서 작전이 공개될 때 그들의 초기 문제의식은 영원히 묻혀버리거나 전적으로 새로운 기준에서 다시 제기된다. 주식시장을 끌어올렸던 작전세력은 이제 시장에서 물러났으나 멕시칸페트롤리엄

과 담배주, 철도주 가운데 어떤 주식이 상승세를 주도해야 하는지에 대한 그들의 문제의식은 아직 해결되지 않고 있다. 하지만 모든 전문가들이 동의하는 것은 주식시장이 여전히 너무 많이 매도된 상태이기 때문에 움직일 수 있는 방향은 오직 하나, 즉 상승밖에 없다는 점이다. 그러나 얼마나 빨리 또 언제쯤 어느 정도까지 오를 것인지에 대해서는 일치된 의견이 없다.

- **10월 5일:** 주가급락을 야기할 수도 있는, 무시할 수 없는 악재 2가지는 독일과 미국 철도회사의 파산이다.

- **10월 7일:** 주식시장은 지난 2주일간 뚜렷한 방향성 없이 제멋대로 움직였다. 투기세력들은 증시가 매우 긍정적인 모습을 보여줬다고 밝혔다. 전개 양상을 봤을 때 주가는 별다른 어려움 없이 더 오를 것으로 보인다. 브로커즈 론은 소폭 늘었을 뿐이다.

- **10월 10일:** 푸조 위원회[1912년 5월에서 1913년 1월 사이에 활동한 의회 산하의 특별위원회로, 미국 금융산업에 막강한 영향력을 행사했던 월스트리트의 주요 은행가들을 조사했다 - 옮긴이]에 따르면, 모든 거래의 14%만이 흔히 말하는 일반 대중들에 의해 이뤄졌다고 한다. 그렇다면 거래의 나머지 86%는 일반 대중들이 반길 만한 것일까? 이 문제의 진실은 주식이 상승하는 데 반드시 필요한 '일반 대중'이 채권시장에서 활발하게 활동하고 있다는 점이다. '일반 대중'의 적극적인 투자로 자유국채 가격은 매일 사상 최고치를 경신하고 있다.

- **10월 12일:** 구리, 철강, 석유 등의 가격이 상승하고 있고 금리는 하락하고 있기 때문에 증시의 다음 방향은 상승이 될 것이다. 거래의 성격을 보면 의미 있는 수준의 주식 매도는 이뤄지지 않는 것이 분

명하다. 또한 주식시장의 큰손들은 공매도쪽으로는 전혀 움직이지 않고 있다.

- **10월 24일:** 주식시장의 상승세가 지속될 수 있다는 사실을 끝까지 믿지 않고 버텼던 비관적인 투자자들은 최근의 주가 급등으로 엄청난 타격을 입었다. 피해가 눈덩이처럼 커지고 있는 공매도 잔고를 재빨리 청산하려는 이런 비관론자들의 시도가 증시에 추가 상승의 추진력을 주고 있다.

1921년 6월부터 8월까지 주식시장에서 펼쳐진 전투를 보며 투자자들이 마음에 새겨야 하는 경고는 '네 적을 알라'다. 증시를 더 낙관하게 된 이유 중의 하나로 인용된 〈WSJ〉 보도 중에 비관론자들이 "증시가 어떤 식으로 전개되더라도 건설적인 방향으로는 전혀 움직이지 않을 것이라고 생각하는 단계에 도달했다"는 내용이 있다. 심지어 비관론자들은 호재가 끊임없이 나오는 상황에서도 증시가 긍정적인 움직임을 보이지 않을 것으로 믿었다. 비관론자들의 어떤 '시도'도 무력화할 수 있는 매수 세력의 등장은 비관론자들의 시대가 끝났다는 추가적인 증거가 된다. 특히 주식시장이 바닥을 치기 직전인 8월 19일에 일부 종목은 보통주가 우선주보다도 싸게 팔렸던 것으로 기록돼 있다. 보통주에 대한 대대적인 공매도로 이 같은 비정상적인 상황이 초래되자 공매도 세력이 공매도 잔고를 줄일 수밖에 없는 처지에 몰렸다는 신호로 해석됐다. 악재에 전반적으로 민감하게 반응하는 증시가 바닥을 치기 2일 전에는 긍정적인 신호로 여겨졌다.

지금 주식시장에선 비관적인 전망이 상당히 그럴 듯하게, 권위가 있는 것처럼 받아들여진다. 반면 주가가 오를 수 있다는 발언은, 직접적으로 말하는 것도 아니고 암시만 해도 의심의 눈초리를 받는다. 통상 침체장이 거의 막바지에 도달했을 때 이러한 상황이 펼쳐진다.

WSJ, 1921년 8월 19일

며칠 뒤 익명의 한 은행가가 증시에 비관적인 뉴스가 확대 재생산되는 것은 물론 각종 거짓 루머까지 횡행하는 현실을 비판했다.

나는 매일 100여 개의 소식을 듣는다. 최근에는 각계각층의 사람들로부터 한껏 과장된, 오싹할 정도로 기분 나쁜 소식들을 듣고 있다. 사람들은 실은 아무것도 모르면서 악의적으로 꾸며진 것이 분명한, 전적으로 틀린 내용의 보고서들을 얘기한다. 그리고 나는 그럴 때조차 언급을 삼가고 있다. 거짓 소식은 날개 달린 신발이라도 신은 듯 더 빠르게 퍼진다. 내가 일주일간 파국과 재난을 경고하는 보고서를 100개 받았다면, 그중에서 약간이나마 진실을 담고 있는 것은 하나에 불과할 것이다. 그 하나의 보고서조차 실제 내용은 그리 암울하지 않을 것이다.

WSJ, 1921년 8월 27일

모든 기업들이 '악성 루머'가 확대 재생산되는 것을 가만히 보고 있었던 것은 아니다. 멕시칸페트롤리엄의 창업자인 에드워드 도헤니 Edward Doheny는 무어라는 사람이 투자 정보지에 쓴 글을 문제 삼아 그를 허위 사실 유포 혐의로 기소하는 데 성공했다.

앞에서 살펴봤듯 침체장 막바지에는 호재가 나타나도 아무런 주목을 받지 못한다. 투자자들의 관심이 점차 악재에서 호재로 바뀌면 강세장으로 변한다는 사실도 뚜렷해진다. 〈WSJ〉를 살펴보면 투자자들은 이러한 주관적인 기준 외에 공매도 현황에도 면밀한 주의를 기울였던 것으로 보인다.

공매도할 수 있는 주식의 공급이 줄면 주식을 빌리는 데 드는 비용이 올라가며, 이는 공매도 세력의 무기가 거의 소진됐다는 증거가 된다. 우연의 일치일 수도 있지만 주식을 빌릴 때 붙는 프리미엄이 가장 높이 올라갔을 때 주식시장은 바닥을 쳤다. 공매도 세력의 활동이 절정에 다다르면 그 정점 이후에는 주가를 끌어내리는 공매도 세력의 활동이 약해질 수밖에 없기 때문이다.

기관투자가들이 주식시장의 주요 세력으로 등장하기 훨씬 이전인 1921년에 투자자들이 알아야 할 또 다른 적은 주식의 전반적인 지분구조였다. 주식시장의 역사를 보면 중요한 강세장에서는 주요기업의 지분이 월스트리트 증권사로 이동했다. 이 같은 지분구조의 변화를 단적으로 보여주는 대표적인 기업이 1901년에 탄생한 이후 가장 큰 상장기업으로 군림해왔던 US스틸이었다. 주식시장이 최고 활황에 도달했던 1916년에 US스틸의 증권사 지분은 58%에 달했다. 반면 증시가 최저점을 향해 미끄러지고 있던 1921년에는 증권사 지분이 23%로 떨어졌다. 증권사 지분이 낮아진 만큼 일반 대중의 지분이 올라갔다.

이 때문에 당시 투자자들은 US스틸의 전체 주주 숫자를 침체장 바닥을 가늠할 수 있는 또 다른 기준으로 주목했다. 주가가 하락하는 어려운 시기에는 US스틸 같은 대기업이 그나마 일반 대중들이 믿고 투자할 수 있는 안전한 주식으로 여겨졌기 때문이다. 이 결과 US스틸의 주주 숫자가 사상 최대로 늘어나면 일반 투자자들이 극도로 보수적인 성향을 보이고 있다는 뜻으로 해석됐다.

US스틸의 전체 주주 숫자가 최고치를 기록하면 거의 동시에 일반 대중들의 증시 참여는 최저치로 떨어졌다. 그리고 이처럼 극도로 방어적인 분위기는 완화될 수밖에 없기 때문에 결국엔 증시에 참여하는 사람들의 숫자가 늘어나게 마련이었다. 1919~1921년 침체장에서는 AT&T가 US스틸만큼 중요한 선두기업으로 여겨졌다. 실제로 당시 AT&T의 전체 주주 숫자는 US스틸을 앞섰다.

US스틸과 AT&T의 주주 숫자는 1921년 여름에 크게 늘어나 다시 한번 증시 바닥을 가늠할 수 있는 중요한 척도라는 사실을 증명했다. 물론 일반 대중의 보수적인 투자 성향은 아주 천천히 바뀐다. 어떤 투자자들은 증시의 전환점을 알려주는 신호로 개인투자자들의 소액 거래에 주목했지만 일반 대중은 바닥에서 매수세를 주도하는 세력으로 널리 인정받지 못했다.

바닥에서 주시해야 할 핵심 매수자는 '건설적인 큰손'이었다. 이런 큰손은 대개 어떤 주식의 지분을 상당량 보유하고 있으며 몇 년간 주식시장에서 멀찌감치 떨어져 있던 사람들이었다. 이런 큰손들의 등장은 이들이 가치에 비해 주가가 너무 싸다는 점에 매력을 느끼고 있다는 뜻으로 해석됐다. 하지만 전쟁 때 주식의 자본이득에 부과됐던 누진세가 크게 완화됐다는 점도 이들의 고려 요소였던 것으로 보인다. 1921년에 몇몇 주식이 더 떨어지지 못하도록 지지선을 형성하며 공매도 세력을 궁지에 몰아넣어 주식시장 급등을 촉발시킨 매수자도 바로 이러한 큰손들이었다.

1921년에 낙관론자들은 주식시장의 반등을 시사하는 주요 기술적 요인들과 가치에 비해 너무 저렴한 주가에 초점을 맞췄다. 당장의 이익 전망에 대한 언급은 거의 없었다. 실제로 주식시장은 1921년 8월에 바닥을 쳤지만 기업의 이익은 이때부터 1921년 12월 최저 수준에 도달할 때까지 37%가 더 감소했다. 기업의 이익이 회복되는 시기는 주가의 회복보다 상당히 늦게 찾아온다.

투자자들은 1921년에 시장의 핵심 참여자뿐만 아니라 시장의 전반적인 움직임도 면밀히 관찰했다. 당시 주식시장을 낙관적으로 볼 수 있었던 근거는 거래량이 적었기 때문만은 아니었다. 거래량의 대부분을 공매도가 차지했다는 점도 중요한 낙관의 근거가 됐다. 공매도 세력이 시장을 지배하고 일반 대중의 외면으로 주식중개인들이 할 일이 거의 없어지면 앞으로는 주식시장에 긍정적인 세력의 참여가 늘어나게 될 수밖에 없다. 브로커즈 론이 사상 최저 수준으로 줄어들면 이 역시 주식에 대한 관심이 최저점에 도달했다는 뜻으로 해석됐다. 거래량이 특히 적은 가운데 주가가 하락하는 것도 낙관적인 신호로 여겨졌다. 이는 투자자들의 전적인 항복 선언이 있어야, 즉 거래량이 급증하며 증시가 마지막 폭락세를 연출해야 침체장이 끝난다는 현대 주식시장의 격언과 상반되는 것이다. 표1-28에서 알 수 있듯 격언은 1921년에는 맞지 않는다. 당시 마지막 하락은 거래량이 극히 부진한 가운데 일어났다. 아마도 거래량이 이처럼 급감한 것은 주식에 대한 대중의 무관심 때문일 것이다. 주식에 대한 무관심이 극에 달하

표1-28_다우존스 지수와 NYSE의 2주일간 거래량 이동평균선

자료: NYSE, 다우존스&Co.

면 앞으로는 주식에 대한 관심과 참여가 늘어날 수밖에 없다는 점에서 긍정적인 신호가 된다. 다우존스 지수의 첫 반등 이후 거래량이 증가한 것은 주가상승세가 지속될 수 있음을 시사하는 것이다.

1921년 여름에 리버모어와 해밀턴이 했던 말도 특별히 귀담아 들을 필요가 있다. 리버모어는 당시 가장 성공한 주식투자자였다. 그는 1900년에 이미 성공한 투자자로 너무나 유명해졌기 때문에 뉴욕과 보스턴의 불법 비밀 증권거래소 출입이 금지됐다.

리버모어는 1907년 증시 대폭락 때 공매도로 단 하루만에 300만 달러 이상을 벌었고 1921년에는 침체장 바닥에서 비관론자에서 낙관론자로 변했다. 1921년 9월 7일 〈WSJ〉에 소개된 리버모어의 낙관적 견해, 즉 '상품가격은 다시 오르기 시작할 것이고 가격상승은 언제나 그렇듯 전국적으로 번영을 가져올 것'이라는 언급은 시장을 끌어올리는 구두 개입의 효과가 있었다. 리버모어는 침체장이 끝났다고

베어마켓

보는 근거로 재고가 매우 낮은 수준으로 감소했고 이 결과 떨어지기만 하던 가격이 안정될 것이란 점을 들었다. 리버모어는 낮은 재고 수준이 가격의 추가 하락을 막아 소비자들의 구매 의욕을 자극시킬 것이며, 이는 주가상승으로 이어질 것이라는 논리를 폈다.

다우이론

다우이론은 찰스 다우가 1899년 4월부터 〈WSJ〉에 게재하기 시작한 '분석과 전망Review and Outlook'이라는 칼럼에서 단편적으로 소개한 개념을 훗날 다른 사람들이 정교하게 다듬어 완성한 이론이다.

다우는 자신의 이름이 붙은 다우이론을 구체적인 틀을 갖춰 공식화한 적이 없다. 다우가 칼럼에 소개했던 개념을 처음으로 공식화한 사람은 넬슨S.A. Nelson이었다. 그는 1903년에 발간한 《주식 고찰Stock Speculation》이라는 책에서 '다우이론'이란 용어를 처음 사용했다. 다우이론을 체계화한 윌리엄 피터 해밀턴은 1899년에 〈WSJ〉에 합류해 다우가 1902년 51세의 나이로 세상을 떠나기 전까지 함께 일했다. 해밀턴은 〈WSJ〉의 칼럼란 편집장으로 '다우이론'과 실제 주식시장에서 다우이론이 의미하는 바에 대해 종종 썼으며, 특히 1921년 여름에는 다우이론을 상당히 자주 언급했다. 해밀턴은 1922년에 저서 《주식시장 바로미터The Stock Market Barometer》에서 다우이론에 대한 자신의 해설을 소개했다.

다우이론은 기본적으로 매우 단순하다. 다우는 주식시장에 3가지 움직임이 동시에 일어나고 있다고 봤다. 가장 중요한 것은 기본적인 움직임이다. 기본적인 움직임은 최소한 1년, 보통은 1년보다 훨씬 더 길게 유지되는 경향이 있다. 기본적인 움직임과 동시에 혹은 기본적인 움직임이 이어지는 중에 두 번째 움직임이 나타나는데, 침체장에서 짧게 이어지는 반등이나 강세장에서 종종 등장하는 하락세 같은 것이다. 기본 움직임, 두 번째 움직임과 동시에 주식시장에는 매일매일의 끊임없는 출렁거림이 존재한다. 다우이론은 현실 속에서 매우 다양한 함의를 갖는다. 다음은 해밀턴 자신의 설명이다. "이 가운데 증시에 가장 효과적으로 적용할 수 있는 것은 2개의 다우존스 지수가 서로 협력한다는 점이다. 다우존스 산업지수와 다우존스 철도지수가 기본적인 움직임에서 서로 반대되는 모습을 보이는 경우는 결코 없으며, 두 번째 움직임에서 서로 어긋나는 경우도 거의 없다."

윌리엄 피터 해밀턴, 《주식시장 바로미터》

해밀턴은 2가지의 다우존스 지수, 즉 다우존스 산업지수와 다우존스 철도지수를 분석해 주가 움직임을 파악하는 다우이론으로 1921년 침체장 바닥을 정확히 알아맞혔다.

채권시장과 침체장

채권시장의 장기 침체는 1899년부터 시작됐으며 특히 제1차 세계대전 직후 물가상승기 때 심해졌다. 엄밀히 말하자면 미국의 회사채와 국채는 1920년 5월에 바닥을 쳤다고 할 수 있다. 이때 40개 기업의 회사채로 구성된 다우존스 회사채 지수는 57.29로 최저치를 기록하고 이후 상승하기 시작했다. 하지만 다음 해 6월에 다우존스 회사채 지수는 그간의 상승폭 대부분을 반납하고 다시 바닥 부근인 57.75로 내려갔다. 이는 1920년 5월 최저치보다 0.8% 높은 수준이지만 급격한 상승세가 본격적으로 시작됐다는 점에서 1921년 6월 저점이 진짜 바닥이라고 할 수 있다. 이때부터 시작된 채권시장의 강세는 1946년까지 이어졌다.

1920년에 시작된 자유국채의 상승세는 회사채에 비해 좀 더 견고했다. 표1-29에서 알 수 있듯 자유국채 가격은 회사채와 달리 1920년 5월 저점을 다시 시험하는 수준으로 떨어지지는 않았다. 그러나 1920년 5월부터 1921년 6월까지 13개월간의 가격상승폭은 1921년 6월부터 10월까지 5개월간 이뤄진 상승폭과 거의 비슷할 정도로 미미했다.

자유국채 시장의 바닥은 분명 1920년 5월이었다. 하지만 회사채

표1-29_자유국채 가격 (단위: 달러)

	첫 입찰	1920년 5월 저점	1921년 6월 말	10월 6일 가격
3 1/2s, 1932-1947	100.02	86.00	87.00	89.20
1st 4s cv 3 1/2s, 1932-1947	97.30	83.00	87.20	92.20
2d 4s 2d Loan, 1927-1942	100.00	81.40	86.60	91.50
1st 4 1/4s cv 3 1/2s, 1932-1947	93.90	84.00	86.80	92.80
2nd 4 1/4s cv 4s, 1927-1942	93.94	81.10	86.72	91.94
3rd 4 1/4s 3d L'n, 1928	99.10	85.60	90.72	94.94
4th 41/4s 4th L'n, 1933-1938	98.00	82.00	86.88	92.36

자료: WSJ, 1921년 10월 7일

시장과 마찬가지로 25년간 계속되는 강세장의 출발점은 실질적으로 1921년 여름이었다. 자유국채는 1920년과 1921년 대부분의 기간 동안 진행된 디플레이션의 혜택을 입었다. 하지만 회사채 가격은 디플레이션에 별다른 반응을 보이지 않은 채 횡보했다. 채권시장은 1921년 여름에 주식시장보다 먼저 상황이 좋아지기 시작했다. 자유국채 가격은 6월 첫 주에 바닥을 쳤고 회사채 지수는 6월 마지막 주에 최저치를 형성했다. 다우존스 지수의 바닥은 이보다 두 달 남짓 더 늦은 8월 24일이었다.

다우존스 회사채 지수는 우량등급 철도, 2등급 철도, 공공설비, 제조업 등 4개 부문으로 구성됐다. 이 중 제조업 회사채가 가장 마지막에 바닥을 치고 상승했는데, 이는 1921년 여름에 많은 제조업체들이 배당금을 지급하지 않거나 삭감했기 때문이었다. 반면 다른 분야의 배당금 전망은 좀 더 안정적이었다.

당시 철도는 회사채와 주식 전망 모두가 정부 정책과 긴밀히 연관

표1-30_다우존스의 제조업, 철도, 공공설비 회사채 지수

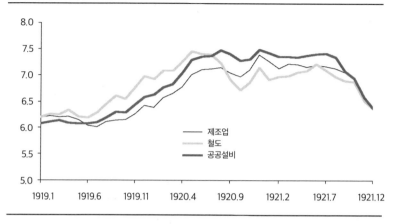

자료: Fed, 은행 및 통화 통계

돼 있었다. 철도 회사채와 주식에 투자한 사람들은 철도가 국유화되는 동안 이익을 충분히 거두지 못한 데 대해 정부가 보상해줄지, 보상한다면 어느 정도 해줄지 등에 관심을 보였다.

철도 회사채 시장의 초기 반등은 1921년 여름에 발표된 실적이 기대 이상이었고 철도와 관련한 정치적 상황에 진전이 있었던 덕분이었다. 표1-31에서 알 수 있듯 주식시장이 8월까지 하락세를 계속하는 동안 주요 채권들은 이미 상승세를 보였다.

표1-31에 따르면, 채권시장 회복은 전반적으로 이루어졌으며 특히 수익률이 높은 회사채와 2등급 철도 회사채, 외국 정부의 국채 등이 가격상승폭이 컸다. 우량등급의 철도 회사채는 만기가 다른 회사채보다 상당히 길었다. 이는 투자자들이 높은 수익률을 보장받는 대신 긴 만기를 받아들였기 때문인데 이러한 경향은 1900년부터 서서히 약해졌다(투자자들의 성향이 이처럼 바뀌기 전에 발행된 철도 회사채 중에는 만

표1-31_1921년 6월 말 저점부터 8월 8일까지 주요 채권의 가격상승률과 8월 8일 기준 수익률 (단위: %)

	가격상승률	수익률
우량등급 철도		
Atchison gen 4s, 1995	6.1	5.45
Cent Pacific 1st 4s, 1942	5.2	6.25
C, B&Q gen 4s, 1958	6.0	5.28
NY Central 3 1/2s, 1997	8.0	5.27
Nor Pacific pr ln 34s, 1997	6.2	5.20
Penna 5s, 1968	8.3	5.77
Sou Pacific ref 4s, 1955	6.1	5.45
Union Pacific 1st 4s, 1947	5.8	5.23
평균	6.5	5.49
2등급 철도		
Balt&Ohio cony 4 1/2s, 1933	9.6	8.60
Ches&Ohio conv 5s, 1946	6.0	6.30
Erie cony 4s D, 1953	17.6	9.80
Kansas City Sou 5s, 1950	7.8	6.75
Mo Pacific 4s, 1975	7.1	7.45
Pere Marquette 4s, 1956	6.4	6.32
St L&san Fran Inc 6s, 1960	32.2	10.30
Sealboard con 6s, 1945	12.2	13.40
평균	12.4	8.62
외국 정부의 국채		
벨기에 7 1/2s, 1945	6.8	7.43
칠레 86, 1941	7.6	8.10
프랑스 86, 1945	4.9	7.45
이탈리아 재무부 6 1/2s, 1925	10.5	9.70
노르웨이 86, 1940	7.4	7.65
스위스 86, 1940	4.2	7.40
일본 4s, 1931	25.9	8.40
평균	9.6	8.02
공공설비		
Am Tel&Tel col Tr 5s, 1946	8.7	6.20
벨텔레콤 75, 1945	4.2	6.60

디트로이트에디슨 6s, 1940	2.3	7.15
몬태나파워 5s, 1943	5.8	6.10
뉴욕텔레콤 4 1/28, 1939	9.8	6.12
퍼시픽텔레콤 5s, 1937	5.0	6.67
소벨텔레콤 5s, 1941	2.9	6.55
평균	5.5	6.48
제조업		
아무어 4 1/2s, 1939	6.7	6.35
베슬리햄철강 tg 5s, 1942	9.0	6.30
센트 레더 5s, 1925	2.9	8.30
GE deb. 6s, 1952	3.1	7.05
US 216 5s, 1947	5.7	6.70
US스틸 58, 1963	3.1	5.80
윌슨&Co 1st 6s, 1941	5.6	7.25
평균	5.2	6.82

자료: WSJ, 1921년 8월 9일

기 전에 상환해주지 않는 조건으로 만기가 무려 2862년인 것도 있었다).

표1-32는 1921년 8월 8일 기준으로 자유국채와 승리국채의 수익률이다.

이 당시 채권시장은 국채가 가격상승을 주도하면 3주 후에 회사채가 뒤따르는 모습을 보였다. 경기침체가 계속됐기 때문에 제조업 분야는 회사채 중에서도 가장 늦게 개선됐다. 회사채 시장에서는 특히 디플레이션이 끝났다는 증거가 중요했다. 회사채를 발행한 기업들이 경기침체와 물가하락으로 실적이 악화되는 가운데 회사채 이자를 포함한 각종 고정비용 부담으로 어려움을 겪자 회사채 시장은 혼란스러워졌다. 이 때문에 회사채 시장은 디플레이션이 끝나고 있다는 신호에 특히 더 민감할 수밖에 없었다. 결과적으로 시장의 바닥을 확인

표1-32_자유국채와 승리국채의 만기 수익률: 1921년 8월 8일　　　　　　　(단위: %)

	만기 수익률	만기일
Victory 3 3/4s	5.50	1923년 5월
Victory 4 3/4s	4.50	1923년 5월
Liberty Third 4 1/4s	5.63	1928년 9월
Liberty fourth 4 1/4s	5.25	1938년 10월
Liberty second 4s	4.94	1942년 11월
Liberty second converted 4 1/4s	5.21	1942년 11월
Liberty 3 1/2s	4.25	1947년 6월
Liberty second 4s	4.94	1947년 6월

자료: WSJ

하려 할 때 채권투자자는 주식투자자보다 디플레이션 추세에 훨씬 더 많은 관심을 쏟아야 했다.

〈WSJ〉에서 1921년 여름에 몇 번 지적했듯 콜금리가 낮게는 4.5%까지 내려가자 회사채가 투자 대안으로 부상했다. 주식시장과 마찬가지로 채권시장에서도 바닥 부근에서 전반적인 투자자들의 실망이나 항복 조짐은 없었다.

오히려 여러 가지 호재들에 힘입어 지금이야말로 채권을 매수할 때라는 낙관적인 의견들이 많아졌다. 하지만 1921년 여름에 채권시장에서도 이 같은 낙관론은 별다른 주목을 끌지 못했다. 채권시장의 바닥 역시 비관론이 확산되며 점점 더 강해질 때가 아니라 호재가 쌓이고 있는데도 투자자들이 이에 무관심할 때 찾아왔다.

채권시장에 대한 긍정적 전망은 〈WSJ〉에 실린 기사에서 확인할 수 있다. 〈WSJ〉는 6월 27일에 '사업 확장을 위한 대출 수요가 잦아들면서' 큰 상업은행들이 국채 매입을 늘리고 있다고 전했다. 또 콜금리가 5% 부근으로 떨어지며 자금을 빌려 쓰는 비용이 크게 낮아지자 수익률 8% 수준의 안전한 회사채가 매력적인 투자 대안으로 부각되고 있다고 보도했다.

〈WSJ〉는 7월 23일에 '회사채 거래에 전문성이 높은 몇몇 은행들이 고객들에게 몇 년 내에 만기가 돌아오는 채권을 장기채권으로 바꾸라고 권하고 있다'며 지금과 같은 기회를 이용해야 한다고 밝혔다.

당시 투자자들은 디플레이션이 기업의 재무상태에 지속적으로 부정적인 영향을 미칠 수 있다는 걱정 탓에 이같이 확실한 거래조차 망설였다. 주식과 마찬가지로 채권도 가격이 안정돼야 투자 위험이 줄어든다. 이 때문에 수익률 5% 수준에서 채권을 빌려 공매도한 뒤 수익률이 상당히 올라간 후에 채권을 매입해 차익을 노리는 거래가 성행했다[채권은 수익률이 올라가면 가격이 떨어진다 – 옮긴이].

흥미로운 점은 신용등급이 낮은 채권들이 여전히 바닥을 찾지 못하고 약세를 지속할 때 철도 회사채는 이미 6개월래 최고치를 기록했다는 점이다. 철도의 특징은 가격 결정이 다른 산업에 비해 훨씬 더 확실하다는 점이었다. 이와 관련해 주간통상위원회는 1920년에 철도의 화물운임을 40%, 승객운임을 20% 인상하도록 승인했다. 철도 회사채가 시장 수급에 따라 가격안정이 결정되는 다른 분야의 회사채보다 훨씬 더 빨리 상승세로 전환했다는 점은 주목할 만하다. 가격이 안정되고 미국과 외국 정부의 국채에 대한 입찰 경쟁이 심해지면서 회사채 시장이 바닥에 근접했다는 징후도 점점 더 뚜렷해졌다.

ANATOMY OF THE BEAR

|

미국 주식은 1917년부터 1926년까지 계속 주가가 적정가치보다 낮았다. 저평가 상태가 계속되고 있는 상황에서 투자자들은 어떻게 하필이면 1921년이 주식을 매수하기에 최적기라는 사실을 알 수 있었을까? 앞에서 살펴봤듯 1921년 여름에는 주식 매수의 적기라는 사실을 암시하는 여러 가지 신호들이 함께 나타났다. '자동차를 비롯한 몇몇 제품 중 할인 품목에서 수요가 개선되는 조짐이 뚜렷했다, 상품가격이 안정됐다, 경제가 회복되고 있다는 소식이 주식시장에서 관심을 끌지 못했다, 주가가 오를 때 거래량이 늘었다, 주가가 떨어질 때 거래량이 줄었다, 공매도 잔고가 증가했다, 침체장의 마지막 급락 때 거래량이 극히 부진했다, Fed가 금리를 인하했다, 국채시장이 강세를 보였다, 회사채 시장이 상승했다, 다우이론에서 긍정적인 신호가 나왔다.' 이는 침체장의 바닥을 판단할 때 점검해야 할 신호들이다. 나쁜 소식을 먼저 전하자면, 이다음에 등장한 침체장은 상당히 달랐으며 성향도 훨씬 더 고약했다는 점이다. 좋은 소식은 그럼에도 불구하고 침체장 바닥에서는 대부분의 신호들이 비슷하게 나타났다는 점이다.

두 번째 침체장

1932년 7월

1932년 7월까지의 여정을 따라가다 보면 미국 주식시장 역사상 가장 유명한 호황장과 침체장을 함께 만나게 된다. 다우존스 지수는 1921년 8월 24일 63.9에서 1929년 9월 3일 381.2로 거의 500%가 급등했다. 하지만 그때부터 1932년 7월 8일 41.22로 바닥을 치기까지 89%가 폭락했다. 이 같은 급격한 주가 조정만으로도 이 시기는 미국 역사상 가장 큰 주목을 받을 만하다. 하지만 이 시기의 주식시장은 광폭한 가격 변동의 완벽한 드라마만 펼쳐 놓은 것이 아니었다. 미국 사회에도 되돌릴 수 없는 변화를 가져왔다.

1932년 7월까지의 시장

"몰트, 모든 것이 이처럼 급격하게 전개되다니 저는 너무 혼란스러워요."
스터즈는 커피를 마시며 말했다.
"전 이해할 수 없어요. 전 전쟁 직후에 침체가 있었다고 생각해요. 하지만 거기에 크게 주목하지는 않았죠."
"그땐 이번처럼 이렇게 끔찍하지 않았지. 비교할 수도 없어."

제임스 패럴,《심판의 날》

상업적으로 다소 과장되게 표현하자면 1920년대는 미국의 발전 과정에서 소비자주의가 과거에 지나간 거의 모든 것들에 대해 마침내 승리를 거뒀던 시기였다. 그리고 윌리엄 리치William Leach가 지적하듯이 현대 사회학의 토대를 세운 찰스 쿨리Charles Cooley는 '이 같은 추세를 우려의 눈으로 바라보았다.' 윌리엄 리치는 저서《욕망의 땅》에서 다음과 같이 지적했다.

찰스 쿨리는 1912년에 금전적 가치가 '자연'스럽거나 '정상'적인 것은 아니라고 썼다. 금전적 가치는 신경제와 신문화의 역사적 부산물이지 '결코 모든 사람들이 동일하게 행동해서 생긴 결과는 아니었다.' 과거에는 가치가 '교회로부터 그 성격을' 인정받았다. 지금은 가치가 '사업과 소비'에서 성격을 획득한다. 점점 더 모든 것의 가치가(심지어 아름다움이나 우정, 종교, 도덕적 삶의 가치조차도) 시장에 무엇을 내놓을 수 있는지에 따라 결정되고 있다.

이 책의 1부에서 인용한 스콧 피츠제럴드의 《위대한 개츠비》는 1922년 여름을 배경으로 하고 있으며 인용한 글들은 모든 것의 '새로운 가치'를 완벽하게 묘사하고 있어 너무나 그 시대상을 잘 나타내고 있다. 광고 전문가인 브루스 바턴Bruce Barton이 1924년에 출간한 책 《아무도 모르는 사람The Man Nobody Knows》은 미국의 변신에 대한 확실한 보증이었다. 바턴은 다음과 같이 썼다.

언젠가…… 누군가는 예수에 대한 책을 쓸 것이다. 모든 사업가가 그 책을 읽고 사업 파트너와 영업직원들에게 그 책을 보내줄 것이다. 왜냐하면 그 책은 현대 비즈니스의 토대를 닦은 사람의 이야기를 담고 있을 것이기 때문이다.

미국이 이전에 중요하게 생각했던 가치들은 서서히 소비자 사회에 흡수되어 변하고 있었다. 〈WSJ〉 1932년 5월 14일자 보도는 미국에서 가치에 대한 개념이 이 기간 동안 어떻게 변했는지 적시한다.

주립은행의 아서 기Arthur Guy 감독관은 6월 6일 공개 경매에서 메이든 시의 메모리얼 거리에 있는 공동묘지를 매각한다고 공고했다. 이 공동 묘지에는 44개의 묘지가 들어서 있으며, 매각자금은 파산으로 인해 최근 주립은행으로 소유권이 넘어온 하이랜드신탁회사의 예금자들에게 배분된다. 하이랜드신탁회사는 이 묘지에 대해 저당권을 갖고 있다.

미국은 1918년에는 고인들의 명복을 빌었고, 1920년대에는 고인들을 담보로 제공했으며, 1930년대 들어서는 담보로 제공한 그들에 대한 권리를 잃어버렸다. 이러한 급격한 변화를 고려할 때 이 시기의 주식시장이 미국 사회의 변화와 뒤엉켜 얼마나 많은 주목을 받았는지 어렵지 않게 상상할 수 있을 것이다. 그러나 이 시기에 과도하게 초점을 맞추면 자칫 침체장에 대해 잘못된 생각을 갖게 될 수도 있다. 앞으로 이 책에서 살펴보겠지만, 1929~1932년의 침체장은 20세기 여타 세 번의 큰 침체장과는 다른 몇 가지 특징들을 보여준다. 이 시기는 침체장의 전형처럼 자주 인용되지만, 이 시기의 침체장은 보편적인 침체장이라기보다 오히려 예외에 가깝다. 따라서 이 시기의 침체장에 너무 집중하다 보면 오히려 투자자들을 잘못된 길로 이끌 수 있다.

다우지수의 움직임: 1921~1929년

다우존스 지수가 1921년 8월에 63.9로 바닥을 치긴 했지만 거대한 호황장이 펼쳐지기까지는 상당한 시간이 더 지나야 했다. 다우존스 지수는 1924년 7월까지도 100 밑에 머물러 있었고 1925년 4월까지

표2-1_다우존스 지수의 움직임: 1921년 8월 1일~1929년 9월 3일

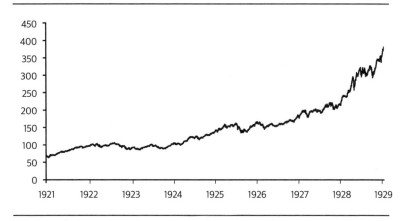

자료: 다우존스&Co

도 1919년 11월의 최고점보다 낮았다. 1924년 말이 되어서야 주식시장의 전반적인 주당 순이익이 1919년 수준을 소폭 웃돌게 됐다. 따라서 1921~1924년까지의 기간은 기업들의 이익과 주가에 대한 밸류에이션이 침체 이전 수준으로 회복되는 기간이라고 정의할 수 있다. 이 같은 정상으로의 회복은 투자자들에게 매우 큰 이익이 됐다. '정상'이란 단어는 워런 하딩Warren Harding 대통령이 1920년 대선에 출마할 때 즐겨 언급한 말이다.

다우존스 지수는 1921년 8월 바닥에서부터 1925년 4월까지 87% 급등했고 1921년 이후 다우존스 지수의 배당수익률은 6.4% 수준이었다. 그러나 이는 시작에 불과했다. NYSE의 연간 거래량을 보면 1925년부터 주식에 대한 관심이 급격하게 증가했다는 사실을 알 수 있다(표2-2 참조).

심지어 NYSE 내에서 주식을 매매할 수 있는 권리를 사고파는 사

표2-2_NYSE의 연간 거래량 : 1922~1929년

	거래량 (주식의 수)
1922년	260,753,997
1923년	237,276,927
1924년	282,032,923
1925년	452,211,399
1926년	449,103,253
1927년	576,990,875
1928년	920,550,032
1929년	1,124,990,980

자료: NYT

람들조차도 1925년까지는 주식시장의 전망에 별다른 열정을 보이지 않았다[NYSE 내에서 매매하려면 회원권을 사야 한다. 일종의 멤버십인데 과거에는 거래소 안에 주식 매매 자격증을 가진 사람들에게 좌석을 할당해줬기 때문에 이 회원권을 좌석이란 의미에서 '시트Seat'라고 불렀다. 이 회원권도 거래가 되는데 주식시장 상황이 좋으면 가격이 올라가고 주가가 하락할 때 함께 가격이 떨어진다 – 옮긴이(표2-3 참조)].

주식에 대한 관심은 이미 증가하고 있었지만 일반적으로 1924년 11월 대선에서 공화당 후보 캘빈 쿨리지가 당선된 것이 미국 경제에 대한 긍정적인 확신을 높이는 데 촉매 역할을 했던 것으로 여겨진다. 유권자들의 결정에 대해 전혀 의심할 여지가 없었음에도 투자자들은 이제야 향후 4년간의 공화당 집권 기간이 주식시장에 어떤 의미를 갖는지 깨닫기 시작했다. 특히 공화당은 이미 반트러스트법[시장의 독점 우려가 있는 기업활동을 금지하거나 제한하는 법률을 말한다 – 옮긴이]을 적극적으로 시행할 의사가 없음을 분명히 보여왔다. 공화당은 반트러스트법과 관련해 거의 어떠한 행동도 취하지 않았으며, 가장 마지막으로 했던 조

표2-3_NYSE 회원권 가격: 1920~1929년 (단위: 달러)

	최고가	최저가
1920년	115,000	85,000
1921년	100,000	77,500
1922년	100,000	86,000
1923년	100,000	76,000
1924년	101,000	76,000
1925년	150,000	99,000
1926년	175,000	133,000
1927년	305,000	175,000
1928년	595,000	290,000
1929년	625,000	550,000

자료: NYSE

치가 알루미늄컴퍼니오브아메리카(현재의 알코아)에 대한 반트러스트 조사를 중단시킨 것이었다. 재무부 장관이자 미국에서 가장 큰 부자 중 한 사람인 앤드류 멜론Andrew Mellon은 이미 세금을 낮추고 정부의 재정지출을 상당폭 깎았으며 이 같은 정책을 더 많이 추진하겠다고 약속했다. 쿨리지는 1925년 3월 4일 취임식 연설에서 자신의 정책적 의지에 대해 조금이라도 의심을 갖고 있는 사람들을 향해 분명한 메시지를 던졌다.

절대적으로 필요한 것이 아닌 세금, 분명하게 공공복지에 기여한다고 할 수 없는 세금, 이러한 세금 징수는 합법적인 절도 행위일 뿐입니다.

〈WSJ〉가 1932년 6월 27일 창간 50주년을 기념해 보도한 기획기사를 보면, 1924년 대선 이후 어떤 일이 일어났는지 짐작할 수 있다.

캘빈 쿨리지 대통령의 대선 당선 이후 연말까지 두 달간 이뤄진 놀랄 만한 주가상승은 실로 월스트리트가 몇 년만에 처음으로 경험하는 것이었다. 거래량이 100만 주는 물론 200만 주에 달하는 날조차 점점 더 일반화됐으며 매일의 주가상승은 눈부실 정도로 극적이었다. 이는 주식에 대해 투자 수요뿐만 아니라 투기 수요도 가세했음을 시사했다.

대선이 1924년 말 호황장에 촉매가 된 것은 사실이지만 주식시장 역사상 가장 큰 폭의 상승세를 촉발시킨 근본적인 원인은 아니었다. 당시 호황장을 분석해보면 많은 원인을 찾아낼 수 있다. 하지만 모든 주요한 호황장에 공통적으로 나타나는 2가지 핵심적인 현상, 즉 대대적인 기술 혁신과 대출의 용이성이 1920년대 호황장에서도 매우 뚜렷했다.

1920년대에 이뤄진 대대적인 기술 혁신으로 전기에 접근할 수 있는 가구가 급속하게 늘었다. 전기는 1882년 9월 4일에 미국 소비자들에게 처음 선보였는데, 1907년까지는 전체 가구의 8%만 사용이 가능할 정도로 매우 서서히 성장했다.

그러나 1921년에는 미국 전체 가구의 37.8%가 전기를 썼고 1929년에는 전체 가구의 67.9%가 전기를 사용하게 됐다. 마찬가지로 전기를 사용하는 공장도 급속도로 늘었다. 전기를 사용하는 공장의 비율은 1919년 전체의 32%에서 1929년에는 49%로 높아졌다. 가전제품 판매도 빠르게 늘어나 1929년 가전제품 판매액은 1921년에 비해 146% 늘었다.

1929년까지 미국에서 생산하는 전력량은 나머지 전 세계를 합한 것보다 더 많았다. 전기산업의 이 같은 급성장은 호황장을 촉진하는 3가지 핵심요인, 즉 생산성 향상, 물가상승률 억제, 새로운 전기제품에 대한 수요 급증 효과를 제공했다.

미국의 전기화는 생산성과 기업의 이익을 끌어올리며 1920년대 주가상승의 근본적인 원인 중 하나가 되었다. 1인 1시간당 민간부문의 실질 GDP는 1921년부터 1929년까지 19%가 늘었으며, 1929년에 기업이 투입한 자본 각 단위당 생산성은 1921년에 비해 23% 더 높아졌다. 미국 기업들이 창출한 부가 국가 전체의 부에서 차지하는 비중은 지난 10년 동안 점점 더 커졌다. 코울스위원회가 수집한 데이터에 따르면, 지금의 S&P500 지수에 해당하는 옛 S&P 지수는 1921년부터 1929년까지 455%가 폭등했다[코울스위원회는 경제학 연구모임으로, 현재 예일대학교의 경제학 연구재단인 코울스재단의 전신이다. 현재의 S&P500 지수는 1957년부터 집계되기 시작했으며, 그 이전에는 S&P90 지수 등 다른 형태로 산출됐다. 따라서 1921년부터 1929년까지의 S&P 지수는 S&P500 지수의 전신이라고 할 수 있다 – 옮긴이]. 1921년에 기업의 이익이 매우 부진했다는 점을 감안해 이익이 회복됐던 1923년부터 계산한다 해도 주당 순이익은 이때부터 1929년까지 64%가 늘었다. 전기 기술의 혁신이 기업의 이익 증가에 상당 부분 기여한 것이다. 하지만 아마도 이보다 더 중요했던 것은 생산성 증가가 물가상승 압력을 낮추는 결정적인 요인으로 작용했다는 점일 것이다. 흔히 1920년대의 과열을 급격한 물가상승과 관련지어 생각하기 쉬운데 당시에 물가와 관련된 압력이 있었다면 오히려 디플레이션이 더 뚜렷했다.

앞서 1919~1921년까지 물가가 전반적으로 하락했다는 사실을 확인했다. 하지만 놀랍게도 1929년에 미국에서 팔렸던 대부분 품목의 물가는 1921년보다도 더 낮은 수준이었다.

1920년대에는 수요 급증에도 불구하고 공급이 그 수요를 따라잡을 수 있었고, 이런 식으로 물가상승률은 억제되었다. 엄청나게 늘어난 공급의 상당 부분은 미국 내에서 이뤄진 것이었고 이는 전기화와 더불어 생산성 증가 덕분이었다. 식료품 가격은 1921년의 매우 낮은 수준에 비해서는 올랐으나 제1차 세계대전 당시 가격에 비해서는 상당히 낮은 수준에 머물러 있었다.

다른 대부분의 상품은 가격이 하락했다. 1920년대에 이뤄진 또 다른 기술의 변화라 할 수 있는 '자동차 보급의 확대'가 식료품 가격을 억제하는 데 핵심 역할을 하기도 했다. 1900년에는 미국 농경지의 3이 1이 말 사료용 곡물을 재배하는 데 사용됐다. 말이 줄어들면서 말 사료용 곡물을 재배하는 데 쓰였던 농경지는 점점 더 사료보다는 사람이 먹는 농산물을 키우는 땅으로 바뀌었다. 1921년부터 1929년까지 미국 농장에서만 말이 500만 마리가 줄었다. 기업이익이 늘어나고 물가상승률과 금리가 낮게 유지된 데는 전기화 외에도 자동차 대량생산의 영향이 있었다. 이 같은 조합만으로도 주가의 상승 이유로 충분했겠지만 1920년 대에는 기술 발전에 따른 수요까지 큰 폭으로 늘었다.

전기가 공급되는 가구가 늘었다는 것은 가전제품 시장이 커진다는 것을 의미한다. 가전제품 판매액은 1921년부터 1929년까지 가격이 더 내리지 않고 정체됐음에도 189%가 증가했다. 가장 두드러진 성장세를 보인 품목은 라디오로, 이 기간 동안 판매액이 거의 30배가 늘어

표2-4_가격 지수: 1921년과 1929년

	1921년	1929년
원자재	97.6	95.3
식료품	88.4	104.9
연료와 전력	96.8	83.0
금속 및 금속제품	117.5	100.5
건축자재	97.4	95.4
가구 등 주거용품	115.0	94.0
섬유제품	94.5	90.4

자료: 미국 조사통계국

났다. 전기 공급이 확대되면서 이전에는 사치품으로 여겨졌던 축음기, 세탁기, 재봉틀, 진공청소기 등과 같은 가전제품의 수요가 큰 폭으로 늘었다. 특히 1919년에 발명된 전기 냉장고는 한때 최고의 사치품으로 여겨졌으나 점점 더 일반화됐다. 새로운 '성장' 사업이 부각되면서 투자자들은 무한한 잠재력에만 주목하게 됐다. 하지만 한 가지 간과하는 사실이 있었는데, 바로 미국 소비자들이 미국의 성장기업들이 생산한 이 모든 제품들을 사기 위해서는 현금이 필요하다는 점이었다.

소비자 신용의 갑작스러운 팽창은 1920년대 호황장의 중요한 특징이었다. 당시 미국의 소비자 신용은 주로 할부판매를 토대로 이뤄졌지만, 미국의 할부판매는 1807년 이후부터 주로 가구 소매업을 중심으로 활용되고 있었다. 할부판매는 1850년대에 '싱어'라는 재봉틀 회사를 통해 대중화됐으며, 1899년 무렵에는 보스턴의 가구 소매업체 절반이 할부판매를 실시했다. 그러나 할부판매는 주로 노동자계급이 이용하는 것으로 여겨졌고 중산층이나 상류층 사람들은 이러한 거래 형태를 업신여기는 경향이 있었다. 안나 슈바르츠와 밀턴 프리드먼은 공저《미국 화폐사》에서 할부방식이 활용되긴 했지만 1914년에도 "아는 사람이 드물었다"고 지적했다. 할부에 대한 이러한 부정적 심리는 자동차회사인 GM이 할부금융회사인 GMAC General Motors Acceptance Corporation를 설립하면서 바뀌었다. 중산층조차도 값비싼 내구재인 자동차를 새로 사려면 할부금융을 이용할 수밖에 없었기 때문이다. 할부금융은 서서히 사회적으로 받아들여지며 다른 소비 내구재로 확산됐다.

할부금융을 통해 자동차를 구매한 가구의 비율이 1919년 4.9%에서 1929년에는 15.2%로 높아졌다. 윌버 플러머 Wilbur Plummer는 1927년에 발간한 책《할부구매의 사회적, 경제적 결과 Social and Economic Consequences of Buying on the installment Plan》에서 할부금융이 사회 대부분의 계층에서 얼마나 많이 활용되고 있었는지 소개했다.

도시의 저소득층 가구 40%가 할부구매를 이용하는 것으로 나타났다. 도시의 중산층은 25%가, 상류층은 5%가 할부구매를 활용하고 있었다.

할부금융은 전기 이용이 늘어나면서 새로 발명된 실용적인 신제품을 중심으로 널리 이뤄졌다.

할부판매는 1920년대에 특히 소비 내구재를 중심으로 급격하게 늘어났다. 1927년에는 이러한 제품의 15%가량, 금액으로는 약 60억 달러 규모가 할부계약으로 판매됐다. 전체 가구의 85%, 축음기의 80%, 세탁기의 75%, 라디오와 피아노, 재봉틀, 진공 청소기, 냉장고의 절반 이상이 할부계약으로 팔렸다.

로버트 소벨Robert Sobel, 《위대한 호황장The Great Bull Market》

미국에서 가장 큰 은행인 내셔널시티뱅크가 1928년에 신용대출사업에 진출하면서는 돈을 빌려 내구재를 구입하는 것이 더욱 수월해졌다.

이처럼 차입 자본을 이용하면 경기가 상승할 때는 수없이 많은 혜택이 있지만 경기가 하강할 때는 평균 이상으로 위험이 커지게 된다. 전반적으로 통화가 많이 풀렸다는 기록이 없기 때문에 1920년대 할부금융의 급격한 팽창은 매우 중요한 의미가 있다. 통화량이 적절한 시기에서조차 새로운 신용방식이 등장하면 이전에는 없었던 신용이 제공되는 것처럼 보일 수 있다는 점을 당시 미국 할부금융산업의 성장에서 알 수 있다. 이러한 할부금융으로 심지어 전반적인 대출증가율이 정상범위에 있을 때조차 주요 분야의 소비는 급격히 늘어나게 되었다.

연방준비제도: 완전히 새로운 경기 2

"좋아. 나를 놀려도 괜찮아. 하지만 난 바보가 아니라고. 나는 한 주당 25달러짜리 주식을 내놓을 거고 거기에 대해 돈을 받을 땐 한 주당 50달러씩 받아낼 거야. 그러니 팻, 돌아와서 내게 호수 주변의 부동산은 어떠냐고 물어보라고."

일케가 말했다.

제임스 패럴, 《심판의 날》

이 같은 거대한 기술적 진전이 미국 전체에 번영을 가져올 때 Fed는 무엇을 하고 있었을까? 투자자들은 Fed가 처음 도입 당시 목적대로 돈을 내줄 곳이 하나도 없을 때 최후의 대출자로 탄력적인 통화 공급자의 역할만 수행할 것이라고 기대하고 있었을까? 투자자들은 곧 Fed가 1914년부터 1921년까지 경기를 조절했던 경험에 고무되어 시장 개입을 계속할 것이라는 사실을 깨달아야 했다. Fed의 이러한 시장 개입으로 인해 금본위제가 어떤 식으로 작용할지 예측하기는 더욱 어려워졌다. Fed의 이 같은 활동이 꼭 전쟁과 전쟁의 여파 때문만은 아니었다. Fed의 탄생은 투자자들에게 예측하기 어려운 새로운 변수의 등장이자, 이 변수가 영구히 영향을 미칠 것이라는 의미였다. 1920년대 금본위제에서는 금이 유입되면 통화량이 늘어나 자연스레 통화정책이 완화됐다. 하지만 Fed 위원들 대부분은 시중에 돈이 많이 풀리면서 야기된 투기를 억제하기 위해 어떤 조치를 취해야 한다고 생각했다. 금본위제에서 Fed가 통화 긴축정책을 취하게 되면 경상수지 적자 규모가 줄면서 금과 유동성이 미국의 무역상대국으로 흘러들어가는 것을 막게 된다. 이 기간이 길어지면 금본위제를 국제적으로 재구축하기가 점점 더 어려워진다. Fed는 투기를 억제하는 동시에 무역상대국에 적절한 수준의 금이 유입되도록 해야 했다. 이 같은 상반된 2가지 목적을 달성해야 했기 때문에 투기세력의 활동이 사상 최고 수준에 달했던 1927~1929년에 정책적 대응은 복잡할 수밖에 없었다. Fed는 다시 한번 금본위제의 원래 작용을 해치지 않으면서 탄력적으로 통화 공급을 조절할 수 있는 예외적인 환경이 있다고 믿었다. 1917~1921년에 그랬던 것처럼 이는 투자자들에게는 상당히 혼란스러운 일이었다[투기를 억제하려면 통화 긴축정책을 써야 하지만 금본위제에서는 통화 긴축정책으로 통화량이 줄면 물가상승률이 떨어져 무역거래에서 가격경쟁력이 높아지고, 이 결과 경상수지가 흑자를 보게 된다. 경상수지가 흑자라는 것은 외국으로 나간 돈보다 외국에서 들어온 돈이 많다는 의미로 금본위제에서는 금 보유액이 늘어난다는 것을 뜻한다. 이는 제1차 세계대전 동안 각국에서 폐기된 금본위제를 재건하려던 미국의 목적에 어긋나는 것이었다. 세계 각국이 금본위제로 복귀하려면 제1차 세계대전 때 미국으로 집중된 금이 다른 국가로 재분배되어야 하기 때문이다. 미국에서 금이 빠져나가지 않으면 다른 국가에서는 금 부족 상태가 계속돼 금본위제를 시행하기가 어렵게 된다. 문제는 미국이 다른 국가의 금본위제 복귀를 돕기 위해 통화 완화정책을 쓰면 시중에 돈이 더 많이 풀려 투기가 더욱 성행하게 된다는 점이었다 – 옮긴이].

Fed가 제1차 세계대전 이후 과도한 경제성장을 경계했던 데는 그럴 만한 이유가 있었다. Fed는 국제적으로 금본위제가 재구축되면 전쟁 기간 중에 미국에 집중됐던 금이 자연스레 세계 각국에 재분배될 것이라고 생각했다. 이 때문에 전쟁 기간 동안 미국으로 유입돼 대폭 늘어난 금을 토대로 신용이 창출되도록 내버려두면 위험하다고 판단했다. 1920년대 미국으로 유입된 금의 양을 보면 Fed가 통화로 사용되는 금의 양을 토대로 큰 폭의 신용이 창출되는 것을 허용하기 어려웠던 이유를 이해할 수 있다. 제1차 세계대전 이후 미국의 통화 상태는 화약통 위에 놓여 있는 것이나 마찬가지였는데, 1920년대 첫 5년간 '화약' 공급, 즉 금의 공급은 오히려 더 큰 폭으로 늘어났다.

1921년에 금본위제를 택하고 있던 국가는 미국 외에 쿠바, 니카라과, 파나마, 필리핀, 살바도르 이렇게 5개국뿐이었다. 따라서 전후 경기조정이 마무리되면 다른 대부분의 국가가 다시 금본위제로 돌아갈 것으로 예상됐다. 금본위제로 돌아갈 때 환율은 정치적 고려에 의해 결정됐다. 다른 국가들이 금본위제로 복귀하면서 자국 통화를 고의적으로 평가절하하면 미국에서 상당량의 금이 유출될 수밖에 없었다. 이 때문에 Fed는 급격한 금 유출에 대비해 비상계획을 수립했다. Fed는 이 계획에 따라 1923년부터 1929년까지 시장에 개입해 미국에 유입된 금을 사들여 보유하는 방식으로 본원통화와 총통화량의 증가를 억제하고 이 결과 대출증가와 경기확장을 제어했다. 만약 1920년대에 Fed가 없었다면 시중에 돈이 훨씬 더 많이 풀렸을 것이다. 그러나 1920년대 들어 시간이 지날수록 예상했던 급격한 금 유출

표2-5_ 각국 중앙은행과 재무부의 화폐용 금 보유량　　　　　　　(단위: 톤)

	1920년	1925년	1930년
미국	3,679.3 (32.6%)	5,998.2 (43.2%)	6,358.0 (38.7%)
프랑스	1,622.2 (14.4%)	1,201.1 (8.7%)	3,160.0 (19.2%)
영국	863.8 (7.7%)	1,045.5 (7.5%)	1,080.0 (6.6%)
일본	837.4 (7.4%)	866.4 (6.2%)	620.0 (3.8%)
스페인	708.6 (6.3%)	739.7 (5.3%)	709.0 (4.3%)
아르헨티나	699.7 (6.2%)	678.0 (4.9%)	620.0 (3.8%)
독일	391.3 (3.4%)	432.1 (3.1%)	794.0 (4.8%)
네덜란드	385.2 (3.4%)	280.0 (2.0%)	257.0 (1.6%)
이탈리아	306.9 (2.7%)	498.0 (3.6%)	420.0 (2.6%)
캐나다	278.3 (2.5%)	336.9 (2.4%)	165.0 (1.0%)
기타	1,522.6 (13.5%)	1,815.6 (13.1%)	2,286.0 (13.9%)
합계	11,295.3	13,891.5	16,469.0

자료: 티모시 그린, 중앙은행 금 보유량
※ 주: %는 전 세계 보유량에서 차지하는 비율

은 일어나지 않았다. 아마도 전쟁 배상금과 전쟁 부채 상환액이 미국으로 들어왔기 때문으로 추정된다. 〈WSJ〉의 사장이자 소유주의 남편인 휴 밴크로프트Hugh Bancroft는 1932년 8월 1일 〈WSJ〉에 다음과 같은 의견을 실었다.

전쟁 보상금과 전쟁 부채 청산이 시장에 자의적인 새로운 힘으로 등장하면서 수요공급의 법칙이 정상적으로 작동하지 않게 되었다. 이 때문에 불행히도 나머지 국가들에서 연간 5억 달러씩 유출되는 결과를 낳았다. 마침내 전 세계 화폐용 금의 70% 이상이 미국과 프랑스에 집중되자 나머지 국가들에서는 신용을 유지하기가 어렵게 됐다.

1924년 말까지 7개국이 금본위제로 복귀했고 1925년에는 11개국이 추가로 금본위제로 돌아왔다. 이 무렵 전 세계 금 보유량의 43.2%는 미국에 집중돼 있었다. 1929년이 되자 48개국이 모두 금본위제로 복귀했다. 하지만 1925년 이후에야 일부 국가, 특히 프랑스가 자국의 통화 가치를 떨어뜨려 미국의 금 보유량이 소폭 줄었을 뿐이었다. 프랑스는 자국 통화의 가치를 떨어뜨린 반면 영국은 금본위제로 돌아가면서 파운드화 가치를 절상했다. 프랑스의 평가절하와 영국의 평가절상이 서로의 효과를 상쇄하면서 미국에서 금 보유량이 급격히 줄어드는 일은 일어나지 않았다. Fed가 미국에 유입된 금을 매입해 흡수하고 통화량 증가와 경기확장을 억제했기 때문에 미국의 국제수지 악화로 유출됐어야 할 금이 빠져나가지 못했다는 주장도 있다. Fed가 불태화정책Sterilization Policy [중화정책이라고도 한다. 해외

에서 외화 유입이 늘어나면 통화가 절상될 가능성이 높아진다. 이때 정책 당국이 통화 절상을

원하지 않으면 외화를 매입해 흡수한다. 문제는 자국 통화로 외화를 매입하면 시중에 자국 통

화가 풀리면서 통화량이 증가할 수 있다는 점이다. 정책 당국은 통화 절상을 막는 동시에 통화

량 증가도 방지하기 위해 외화를 매입하면서 국채 발행 등을 통해 시중 통화도 환수하는데 이

를 불태화정책이라고 한다. 금본위제에서 불태화정책은 금의 유입을 막지 않으면서 금 유입

이 직접적으로 통화량 급증을 유발하지 않도록 하는 정책을 말한다. 1920년대 Fed는 시중의

금을 매입해 금 준비금이 늘어나자 금 준비금 비율을 크게 높였다. 금 준비금의 비율을 높이면

Fed가 보유하고 있는 금이 늘어도 통화량은 늘지 않게 된다 – 옮긴이]을 사용하지 않았

다면 미국은 1920년대 말이 아니라 훨씬 더 일찍, 1920년대 초반에

거품의 형성과 붕괴를 경험했을 수도 있다. 하지만 이러한 호황과

불황의 한 사이클을 더 일찍 경험했다 해도 그 폭이 후에 실제로 일

표2-6_전체 은행의 총대출, 투자액, 총자산

	총대출 (백만 달러)	증감율 (%)	투자액 (백만 달러)	증감율 (%)	총자산 (백만 달러)	증감율 (%)
1921년	29,236		11,169		49,633	
1922년	28,000	(-4.5%)	12,328	(+10.4%)	50,368	(+1.5%)
1923년	30,734	(+9.8%)	13,474	(+9.3%)	54,144	(+7.5%)
1924년	32,030	(+4.2%)	13,843	(+2.7%)	57,420	(+6.1%)
1925년	34,378	(+7.3%)	15,056	(+8.8%)	62,232	(+8.4%)
1926년	36,658	(+6.6%)	15,562	(+3.4%)	65,079	(+4.6%)
1927년	37,949	(+3.5%)	16,649	(+6.9%)	67,893	(+4.3%)
1928년	39,946	(+5.3%)	18,146	(+9.0%)	71,121	(+4.8%)
1929년	41,944	(+5.0%)	17,305	(-4.6%)	72,315	(+1.7%)
1921~1929년 증가율		+43.5%		+54.9%		+45.7%

자료: Fed, 은행 및 통화 통계

베어마켓

어났던 경기변동보다 작았을지는 확실치 않다. Fed의 통화 긴축정책은 1928년부터 점차 강도가 세졌다. 이 결과 1929년 8월에 경기가 고점을 쳤을 때 통화량은 오히려 16개월 전보다 사실상 더 적었다. 결과적으로 Fed의 활동이 1920년대 투기 열풍을 부추겼다고 말할 수는 없다. 1920년대 대출증가율을 보면 통화정책이 너무 느슨했다는 징조는 없다.

1921년부터 1929년까지 명목 GDP 성장률이 42%였다는 점을 감안하면 이 기간 동안 은행의 대출증가율이 과도했다고 할 수는 없다. 존 케네스 갤브레이스John Kenneth Galbraith를 포함해 일각에서는 Fed가 더욱 강도 높은 통화 긴축정책을 취했어야 했다고 주장하지만, 만약 그랬다면 국제적으로 금본위제를 재구축하기가 어려웠을 것이다. 다른 국가들이 제1차 세계대전에 이어 다시 한번 어쩔 수 없이 금본위제를 포기했다면 미국은 전 세계적인 경제위기의 타격을 받지 않고 무사히 지나갈 수 있었을까? Fed가 탄력적 통화 공급을 더 심하게 긴축하지 못한 것은 국제사회에 대한 배려 때문이었다. 하지만 국제사회에 대한 배려가 역으로 미국에 매우 직접적인 영향을 미칠 수 있다는 점도 감안해야 한다. 미국이 통화 긴축정책을 썼던 탓에 금이 절실하게 필요했던 다른 국가들로 금이 흘러들어가는 것이 억제됐고 이것이 바로 1929년 9월 미국을 강타했던 전 세계적인 경제위기의 핵심원인이었다고 볼 수도 있다. 확실히 Fed가 투기 억제와 다른 국가의 금본위제 복귀라는 2가지 상반된 목적 사이에서 가장 적절한 균형을 잡는 것은 매우 어려운 과제였다.

1920년대에 통화정책이 과도하게 완화됐다는 증거는 거의 없다.

Fed는 불태화정책은 물론, 1919년 상품가격이 급등했을 때와 마찬가지로 투기 활동을 직접적으로 억제하려고 시도했다. 1920년대 후반기 투기 활동의 본거지는 월스트리트였다.

증시가 한창 상승세를 보이며 강세장이 무르익고 있었던 1925년에 이미 몇몇 Fed 이사들은 너무 많은 대출이 '생산적'이라기보다 '투기적'인 목적으로 흘러들어가고 있다고 확신했다. 이른바 투기 목적의 대출이 특히 월스트리트로 점점 더 많이 몰리고 있다는 사실이 뚜렷해졌다. 이런 상황에서 Fed는 무엇을 할 수 있었을까? Fed의 대다수 이사들은 이러한 시스템의 '폐해'를 해결하려면 증권과 관련한 대출이 과도하게 많다고 판단되는 은행에 대해서는 어음을 재할인해주지 말아야 한다고 생각했다. 연방준비은행들이 법적으로 은행의 재할인 요청을 거부할 수 있었는지는 명확하지 않다. Fed 내에서도 투기적 대출을 목표로 하는 은행에는 '직접적인' 압박을 가할 필요가 있다고 보는 쪽과 재할인율 인상이 더 적절한 정책적 대응이라고 생각하는 쪽으로 의견이 갈렸다. 이러한 논란이 계속되는 동안에도 증시상승세는 1928년까지도 전혀 약화될 조짐을 보이지 않았고, 이에 어떤 조치가 필요하다는 사실은 점점 더 뚜렷해졌다.

표2-7을 보면 미국 전역에서 상당한 대출 자금이 주식 매입 자금으로 흡수됐다는 사실을 알 수 있다. 1929년 말 미국 은행권의 총대출 규모는 419억 달러였다. 1929년에 모든 금융기관에서 증권 쪽으로 흘러들어간 대출은 은행권 전체 대출 규모의 20%에 달하는 것이었다. Fed는 투기적 목적에 대출을 해주고 있다고 판단되는 100개 은행들을 추려 압박을 가하기로 했다. Fed의 이 조치로 은행의 대출

표2-7_금융기관별 증권 관련 대출: 1924~1929년   (단위: 백만 달러)

	뉴욕 은행들	뉴욕 이외 은행들	기타 금융기관	합계
1924년 12월 31일	1,150	530	550	2,230
1925년 6월 30일	1,150	770	740	2,660
1925년 12월 31일	1,450	1,050	1,050	3,550
1926년 6월 30일	1,060	780	1,090	2,930
1926년 12월 31일	1,160	830	1,300	3,290
1927년 6월 30일	1,130	970	1,470	3,570
1927년 12월 31일	1,550	1,050	1,830	4,430
1928년 6월 30일	1,080	960	2,860	4,900
1928년 12월 31일	1,640	915	3,885	6,440
1929년 10월 4일	1,095	760	6,640	8,525

자료: Fed, 은행 및 통화 통계

자금이 월스트리트로 흘러들어가는 것이 좀 줄었을 수도 있다.

그러나 다른 곳에서 월스트리트로 대출 자금이 유입되는 것을 막지는 못했던 것 같다. NYSE에 상장된 모든 주식과 채권의 총가치는 1924년 말 270억 달러에서 1929년 10월 말 890억 달러로 급증했다. 이 기간 동안 뉴욕 은행들의 증권 관련 대출은 거의 늘지 않았다. 뉴욕을 제외한 나머지 은행들의 증권 관련 대출은 1929년 10월에 7억 6,000만 달러로 오히려 1925년 6월의 7억 7,000만 달러보다 소폭 줄었다. 표2-7에서 알 수 있듯 주식 투기에 사용되는 대출 자금은 주로 비은행권에서 나왔다. 은행권이 월스트리트로 몰리는 '투기적' 대출의 자금원이 아니었기 때문에 Fed가 채택한 은행들에 대한 '직접적' 압박이 어떻게 투기를 줄일 수 있었는지 명확치 않다. 전 세계 곳곳에서 자금이 흘러들어와 월스트리트의 대출 열풍에 동참했다는 단편적인 증거는 실로 많다. 뉴욕 연방준비은행은 1928년 2월이 되어서야 처음으로 재할인율을 올렸다.

뉴욕 연방준비은행의 재할인율은 1928년 2월 3.5%에서 1929년 8월에는 6.0%까지 올라갔다. 하지만 표2-7에서 보듯이 증권과 관련한 대출은 이 기간 동안에도 가속도가 붙듯 급속히 늘어났다. 재할인률 인상은 콜머니 시장에 영향을 미쳐 콜금리가 1928년 1월 4.24%에서 1929년 7월에는 9.23%까지 올랐다. 1929년 3월에는 콜금리가 단숨에 20%를 웃돌아 주식시장에 작은 충격이 있었다. 하지만 콜금리는 곧 10% 밑으로 내려갔다. 증권 관련 대출은 계속 늘었고 주식시장도 오름세를 이어갔다. 금리는 분명 큰 폭으로 올랐지만 대다수가 엄청난 자본이득을 당연한 것으로 생각하는 환경에서 대출과 투기를 막기에는 역부족이었다. 1929년 7월에 금리 상승이 경제에 영향을 주고 있다는 신호가 처음으로 나타났지만 주식시장 상승세를 저지하진 못했다. 금리 상승이 투기를 억제하는 데 효력을 발휘하려면 금리 상승 때문에 경제활동이 줄어들고 기업의 이익성장세가 위협을 당하며 주식의 기본적인 가치가 손상된다는 증거가 있어야 한다. 1929년 9월, 10월이 되자 금리인상이 전반적인 경제활동을 위축시키면서 Fed의 조치가 투기 억제에 효력을 발휘하기 시작했다.

원래 투자자들은 Fed가 필요한 경우 최후의 대출자로 대비하고 있을 뿐 평소에는 아무런 활동도 하지 않는 침묵의 기관이 될 것이라고 기대했다. 또 Fed가 설립 당시 적극적인 활동을 펼쳤던 것은 기본적으로 전쟁이라는 국가적 비상사태 때문이었다. 하지만 1920년대 들어 Fed가 통화정책에서 적극적인 역할을 담당해야 한다고 믿고 있다는 사실이 명확해졌다. 이 결과 Fed의 동향을 면밀히 관찰하는 경향이 생겨났다. 1928~1929년에 Fed가 취한 정책이 월스트리트의 투기 열풍을 끝냈다는 것은 분명했다. Fed의 조치가 효과를 발휘하는 데 1년이 걸렸다. 하지만 월스트리트에서 이뤄지는 투기 활동의 핵을 깨뜨리기 위해선 커다란 해머가 필요했고 이 과정에서 경제는 심각한 손상을 입었다.

다우지수의 움직임: 1929~1932년

> 가난한 사람이 조금이라도 돈을 모으는 건 더럽게 힘들어. 그리고 노후를 위해 돈을 좀 저축해 놓을 생각을 하면 은행이 파산하지. 빌어먹을 썩을 세상이야. 그리고 돈을 모두 훔친 사악한 은행가는 감옥에서 풀려나지.
>
> 제임스 패럴, 《심판의 날》

파티는 왜 돌연 끝나버린 걸까? 미국경기가 둔화되고 있다는 조짐은 1929년 초여름부터 뚜렷해졌다. 6월에는 산업생산 지표가 고점을 쳤고 자동차 생산량은 전년 같은 달과 비교해 둔화됐다. NBER은 경기확장의 정점을 1929년 8월로 판단하고 있다. 경기둔화는 이미 다른 국가에서도 진행되고 있었다. 호주와 네덜란드는 1927년부터 경기가 악화되기 시작했고 독일과 브라질은 1928년에 침체에 접어들었다. 아르헨티나, 캐나다, 폴란드는 1929년 상반기부터 경기가 하강했다.

1920년대 호황이 지속되는 동안 미국은 경상수지 흑자 기조를 유지했다. 미국에는 전 세계 공식적인 금 보유량의 43%가 집중돼 있었는데, 이 금이 다른 국가로 재분배되려면 미국의 경상수지가 적자로 돌아서야 했다. 결국 미국이 경상수지 흑자를 내면서 미국에 모여 있던 금은 다른 국가로 빠져나가지 못하게 됐고 이는 금본위제로 복귀한 다른 국가의 성장 기회를 제한하는 역할을 했다. 미국의 경제성장률이 높아지면 자연스럽게 미국에서 금이 유출돼 다른 나라의 통화량이 증가해야 했지만 그런 일은 일어나지 않았다. 문제를 더욱 복잡하게 만든 것은 월스트리트가 마치 자본을 끌어당기는 자석 같았다는 점이다. 증권에 직접 투자하는 돈이든 두 자릿수 금리에 투자자들에게 빌려주는 증권 매입 자금이든 월스트리트로 흘러들어왔다. 좀 더 정상적인 환경이었다면 이런 자본은 다른 국가로 흘러들어가 그 국가의 유동성을 완화하는 역할을 했을지도 모른다. 미국에서의 자본 유출은 특히 1929년에 심하게 둔화됐다. 1929년 민간 자본의 유출 규모는 1927~1928년 평균 수준보다 42%나 줄었다.

외국 자본에 대한 접근이 제한된 상황에서 미국 이외의 국가들이 금본위제를 유지하기 위해 선택할 수 있었던 대안은 물가를 떨어뜨리는 디플레이션 정책밖에 없었다. 1929년 9월과 10월에 월스트리트에 폭발적인 급락세가 몰아친 것도 일부는 다른 국가들이 금본위제를 고수하고자 어쩔 수 없이 디플레이션 상황으로 몰리고 있다는 사실을 투자자들이 뒤늦게 깨달았기 때문이다. 1929년이 지나갈수록 금본위제가 유지되면 다른 국가들의 디플레이션 정책으로 미국의 수출이 급감할 수밖에 없으며 금본위제가 깨진다면 세계 각국이 경쟁적으로 자국의 통화 가치를 떨어뜨려 엄청난 혼란이 야기될 것이란 사실이 점점 더 뚜렷해졌다. 해외경제의 악화는 미국 경제 역시 나빠질 수 있음을 의미했고, 이는 1929년 9월과 10월에 투자자들에게 분명하게 인식됐다.

다우존스 지수는 1929년 9월 3일에 정점을 치고 그해 10월 28일까지 32%가 떨어졌다. 이날은 훗날 '버블이 붕괴된 날'로 알려지게 될 날의 하루 전이었다. 10월의 마지막 광폭한 폭락의 주간이 시작되기도 전에 이미 주식의 대규모 청산을 야기할 만한 모든 요인들은 작동하고 있었던 셈이다. 9월이 지나면서 새로운 국제 통화 시스템이 심한 압박을 받고 있다는 증거가 점점 더 분명해졌다. 9월 26일에 영국 중앙은행은 금 부족 사태를 타개하고자 재할인율을 5.5%에서 8년래 최고 수준인 6.5%로 올렸다. 영국의 필립 스노든^{Philip Snowden} 재무부 장관은 '5,000km 떨어진 곳의 투기 열풍(1929년 10월 3일 영국 브라이튼에서 열린 영국 노동당 회의 연설)'으로 자본이 빠져나가 바닥나는 사태를 막기 위해 금리인상이 필요하다고 설명했다. 반면 뉴욕에선 10월 첫 2주일간 콜금리가 10%에서 5%로 급격히 떨어지면서 미국과 영국의 금리는 순식간에 역전됐다. 주식을 매수하기 위한 대출 수요가 순식간에 메마르면서 콜금리가 하락한 결과였다. 영국의 금리가 높아져 영국 파운드화가 강세를 보이자 이번에는 미국에서 금이 유출될 조짐이 점점 더 뚜렷하게 나타났다. 영란은행의 금리인상 시점이 절묘하게도 미국 투자자들을 더욱 불안하게 만드는 역할을 했던 셈이다.

9월 말과 10월 초에 일어났던 다른 사건들도 투자자들의 신경을 곤두서게 했다. 9월 30일에 영국 산업계의 거물 클래런스 해트리^{Clarence}

Hatry가 파산했다. 해트리는 영국 철강산업을 통합하려는 야심을 가진 인물이었다. 그는 합병에 필요한 자금을 마련하고자 주식을 마구 찍어 댔다. 투자자들은 해트리의 주식 공급이 크게 늘어나자 점점 더 이상하게 생각했고, 해트리가 보유한 수많은 기업의 주가는 폭락했다. 은행들이 담보물의 가치가 떨어지는 것을 막으려고 대출을 제한하면서 해트리의 위험한 게임은 막을 내렸다. 거대한 기업이 갑작스럽게 몰락하자 다른 기업들도 위험할 수 있다는 걱정이 확산됐다. 10월 11일에 매사추세츠주 공공설비국이 보스턴에디슨의 4:1 주식 분할 요청을 거절하자 투자자들의 신뢰는 또 한번 타격을 받았다. 특히 '우리의 판단에 따르면, 현재 이익 수준에서 보스턴에디슨의 주식을 사는 것은 어느 누구에게도 유리하지 않을 것'이라는 발표가 결정적이었다. 당시 〈타임〉의 표지기사는 일반 대중들이 기업과 투자에 얼마나 높은 관심을 가지고 있었는지를 보여준다. 〈타임〉은 10월 28일자에 스웨덴의 성냥왕 이바르 크뤼게르Ivar Kreuger를, 11월 4일자에 시카고 전력산업의 대부 사무엘 인설Samuel Insull을 각각 표지기사로 다뤘다. 하지만 크루거는 1932년에 자신의 사업체가 망한 뒤 권총으로 자살했고 인설은 횡령과 편지 사기 혐의로 기소돼 그리스로 도피했다가 결국 미국에 송환돼 법정에 섰다.

증시 급락을 촉발시킨 원인이 무엇이었든 간에 낙폭이 그처럼 엄청났던 이유에 대해서는 전반적인 공감대가 있었다. 강세장의 수많은 과잉이 해소되는 과정에서 그만한 하락이 필요했다는 것이었다. 특히 주식을 담보로 빌린 돈이 너무나 많은 상태였기 때문에 약간의 주가하락에도 시장이 걷잡을 수 없을 정도로 악화될 수 있는 상태였다.

일반 대중들의 증시 참여도 급격하게 높아졌다. 최대한으로 잡아도 제1차 세계대전 이전에 미국에서 주식을 보유한 인구는 50만 명 정도에 불과했다. 하지만 1929년에는 미국의 주식투자 인구가 2,000만 명으로 급증했다. 이처럼 많은 개인 투자자들이 모두 주식의 가치를 측정하는 밸류에이션의 기본 원리를 알고 있었다고 할 수는 없을 것이다. 주식투자에 참여하는 사람들이 많은 상태에서 주식에 대한 관심이 약해지면 대중들이 주식에 별 흥미가 없었던 기간보다 주가의 하락 폭이 커질 수밖에 없다. 소액투자자들이 몰려들었던 투자 대상에서 자금이 빠져나가고 대중들이 주식시장을 떠나면서 투자 손실이 커졌다. 1920년대에 주식시장에 뛰어들었던 대중들은 투자 교육을 받지 못했다고 생각하는 것이 맞을 것이다. 하지만 대부분의 '전문' 투자자들조차 제대로 된 투자 교육을 받았다고 하기는 어려웠다. 이는 휴 블록 Hugh Bullock이 1932년 1월 4일에 〈뉴욕이브닝포스트〉에 기고한 '새로운 형태의 투자신탁이 금융업에 대한 사람들의 요구를 파악했다'는 제목의 글에서도 드러난다.

영국에서 투자관리업은 전문직종의 영역이다. 이 세상에는 약 20만 개의 증권이 판매되고 있다. 이 가운데서 최고의 증권을 골라내려면 전문가들이 필요하다. 반면 미국에서 투자관리업은 아직 알려지지 않은 분야다. 하지만 영국의 투자관리업 종사자와 마찬가지로 미국에서도 정직하고 능력 있는 투자전문가들이 육성될 것이라고 믿는다.

블록은 당시 투자신탁의 전문 매니저들이 종종 자기 업무에 태만하고 때로는 고객을 속이기도 하는 상황에서 이같이 전망했다. 1868년 이후 런던증권거래소에서 투자신탁업의 역할은 점점 더 커졌지만 미국에서는 1920년에도 투자신탁이 기껏해야 40개에 불과했고 중요성도 극히 미미했다. 그러다 1927년과 1930년 사이에 투자관리 전문가에 대한 대중의 수요가 높아지는 틈을 타서 투자신탁과 투자지주회사가 700개로 크게 늘었다. 1929년에만 265개의 투자신탁이 새로 생겨 30억 달러의 자금을 끌어모았다. 그해 9월 한 달간 NYSE에서 주식 발행을 통해 조달된 전체 자본 120억 달러 가운데 절반이 투자신탁회사에서 나왔다. 주식시장이 정점에 올랐을 때 투자신탁은 시가총액 가운데 최소 80억 달러를 차지했다. 이러한 투자신탁의 대부분이 믿을 만한 회사였지만 일부는 부정한 관행도 저질렀는데, 비유통 주식을 매입하거나 기업 이사로부터 주식을 직접 매수하거나 보유 지분의 가격을 조작하는 등의 행위였다. 또 다른 사람들과 서로 짜고 무가치한 주식을 사들이거나 돈을 엄청나게 빌리거나 임원들에게 보너스로 주식을 나눠주거나 특정 기업의 주식을 극단적으로 사 모으는 식의 부정행위도 있었다. 경기호황 때 월스트리트의 자본 배분이 크게 왜곡됐다는 점을 감안하면, 상당한 규모의 자본 손실이 뒤따를 것이라는 점은 예상할 수 있었다. 하지만 불가피한 자본시장의 붕괴에 뒤이어 글로벌 경기침체가 찾아오리란 사실은 예견하기가 더 어려웠다.

증시는 1929년 9월 3일 고점에서부터 11월 13일까지 48% 폭락했다. 10월 중순 무렵의 첫 하락은 상대적으로 완만했지만, 10월 10일부터 11월 13일까지는 다우존스 지수가 무려 44%가 추락하면서 낙폭이 가팔랐다. 10월의 하락 속도가 전례 없는 것이긴 했지만 아주

표2-8_20세기 들어 1929년까지 네 번의 침체장에서 다우존스 지수의 하락률 　　 (단위: %)

1907년 1월 ~ 1907년 11월	44
1916년 11월 ~ 1917년 12월	39
1919년 11월 ~ 1921년 8월	47
1929년 9월 ~ 1929년 11월	48

자료: 다우존스&Co.

예외적인 것은 아니었다(표2-8 참조).

주가하락이 현저하게 빠르긴 했지만 곧 반등 역시 이례적으로 빠를 것이란 증거가 나타났다. 1930년 4월 17일까지 증시는 낙폭의 52%를 회복하면서 1929년 초 수준으로 돌아갔다. 이제 증시는 1929년 9월 3일의 고점에 비해 단지 23% 밑에 있을 뿐이었다. 주가하락의 규모는 비정상적으로 컸고 반등의 속도는 평균보다 훨씬 빨랐다. 1929년 10월의 갑작스러운 주가하락이 '대폭락The Great Crash'이라는 역사적 유물을 만드는 데 일정한 역할을 하긴 했지만, 이 시기 금융시장의 역사가 오늘날 투자자들의 심리에 너무나 깊이 각인된 근본적인 책임은 1930년 4월 이후에 발생한 사건들에 있었다. 1930년 4월 17일 이후 증시의 반등이 견고하다고 믿고 주식을 샀던 투자자들은 너무나 불운했다. 이들은 이후 다우존스 지수가 다시 고꾸라지며 1932년 7월에 바닥을 치기까지 무려 86%가 폭락하는 것을 목격해야 했다. 따라서 1932년 7월의 증시 바닥에 이르는 과정 중에서 가장 극적인 상황은 1930년 4월 이후에 펼쳐졌다고 할 수 있다.

1929~1932년간 증시에서 일어났던 사건과 20세기의 다른 침체장들 사이에 결정적인 차이점 한 가지가 있다면 은행 시스템의 붕괴를

들 수 있다. 은행의 파산과 은행이 파산할지도 모른다는 두려움은 이전의 다른 침체장과 경기침체에서도 있었다. 1907년 공황 때만 해도 수많은 은행과 신탁 회사가 몰락했고 이때의 경험이 직접적인 계기가 되어 연방준비제도를 도입하게 됐다.

1916~1917년과 1919~1921년 침체장에서는 가장 심각한 경제 여건 속에서도 연방준비제도가 은행 시스템의 붕괴라는 재앙을 억제하는 역할을 했던 것으로 보인다. 연방준비제도의 '탄력적 통화 공급' 능력이 효과를 발휘하며 예금 인출 사태와 대규모 은행 파산을 막아냈다. 표2-9를 보면 1929~1932년의 증시 급락을 평범한 침체장에서 미국 역사상 최악의 대폭락으로 바꿔 놓은 결정적 요인은 은행산업의 위기였다.

주식시장의 단계적 하락과 더 광범위한 경제상황을 비교해보자. 표2-10은 경기침체의 진전 과정을 살펴볼 수 있는 월별, 분기별 경제지표다.

표2-9_1929~1932년 침체장의 각 국면과 다우존스 지수의 하락률   (단위: %)

	각 국면별 하락률/상승률	누적 하락률
급락-1929.9.3.~1929.11.13	-48	-48
1차 반등-1929.11.13.~1930.4.17	+48	-23
여름 하락-1930.4.17.~1930.9.10	-17	-36
1차 은행위기-1930.9.10.~1930.12.16	-36	-59
2차 반등-1930.12.16.~1931.2.24	+23	-49
2차 은행위기-1931.2.24.~1931.10.5	-56	-77
잠재적 안정-1931.10.5.~1932.3.8	+3	-76
금 유출-1932.3.8~1932.7.8	-54	-89

자료: 다우존스&Co.

베어마켓

표2-10_경기하강의 과정: 1929년 6월 말 100을 기준으로 1934년 6월까지

	GNP 실질 달러 기준	공장의 실질 종업원수 지수	CPI (소비자물가 지수)	WPI (도매물가 지수)	백화점 판매액 (조정)
1929년 6월	100	100	100	100	100
1929년 12월	100.6	92.3	99.7	97.9	98.3
1930년 6월	98.2	83.8	99.1	91.2	90.6
1930년 12월	87.7	73.3	97.6	83.5	87.3
1931년 6월	89.5	70.0	94.8	75.8	92.4
1931년 12월	83.9	62.2	92.1	72.2	84.3
1932년 6월	77.8	48.6	88.2	67.2	74.9
1932년 12월	70.1	57.2	84.8	65.8	69.3
1933년 6월	77.5	58.6	81.3	68.1	76.2
1933년 12월	70.2	67.4	82.7	74.3	70.5
1934년 6월	80.6	76.7	82.4	78.3	72.4

자료: 미국 조사통계국

표2-10은 1929~1933년 침체가 진전되는 과정을 보여준다. 이 표에 따르면, 1930년대 중반까지 미국 경제는 8개월 전에 있었던 증시 대폭락의 타격을 그리 심하게 받지 않았다. 1929년 6월부터 12개월간 미국 경제는 1.8% 위축됐고 소비자물가 지수는 0.9% 하락했다. 경기하강은 공장 종업원 수와 도매물가 지수, 백화점 판매에서 더 빠르게 일어났다. 전반적인 경기는 1930년 10월에 발생했던 제1차 은행위기의 영향으로 1930년대 하반기에 빠르게 악화되는 모습이 뚜렷했다. 1931년 상반기에는 국민총생산GNP과 실질 백화점 판매액이 반등하며 1929~1932년간의 경기위축 기간 동안 소폭 회복의 양상이 나타났다. 그러나 이 회복은 제2차 은행위기 때문에 지속되지 못했다. 제2차 은행위기는 1931년 3월 미국에서 시작돼 5월 초 신문 머

리기사를 장식했던 유럽의 은행위기로 심화됐다.

물가상승률을 제거한 불변 달러 기준 GNP로 살펴보면, 침체 기간 중 1931년 6월 말까지 일어났던 경기위축은 전체의 35%에 불과했다. 정상적인 경기 사이클에서 실질적인 단절이 일어났던 것은 2차 은행위기가 경제에 타격을 주고 환율 안정성에 대한 우려가 높아졌던 1931년 6월부터 1932년 12월까지 기간이었다. 전체 경기위축의 약 3분의 2가량이 이 기간 동안 일어났다. 이때의 급격한 경기하강은 증시하락과 분명한 연관이 있었다. 1931년 2월까지 증시하락률이 1907년이나 1919~1921년 침체장에 비해 더 컸던 것은 사실이지만 현저할 정도는 아니었다. 1931년 상반기까지는 경기위축이나 침체장이나 평범한 수준이었다고 할 수 있다. 투자자들을 덮친 전례 없는 끔찍한 사건들은 모두 1931년 상반기 이후에 일어났다.

은행 파산은 1920년대 내내 높은 수준을 유지했고 몇 년간은 은행의 지불 정지 결정으로 타격을 입은 예금액수가 엄청났으며, 이것은 경기침체가 극심했던 1921년 때보다 더 높은 수준이었다.

1920년대 내내 파산하는 은행이 많았던 이유는 농업 분야가 많이 어려웠고 은행 합병으로 은행 간 경쟁도 치열했기 때문이다. 은행 파산 비율이 1920년대 내내 높은 수준을 유지하긴 했지만 1930년 1분기에는 확실히 다른 양상이 전개되고 있었다. 1930년 들어 10월 말까지 은행의 지불 정지 선언으로 영향을 받은 예금액은 총 2억 8,700만 달러였다. Fed는 이 단계에서 경기위축을 그리 걱정하지 않았던 것처럼 보인다. 또 재할인율을 인하했음에도 회원은행들에 제공하는 대출은 축소했다. 1930년 들어 6월 말까지 상황을 살펴보면 1930년 1년

표2-11_연도별 전체 상업은행의 지불 정지 예금액

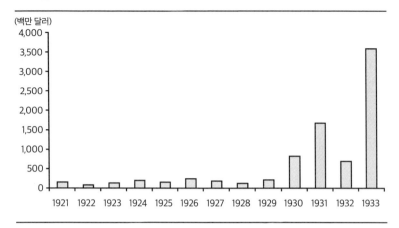

자료: Fed, 은행 및 통화 통계

간 지불 정지된 예금액은 3억 5,000만 달러를 넘지 않았을 것이라고 예측할 수 있다. 물론 3억 5,000만 달러는 연간 기준으로 지불 정지된 예금액으론 1920년대 들어 가장 많은 것이다. 하지만 지불 정지된 예금액이 2억 6,000만 달러로 연간 기준으로 가장 많았던 1926년을 보면 경제가 심하게 타격을 입지는 않았다. 그런데 일반적으로 예상할 수 있는 수준을 뛰어넘어 1930년 11월과 12월에만 지불 정지된 예금액이 총 608개 은행의 5억 5,000만 달러로 급증했다. 이는 전적으로 새로운 차원의 규모로 금융 시스템에 손상을 입혔다. 1930년 4분기에 파산한 은행 대부분은 1920년대 내내 어려움을 겪으며 이미 허약해진 농업 분야에서 나왔다.

이 시기에 무엇보다 심각했던 것은 1791년에 설립된 유서 깊은 상업은행이자 연방준비은행 회원이었던 미국연방은행의 몰락이었다.

이는 미국 역사상 최대 규모의 은행 파산이었다. 미국연방은행은 이름과 달리 정부와는 상관없는 순수 민간은행으로 40만 명에 달하는 예금자 대부분은 뉴욕시에 거주했다. 이들이 예금액을 모두 잃을 처지에 놓이자 다른 지역의 예금자들도 은행에 맡긴 돈이 실질적인 위기에 처해 있다고 생각하기 시작했다. 1930년 9월 중순부터 12월 중순까지 다우존스 지수는 36%가 폭락하며 1929년 11월의 저점보다 더 내려갔다. 은행의 상황이 변하면서 일반 대중의 행동도 바뀌었다. 1930년 10월까지만 해도 은행에 돈을 예치하려는 사람들은 사실상 계속 많아지고 있었다. 이 결과 통화 대비 은행 예금액의 비율은 1920년대 내내 뚜렷한 상승세를 이어갔다. 1930년 10월 통화 대비 은행 예금액의 비율은 사상 최고 수준을 기록해 제1차 은행위기가 막 발생하려던 시점에 은행 시스템에 대한 사람들의 신뢰가 전례없이 높아졌음을 보여준다. 문제는 사람들이 은행에서 돈을 빼냄으로써 예금 수준이 역사적 '평균' 정도로만 낮아져도 심각한 통화 위축이 뒤따를 것이란 점이었다. 1930년 10월부터 예금 인출이 시작됐지만 아무도 통화 대비 예금액의 비율이 크게 떨어질 것으로 예측하지 못했다. 하지만 통화 대비 예금액의 비율은 1930년 10월 11.5에서 1933년 3월 불과 4.4로 급락했다. 특히 사람들의 예금 인출 행렬이 끝나기도 전에 통화 대비 예금액의 비율은 19세기 말 이후 최저 수준으로 추락했다. 은행이 고객들로부터 유치한 많은 예금 중 일부만을 지불준비금으로 예치하고 있다는 점을 감안하면 은행에서 현금이 유출되는 것은 은행 시스템에 치명적으로 부정적인 영향을 미쳤다. 이 기간 동안 은행들이 예금 인출을 요구하는 고객들에게 1달러를 지급하려면 예금액을 14달러만큼 줄여야 했다. 이 같은 대규모 예금 인출 사태가 국가 통화체계에 미친 엄청난 타격과 함께, 이를 타개하고자 하는 의지가 없는 것인지 능력이 없는 것인지 연방준비제도의 무대책이 결합되면서 1930년의 단순한 경기침체는 1931~1932년의 대공황으로 악화되어 갔다.

미국 은행 시스템의 총예금액은 1930년 6월 말 598억 2,800만 달러에서 그해 말에는 580억 9,200만 달러로 줄었다. 초기 예금액 감소는 이처럼 완만했지만 이는 연방준비제도의 무반응과 합쳐져 은행 재무상태표에 심각한 영향을 미칠 악몽의 시작일 뿐이었다. 예금 인출이 일어나면 은행은 통상 보유 자산을 좀 더 현금화하기 쉬운 것으로 바꿔 놓으려 한다. 이 결과 은행들이 회사채를 팔고 국채를 매입한다면 경제에는 상당한 타격이 일 것이다. 1929년 10월의 증시 대폭락 이후 회사채 가격은 조금씩 상승하고 있었다. 하지만 1930년 10월 은행위기가 발발하면서 회사채 가격은 떨어지기 시작했다. 낙폭은 처음에 완만했지만 이는 1932년 여름까지 계속될 기나긴 하락세의 초기일 뿐이었다. 이 같은 회사채 가격하락은 1931년까지 이어진 은행의 문제를 더욱 악화시켰다. 은행들은 보유한 회사채를 시장 가격으로 평가해 회계장부에 게재해야 했기 때문에 자산이 크게 줄어드는 결과가 초래됐기 때문이었다.

1931년 초에 경제가 안정되고 있다는 일부 신호가 나타났지만 증시는 완만하게 반등하는 데 그쳤다. 은행위기가 지속되는 동안 다우존스 지수는 하락세를 계속해 1930년 12월 16일에 157.5까지 떨어졌지만 이후 반등세로 돌아서 1931년 2월 24일까지 23%나 올라 1929년 11월 저점 대비 불과 2.2% 밑으로 바짝 다가갔다. 이때까지만 해도 다우존스 지수의 하락 폭은 1907년과 1919~1921년 침체장에 비해 조금 컸을 뿐이었다. 이런 상황에서 제2차 은행위기가 닥쳤다. 이 결과 다우존스 지수는 1929년 10월의 대폭락 이후 거의 16개월 가까이 지난 1931년 2월 24일부터 이후 17개월간 79%가 폭락했다. 이 시기의 증시하락은 이전의 어떤 침체장과도 전혀 다른 특징을 보였다.

제1차 은행위기 전에 장단기 금리가 하락하면서 투자등급인 BAA 등급의 회사채 수익률도 떨어지고 있었다. 하지만 제1차 은행위기 때부터 회사채 신용등급에 따라 수익률 격차가 벌어지기 시작했다. 은행은 현금화하기 쉬운 자산을 확보하기 위해 낮은 등급의 회사채를 버리고 국채를 사들였다. 1931년 3월에 또 한 번의 은행 지불 정지가 시작되자 은행들은 지불준비금을 보완했다. 3월에 파산하는 은행이 급격하게 증가한 데 이어 5월에는 오스트리아에서 가장 큰 민간은행인 크레디트-안슈탈트Credit-Anstalt가 파산하자 금융 시스템에 대한 신뢰는 다시 한번 무너졌다. 오스트리아 당국은 최대 은행의 파산에 대처해 여러 가지 조치를 취했는데, 그중 하나는 오스트리아 내 외국은행의 자산을 동결하는 외환관리였다. 크레디트-안슈탈트는 헝가리 최대 은행의 대주주였기 때문에 5월 중순에는 헝가리에서도 은행 인출이 시작됐다. 극도의 혼란은 독일로 확산됐다. 오스트리아가 자국 내 외국 자산을 동결하는 외환관리를 시작하자 독일 은행의 자산 가치가 떨어질지도 모른다는 우려가 예금자들 사이에 퍼졌다. 독일 은행의 예금액 가운데 절반 이상은 비독일인 소유였기 때문에 독일 은행에 대한 신뢰 하락은 국제적으로 매우 심각한 결과를 낳았다. 7월이 되자 독일의 은행위기는 전면적으로 확산되면서 외환 관리가 뒤따랐다. 오스트리아와 헝가리, 독일에 있는 미국 은행의 예금액이 모두 동결돼 찾을 수 없게 되자 미국 은행의 자산 건전성은 더욱 악화됐다. 미국 은행의 자산 건전성에 대해 추가적으로 의문이 생기게 되자 미국 예금자들은 예금을 줄이는 대신 현금 보유를 크게 늘렸다. 이 결과 미국 은행의 총예금액은 1930년 12월 580억 9,200만 달러에서 1931년 6월 560억 9,200억 달러로, 다시 12월 495억 900만 달러로 감소했다. 1931년 12월 기준으로 미국 은행에 예치된 총예금액은 1924년 12월보다도 적었다. 은행들은 또다시 자산 재조정에 착수해 회사채를 매각할 수밖에 없었고, 이 결과 회사채 가격은 더 떨어졌다.

이제 미국은 제1차 은행위기가 닥친 지 1년도 안 돼 제2차 은행위기의 가능성에 직면했다. 미국의 주요 전문가들은 연방준비제도가 또 한 번의 은행위기는 막아낼 것이라고 확신했다. 1928년 4월 14일 자 〈새터데이이브닝포스트〉는 멜론 재무부 장관이 다음과 같이 선언했다고 보도했다.

어떤 갑작스럽고 일시적인 기업의 위기가 이전에 경험했던 것 같은 대규모 금융공황으로 전개돼 악화될 것이란 우려는 은행 쪽에서나 산업계에서나 더 이상 찾을 수 없다. 우리는 더 이상 경기 사이클의 예측 불가능한 변화에 희생되지 않을 것이다. 연방준비제도가 통화 위축과 신용 경색을 완화시키는 해독제 역할을 해줄 것이다.

해럴드 클리블랜드&토마스 우에르타스, 시티은행, 1812~1970

하지만 연방준비제도는 그러한 해독제를 제공하지 못했다. 탄력적 통화 흐름이 다시 이어질 것으로 기대하고 주식시장을 떠나지 않았던 투자자들은 연방준비제도가 어떠한 조치도 내놓지 않고 있는 모습을 경악에 찬 눈빛으로 바라봐야 했다. Fed는 경기하강의 정도가 침체에서 불황으로 악화되자 재할인율을 낮췄다. 하지만 사람들이 은행에 몰려가 예금을 인출하고 상업은행들이 유동성을 확보하려 회사채를 팔아치우는 데도 회원은행들에 유동성 공급을 늘리려는 시도는 하지 않았다. 1921년에 투자자들이 마음속에 품었던 핵심적인 질문 중의 하나는 연방준비제도에서 은행에 제공하는 신용의 규모가 35억 달러로 최대치를 기록했던 1919년 수준에서 어느 정도까지 위축될 것인가 하는 문제였다. 그 당시 연방준비제도의 신용 규모가 1924년 중반까지 지속적으로 감소해 10억 달러 아래로 내려갈 것으로 예상했던 사람은 거의 없었다. 1931년 여름에 연방준비제도의 신용 규모는 다시 1924년 최저치 부근으로 크게 줄어 있었다. 1924년 이후 경제가 급격히 팽창했고 '탄력적 통화'가 매우 낮은 수준에서 벗어나 확대될 것이라는 전망이 나오고 있었기 때문에, 멜론의 주장대로 연방준비제도가 은행 시스템에 신용을 확대할 능력이 있었다. Fed의 이 같은 능력은 충분히 해독제가 될 수 있었지만 의사들은 처방을 잘못 내리고 말았다. 연방준비제도는 1931년 여름 뒤늦게야 시장에 영향을 줄 수 있는 규모로 어음을 매입하고 회원은행들에 신용을 확대하기 시작했다. 하지만 그때는 이미 통화 대비 예금액의 비율이 1930년 10월 최고 수준인 11.5에서 9.0 밑으로 떨어지며 은행 시스템에 대한 신뢰가 무너져버린 뒤였다. 은행 시스템이 근간에서부터 흔들리자 통화위기는 새로운 국면으로 전개됐다. 1931년 8월 말 기준으로 47억 달러를 넘어서며 사상 최대치를 경신했던 통화용 금 보유량이 줄어들기 시작한 것이었다.

미국에서의 금 유출은 영국의 파운드화 가치가 충격적으로 평가절하됐던 1931년 9월부터 시작됐다. 영국에 이어 다른 8개 국가가 자국 가치를 떨어뜨렸고 10월에는 다른 4개 국가가 평가절하 행렬에 동참했다. 외국인 투자자들은 미국에서 경기침체가 악화되고 주가가 급락하고 두 차례에 걸쳐 은행위기가 발생하는 동안에도 미국 달러화가 가진 금의 가치가 유지될 것이라는 믿음을 고수해왔다. 1929년 9월부터 1931년 8월까지 미국의 금 보유액은 15% 증가했고, 이렇게 늘어난 금 보유액 중 37%가 은행위기가 발생했던 1931년 5월과 6월에 유럽에서 빠져나와 '안전한 피난처'인 미국으로 유입된 것이다. 그러나 영국이 금본위제를 포기하자 모든 상황이 급격하게 바뀌었다. 미국의 금 보유액은 1931년 8월부터 10월까지 15%가 감소하며 1929년 이후 미국으로 유입된 금 증가분을 모조리 반납했다. 투자자들은 영국이 금본위제를 포기할 수 있다면 미국 역시 그럴 가능성이 있다고 생각했다.

미국의 금 보유액 감소와 예금 인출 사태가 겹치며 상업은행 시스템의 위기가 가중되는 가운데 설상가상 금리까지 인상됐다. Fed는 금본위제의 원칙에 따라 미국에서 금이 유출되는 것을 막고자 10월에 재할인율을 1.5%에서 3.5%로 인상했다. 이 결과 상업은행들은 또다시 보유 자산을 팔아 유동성 확보에 나섰다. 이제 경기침체가 시작된 이후 처음으로 국채 가격까지 하락했다. 물가가 하락하는 기간에도 국채가 명목수익률을 제공할 것으로 기대했던 투자자들은 충격에 빠졌다. 국채 가격이 하락하자 은행들이 보유하고 있던 국채 가치도 떨어져 은행의 자산 상태는 더 악화됐다. 1931년 8월부터 1932년 1월까지 8개월간 1,860개 은행의 14억 4,900만 달러의 예금이 지급 정지됐다. 이는 1921년부터 1929년까지 지급 정지된 전체 예금액에 맞먹는 규모였다. 제2차 은행위기는 1차 때보다 훨씬 더 심각했고 주가하락 폭도 컸다. 제2차 은행위기 때 다우존스 지수는 1929년 9월 고점보다 훨씬 낮은 수준에서 떨어지기 시작했는데도 1929년 9월부터 1932년 7월까지 전체 낙폭의 32%를 차지할 만큼 큰 폭으로 미끄러졌다.

1931년 10월 5일에 다우존스 지수는 1929년 9월 고점보다 77% 내려가 있었다. 이 정도 하락이면 가장 비관적인 투자자들조차 침체장이 막을 내리기에 충분하다고 생각할 만했다. 몇 가지 긍정적인 신호도 있었다. 후버 행정부가 마침내 전혀 새로운 방법으로 위기에 대처하기 시작한 것이었다. 정부는 1931년 10월에 전미신용공사National Credit Corporation를 세웠다. 이 공사는 연방준비제도에서 은행에 자금을 공급할 때 담보로 인정하지 않는 자산까지 담보로 받아들여 은행에 유동성 공급을 확대하는 것을 목표로 만들어졌다. 1932년 2월에는 은행과 철도 회사에 자금을 빌려주고자 재건금융공사Reconstruction Finance Corporation, RFC를 설립했다. 2월 26일에는 Fed가 금 유출에 대해 좀 더 유연한 태도를 취하면서 재할인율을 3%로 0.5%포인트 인하했다. 2월 17일에는 글래스스티걸법이 의회를 통과했다. 이 법으로 연방준비은행들이 화폐를 발행해 은행들에 공급할 때 정부 국채로 이 화폐들에 대한 담보 역할을 하게 했다. 규제를 없애 연방준비제도의 유동성 창출 능력을 확대시킨 것이다. 1932년 3월에는 다우존스 지수가 1931년 10월에 비해 소폭 올랐다. 하지만 바닥이라고 생각하고 1932년 3월 고점에 주식을 샀던 투자자라면 증시가 그해 7월에 완전하게 바닥을 칠 때까지 또다시 54%의 소실을 입어야 했을 것이다.

이 마지막 타격으로 증시는 또 한 차례 주저앉았다. 이때 다우존스 지수는 1929년부터 1932년까지 이어진 침체장 전체 하락률의 25%를 차지할 만큼 떨어졌다. 증시를 강타한 마지막 급락의 원인은 기본적으로 미국에서 금 유출이 다시 시작돼 금이 고갈되기 시작했기 때문이다. 1932년 3월부터 7월 말까지 미국의 금 보유액은 12%가 더 줄었다. 〈WSJ〉는 정부의 지출 확대를 목표로 한 수많은 법안들이 의회에 쌓이고 있기 때문에 미국에서 금이 빠져나간다고 봤다. 재정적자가 급증할 가능성이 높아지자 투자자들은 미국의 금본위제 역시 위험에 처했다고 믿게 됐다는 분석을 내놨다. 하지만 연방준비은행들이 공개시장에서 대규모로 국채를 매입해 외국인 투자자들이 겁을 집어먹었던 것이 금 유출의 더 큰 이유였다. 이 외에도 1932년 초에 외국인들이 미국 달러를 팔아치웠던 이유는 수도 없이 많았다. 배리 아이켄그린은 미국 이외의 국가들이 잇달아 자국 통화를 평가절하하면서 미국의 경상수지 흑자 기조가 위협을 받게 됐다는 점을 금 유출의 원인으로 지적했다.

Fed가 리플레이션reflation[경기침체 때 인플레이션을 일으키지 않을 정도로 재정과 금융을 확대해 경기회복을 도모하는 정책으로 통화재팽창이라고도 한다 - 옮긴이] 정책을 취해야 한다는 압력이 높아질수록 달러 가치가 평가절하될 위험도 커졌다. 계속 높아지기만 하는 실업률은 리플레이션 정책이 필요하다는 주장에 힘을 실어 줬다. 대통령 선거가 치러지는 1932년에 하원은 연방준비제도가 경기침체에 좀 더 적극적으로 대처해야 한다고 권고했다. 이 결과 투기꾼들은 달러화로 예치된 예금을 인출했고 다른 국가의 중앙은행들은 외환보유액으로 갖고 있던 달러화를 금으로 바꿨다.

배리 아이켄그린

정치가 통화정책에 직접 개입할 수도 있다는 두려움 때문에 연방준비제도가 뒤늦게 상당 규모의 공개시장 조작에 나섰던 것은 확실해 보인다. 조지 해리슨George Harrison 뉴욕 연방준비은행장은 집행위원회에서 "의회가 어떤 종류의 급진적인 금융 법안을 제정하지 못하도록 막을 수 있는 유일한 방법은 우리 자신의 정책수단을 더 멀리, 더 빠르게 추진해나가는 것 뿐"이라고 말했다(프리드먼과 슈바르츠의 저서에 인용된 조지 I. 해리슨의 개인 메모). 투자자들은 통화정책의 주도권을 중앙은행이 아니라 통화팽창을 선호하는 정치인들이 잡고 있다고 걱정할 만한 이유가 있었다. 투자자들은 연방준비제도의 각종 조치들이 적정 통화량이 아니라 리플레이션을 목표로 하고 있다고 주장했다. 이 같은 정책 변화는 특히 금환본위제를 시행하고 있던 외국 중앙은행들을 불안하게 만들었다. 이들은 고정된 비율로 금과 바로 교환되는 달러화를 외환보유액으로 다량 보유하고 있었기 때문이다. 외국인 투자자들은 미국에서 자산을 빼가기 시작했고, 월스트리트에서는 달러화가 여름쯤 평가절하될 것이란 예측이 돌았다. 연방준비제도의 뒤늦은 리플레이션 정책은 투자자들을 안심시키기는커녕 월 스트리트에 마지막 혼란을 야기했다. 달러화의 평가절하 가능성이 높아지고 경기악화는 계속되는 가운데 침체장도 지속됐다. 다우존스 지수는 1929년 10월의 대폭락과 1930년 10월의 제1차 은행위기, 1931년의 제2차 은행위기 그리고 마지막 1932년 금 유출로 네 차례 폭락을 겪은 뒤에야 간신히 바닥 가까이 다가갈 수 있었다.

1932년 시장의 구조

"조, 이런 식이야. 생각해봐. 우리에게 돈을 벌어준 건 무엇인지? 그렇지, 자동차산업이야. 왜? 새로 성장하고 있는 산업이니까. 그렇다면 더 큰돈을 벌기 위해 우린 지금 뭐를 해야 할까?? 성장하고 있는 것, 다른 새로운 걸 찾아야 하지. 자, 이게 내 아이디어인데 잘 들어봐. 나는 기구를 하나 생각하고 있는데 당연히 새로운 거야. 바로 전기 면도기지."

제임스 패럴, 《심판의 날》

1932년 주식시장

이 책에서 다루고 있는 네 번의 침체장 사이에는 각각 주식시장의 구조에 현저한 변화가 있었다. 각 침체장 중간에 낀 호황장에는 수많은 새로운 기업과 신기술이 등장해 새로운 산업의 탄생으로 이어졌다. 1921~1932년은 두 침체장 사이에 존재하는 기간 중에서는 가장 짧지만 주식시장에 상당히 의미 있는 구조적 변화를 가져왔다. 1932년에는 1921년보다 선택할 수 있는 주식이 훨씬 더 많았다. 대폭락과 대공황 직후로 가장 암울한 시기였지만 NYSE에 상장된 주식의 수는 1932년 말 1,278종으로 1921년 말 691종에 비해 크게 늘어나 있었다. 그리고 기존에 알려진 것과 달리 1932년 증시는 거래가 꽤 활발한 편이었다. 1932년 1년간 전체 상장 주식수의 회전율은 32%로, 1921년의 59%에 비해 낮았지만 거래량은 4억 2,500만 주로 1921년의 1억 7,300만 주에 비해 크게 늘어났다. NYSE에 상장된 총 주식수가 349% 늘어나면서 전체 거래량은 증가했던 것이다.

증시가 1932년 6월 말 바닥에 다가가고 있을 때 주간 평균 거래량은 304만 7,183주였다. NYSE에 상장된 주식의 평균 주가가 7월 1일 기준으로 11.89달러였다는 점을 감안하면 NYSE의 주간 평균 거래액수는 3,620만 달러였다. 1932년의 주식시장 구조를 이해하려면 당시에는 우선주가 전체 시가총액의 19%를 점하며 여전히 중요한 투자 대상으로 여겨지고 있었다는 점을 기억해야 한다. 1932년 7월 1일 기준으로 NYSE에는 808종의 보통주와 445종의 우선주가 상장돼 있었는데, 같은 기업의 보통주와 우선주에 대한 차익거래가 성행했다. 1932년 평균적으로 전체 상장기업의 50%가량이 보통주와 우선주 모두 발행했다. 1932년 여름에 NYSE에 상장된 주식의 수는 1,253종이었지만 일반적인 날 거래가 이뤄지는 주식은 500여 종 정도였다. 1929년 9월에 보통주와 우선주의 시가총액은 900억 달러였다. 이후 1929년부터 1932년까지 이어진 주가하락으로 평균 시가총액도 거의 비슷한 비율로 감소했다. 반면 상장된 보통주와 우선주의 수는 1929년 9월 1,280종에서 1932년 7월에 1,262종으로 거의 변함이 없었다.

주가급락 직전 정상적인 거래가 이뤄졌던 마지막 기간인 1929년 8월의 일평균 거래량은 367만 7,053주였다. 8월 중 주가가 가장 높았던 날 상장주식의 평균 주가가 89.13달러였다는 점을 고려하면 9월과 10월의 증시 대폭락으로 거래량이 비정상적으로 늘어나기 전 호황장에서 일평균 거래액수는 약 3억 2,800만 달러였다고 할 수 있다. 결국 1929~1932년 침체장 동안 다우존스 지수는 89%가 폭락했고 상장된 주식의 수는 5% 줄었으며 일평균 거래액수는 98%가 급감했다.

많은 이들은 흔히 이 같은 수치만 보고 1932년 증시는 매우 거래가 부진했고 투자자들의 극심한 외면을 당했던 것으로 생각한다. 하지만 사실은 1932년에 NYSE에 상장된 총주식수의 32%가 거래됐으며 상장된 주식의 종류도 1921년에 비해 거의 2배나 더 많았다. 다우존스 지수는 1929년 9월 고점 대비 89% 추락했지만 상장된 주식의 총시가총액은, 처음으로 시가총액이 신뢰할 만한 수준으로 집계되기 시작한 1924년 말에 비해 단지 40% 감소했을 뿐이었다. 1932년의 회전율 32%는 역사적 평균보다는 낮을지 모르겠지만 1937년부터 1979년까지 어느 해보다도 높은 것이다.

1932년 주식시장의 구조를 이해하려면 1929년부터 미국 산업계에 있었던 중요한 변화를 파악하는 것이 중요하다. 표2-12와 표2-13은 각각 1929년 9월 1일과 1932년 7월 1일에 NYSE에 상장된 기업들을 산업별로 나눠 시가총액을 집계한 것이다. 이 표에서 가장 놀라운 사실은 1929년 9월에도 주식시장에서 시가총액 비중이 가장 컸던 산업은 철도산업이라는 점이다. 1921년 8월 저점부터 1929년

9월 고점까지 철도주는 전체 산업주에 비해 수익률이 크게 저조했음에도 이처럼 높은 시가총액 비중을 유지했다. 이 기간 동안 산업주의 수익률은 철도주를 86%나 앞섰다.

1920년대 호황장은 자동차와 라디오산업의 급성장과 깊은 관련이 있는 것처럼 자주 언급되지만 1929년 고점 때 시가총액 비중이 가장 큰 3대 산업은 철도를 비롯해 석유, 화학 등으로 전체 주식시장의 31%를 점했다. 통신산업은 선도주식 중 하나인 AT&T를 포함해 기업 수는 적었지만 날로 중요성이 커지며 주목을 받았다. 대부분이 투자신탁으로 이뤄진 금융산업은 강세장이 절정에 달했던 1929년 9월에도 시가총액 비중이 2.5%에 못 미칠 정도로 미미했다. 1920년대 말 미국에서 시가총액이 가장 큰 기업은 US스틸이었지만 1929년에 전체 철강산업은 시가총액 순으로 10위에 불과했다.

철도산업이 시가총액 1위 자리에서 물러나게 된 것은 1929~1932년 침체장 때였다. 1932년 7월에 철도산업이 전체 주식시장에서 차지하는 시가총액 비중은 8.7%에 불과했다. 철도산업은 불과 20년 전만 해도 NYSE 거래량의 절반 이상을 점할 정도로 주식시장에 대한 영향력이 절대적이었다. 1932년 6월에 시가총액이 가장 큰 산업은 석유였다. 다만 가스 및 전력 지주회사와 운영회사의 시가총액을 합할 경우에는 이들이 전체 시장의 15%를 점하며 비중이 가장 컸다. 철도 외에 침체장에서 시가총액이 크게 줄어든 산업은 자동차 및 부품이었다. 자동차산업은 경기 변화에 덜 민감한 식음료와 담배, 통신, 가스 및 전력 등 방어산업보다 대공황 때 훨씬 더 큰 타격을 입었다. 1932년에는 주식시장에서 시가총액 상위 10대 산업이 전체

표2-12_1929년 9월의 산업별 시가총액과 비중

	시가총액 (백만 달러)	시장에서 차지하는 비중 (%)	기업의 수
철도 및 장비	12,778	14.25	186
석유	7,601	8.48	63
화학	7,112	7.93	72
자동차 및 부품	6,162	6.87	66
통신	5,315	5.93	13
유통	5,192	5.79	97
전자기기 제조	5,096	5.68	19
가스&전력 지주회사	5,045	5.63	34
가스&전력 운영회사	4,796	5.35	38
철강	4,403	4.91	47
식음료	4,178	4.66	86
광업 (철강 제외)	3,091	3.45	56
기계 및 금속	3,010	3.36	85
해외 사업체	2,861	3.19	41
금융	2,221	2.48	31
외국 기업들-캐나다 및 쿠바	1,951	2.18	32
담배	1,732	1.93	40
농업 기계	928	1.03	12
유흥	926	1.03	27
사업 및 사무용 기구	868	0.97	12
건설	813	0.91	25
제지 및 출판	805	0.90	26
항공	732	0.82	11
고무 및 타이어	507	0.57	18
각종 공공설비	376	0.42	37
섬유	357	0.40	39
소규모 사업	224	0.25	11
토지 및 부동산	186	0.21	8
가죽 및 신발	147	0.16	20
해운 서비스	87	0.10	7
의류 제조	85	0.09	13
조선	85	0.09	8
종합	89,670	100.00	1,280

자료: WSJ, 1929년 9월

주식시장의 77%를 차지했다. 이는 1929년의 71%에 비해 높아진 것으로 주식시장에서 10대 산업에 대한 집중도가 심해졌음을 나타낸다. 1932년에 주식시장을 지배했던 주요 산업은 가스 및 전력, 석유, 통신 등으로 전체 주식시장의 37%를 차지했다.

그렇다면 주식시장의 구조 변화 가운데 어느 정도까지를 기업의 경영활동이 아니라 주가 변동의 결과로 볼 수 있을까? 산업별 주가 움직임은 1926년 6월부터 상세하게 집계되기 시작됐기 때문에 1921~1929년까지 산업별 주가 변동의 영향을 완벽하게 파악하기는 어렵다. 다만 '번창하는 1920년대' 중에서도 가장 상승세가 두드러졌던 1926~1929년간 산업별 주가상승률은 살펴볼 수 있다. 1920년대 호황장이라고 하면 흔히 자동차산업이나 전기 방송기업인 RCARadio Corporation of America [1919년에 세워진 미국의 라디오 통신사로 1926년에 상업용 라디오 방송사로 NBC를 설립했고 1932년에는 축음기 시장에 진출하고 제2차 세계대전 후에는 가전제품까지 생산하기 시작했다. 1986년에 제너럴일렉트릭에 인수됐으며 1987년에 RCA의 가전부문은 프랑스의 톰슨에 매각됐다 – 옮긴이]를 떠올린다. 하지만 이 시대의 진짜 스타는 화학과 전기산업이었다.

이 기간 동안 미국 가계와 기업에 전기 보급이 확산되면서 전기기기 제조업체가 호황을 누릴 수 있는 여건이 마련됐다. 전기가 널리 보급되면서 전력산업이 크게 발전하며 전력 주식도 급등했다.

하지만 여기에는 적법하지 않은 금융기법이 동원됐다는 의혹이 있었으며, 결국 증시가 붕괴하는 과정에서 많은 전력지주회사가 파산했다. 이 가운데 미니애폴리스주의 전력지주회사 CEO인 윌리엄 포셰이William Foshay와 미들웨스트전력회사의 사무엘 인설은 형사고발까

표2-13_1932년 7월의 산업별 시가총액과 비중

	시가총액 (백만 달러)	시장에서 차지하는 비중 (%)	기업의 수
철도 및 장비	1,364	8.72	164
석유	1,698	10.86	56
화학	1,212	7.75	76
자동차 및 부품	668	4.27	69
통신	1,686	10.78	11
유통	850	5.44	103
전자기기 제조	371	2.37	16
가스&전력 지주회사	929	5.94	39
가스&전력 운영회사	1,492	9.54	31
철강	583	3.73	51
식음료	1,243	7.95	76
광업 (철강 제외)	360	2.30	55
기계 및 금속	390	2.49	92
해외 사업체	188	1.20	34
금융	432	2.76	48
외국 기업들-캐나다 및 쿠바	252	1.61	16
담배	856	5.47	35
농업 기계	159	1.02	11
유흥	51	0.33	21
사업 및 사무용 기구	107	0.68	11
건설	97	0.62	34
제지 및 출판	89	0.57	28
항공	58	0.37	10
고무 및 타이어	88	0.56	21
각종 공공설비	90	0.58	31
섬유	71	0.45	40
소규모 사업	42	0.27	11
토지 및 부동산	25	0.16	8
가죽 및 신발	162	1.04	20
해운 서비스	5	0.03	8
의류 제조	8	0.05	9
조선	9	0.06	9
종합	15,635	100.00	1,244

자료: WSJ, 1932년 7월
※주: 볼드체는 시가총액이 큰 10대 산업

베어마켓

표2-14_주요 산업의 주가 변동률: 1926년 6월~1929년 9월 (단위: %)

화학	+369
전기기기	+349
공공설비	+326
금융	+275
기업 설비	+264
맥주	+259
서비스	+223
철강	+180
자동차	+174
통신	+157
다우존스 지수	+149
식음료	+102
유통	+95
교통	+85
건설	+83
담배	+64
석유	+48
섬유	+15
의류	+42
석탄	+39
도매	(65)

자료: 케네스 R. 프렌치, '산업 포트폴리오 자료', 배당금을 재투자했을 때 총수익률

지 당해야 했다.

화학산업은 전반적인 경기호황의 영향으로 급성장했다. 하지만 1920년대 투자자들을 더욱 흥분하게 만든 것은 새로운 석유화학산업의 등장이었다. 셀로판은 1919년부터 상업적으로 사용되기 시작했으며, 듀폰이 1927년에 셀로판에 방수 물질을 코팅한 이후부터 용도가 급격히 늘어났다. 1920년대에 합성 메탄올과 합성 질산염도 상업적으로 생산되기 시작했다. 합성고무의 하나인 네오프렌이나 투명

아크릴 유리인 퍼스펙스, 폴리에틸렌, 나일론 등 다른 석유화학 발명품들은 1930년대 초에야 나왔지만, 석유화학제품이 상업적으로 성공할 것이란 막연한 전망만으로 화학기업들은 1920년대 하반기에 주가가 큰 폭으로 뛰어올랐다.

금융산업은 투자자들이 투자신탁 주식에 열광적인 반응을 보이면서 높은 수익률을 나타냈다. 수많은 투자신탁 주식들이 자산가치를 훨씬 웃도는 수준까지 올랐다. 특히 투자신탁은 자금을 투자받으면 수익이 더 높아졌기 때문에 호황장에서 투자신탁을 포함한 금융산업의 수익률이 높은 것은 당연했다.

1917~1919년 호황장에서 상승세를 주도했던 상품 주식은 1920년대 강세장에서는 수익률이 저조했다. 1920년대엔 물가상승률이 전반적으로 정체됐으며 대부분의 상품은 사실상 가격이 떨어졌기 때문이다. 1919~1921년 침체장에서 석유 주식을 팔지 않고 참았던 투자자들은 1920년대 호황장에서 별다른 보답을 받지 못했다. 석유 주식은 1920년대에 수익률이 가장 부진한 산업 중 하나였다.

표2-15는 1929~1932년 침체장에서 산업별 주가하락률을 정리·집계한 것이다. 이 기간 동안 생산자물가 지수는 33% 떨어졌다. 물가하락률을 감안하면 산업별 주가하락률은 대폭 둔화된다. 이 기간에 대부분의 기업들이 배당금 지급을 계속했다는 점도 긍정적이다. 다만 코울스재단이 집계한 결과, 배당금은 1929년부터 1932년까지 48% 감소했다.

1929~1932년 침체장에서는 공공설비나 식음료 같은 방어적 성격의 산업조차 투자자들에게 안식처가 되지 못했다. 이는 1929년 9월에

표2-15_주요 산업의 하락률: 1929년 9월~1932년 6월 (단위: %)

담배	38
통신	70
의류	75
석탄	74
석유	74
식음료	72
공공설비	82
화학	85
맥주	86
자동차	88
다우존스 지수	89
교통	90
금융	91
전기기기	91
철강	92
게임	93
도매	94

자료: 케니스 R. 프렌치, '산업 포트폴리오 자료', 배당금을 재투자했을 때 총수익률

모든 산업의 주가가 적정가치 이상으로 과도하게 올라 있었기 때문이기도 했지만 심각한 경기침체가 전력과 가공식품 같은 기본적인 산업마저 주가를 큰 폭으로 떨어뜨렸기 때문이기도 했다. 가공식품은 1920년대에 상대적으로 새로운 성장 분야였기 때문에 수요 감소의 여지가 컸다. 1929~1932년에 주식시장에서 투자자들에게 유일하게 안식처는 담배산업이었다. 담배는 이 기간 동안 원료 가격이 급락했지만 판매량이 늘어나면서 판매가격이 유지됐다.

1932년 채권시장

모일란 신부가 뭐래? 그는 은행가들이 뭘 하는지 말하지. 미국 돈을 유럽에 빌려주는 거야. 그들이 만약 미국 돈을 원래 있어야 할 곳인 미국에 놔뒀더라면 어떤 경기불황도 없었을 거야.

제임스 패럴, 《심판의 날》

1932년 6월 1일에 NYSE에는 액면가액이 총 521억 9,300만 달러에 달하는 1,587종의 채권이 거래되고 있었다. 하지만 거래 가격을 기준으로 한 총시장가치는 368억 5,600만 달러에 불과했다. 당시 NYSE에 상장된 채권들은 크게 미국 국채, 외국의 국가 또는 지방 정부 채권, 철도 채권, 공공설비 채권, 공업 채권, 외국 기업 채권 등으로 나눌 수 있었으며, 시장가치를 기준으로 차지하는 비중은 다음과 같았다.

표2-16_1932년 6월 1일 기준 NYSE 상장 채권들의 종류와 비중

	비중 (%)	시장가치 (백만 달러)
미국 국채	40.5	14,929
외국 정부 채권	30.5	11,242
철도 채권	13.4	4,953
공공설비 채권	7.7	2,811
공업 채권	4.9	1,812
외국 기업 채권	3.0	1,109
합계	100	36,856

자료: WSJ, 1932년 7월 11일

미국 정부가 발행하는 국채는 11종에 불과했지만 시장가치로는 NYSE에 상장된 채권의 상당 부분을 차지했다. 당시 채권시장의 일평균 거래 액수는 약 1,000만 달러였는데, 이 중 40%가량을 미국 국채가 차지했다. 일평균 거래액수의 나머지 60%, 즉 약 600만 달러를 나머지 1,576종의 채권이 점했다. 채권이 반등을 시작하기 약 한 달 전인 1932년 5월에는 한 달 총거래액수가 1억 6,900만 달러로 1918년 이후 5월 중에서는 가장 적었다. 채권 가격은 주식처럼 급격하게 떨어지진 않았다. NYSE 상장 채권의 총시장가치는 주식시장이 정점이었던 1929년 9월에 467억 4,100만 달러에서 침체장이 바닥을 형성할 때까지 21% 감소하는 데 그쳤다. 채권의 총시장가치가 이처럼 완만하게 감소한 것은 침체장에서 미국 국채 가격이 견고하게 버텼기 때문이었다. 미국 국채를 제외한 다른 종류의 국채는 상당히 큰 폭으로 가격이 하락했다. 1929년 9월 1일에 NYSE에는 미국 국채를 제외하고 총 1,543종의 채권이 거래되고 있었으며 시장가치는 대략 338억 900만 달러였다. 1932년 6월 1일에는 미국 국채를 제외한 채권의 총가짓수가 1,574개로 늘었으나 시장가치는 219억 2,700만 달러로 대폭 줄었다. 이처럼 큰 폭의 가격하락은 물가하락으로 인해 기업들의 재정 상태가 크게 악화됐기 때문이었다. 하지만 기나긴 경기위축 때 오히려 재정 상태가 크게 강화된 기업들도 많았다. 공공설비 회사인 아메리칸슈퍼파워는 1932년 당시 '투기 종목'으로 분류됐지만 지금 관점에서 보면 재정 상태가 매우 건전했다.

아메리칸슈퍼파워 보통주가 투기 종목인 것은 분명하다. 하지만 상당히 길어질 수도 있는 기간 동안 수익을 기대하지 않고 기다릴 준비가 되어 있다면 투자를 고려해 볼 만한 매력도 있다. 이 회사는 장기 채무가 전혀 없는 반면 1931년 말 기준으로 보유하고 있는 미국 국채의 가치만 2,665만 달러가 넘는다.

WSJ, 1932년 6월 9일

이처럼 재정 상태가 건실한 기업들조차 경기 악화로 인해 회사채의 가치가 급락했다. 표2-17은 1929년 9월과 1932년 6월의 주요 채권의 수익률을 정리한 것으로 침체장에서 채권시장의 변화를 가늠할 수 있게 해준다.

이 기간 동안 채권의 시장가치가 그나마 완만하게 감소할 수 있었던 것은 국채 가격이 전반적으로 큰 변동 없이 유지됐기 때문이었다. 재무부가 침체장이 시작되고 3년 만에 처음으로 1931년에 세 종류의 국채 220억 달러를 발행한 것도 채권시장을 지탱하는 역할을 했다. 가격이 하락할 때, 즉 디플레이션일 때는 통상 국채 가격이 오르는 경향이 있으며, 당시에도 최소한 침체장 초기에는 국채가 상승하는 현상이 나타났다. 국채 강세는 1929년 9월부터 제2차 은행위기가 발생했던 1931년 6월까지 계속됐다. 제2차 은행위기 당시 국채수익률은 3.13%

표2-17_주요 채권의 수익률: 1929년 9월과 1932년 6월   (단위: %)

	국채	공업	철도	공공설비
1929년 9월	3.70	4.10	5.38	5.16
1932년 6월	3.76	6.80	9.14	7.21

자료: Fed, 은행 및 통화 통계

까지 떨어졌다(국채수익률 하락은 국채 가격의 상승을 의미한다). 1931년 말에 자산가치가 추가 하락하며 또다시 공황이 나타나자 국채 가격조차 떨어지기 시작했다. 하지만 1929년 9월부터 1932년 6월까지 침체장 전체를 봤을 때 국채 가격은 전반적으로 큰 변화가 없었다.

다른 종류의 채권은 이와 아주 다른 양상을 보였다. 침체장 초기에는 채권 가격이 상승하며 평범한 모습을 나타냈다. 1929년 9월부터 채권 가격이 최고로 뛰어올랐던 1930년 9월까지 공업기업의 회사채 수익률은 2.5%포인트나 하락했다. 하지만 1930년 9월 제1차 은행위기가 발생한 이후 공업기업의 채권 가격이 급락하면서 모든 상황이 변했다. 공업기업의 채권 가격은 1930년 12월 초에 이미 1929년 9월 수준을 밑돌았다.

1929년 9월부터 1930년 9월까지 강세와 이후의 급락세는 철도 채권과 공공설비 채권에서도 똑같은 양상으로 나타났다. 1929년 10월

표2-18_월간 미국 국채 수익률: 1929년 1월~1933년 1월

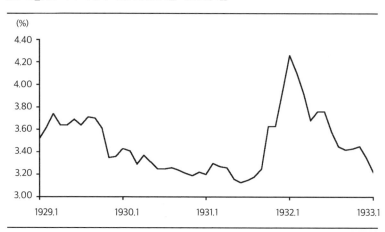

표2-19_BAA 등급 회사채의 수익률: 1929년 1월~1933년 1월

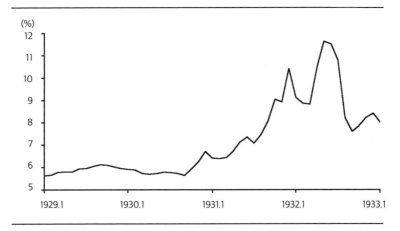

자료: Fed, 은행 및 통화 통계

주가 붕괴 후 11개월간 회사채 가격이 올랐다는 점은 널리 알려진 것과 달리 주가 폭락 그 자체가 장기간의 경기 불황을 야기하는 데 주도적인 역할을 하지 않았다는 또 다른 증거가 된다.

채권 가격이 하락하긴 했지만 시장이 바닥을 쳤을 때조차도 주식보다는 상황이 좋았다. 투자신탁 매니저들도 채권에 훨씬 더 많은 자금을 투자하고 있었다. 이는 〈WSJ〉 1932년 7월 11일자 기사에서 확인할 수 있다.

피델리티펀드의 매니저인 앤더슨과 크롬웰은 6월 30일 현재 투자자산이 다음과 같이 구성돼 있다고 보고했다. 채권 65%, 주식 28.6%, 현금, 이자 등 6.4%.

외국 정부의 채권에 대해서는 또 다른 분석이 필요하다. 1932년

6월에 외국 정부 채권의 시장가치는 미국 회사채를 앞섰다. 이는 오늘날의 투자자들에게는 다소 놀라울 것이다. 미국 회사채가 NYSE에 더 많이 상장돼 있긴 했지만 외국 정부 채권은 발행 규모가 미국 회사채보다 컸다. 영국이 1920년대에도 여전히 제1차 세계대전의 후유증에 시달리고 있는 동안 미국은 전 세계 자본 공급의 중심지가 되어 있었다. 이는 NYSE에 상장해 자본을 조달받는 외국 정부의 숫자가 급격하게 늘었다는 사실에서 알 수 있다. 1926년 1월 말 NYSE에는 총 116종, 30억 2,400만 달러의 외국 정부 채권이 거래되고 있었다. 주식시장이 최고점에 올랐던 1929년 9월에는 외국 정부 채권이 202종, 160억 1,200만 달러로 늘어나 NYSE에서 거래되는 전체 채권 시장가치의 3분의 1을 점했다. 영국이나 프랑스, 캐나다 등 주요 국가의 국채는 물론 바이에른, 볼리비아, 보르도, 브리즈번, 부다페스트, 코스타리카, 쿠바, 아이티, 뉘른베르크, 오슬로, 파나마, 로테르담, 바르샤바, 빈, 요코하마 등 작은 국가나 도시의 채권까지 NYSE에서 거래됐다. 1932년 6월 1일에 NYSE에 상장된 외국 정부 채권의 총시장가치는 112억 4,200만 달러로 1929년 9월에 비해 30%가 급락했다. 다만 외국 정부 채권의 종류는 214개로 1929년 9월보다 소폭 늘었다. 1929년 시장 고점과 1932년 저점을 나란히 놓고 보면 외국 정부 채권의 수익 범위를 가늠해볼 수 있다.

표2-20에서 알 수 있듯, 디플레이션으로 대다수 국가와 지방 정부의 채권 가격이 급락했다. 이들 정부는 처음에는 금본위제를 유지하면서 채권 이자와 원금을 상환하려 노력했다. 하지만 이를 위해서는 국가 내부적으로 물가가 떨어져야 하는데 실업률이 치솟고 금융 시

표2-20_NYSE에 상장된 외국 정부 채권의 1929년 9월 3일과 1932년 저점 가격

	1929년 9월 3일	1932년 저점
호주 대외 5s	94 3/8	46 1/2
호주 4 1/2s	85 1/2	41
볼리비아 대외 7s	84 1/2	2
보르도 6s	100	98 1/4
브라질 6 1/2s	88 1/8	14
브리즈번 5s	90	32
캐나다 4 1/2s	97 1/4	86
캐나다 5s	101 1/8	87
컬럼비아 6s	77 7/8	13 1/2
덴마크 대외 6s	103 1/4	47 1/8
핀란드 대외 6 1/2s	85	40
프랑스 대외 7's	109	109
독일 대외 7's	105 1/4	41 1/4
이탈리아 대외 7s	95 3/8	82 1/2
일본 대외 6 1/2s	100	52 1/2
밀라노 6 1/2s	84 1/2	57 1/8
뉴 사우스 웨일스	92	30 1/2
노르웨이 5s	94 1/8	63 1/4
뉘른베르크	83	15
폴란드 대외 5s	94 3/8	43 1/2
로마 6 1/2s	86 1/2	62
상파울루 6s	83 1/8	7
스웨덴 대외 5 1/2s	103 1/4	75
도쿄 대외 5 1/2s	84 1/2	36
영국 5 1/2s	102	90
요코하마	91	40

자료: WSJ

스템이 붕괴되거나 거의 붕괴 직전에 몰리자 이 같은 디플레이션을 점점 더 수용하기 어려워졌다. 1932년에는 미국이 금본위제를 고수하고 있는 상황에서 자국의 금본위제를 유지하기 위해 자국 통화의 가치를 더 떨어뜨려야 하는 국가들이 점점 더 늘어갔다. 이 가운데는 볼리비아, 불가리아, 캐나다, 체코슬로바키아, 덴마크, 이집트, 에스토니아, 핀란드, 독일, 그리스, 헝가리, 인도, 일본, 멕시코, 뉴질랜드, 니카라과, 노르웨이, 포르투갈, 살바도르, 스웨덴, 영국, 베네수엘라, 유고슬라비아 등이 있었다.

각국 정부는 금 대비 자국 통화의 가치를 더 떨어뜨릴 수 있는 여지가 점점 줄어들었고 달러화로 발행한 채권의 원리금을 갚아나갈 수 있는 능력도 급격히 감소했다. 이 시기에 가장 성과가 좋았던 외국 채권은 프랑스 국채였다. 프랑스는 1928년에 자국 통화를 평가절하하지 않고 금본위제로 복귀했으며, 1936년까지 금본위제를 고수했다. 물론 금본위제를 포기한 국가의 채권 가격이 반드시 폭락한 것은 아니었다. 영국과 캐나다는 1932년에 금본위제를 폐지했지만 재정 상황과 통화 정책이 건전했기 때문에 채권 가격은 1936년까지 금본위제를 고수했던 이탈리아보다도 높았다.

침체장 바닥에서: 1932년 여름

최근 백악관을 방문했을 때 공직사회에도 똑같은 희망이 만연해 있다
는 것을 발견했다. 그래서 나는 지금 우리 모두가 해야 할 일은 우리 대
통령을 지지하고 끌어올려 다음 번영의 시대를 향해 나아가야 한다는
것이라는 결론을 내렸다.

제임스 패럴, 《심판의 날》

1932년 여름, 주식시장은 수렁에 빠진 것처럼 보였다. 하지만 우리는
당시 상황을 따지기에 앞서 주식투자자들이 '장기투자'라 부르는 전
략에 대해 먼저 살펴볼 필요가 있다.

1932년은 20세기 들어 나타났던 다른 큰 침체장 바닥과 여러 가지
측면에서 달랐다. 가장 중요한 차이점은 증시가 고평가된 상태에서
저평가 상태로 내려갈 때까지 걸린 시간이었다.

앞에서도 이미 살펴봤듯이 1921년에 주가는 매우 싼 상태였다. 기
본적으로는 미국의 경제와 기업의 이익이 성장하는 동안 주가는 사실
상 오르지 못하고 등락만 반복했기 때문이었다. 1919~1921년 침체장

직전 다우존스 지수 고점은 119.6이었다. 미국 경제는 1919~1921년 침체장 이전에 20년간 호황을 누렸지만 다우존스 지수는 1909년 11월에 100.5였다는 점, 또는 이미 1906년 1월 초에 102.7까지 오른 적이 있었다는 점을 감안하면 거의 오르지 못한 것이나 마찬가지였다. 하지만 1929~1932년 침체장 이전에는 상황이 많이 달랐다. 다우존스 지수는 1929년 9월 3일 381.2로 최고점을 기록했는데, 이는 1921년 저점에 비해 거의 500%나 오른 것이었다. 주가가 급격하게 오르긴 했지만 폭락으로 고평가된 주식들이 저평가로 떨어지기까지는 채 3년도 걸리지 않았다.

1921년까지 20년 이상 미국 경제는 큰 성장세를 누렸지만 다우존스 지수는 1921년에 사실상 20여 년 전과 큰 차이 없는 수준이었다. 이를 통해 미국 경제가 큰 진전을 이룬 동안 증시는 변동성이 컸지만 결국엔 뚜렷한 상승세를 보여주지 못했다는 사실을 알 수 있었다. 하지만 장기간의 강세장의 절정인 1929년에는 상황이 많이 달랐다. 다우존스 지수는 이전 강세장인 1919년 11월 고점에 비해 거의 220%가량 올라 있었다. 이 같은 주가상승으로 인해 1929~1932년은 증시의 저평가를 한층 심화시킨 최악의 폭락세로 기억된다. 1920년대 증시는 매우 낮은 수준에서 거듭해서 올라갔다. 그런 뒤 1920년대 말과 1930년대 초에 급격하게 고평가에서 저평가 상태로 굴러 떨어졌다. 앞으로 살펴보겠지만 이 같은 극적인 밸류에이션, 즉 주식에 대한 밸류에이션의 변화는 이 책에서 분석할 나머지 침체장과 뚜렷한 대조를 이룬다. 다른 침체장은 증시가 서서히 달아올라 정점을 친 뒤에 밸류에이션이 느리게 떨어지다 결정적인 급락세를 맞는 형태로 나타났다.

1929~1932년 침체장은 투자자들의 뇌리에 엄청난 사건으로 너무나 깊이 각인돼 있기 때문에 지금까지도 모든 침체장의 전형처럼 여겨진다. 그러나 주식의 실질가치 변화라는 측면에서 보면 1929~1932년 침체장의 모습은 오히려 매우 이례적이라 할 수 있다.

1920년대 강세장을 이끈 핵심동력은 주식투자자들이 마침내 미국의 경제성장에 완전하게 참여하기 시작했다는 데 있다. 표2-21은 1921년의 침체장 막바지에서부터 1929년의 강세장 막바지까지의 기간 동안 미국의 경제성장 지표를 보여준다.

명목 GDP는 1920년대의 심각한 디플레이션을 단적으로 보여준다. 실질 GDP는 이 기간 동안 43% 늘었지만 명목 GDP는 20% 증가하는 데 그쳤다. 이 같은 물가하락은 주로 1921년 상품가격 급락 탓이다. 하지만 1929년의 GDP 디플레이터(명목 GDP/실질 GDP ×100)는 심지어 1921년 말에 비해서도 소폭 낮다. 표2-21에서 알 수 있듯 이 기간은 아마도 농업을 제외하면, 다른 경제 부문의 성장률은 특히 높았다. 하지만 표2-21에 제시된 어떤 경제 지표도 주식시장만큼 빠르게 성장하지는 못했다. 이는 경제성장이 주가상승으로 이어지지 못했던 1920년 이전까지 10년의 기간과 비교해 두드러진 차이점이다. 전반적인 경제성장률과 주가 사이의 관계가 이처럼 갑작스럽게 바뀐

표2-21_1920년부터 1929년 말까지 미국의 경제적 변화

	1920년	1929년
인구 (백만 명)	107	122
연간 이민자 수	430,001	279,678
평균수명 (나이)	54.1	57.1

의사 수	114,977	152,503
시간당 평균 임금 (제조업)	56c	57c
총노조 가입자 수	5,034,000	3,625,000
생산자물가 지수	154.4	95.3
명목 GDP (십억 달러)	87	104
실질 GDP (2000년 달러 가치 기준 10억 달러)	607	865
학교 등록자 수 (천 명)	23,277	27,810
농장 수 (천 개)	6,518	6,512
농장의 가축 수 (천 마리)	66,640	58,877
총광물 생산량 가치 (백만 달러)	6,084	4,908
광물 생산량 지수	51	73
원유 생산량 (천 배럴)	442,929	1,007,323
신규로 허가된 건축의 가치 (지수)	88	187
착공 주택수 (천 가구)	247	509
담배 생산량 (백만 개)	48,091	122,822
철강 생산량 (천 영국 톤)	42,132	56,433
철도 운행거리 (마일)	406,580	429,054
자동차 등록대수 (천 대)	9,239	26,704
전화기 보급대수 (천 대)	13,329	20,068
중앙 발전소 전력 생산량(백만 킬로와트시 (Kwh))	56,559	116,747
수출금액 (백만 달러)	8,664	5,441
수입금액 (백만 달러)	5,784	4,755
상품 및 서비스 수지 (백만 달러)	3,523	1,148
국내 민간부문의 1인당 1시간 실질 총생산 (1929=100)	78	100
은행 총 자산 (백만 달러)	53,094	72,315
은행 예금 및 현금 총액 (백만 달러)	39,555	54,790
NYSE 연간 주식 거래량 (백만 주)	227	1,215
생명보험 유효 계약액수 (백만 달러)	40,540	102,086
연방정부 지출 (백만 달러)	6,403	3,298
연간정부 공공 부채 (백만 달러)	24,299	16,931
현역 군인 수	343,302	255,031

자료: 미국 조사통계국

이유를 어떻게 설명할 수 있을까? 기업의 이익증가율이 경제성장률을 앞섰기 때문에 1921년 8월부터 1929년 9월까지 다우존스 지수가 거의 500%나 급등할 수 있었던 것일까? 주가상승의 어느 정도까지가 주식에 대한 밸류에이션이 높아진 결과일까?

이 기간의 기업이익 증가율은 코울스재단이 집계한 자료가 가장 믿을 만하다. 1920년대의 기업이익 증가율은 1921년에 경기침체로 기업이익이 급감했기 때문에 어느 해가 기점이 되느냐가 매우 중요하다. 표2-22는 1916년부터 1929년까지 기업이익이 얼마나 요동을 쳤는지를 지수로 보여주고 있으며, 또한 1920년대 상장기업들의 이익증가율을 구하기가 얼마나 어려운지를 보여준다. 전쟁으로 얻은

표2-22_S&P500 지수의 기업이익 지수 (1929년의 지수 = 100)

1916년	95
1917년	80
1918년	62
1919년	58
1920년	50
1921년	18
1922년	43
1923년	61
1924년	58
1925년	78
1926년	77
1927년	69
1928년	88
1929년	100

자료: 로버트 쉴러, 시장 변동성

이익이 많았던 1916년이나 물가하락이 극심했던 1921년을 기점으로 삼아 1929년의 이익과 비교하는 것은 확실히 적절치 않다. 이 책에서는 이런 문제를 해결하기 위해 상장기업들의 잠재적인 이익 창출 능력을 보여주는 지표로서, 경기순환 조정 이익을 사용했다. 경기순환 조정 이익이란, 로버트 쉴러 교수가 저서 《비이성적 과열》에서 추천한 방식으로, 주어진 해까지 10년간의 평균 이익을 말한다.

즉 주어진 특정한 해의 기업이익이 아니라 그해까지 10년간의 평균 이익을 뜻하는 것이다. 이 같은 방식이 특정 해의 급격한 이익 변동에 따른 영향력을 줄여주긴 하지만 전쟁 호황으로 기업들이 예외적으로 높은 이익을 냈던 1915~1917년의 3년 때문에 여전히 평균적인 이익을 구하기는 쉽지 않다. 전쟁 기간의 높은 이익 탓에 1921년의 10년 평균 이익조차 큰 폭으로 부풀려진다. 이 결과 1921년부터 1929년까지 경기순환 조정 이익은 불과 11%밖에 증가하지 않은 것으로 나온다. 좀 더 주관적이긴 하지만, 더 단순하게 이익증가율을 구하는 방법은 경기침체 이후 경기가 회복되던 시기인 1922~1923년부터 1929년 증시 고점 때까지 이익 증가율을 계산하는 것이다. 이런 관점으로 표2-22를 보면 상장기업들의 이익은 1920년대 강세장에서 어림잡아 대략 2배가량 증가했다고 말할 수 있다. 중요한 것은 1920~1929년에는 상장기업의 이익증가율이 경제성장률을 앞섰다는 점이다. 이는 경제 규모가 기업의 이익보다 더 빠르게 늘었던 1871~1921년과 비교해 두드러지게 다른 점이다. 1920~1929년까지 경제 규모는 43% 늘었지만 기업이익은 대략 2배가 증가했다. 하지만 주가는 220%가 폭등해 이전 고점을 뛰어넘었다. 1921년 8월 저점을 기준으로 하면 주가는 거의 5배가 뛰었다. 1920년대는 주식 시장의 새로운 시대를 예고했다.

상장기업들의 이익증가율은 경제성장률을 추월했으며 이를 토대로 주식에 대한 밸류에이션이 올라갔다. 주주들이 미국의 경제적 부흥에 직접적으로 참여할 수 있다는 증거들이 나타났으며, 이것만으로도 주식의 밸류에이션이 큰 폭으로 올라가는 것이 당연해 보였다.

경제성장에 투자자들이 직접 참여해 이익을 누릴 수 있을 것이라는 믿음이 확산되면서 주식의 밸류에이션은 극도로 올라갔다. 이 책에서는 주식의 밸류에이션을 CAPE 비율과 Q비율로 평가한다. 주기적 조정을 위해 10년 이동평균 이익으로 계산하면, S&P500 지수의 PER은 1921년 8월 7.4배에서 1929년 9월 증시 고점 때는 31.6배로 급등했다. 1881년 1월부터 1929년 9월까지 CAPE 비율은 15.3배에 불과하며 1901년 6월 증시 고점 때도 26.5배 수준이었다.

Q비율

Q비율의 의미는 기본적으로 단순하다. 비율은 기업의 가치에 대한 서로 다른 2가지 평가를 비교한다. 첫 번째는 주식투자자들이 기업의 주식에 지불하고자 하는 값이고 두 번째는 기업의 기본적인 가치다. 주식시장 전체의 기본 가치란 상장된 모든 기업들의 자산을 지금 당장 대체하려 할 때 드는 비용을 말한다. 상장기업들을 모두 없앤 뒤 오늘 다시 똑같이 만들어야 한다면 어느 정도의 비용이 드는지 계산해서 나온 결과가 기본 가치다. 기본 가치를 계산하려면 상장기업들을 다시 만드는 데 드는 비용이 얼마인지 산출해야 한다. 이렇게 따져보면 상장기업들의 총기본 가치는 토지와 공장 등 실물자산과 예금 등 금융자산에서 부채를 뺀 나머지가 된다. 기본 가치는 순자산 가치와 비슷한 개념이다. 따라서 비율이란 기업의 순자산 가치와 주식시장에서 형성된 기업의 주가를 비교해 구할 수 있다.

앤드류 스미더스&스티븐 라이트, 《월스트리트 평가하기》

표2-23_S&P500 지수의 PER (경기순환 조정 이익으로 계산)

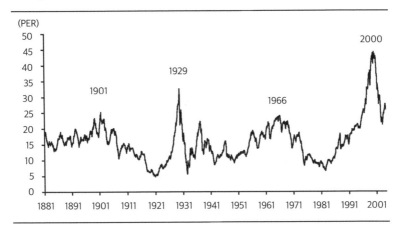

자료: www.econ.yale.edu/~shiller/data.htm

　1929년의 주식 밸류에이션은 기업의 이익증가율과 관련해 '새 시대'가 펼쳐졌음을 보여주고 있다. Q비율도 1929년까지 밸류에이션이 극단적으로 높아졌음을 나타낸다. Q비율은 매년 말 기준으로만 구할 수 있으며 1929년 12월 31일에는 이미 주가가 상당폭 급락했기 때문에 여기에 소개한 Q비율은 1929년 9월 고점의 밸류에이션을 의미하지 않는다. 그럼에도 불구하고 1929년 말의 Q비율은 이전 Q비율 고점인 1905년에 비해 20%가 높고 1900~1929년까지 평균 Q비율에 비해서는 80%나 높다.

　1929~1932년 침체장 직전에 주식은 매우 비쌌으며 이는 1919년 상황과 매우 다른 모습을 보여준다.

　1919~1921년 침체장의 출발점인 1919년 11월 증시 고점 때 CAPE 비율은 1881~1919년 평균보다도 33%나 낮은 10.6배에 불과했다. 앞으로 3부와 4부에서 살펴보겠지만, 1919~1921년 상황처

럼 밸류에이션이 서서히 낮아지다 막판에 급락으로 마무리되는 침체장이 고평가 상태에서 저평가 상태로 급격하게 떨어지는 침체장보다 더 일반적이다. 하지만 사람들의 기억 속에는 증시가 저평가 상태로 급격하게 추락했던 1929~1932년이 침체장의 전형처럼 각인돼 있다. 증시가 급락한 뒤에는 주가가 기업의 가치에 비해 싸진다는 경험치도 어느 정도는 이때 영향으로 생겼다. 그러나 1921년은 물론 앞으로 살펴볼 1949년과 1982년의 침체장은 1932년과 달랐다. 1921년의 예처럼 10년 이상에 걸쳐 서서히 고평가에서 저평가 상태로 내려가는 침체장이 훨씬 더 보편적이다. 1929~1932년처럼 단 3년간의 폭락으로 주가가 비싼 수준에서 매우 싼 상태로 떨어지는 침체장은 매우 예외적일 뿐이다.

1929년 9월부터 1932년 7월까지 계속된 침체장의 원인이 밸류에이션 하락만은 아니었다. 이 기간 동안 다우존스 지수는 89%가 하락했는데 기업의 이익이 큰 폭으로 줄어든 것도 이 같은 주가폭락에 중요한 영향을 미쳤다. S&P500 지수에 포함된 기업들의 이익은 1929년 9월부터 1932년 7월까지 68%가 줄었다. 밸류에이션 하락과 이익 감소로 인해 1932년 7월 8일에 다우존스 지수는 1896년 5월 26일 처음 발표했을 때 기록했던 40.9를 조금 웃도는 수준에 불과한 41.2까지 내려갔다. S&P500 지수에 포함된 기업들이 1932년 7월에 발표한 이익은 실질 기준으로는 1873년 10월에 발표했던 이익보다 더 적었고 명목 기준으로는 1880년 12월 수준으로 내려가 있었다.

기업들의 이익 감소폭은 전반적인 경제활동의 위축 정도를 넘어섰다. 명목 GDP는 1917년 수준으로, 실질 GDP는 1922년 수준으로 줄었는데 이는 1929년 대비 각각 43%와 26%가 감소한 것이었다. 1929~1932년의 침체장은 밸류에이션이 거의 사상 최고 수준까지 치솟은 상황에서 기업의 이익이 경기위축 정도 이상으로 급감하자 주가가 급락하면서 나타난 것이라고 요약할 수 있다. 이런 상황에서 1932년 여름에 투자자들에게 가장 중요했던 것은 주가가 이제 '적정가치' 밑으로 떨어졌는지 판단하는 일이었다.

1932년 여름에 상장기업들의 이익은 1880년 수준으로 줄어 있었기 때문에 기업의 이익만으로 시장의 가치를 평가하는 것은 적절치 않았다. 가장 큰 문제는 정상적인 상황에서 기업의 이익이 평균적으로 어느 정도인지 정확히 파악하는 것인데, 이는 당시 상황에서 쉽지가 않았다. 일부 투자자들은 루스벨트 행정부의 좌파 정책으로 인해 기업들의 수익성이 구조적으로 줄어들 것이란 전망을 내놓았다. 루스벨트 대통령은 민주당 대통령 후보로 지명되기도 전인 1932년 5월에 이미 앞으로는 자본 투자로 얻는 수익률이 노동 투입으로 얻는 수익률보다 낮아야 한다고 말했다. 이 때문에 기업들의 과거 수익성을 기준으로 미래의 이익을 가늠할 수 없다는 주장도 제기됐다. 상장기업들의 이익이 1929년부터 1932년까지 68%나 줄어든 것은 앞으로 기업들의 수익성이 대폭 낮아지는 새로운 시대가 도래할 것이라는 예고였을까?

기업들의 근본적인 수익성과 관련해 이 같은 혼란이 있었기 때문에 1932년 7월 침체장 바닥에서는 주식의 가치를 평가하는 밸류에이션에 필요한 변수들 사이에 차이가 심하게 났다.

상장기업들의 이익은 1880년 수준으로 줄었지만 그 정도의 이익 수준에서도 1932년 7월에 PER은 10.2배로, 1871~1932년의 월간 평균보다 26%나 낮았다.

하지만 12개월 내에 증시의 PER은 26.3배로 높아졌다. PER이 이보다 더 높았던 적은 1894년 12월에 꼭 한 달뿐이었으며, 이후 1998년 3월이 되어서야 이 수준까지 올라갔다. 이 시기는 지금까지도 12개월 내에 가장 급격하게 PER이 변했던 기간으로 남아 있다. 1933년에 PER이 이처럼 급격하게 높아졌던 것은 지수가 상승한 반면 기업이익은 1932년 7월 증시 바닥 때보다도 13%가 줄었기 때문이었다.

1933년에 PER이 매우 높았다고 해서 주가 역시 비쌌을 것이라고 생각하기 쉽지만 당시 주가는 매우 싼 수준이었다. 마찬가지로 기업이익이 1881년에 처음 도달했던 수준으로 급감했다고 해서 1932년 7월에 PER이 10.2배가 비싸다고 생각한다면 잘못이다. 루스벨트 대통령의 '뉴딜' 정책이 미국 기업들의 이익 창출 능력을 영구히 위축시킬 것이라는 생각은 오직 골수 공화당 지지파들만이 할 수 있었다. 1932년 7월부터 1933년까지 PER은 거의 사상 최고 수준까지 올라가고 있었지만 이처럼 겉으로 드러난 PER은 주식이 가진 가치를 제대로 보여주지 못했다. 상장기업들이 당시 발표한 이익을 기준으로 하면, 1932년 7월의 PER은 그때까지 장기간의 평균 PER에 비해 26% 저평가됐을 뿐이다. 하지만 경기순환 조정 이익을 기준으로 하면 어떤 이익으로 계산하든 당시 주가는 적정가치를 크게 밑돈다.

1932년까지 10년간 평균 이익으로 계산하면 그해 7월의 PER은 1881~1932년 평균보다 거의 70%가 낮다. Q비율로 평가해봐도 당시 주가는 매우 쌌다. 1932년 7월 증시의 바닥에서 Q비율은 아마 0.3배도 안 됐을 것이다. 1921년 8월처럼 주식은 그 기업의 자산을 모두 대체할 때 드는 비용의 30%도 안 되는 수준에서 거래되고 있었다.

1932년 여름에 투자자들에게 좋은 소식은 루스벨트 대통령이 미국의 자본주의를 망칠 것이라고 생각하지만 않는다면 주식이 매우 저렴한 수준이었다는 점이다. 반면 나쁜 소식은 CAPE 비율은 이미 1931년 중반부터 장기간의 평균 PER보다 낮았다는 점이다. 그리고 1931년 중반부터 다우존스 지수는 거의 70%가 폭락했다.

주가는 순자산가치를 고려할 때 한계선으로 여겨졌던 수준까지 모두 깨고 추락했다. 당시 〈WSJ〉에는 다우존스 지수에 포함된 30개 기업 중 21개 기업의 주가순자산비율PBR과 주가운전자본비율을 1932년 5월 18일과 1921년 침체장 바닥 때와 비교한 수치가 게재돼 있어 많은 도움이 된다. PBR은 주가를 순자산가치로 나눈 비율이고 주가운전자본비율은 주가를 운전자본으로 나눈 비율이다.

표2-24에서 21개 기업의 PBR을 단순 평균하면 1932년이 0.66배로 1921년의 0.82배보다 낮다. 물론 5월 18일은 침체장 바닥이 아니었으며 다우존스 지수는 이때부터 바닥 때까지 22%가 더 떨어졌고 다우존스 지수의 PBR은 0.52배 부근까지 내려갔다.

1921년 저점 때 PBR 0.82가 1932년에도 PBR의 바닥일 것이라고 생각했던 투자자라면 그때부터 진짜 바닥 때까지 주가가 27% 더 하락하는 것을 지켜봐야 했다.

주식 가치에 대한 투자자들의 인식이 이처럼 급변한 것은 아마도 강

표2-24_다우존스 지수 주요 기업의 순자산가치와 운전자본가치 대비 주가의 비율　(단위: %)

	순자산가치 대비 주가 비율		운전자본가치 대비 주가 비율	
	1932년	1921년	1932년	1921년
얼라이드케미컬	56	61	114	425
아메리칸캔	61	12	-	-
아메리카스멜팅	15	22	-	-
베들레헴스틸	9	16	-	-
이스트만코닥	67	144	158	151
제너럴일렉트릭	100	73	252	150
제너럴모터스	60	81	512	-
굿이어	33	108	-	-
인터내셔널하베스터	26	41	47	69
인터내셔널니켈	48	37	-	804
리겟&마이어스	123	242	138	922
맥터스	19	85	34	708
시어스로벅	39	75	80	140
캘리포니아스탠더드오일	39	115	273	728
뉴저지스탠더드오일	41	71	508	238
텍사스코퍼레이션	256	77	263	203
텍사스만유황	126	124	269	206
유니온카바이드	68	82	275	241
US스틸	13	28	-	-
웨스팅하우스일렉트릭	25	51	58	122
울워스	154	184	507	583

자료: WSJ, 1932년 5월 19일
※주: 무형자산을 제외한 순자산가치와 유동부채의 액면가를 제외한 운전자본의 가치 대비 주가의 비율

세장 고점 때 주식 가치에 의심스러운 부분이 있었기 때문일 것이다.

　주가가 치솟았던 강세장 때 기업에 대한 정확한 정보는 부족했다. 투자
자들은 그저 막연하게 주식에 뭔가 있을 것이라고 믿었고 이 결과 주식

에는 '미지'의 가치가 붙게 됐다. 오랫동안 침체기를 겪으며 주식의 가치를 고려할 때 이러한 '미지'의 가치는 상당 부분 사라지게 됐다.

WSJ, 1932년 6월 15일

투자자들은 1929년 늦여름에는 주식에 '미지'의 가치까지 붙여 높게 거래했으나 1932년 여름에는 반대로 주식의 가치를 경질자산[기업이 장기적으로 보유하는 상업적 부동산과 오일, 천연가스, 금 농지 등 내재가치가 있는 물리적 자산-옮긴이]의 50%정도로밖에 평가하지 않았다.

호재와 침체장

"알겠어. 좋다고. 시간이 지나면 나아질 거야. 이건 단순한 추측이 아냐."
"후버에게 그에 대해 전보를 보내 비밀을 알게 해."
스터드가 말했다.

제임스 패럴,《심판의 날》

1932년 여름, 금융 시스템에 대한 신뢰가 완전히 무너졌다. 주식시장도 마찬가지였다. 영화배우 찰리 채플린이 세계 순회공연을 마치고 돌아와 기자회견에서 다음과 같이 말했을 때 웃을 수 있었던 사람은 별로 없었을 것이다.

"나는 내가 꽤 유명한 코미디언이라고 생각했는데 세계 금융시장을 둘러보고 나니 금융가들이 코미디언인 것처럼 나 역시 상당한 경제학자가 될 수 있다는 생각이 들었다." (WSJ, 1932년 6월 15일)

미국의 전반적인 분위기를 요약하듯 1932년 5월 12일 〈WSJ〉 머리기사 제목은 '활력이 문을 닫았다Inspiration Shuts Down'였다. 하지만 이 기사는 당시의 전반적인 침체 상황을 전달하는 내용은 아니었다. 그저 '인스피레이션카퍼'란 회사가 아리조나주에 있는 광산 하나를 폐쇄했다는 내용이었다. 여전히 경기순환에 따른 반등을 기다리는 사람들이 있었지만 회복이 구체화되기까지는 오랜 시간이 필요했다. 1854년부터 경기 고점에서 저점까지 걸리는 평균 기간은 20개월이었지만 미국 경기는 1932년 7월까지 35개월째 하강을 지속하고 있었다. 1921년에는 증시와 경기가 거의 동시에 바닥을 쳤다. NBER의 1921년 7월 언급이 이를 증명한다. 반면 1932년에는 상황이 명쾌하지 않았다. NBER은 경기침체의 바닥을 1933년 3월로 판단했다. 이를 감안하면 증시는 경기가 저점에 도달하기 9개월 전에 바닥을 친 것으로 보인다.

1932년 여름에 경기가 회복되는 조짐이 있었지만 제3차 은행위기가 터지면서 반등은 무산돼 버렸다. 그해 11월 대통령 선거에서 루스벨트 대통령이 당선됐다. 3차 은행위기로 경기가 위축되면서 경제활동이 심지어 1932년 여름보다도 더 줄었다. 향후 Fed 의장이 될 아서 번스Arthur Burns는 웨슬리 미첼Wesley Mitchell과 함께 쓴 저서에서 1932년 여름과 1933년 3월 상황을 '이중 바닥Double Bottom'이라고 표현했다.

주식시장이 기술적으로 경기회복을 이끈 것처럼 보이지만 주식시장의 저점과 첫 번째 경기바닥이 거의 동시에 나타났다고 해도 틀린 말은 아니다.

표2-25_다우존스 지수: 1932년 5~9월

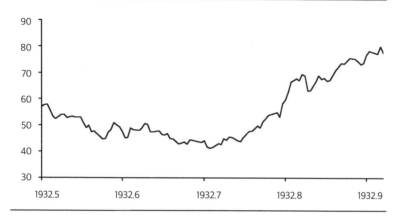

자료: 다우존스&Co.

1932년 여름에 어렴풋이 비치던 빛이 진짜 여명을 뜻하는 것은 아니었다는 점이 중요하다. 경기회복세는 1932년 11월까지 점점 사그라들었고 1933년 3월이 되자 1932년 6월 수준으로 돌아갔다. 하지만 다우존스 지수는 제3차 은행위기에도 1932년 7월 저점으로 돌아가지 않았다. 다우존스 지수는 1932년 7월 8일부터 1932년 9월 7일까지 94% 급등한 뒤 하락했으나 1933년 최저점이었던 2월 27일에도 1932년 7월 8일 증시 바닥보다 22% 높은 수준이었다. 증시 반등이 경기회복을 이끌었는지, 둘이 거의 동시에 일어났는지 여전히 논쟁의 여지는 있다. 다만 주가가 1932년 7월 바닥 수준으로 내려갈 만큼 증시에 대한 투자자들의 신뢰가 떨어지지 않았다는 것만은 분명하다.

1부에서 우리는 1921년 증시가 바닥에 다가갈 때 다양한 출처에서 호재가 쏟아져 나왔지만 투자자들이 이를 외면하고 부정적인 면에만 초점을 맞추는 것처럼 보였다는 점을 살펴봤다. 1932년에는 상황이 달랐다. 그해 7월에 증시는 89% 폭락한 상태였고 두 번의 은행위기가 있었으며 생산자물가는 40% 하락했고 산업생산은 반토막이 나 있었다. 은행의 충격적인 붕괴와 이에 따른 여파는 대부분의 투자자들이 경험해보지 못했던 것이었다. 심지어 1907년대 침체장 당시 뉴욕시에서 손꼽히게 규모가 크고 명망 있었던 니커보커가 파산했을 때도 이 정도로 투자자들을 피폐하게 만들지는 않았다(1907년 10월 21일에 시카고 남서부와 세인트루이스주에서 영향력이 컸던 내셔널뱅크오브커머스가 니커보커에서 발행한 수표나 은행권은 받지 않겠다고 선언하면서 뉴욕시 거의 모든 신탁회사에서 예금 인출 사태가 벌어지며 대 침체장이 초래됐다-로버트 소벨,《월스트리트의 패닉 Panic on Wall Street》). 1932년 7월까지 34개월째 계속된 최악의 침체장과 경기위축에 대한 기억이 생생한 상황에서 낙관론이 끼어들 여지는 거의 없었다. 1921년 침체장 바닥 때는 신문이 긍정적인 뉴스들로 거의 채워졌지만 그에 비해 1932년에는 좋은 소식이 훨씬 적었다.

하지만 미국 자본주의 역사상 가장 어두웠던 때조차 모든 뉴스가 부정적인 것은 아니었으며 모든 전문가들이 비관적이었던 것은 아니었다.

나는 이 책에서 당대 사람들이 주식시장을 어떻게 생각하고 있었는지 파악하고자 침체장 바닥 전후로 각 2개월간의 기간에 초점을 맞췄다. 침체장 바닥에선 좋은 소식이 전혀 없을 것이라는 것이 일반적인 믿음이고 그렇다면 대공황 때도 마찬가지였을 것이라고 예상하기 쉽다. 하지만 1932년 여름 〈WSJ〉에는 경제의 긍정적인 측면을 보여주는 보도들이 상당히 많이 실렸다.

- **5월 9일**: 지난 4월 승용차 판매액은 통상적인 계절적 요인을 뛰어넘을 만큼 많이 늘었다. 현재 집계가 완료된 7개 주州의 4월 승용차 판매액은 전달보다 36% 늘었는데, 이는 지난 7년간 4월 승용차 판매액의 전달 대비 평균증가율 30.5%를 훌쩍 넘어서는 것이다.

- **5월 10일**: 포드자동차의 노픽 공장이 4년 만에 처음으로 토요일에도 가동했다.

- **5월 16일**: 로키산맥 동쪽 37개 주의 지난 4월 건설 계약건수는 전달인 3월에 비해 8% 늘었다. 이는 지난해 4월의 전달 대비 9% 감소와 대비되는 것이다. 지난 4월 공공 건설사업은 전달보다 93% 급증했다.

- **5월 16일**: 새 차를 살 만한 능력은 됐지만 지금까지 사지 않고 있던 사람들이 자동차시장에 들어오기 시작한 것으로 보인다.

- **5월 16일**: 뉴햄프셔주 여러 지역에서 산업활동이 점차 개선되고 있다는 징조가 나타나고 있다.

- **5월 17일**: 미국 568개 도시의 4월 건축 허가건수가 전달인 3월보다 19.7% 늘었다. 이는 계절적 요인으로 3.3% 감소할 것이라던 당초 예상을 뛰어넘는 것이다. 그럼에도 1년 전인 지난해 4월에 비해서는 30% 줄어든 것이다.

- **5월 21일**: 16개 주요 업종 가운데 8개 업종의 고용이 늘어난 것으로 보고됐다.

- **5월 22일**: 포드자동차의 생산량이 점진적으로 늘고 있는데, 이는 몇 분기만에 처음 나타나는 주목되는 현상이다.

- **5월 24일**: 뉴욕의 자산가인 윌리엄 구겐하임은 펜실베이니아 주립대학교 동창회에서 "산업계는 여전히 어둡고 혼돈스러운 상황 속에

있지만 희망을 보여주는 한줄기 빛이 비치고 있다"며 "산업계에 필요한 구조조정은 거의 마무리 단계에 접어들었다고 본다"고 말했다.

- **5월 24일:** 스터츠자동차는 신규 주문이 크게 늘어 즉각 공장가동 일정을 일주일에 6일로 조정할 계획이다.

- **5월 25일:** 재고가 점차 소진되고 있어 주요 상품은 조만간 매장 진열대가 비는 사태가 올 수도 있다.

- **5월 30일:** 세인트폴 시장인 H. A. 스캔드렛은 지역 내 농경 상황이 어느 때보다 좋기 때문에 이런 상황이 지속되면 곡물 수송이 빨라질 수 있을 것이라고 전망했다.

- **6월 11일:** 쉐보레 판매량 증가세

- **6월 13일:** 전반적인 경기상황을 보면 자동차 판매량 증가세가 지속되고 있음을 알 수 있다.

- **6월 15일:** 전미 포목점협회 회장인 보스턴의 오코넬은 피츠버그에서 열린 협회연차총회에서 소매 공급이 거의 고갈 상태에 도달해 조기에 가격이 상승세로 돌아서며 업계 상황이 나아질 것으로 보인다고 말했다.

- **6월 17일:** 재고가 쌓여 골머리를 앓고 있던 지방 철물점들이 최근 눈에 띄게 주문을 늘리고 있다고 톨레도의 주요 철물 도매상 대표가 전했다. 그는 이전에도 극심한 경기침체가 끝날 때 지방 철물점에서 지금과 비슷한 수요 반등이 다른 전반적인 경기호전 신호에 앞서 나타났다고 밝혔다. 그는 이 같은 수요의 전환을 경기회복의 가장 중요한 신호로 해석했다.

- **6월 18일:** 캐터필러트랙터는 1분기에 이익을 내지 못했으나 4월부

터 실적이 나아지기 시작해 5월에는 주당 4센트, 총 7만 3,826달러의 순익을 냈다.

- **6월 20일:** 5월 고용은 전달인 4월에 비해 3.2%가 줄고 총급여액은 3.9%가 감소했다. 16개 주요 업종 가운데 1개 업종이 고용과 급여액이 모두 줄었다. 반면 자동차산업은 고용이 1.5% 늘고 급여액도 13.5%가 증가한 것으로 집계됐다.

- **6월 21일:** 어빙 피셔Irving Fisher 교수의 상품 도매물가 지수가 또다시 최저치를 경신했다. 하지만 전미 비료협회 생산자물가 지수는 59.6에서 60으로 오르며 두 달만에 처음으로 상승했다. 또 이번 주에는 상당수 상품의 가격이 지난 몇 개월간 가장 높은 수준으로 올랐다. 가격이 오른 상품은 면화, 굵은 삼베, 돼지기름(라드), 밀가루, 설탕, 옥수수, 밀, 쇠고기, 돼지고기, 주석, 휘발유 등이다.

- **6월 25일:** 시카고 지역을 중심으로 계절 상품의 판매가 도매와 소매 양쪽에서 모두 개선됐다는 신호가 나타나고 있다.

- **7월 3일:** 어빙 피셔 교수의 주간 상품 도매물가 지수에 따르면, 일주일 전부터 시작된 상품가격 상승세가 지난주 내내 이어졌다. 7월 1일까지 일주일간 피셔 가격지수는 59.6으로 0.1이 올랐다. 지난 6월 17일만 해도 피셔 가격지수는 59.3으로 사상 최저치였다. 이는 지난 3월부터 쉼 없이 계속된 피셔 가격지수의 하락세가 최소한 일시적이나마 멈췄음을 의미한다.

- **7월 6일:** 댄버리의 모자산업은 유지니 모자의 짧은 유행 이후 거의 휴면 상태나 마찬가지였는데 오늘 갑자기 가장 큰 공장 2개가 100% 가동으로 돌아서며 깨어났다.

- **7월 6일:** 발명가 토마스 에디슨의 아들이자 에디슨 공업의 대표인 찰스 에디슨은 6주일간의 전국 순회를 마치고 돌아온 직후 경기침체가 바닥에 도달한 것으로 보인다는 믿음을 피력했다.

- **7월 7일:** 전미 비료협회의 생산자물가 지수가 3주 연속 상승했다.

- **7월 7일:** 지난 5월 1일부터 공장을 폐쇄했던 모직 의류 제조업체인 아시노프&선즈, Inc., 치코피매스 등이 이번 주부터 가동을 전면 재개하며 이에 따라 약 750명의 근로자를 고용할 것이라고 밝혔다.

- **7월 8일:** 설탕 가격, 최고치 경신

- **7월 8일:** 다우존스 지수 바닥

- **7월 9일:** 국제 상품시장이 스위스 로잔에서 전쟁 배상금 문제가 합의된 것을 환영하듯 강세를 보였다. 특히 돼지고기와 설탕이 최근의 상승세를 토대로 신고점을 경신하는 등 몇몇 상품의 가격이 상당히 큰 폭으로 뛰어올랐다.

- **7월 11일:** 금융 전문지인 〈아메리칸뱅커〉에 따르면, 지급 정지 은행이 지난주 41개에서 24개로 일주일 사이에 17개 줄었다.

- **7월 14일:** 교통 담당 부국장인 헨리 베이어스Henry Beyers는 시카고를 중심으로 북서 철도 인근 지역의 농작물 상황이 기록적으로 유망해 보인다고 밝혔다. 게다가 농작물이 익어가는 계절이 이미 상당히 지나갔기 때문에 '만약'이란 변수만 없다면 가격은 상당히 좋을 것으로 예상된다고 말했다.

- **7월 14일:** 가죽값은 얼마 전 최저점에서 지난 10일간 35%나 급등했다. 이는 미국의 가축산업에 분명 도움이 될 것이다.

- **7월 16일:** 후버 대통령이 자신의 급여 20% 삭감, 장관들은 급여

15% 삭감

- **7월 21일:** 중서부 지방에서 시멘트 1배럴 가격이 40센트에서 50센트로 올랐다. 시멘트 가격이 오르기는 1929년 경기침체가 시작된 이후 처음이다. 지난해 5월에는 시멘트 가격이 큰 폭으로 하락하며 15년 만에 최저치로 내려갔다.

- **7월 21일:** 라디오 산업이 올 들어 가장 조용한 시기를 보내고 있긴 하지만 판매업자들은 지금까지 라디오 판매량에 깜짝 놀라고 있다.

- **7월 22일:** 지난 세기의 경제위기들은 모두 상품가격과 채권 가격이 안정을 찾으면서 끝이 났다. 최근에도 상품과 채권 모두 가격이 안정되는 조짐이 뚜렷해지고 있다.

  -퓨어스트&Co.의 바넷

- **7월 26일:** 조사 결과, 뉴잉글랜드의 1만 5,000명이 넘는 실직자들이 지난 몇 주일간 경기 반등으로 이전 직장으로 복귀하거나 새로운 일자리를 찾은 것으로 나타났다.

- **8월 1일:** 자동차회사의 판매원들은 경기상황을 잘 파악할 수 있는 위치에 있다. 이들은 최근 경제 여건이 전반적으로 안정되고 있으며 사람들이 이전보다 좀 더 낙관적인 전망을 갖게 됐다는 사실을 발견했다.

- **8월 1일:** 철강 가격이 경기침체가 시작된 이후 그 어느 때보다도 잘 버티고 있다.

- **8월 1일:** 가까운 미래에 상황이 나아질 것이라는 확고한 신념이 무색해지진 않을 것으로 보인다. 하지만 현 단계에서 그러한 신념은 불필요할 뿐더러 궁극적인 회복이 임박했다는 가시적인 징후들이

뚜렷해지고 있어 실질적인 효용도 크게 떨어진다.

- **8월 2일:** 중고차 재고에서 확인할 수 있듯 남아돌던 자동차가 빠르게 소진되고 있다. 미국 내 자동차 재고는 지난 6월 10%가량 줄었고 7월 들어 첫 20일간은 추가로 16%가 더 줄었다.

- **8월 2일:** 자동차회사인 윌리스-오버랜드는 새로운 유선형 모델에 대한 수요가 늘어남에 따라 7월 생산 물량 일정을 당초 계획했던 것보다 20% 이상 늘렸다. 이는 지난해 7월 상반기와 비교할 때 23% 늘어난 것이다.

- **8월 3일:** 상무부의 경기 조사에 따르면, 지난 6월에도 기업활동은 계속 위축됐지만 7월 초에는 최근에 나타난 몇몇 고무적인 지표 덕분에 심리가 상당히 개선된 것으로 나타났다.

- **8월 3일:** 달라스 연방준비은행의 월간 보고서에 따르면, 지난 몇 달간 거래를 포함한 전반적인 경제상황에서 고무적인 요인들이 상당히 많이 나타났다.

- **8월 3일:** 창고와 선반들이 비고 있다. 이에 따라 거래가 조금이라도 활기를 되찾게 되면 기존 제품을 교체하려는 정도의 수요가 필요한 제품을 사지 못할까 걱정하며 제품을 먼저 확보하려는 긴급한 수요로 바뀔 수 있다는 것이 제조업체와 유통업체의 공통된 지적이다. 하지만 현재 많은 산업에서 이 같은 긴급한 수요는 충족시키기 어려워 보인다.

- **8월 3일:** 브래드스트리트의 상품 도매물가 지수가 8월 1일 현재 두 달 연속으로 올랐다. 브래드스트리트 지수는 1.0% 상승했다. 이전의 모든 경기 사이클에서 브래드스트리트 지수는 항상 경기에 민감한

원자재와 곡물부터 개선되기 시작해 안정세가 반제품과 뒤이어 완제품까지 확산되는 양상을 보였다. 이러한 현상이 현재 상품가격에서도 나타나고 있는 것으로 보인다.

- **8월 6일:** 신임 상무부 장관인 로이 채핀Roy Chapin은 "경기침체가 진행될 만큼 진행돼 막바지에 도달했다"는 점에 의심의 여지는 없으며 "당면 과제는 구매력을 되살리는 것"이라고 말했다.

- **8월 8일:** 주요 산업단지에서 전해온 소식은 경기가 전반적으로 부진하다는 점을 보여주고 있지만 한편으로 희망의 징조들도 상세히 포함하고 있다.

- **8월 8일:** 런던의 한 이코노미스트는 미국의 신용확장 정책이 경제에 유익하고, 시장의 심리도 점차 안정되고 있다며 위기는 확실히 지나간 것으로 보인다는 강한 믿음을 피력했다.

- **8월 9일:** 시카고의 주요 도심가인 스테이트 스트리트의 경영자들은 물론 인근 상점 주인들, 외딴 지역의 포목점 주인들이 이구동성으로 말하는 것은 사업이 근본적으로 개선의 조짐을 보이고 있다는 점이다. 주요 품목의 가격들은 아직도 오름세를 계속하고 있다.

- **8월 13일:** 지난 며칠간 직물 주문이 큰 폭으로 늘어나 올 들어 비슷한 어떤 시기보다도 많아졌다. 1년 전 판매량과 비교해서도 최근의 주문 증가는 매우 고무적이다.

- **8월 15일:** 산업계 전반으로 확산되고 있는 심리 개선이 자동차산업에서 가장 먼저 효력을 나타나고 있다. 소매판매가 촉진되고 구매하고자 하는 의욕도 높아지고 있다. 고급 승용차에 대한 관심이 되살아나며 자동차 판매액도 늘어나고 있는 것으로 집계되고 있다.

- **8월 17일:** 식품제조협회 회장인 폴 윌리스Paul Willis는 소비자들이 저렴한 가격보다 품질을 더 중시하는 쪽으로 바뀌고 있다며 미국 식품 산업의 전망이 밝다는 점에 대해 추호의 의심도 없다고 말했다.

- **8월 19일:** 웨스팅하우스 일렉트릭&매뉴팩처링의 메릭 사장은 "자연 치유력이 작용하기 시작했으며 이에 대한 증거가 점점 더 확실해지고 있다는 사실이 감사할 따름"이라고 말했다. 또 "상품과 증권 가격이 올라가고 있다"며 "전반적인 산업 상황이 정상 수준으로 회복되기에 앞서 반드시 산업의 작은 부분들이 반등하게 마련"이라고 지적했다.

- **8월 19일:** 모든 부문에서 기업심리가 완만히 개선되면서 구매 움직임이 좀 더 광범위하게, 또 강하게 나타나고 있다. 향후 전망은 지난 6개월 중 그 어느 때보다 밝다. 어떤 측면에서는 지난 2년 중 어느 때보다도 기업활동이 활발하다고 할 수 있다.

  -던스 리뷰

- **8월 19일:** 생산자물가가 2개월 이상 오른 반면 소비자물가는 다소 침체됐던 게 사실이다. 하지만 생산자물가가 현재 수준으로 유지된다면 조만간 생활필수품 전반적으로 가격이 오를 수밖에 없을 것이다.

- **8월 20일:** 지난 2주일간 부인할 수 없는 뚜렷한 상승세가 가시화됐다. 지난 18개월간 우리는 의도적으로 전망을 하지 않으려 자제해왔지만 이제는 확고하게 낙관적으로 볼 수 있는 실질적인 토대가 마련됐다고 생각한다.

  -A. 밴더지

- **8월 22일:** 주간 철강 매매동향을 보면 매우 고무적인 현상이 나타나

고 있다. 최근 일주일간 매매량은 1% 늘어나는 데 그쳤지만 수요, 특히 경량급 철강 수요가 늘고 있다는 확실한 조짐이 보인다.

- **8월 22일:** 지난주 시카고에서는 거래의 다양한 측면에서 경제에 대한 신뢰가 회복되고 경제활동이 늘어나면서 심리가 개선되는 징후가 뚜렷했다.

- **8월 22일:** 디트로이트에 위치한 여러 제조업체들의 실적보고서를 보면 사업이 전반적으로 개선되고 있음을 알 수 있다.

- **8월 22일:** 미국 고용국은 7월 산업활동이 올 들어 처음으로 두드러진 확장세를 보였다고 밝혔다.

- **8월 23일:** 최근 상품가격이 오르면서 많은 소매업체들이 물품이 부족해졌다. 그 결과 소매업체들이 그간 최저 한계선까지 떨어졌던 재고를 서둘러 다시 채우고 있다.

- **8월 29일:** 전기회사 크루스하인즈의 부사장 하인즈에 따르면, 경기가 나아지고 있다는 가장 확실한 신호 중의 하나는 뉴잉글랜드주의 경기호전이라고 한다. 하인즈는 "뉴잉글랜드주는 산업의 특성상 경기가 가장 빨리 좋아지는 경향이 있다"며 "뉴잉글랜드주가 가장 먼저 경기침체에서 빠져나올 것"이라고 말했다.

- **8월 29일:** 일부 산업, 특히 레이온과 섬유산업의 경우 경기가 나아지고 있다는 징후가 뚜렷하다.

- **8월 29일:** 경기가 전반적으로 개선되면서 트럭 판매량도 늘어나기 시작했다. 특히 경트럭 판매가 두드러지게 늘고 있다. 자동차산업 중 트럭 부문은 전반적인 경기회복의 영향을 가장 먼저 받는다. 트럭은 공사장이나 장거리 배송 등 험한 노동에 사용되는 경우가 많아

교체 수요가 가장 먼저 가시화된다.

- **8월 30일:** 돼지 가격이 서서히 오르면서 아이오와주에서 경기에 대한 신뢰도 강화되고 있다. 돼지 가격은 어제까지 17일 연속 상승했다.

- **9월 2일:** 시카고 무역협회는 최근 이 지역에서 생산된 상품에 대한 문의가 지난 3주일간 35% 이상 늘었다고 밝혔다.

- **9월 3일:** 올 가을 소비자들의 구매 행태에서 가장 두드러진 특징은 품질이 좋은 고가품에 대한 선호가 뚜렷하다는 점이다. 이 결과, 지난 몇 개월간 생산을 줄였거나 아예 멈췄던 공장들이 다시 가동을 시작하면서 산업가동률이 높아졌다. 기업들은 소비자들이 오래도록 쓰느라 낡아빠진 생활필수품을 바꾸기 위해 구매를 큰 폭으로 늘리고 그간 갈 곳이 없었던 돈들이 실질적인 매수의 기회를 찾아 시중에 흘러나올 것으로 기대하고 있다.

- **9월 5일:** 월터 레이튼Walter Layton 경이 편집한 런던의 경제주간지 〈이코노미스트〉는 그간 억제됐던 물가상승률이 최근 자극받고 있다는 점을 감안하면 미국 경제가 견고한 회복세에 들어설 가능성이 엿보인다고 밝혔다.

'주식을 사야 할 때'라는 증거를 제시해주는 것이 신문 매체만은 아니겠지만 과거 기사를 읽다 보면 모든 뉴스가 다 부정적이어야만 비로소 시장이 바닥을 친다는 증시 격언에 대해선 다시 생각해보게 된다. 1932년 가장 암울했을 때조차, 상황이 너무 나빠 폭동을 진압해야 할 경우에 대비해 군인들의 임금을 깎을 수 없다고 후버 대통령이 주장했을 때조차, 긍정적인 뉴스들은 상당히 많이 발견된다.

1921년처럼 1932년 침체장 바닥도 악재가 압도적으로 많아졌다는 점이 아니라 투자자들이 호재가 나와도 별 반응을 하지 않고 무시했다는 점이 특징이었다.

1921년과 1932년 모두 자동차산업이 시장 회복의 선봉에 섰으며 뉴잉글랜드주의 경기가 개선되고 있다는 뉴스가 특히 주목을 받았다. 두 침체장 바닥 모두 물가가 하락하고 있는 가운데 고품질의 고가 상품에서 가장 먼저 수요 반등의 신호가 나타났다. 하지만 두 번의 침체장 바닥에서 가장 두드러진 공통점은 원자재와 농산물 등 1차 상품 시장에서 물가안정의 징후가 뚜렷해지면서 연쇄적으로 긍정적인 조짐들이 나타나기 시작했다는 점이다. 이러한 가격 추세는 당시 신문 머리기사에서 분명히 확인할 수 있는데, 이는 침체장이 바닥에 도달했다는 가장 정확한 척도였다.

물가 안정과 침체장

"저것 좀 봐, 빌. 저 멋진 검정색 크레이프가 12달러밖에 안 해. 옷은 정말 싼 것 같아."

제임스 패럴, 《심판의 날》

1921년과 마찬가지로 1932년에도 물가가 안정되는 조짐이 나타나면서 거의 동시에 침체장이 바닥을 쳤다. 1921년처럼 1932년에도 몇몇 1차 상품 중심으로 가격이 안정되더니 이런 추세가 점차 확산됐고, 마침내 생산자물가 지수가 안정됐다.

1부에서 논의했던 것처럼 금본위제에서는 경기 사이클이 돌아가는 데 가격조정이 매우 중요한 역할을 한다. 미국 외에는 금본위제를 고수하고 있던 국가가 거의 없었던 1932년에도 1921년과 마찬가지로 침체장이 막을 내리는 데 상품가격안정이 상당한 역할을 한 것으로 보인다. 국가간 통화는 변동환율제로 연동되고 있고 미국은 금본위제를 고수하고 있어 향후 경기를 전망하는 일은 매우 복잡하고 까다로웠다. 그럼에도 상품가격안정은 여전히 경기 사이클의 바닥을 가늠할 수 있게 해주는 결정적인 신호가 됐다. 1929년 9월부터 시작된 길고 긴 침체장도 상품가격과 생산자물가 지수가 첫 반등 조짐을 보이면서 바닥을 치고 강세장으로 돌아섰다.

1932년 7월과 1921년 8월을 비교할 때 결정적인 차이점은 1932년에는 생산자물가 안정세가 지속되지 못했다는 점이다. 1932년 여름에 바닥을 친 것처럼 보였던 경기는 그해 11월 즈음에 다시 정체되기 시

표2-26_미국 생산자물가 지수: 1929년 9월~1933년 9월

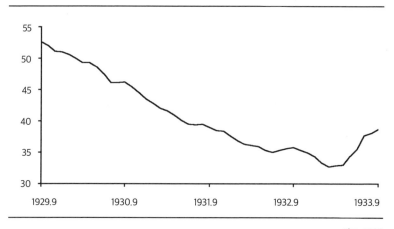

자료: NBER

베어마켓

작했고, 경제활동은 1933년 3월이 될 때까지 1932년 7월 수준을 소폭 밑돌았던 것으로 추정된다.

이러한 추세는 생산자물가에서도 뚜렷하게 나타났다. 다른 점이 라면 생산자물가는 1932년 7월 저점 밑으로 확실하게 떨어졌다는 사실이다. 미국 노동국이 발표하는 생산자물가 지수는 1932년 6월 에 바닥을 치고 오르기 시작했으나, 상승세는 그해 11월에 멈췄다. 1933년 2월에 생산자물가 지수는 1932년 6월 저점보다도 6.6% 밑 으로 내려갔다. 주식시장 역시 떨어지긴 했어도 1933년의 저점은 여 전히 1932년 7월에 도달했던 바닥보다 20% 높았다. 생산자물가는 1933년 2월 이후에야 지속적인 오름세를 보였고 이와 동시에 주식 시장도 1937년까지 가장 급격한 주가상승의 시기를 맞았다.

1929년부터 1932년까지 침체장에서 투자자들이 배울 수 있는 교 훈은, 주식시장이 바닥에 근접했다는 가장 결정적인 신호는 상품가 격과 생산자물가의 안정이라는 점이다. 1921년에는 제조업체들이 상품을 생산하기 전에 미리 가격을 정해 팔기로 계약하는 선매를 피 한 데다 전국적으로 재고가 매우 줄어든 상태였기 때문에 가격이 하 락세를 멈추고 상승 안정세를 이어갈 수 있었다. 앞서 소개한 〈WSJ〉 기사들을 보면 1932년 여름에도 비슷한 상황이 나타났다. 〈WSJ〉는 1932년 5월 15일에 '디플레이션을 억제하는 힘이 확산되고 있다'는 제목의 기사를 통해 상품가격이 안정되고 있다며 가격하락을 막는 요인들을 다양하게 제시했다. 다음은 〈WSJ〉가 소개한 디플레이션 억 제 요인들이다.

- Fed의 국채 매입
- 뉴욕 금융시장의 자본이익률Return On Capital, ROC이 과도하게 낮다.
- 뉴욕 금융시장에서 조만간 재할인율 인하 가능성이 있다.
- 영란은행의 적극적인 협조 의지
- 영란은행이 금리를 연달아 인하해 6%에서 2.5%로 낮췄다.
- 3월 이후 영국 재무부에 금 1,350만 파운드가 쌓였다.
- 프랑스와 스위스 등 '중립적' 국가에서 유휴성 자금이 늘어나고 있다.
- 20여 개 국가가 금본위제를 중단해 해당 국가의 통화 가치가 하락했다.
- 인도에서 금이 계속 흘러나오고 있다.

가격 반등은 경기의 조정 과정이 끝났다는 확실한 증거가 되긴 하지만 1921년에도 그랬듯 가격 반등의 시기를 정확히 예측하는 것은 쉽지 않다. 가격이 언제 오를지 예측하는 것보다 〈WSJ〉에서 소개한 가격안정의 신호들을 살펴보는 것이 훨씬 용이하다. 1921년에는 가격이 제1차 세계대전 이전 수준으로 내려갈 때까지 하락세가 이어질 것이라는 예측이 많았다. 하지만 가격과 주식시장은 전쟁 전 수준보다 상당히 높은 수준에서 바닥을 쳤다. 1932년에도 어느 수준에서 가격조정이 완성될지 미리 판단하는 것은 거의 불가능했다. 생산자물가 지수는 1921년 경기 사이클의 저점은 물론 전쟁 전인 1913년 수준도 뚫고 내려가 1907년 가격에 도달할 때까지 하락세를 계속했다. 평균적인 물가하락 폭이 이 정도 수준이었을 뿐, 일부 상품들은 이보다 훨씬 더 극심한 가격하락을 겪어야 했다. 생활용품 회사인 P&G는

1932년 초에 아이보리 비누 가격을 1879년 출시 때 수준으로 낮췄다. 설탕 가격은 1895년 수준으로 회귀했고, 구리와 납, 아연 가격은 50년 만에 최저 수준으로 떨어졌다. 면화시장의 상황은 더욱 나빴다. 면화 가격은 1848년 수준에서 겨우 바닥을 치고 올라왔다(WSJ, 1932년 6월 10일). 이러한 상황에서 거래가 다시 정상화될 수 있는 '정확한' 물가수준이 어디인지 예상하는 것보다는 가격이 안정되고 있다는 주요한 징후들을 살펴보는 것이 훨씬 쉬웠다.

1932년 여름에 가격하락세가 끝나고 있다는 조짐이 나타나기 시작했고, 이는 주식시장에 긍정적인 신호로 작용했다. 으레 그렇듯 기업가나 증시전문가 중에서도 좀 더 낙관적인 사람들이 있었다. 세계적인 갑부인 존 록펠러는 공교롭게도 1932년 주식시장이 바닥을 쳤던 7월 8일이 생일인데, 바로 그날 시점상 너무나 절묘하고 적절하게 낙관적인 견해를 표명했다. 그는 '요즘 많은 사람들이 실의에 빠져 있을 것'이라며 다음과 같이 말했다.

제 평생 93년간 경기침체란 늘 오고갔습니다. 항상 번영은 다시 찾아왔고 앞으로도 그럴 것입니다. 저는 오늘 생일을 맞아 이 나라의 토대가 되는 기본 원칙들, 즉 자유와 공익을 위한 이타적인 헌신, 그리고 하나님에 대한 사랑을 확고하게 믿고 있다는 점을 다시 한번 강조하고 싶습니다.

WSJ, 1932년 7월 8일

록펠러는 미국인들에게 "사치와 이기심, 무관심이라는 우리의 잘

못을 겸허하게 인정하고 하나님과 우리 자신, 인류에 대한 믿음으로 나아가 더 나은 세상을 만드는 데 필요한 우리의 역할을 훌륭하게 해내기로 용기 있게 결단하자"고 촉구했다. 록펠러의 재산은 현재 가치로 따지면 2,000억 달러 이상으로, 마이크로소프트의 창업자인 빌 게이츠와 세계에서 가장 성공한 주식투자자인 워런 버핏의 재산을 합한 것보다 더 많다. 록펠러가 '공익을 위한 헌신'이 고난을 극복하게 해주는 핵심원칙 중 하나라고 말했을 때, 당시 사람들은 아마도 웃었을 것이다. 1929년 10월 30일 수요일에 당시 90세가 넘은 록펠러가 발표했던 간곡한 훈계가 떠올랐기 때문이다.

> 이 나라의 기본적인 토대가 건전하고 기업의 경영환경이 지금처럼 무너져내릴 만한 정당한 근거가 없다는 점을 믿으며…… 나의 아들과 나는 최근 며칠 사이에 건실한 기업의 보통주들을 계속 사들이고 있습니다.
>
> 모리 클라인Maury Klein,《무지개의 끝Rainbow's End》

유동성과 침체장

> 그가 그것을 집에 가지고 있다면 도둑맞을지도 몰라. 그것을 은행에 맡긴다면 은행이 망할 수도 있지. 그가 주식을 산다면 시장이 폭락할 수도 있어. 맙소사. 정말 바보 같은 세상이 되고 있잖아.
>
> 제임스 패럴,《심판의 날》

투자자들은 침체장이 언제 끝날지 가늠할 때 Fed의 통화정책과 시중의 개선 정도에서 단서를 얻으려 한다. 이미 1부에서 통화 공급의 변화 시점을 예측하기가 얼마나 어려운지 설명했다. 예측 가능성이 높은 금본위제에서도 유동성의 변화를 판단하기는 상당히 어려웠다. 이는 1914년에 연방준비제도가 도입되면서 더욱 어려워졌다. 유동성은 1918년부터 1920년까지 Fed가 정부의 전쟁 자금 조달을 지원하면서 대부분의 사람들이 예상했던 것 이상으로 오래 증가세를 이어갔다. Fed의 동향을 주시했던 사람들에겐 유감스럽게도 유동성은 위축될 때도 경기보다 늦었지만 팽창세로 돌아설 때도 경기보다 상당히 뒤처졌다. 통화 공급상황은 경기와 주식시장이 개선된 이후에도 꽤 오랫동안 위축됐다.

경기와 주식시장은 1921년 여름에 바닥을 쳤지만 유동성 개선 신호를 보여주는 Fed의 화폐발행액은 이후 3년 정도 지난 1924년 중반이 되어서야 안정됐다. 1921년에 Fed가 취할 조치와 이에 따른 영향을 제대로 예측하기 어려웠다는 점을 감안하면, 1932년 여름에 〈WSJ〉에 시중 유동성에 관한 긍정적인 언급이 별로 없는 이유를 이해할 수 있을 것이다. 당시 〈WSJ〉가 인용한 미국 경제에 대한 긍정적 언급 가운데 유동성 개선에 주목한 것은 경제 주간지 〈이코노미스트〉가 유일했다(WSJ, 1932년 9월 5일). Fed가 주식시장이 바닥을 치기 직전인 1932년 4월부터 금융시장에 유동성을 공급하기 시작했다는 점에 비춰볼 때 주식시장을 전망하는 근거로 유동성 완화에 거는 기대가 전반적으로 부진했다는 사실은 더욱 흥미롭다.

〈WSJ〉는 Fed의 새로운 통화정책이 어떻게 국채 매입과 국채 매입을 위한 수표 발행으로 이어지는지 다음과 같이 설명했다.

연방준비은행이 국채를 매입하고 지불한 수표는 은행에 예치된 다음 연방준비은행으로 다시 들어온다. 은행이 기존에 연방준비은행에서 재할인받은 어음이나 지급준비금을 담보로 대출받은 돈을 상환하는 방식이다. 연방준비은행은 이를 근거로 각 은행에 신용을 제공하게 되는데 이 신용은 각 은행이 대출이나 투자를 최소 10배가량 늘릴 수 있는 여력이 된다.

WSJ, 1932년 5월 7일

이 같은 〈WSJ〉의 설명을 읽어보면 멜론 재무부 장관이 왜 연방준비제도가 통화 위축과 신용 경색을 완화시켜 주는 해독제 역할을 해줄 것으로 믿었는지 이해할 수 있다. 하지만 Fed가 언제 이 같은 해독제 역할로 경기 사이클의 변동을 줄여줄지 예측하기는 쉽지 않다. Fed가 경기침체를 완화시키는 해독제 역할을 해줄 것이라 믿었던 주식투자자들은 1932년 초까지 투자했던 자본의 대부분을 잃었다. 국채 매입을 통해 시중에 돈을 푸는 것이 어떤 영향을 미치는지에 대해서는 Fed 내에서도 오랫동안 논쟁이 있었다. 1929년 10월 말에 Fed가 국채 매입을 명백히 2,500만 달러까지만 승인했음에도 뉴욕 연방준비은행은 1억 6,000만 달러어치의 국채를 사들이며 시장에 돈을 풀었다. Fed는 뉴욕 연방준비은행이 이처럼 많은 국채를 사들이는 것을 강력히 반대했다. 대규모 국채 매입이 필요한 기업 구조조정을 지연시키고 투기를 조장할 수 있다는 이유였다. 반면 뉴욕 연방준비은행은 1929년 11월부터 영국 파운드화가 평가절하됐던 1931년 9월까지 쭉 탄력적 통화 공급을 늘려야 한다고 주장했다. 하지만 뉴욕 연방준비은행 총재로 오랫동안 재임했던 벤저민 스트롱이 1928년에 사망하면서 뉴욕 연방준비은행의 입지는 약해져 있었다. 뉴욕 연방준비은행은 멜론 장관이 언급했던 해독제 역할을 Fed에 요구했으나 Fed는 이를 무시해버렸다. 1929년부터 1932년 사이에 유동성의 변곡점을 찾으려 노력했던 투자자들은 연방준비제도 내의 이 같은 논쟁에 대해 알고 있었고 Fed가 뉴욕 연방준비은행의 의견을 묵살했다는 점도 잘 알고 있었다.

연방준비제도는 당시 진행되고 있던 국가적인 금융위기와 같은 상황에서 미국을 구하기 위해 만들어졌다. 연방준비제도가 1914년 도입된 이후로 전반적으로 적극적인 활동을 펼쳐왔다는 점을 감안할 때 1929~1932년 사이에 보인 상대적인 수수방관적 태도는 특히 이해하기도, 예측하기도 어려웠다. Fed는 계속 뉴욕 연방준비은행의 의견을 무시했고 1931년 늦여름까지도 연방준비제도에서 은행들에 제공한 신용은 늘어나지 않았다. 1931년 8월부터 10월까지 연방준비은행이 은행에 돈을 풀고 대신 보유하게 된 어음과 증권의 양이 9억 3,000만 달러에서 20억 6,200만 달러로 늘어났다. 그러나 영국 파운드화가 평가절하되면서 이 같은 신용확대 정책은 힘을 잃고 더욱 강경한 신용 축소 정책으로 돌아갔다. 뉴욕 연방준비은행마저 미국에서 금이 유출돼 줄어드는 상황에서 국채를 매입해 돈을 푸는 공개시장조작 정책을 계속할 수 없다는 점을 받아들였다. 뉴욕 연방준비은행은 1932년 1월에 다시 공개시장조작을 통해 유동성을 확대해야 한다고 입장을 바꿨다. 그리고 그해 4월에 Fed는 다시 국채 매입을 승인했으나, 이는 뉴욕 연방준비은행의 주장이 맞아서가 아

표2-27_연방준비은행이 은행에 재할인해준 어음과 증권의 최고치와 최저치

1920년 10월 최고치	33억 5,800만 달러
1924년 7월 최저치	8억 2,700만 달러
1928년 10월 최고치	17억 6,600만 달러
1931년 7월 최저치	9억 600만 달러
1931년 10월 최고치	20억 6,200만 달러
1932년 3월 최저치	16억 3,500만 달러
1932년 3월과 1933년 3월 사이 최고 수준	24억 700만 달러

자료: Fed, 은행 및 통화 통계

니라 의회가 입법적인 조치를 취할 수도 있다는 두려움 때문이었다. 의회가 7월 16일에 휴회하자 연방준비은행의 신용확대가 사실상 멈췄다는 점만 봐도 Fed가 정책을 바꾸는 데 의회가 결정적인 역할을 했다는 사실을 알 수 있다.

표2-27을 보면 Fed가 1931년 7월까지는 시중에 유동성을 공급하지 않았다는 사실을 알 수 있다. Fed는 1931년 8월부터 10월까지는 유동성을 공급했으나 주식시장이 별다른 반응을 보이지 않았다. 미국의 국제적인 입지가 악화되고 영국이 금본위제를 포기했던 영향 때문으로 추측된다.

Fed가 1932년 4월에 다시 공개시장조작을 통해 통화 공급 확대에 나섰을 때 투자자들은 바로 직전 해에 주식시장이 비슷한 정책에 긍정적으로 반응하지 않았던 점을 떠올리며 회의적인 입장을 보였다. 투자자들이 회의적이었던 또 다른 이유는 Fed의 유동성 공급이 금 유출로 인한 타격을 상쇄해주는 수준에 그쳤기 때문이다. 게다가 공교롭게도 Fed가 유동성 공급 조치는 시카고에서 주요 은행들이 연달아 파산하며 예금 인출 사태가 확산되고 있을 때와 겹쳤다. 그해

6월 8일부터 7월 6일까지 은행에서 예금이 인출되며 시중 통화량은 3,200만 달러가 늘었다. 수표를 발행할 때 2센트의 수수료를 부과하는 규정이 도입된 것도 사람들이 은행 예금 대신 현금 보유를 선호하도록 부추기는 역할을 했다. 새로 시도된 공개시장조작 정책은 이러한 부정적인 요인들을 상쇄하는 정도의 성공도 거두지 못했다. 시장은 이 정책이 단기적인 정치 편의주의에 의해 추진됐다는 사실을 정확히 파악했으며 따라서 은행들은 연방준비제도를 통해 공급된 유동성을 사용하는 데 매우 조심스러웠다.

> 세금과 예산에 대해 좀 더 명확한 전망을 내릴 수 있을 때까지 은행들이 마음대로 쓰라고 주어진 여분의 돈을 사용하려 하지 않을 것이란 사실이 분명해졌다.
>
> WSJ, 1932년 5월 30일

은행들은 Fed가 유동성을 공급했는데도 왜 기업이나 개인에 돈을 풀지 않고 있는지 방어 논리를 세우느라 급급했다. 개런티 신탁회사는 그해 6월 1일에 발표한 보고서에서 자격이 되는 기업들에 대해 대출을 늘리고 신용 한도를 확대할 수 있기를 바란다고 밝히면서 이 같은 일은 내수가 살아날 때야 가능할 것이라 전망했다.

> 소비가 정상화되면 은행의 대출 역시 즉시 늘어날 것이다. 은행의 대출 확대는 내수 회복에 후행하는 것이지 선행할 수 없다.

이 같은 논리는 아마 맞았을 것이다. 그해 6월 16일자 〈WSJ〉에는 전당포 주인들조차 돈을 빌려주지 못해 돈이 넘치고 있다는 기사가 실렸다.

뉴욕시 전당포들은 현재 상황에서 사람들이 빚을 지기 꺼리는 데다 담보로 받은 물건의 가치마저 떨어져 사업이 크게 위축되고 있다. 전당포들은 사람들에게 돈을 빌려주지 못해 자본의 대부분을 그대로 가지고 있는 상황이다.

1932년 6월까지 연방준비제도에 소속된 회원은행들의 지급준비금은 제2차 은행위기 이후 감소한 금액의 거의 절반가량을 회복했다. 은행의 재정 상황이 이처럼 개선됐음에도 은행들은 대출을 확대할 의지가 거의 없는 것처럼 보였다. 그러자 시장은 'Fed의 제한된 신용 확대 정책'에도 불구하고 '급격한 물가하락'이 계속될 것이라는 '매우 확실한 신호'라고 판단했다(WSJ, 1932년 7월 12일).

신용정책에 대한 이 같은 즉각적인 평가는 정확했던 것으로 드러났다. 몇 주일간은 금융시장이 개선되는 것처럼 보였고, 이로 인해 약간의 흥분도 있었지만, 월간 기준으로 봤을 때 대출 감소세는 1933년 4월까지 지속됐다. 은행의 재정 상황 개선은 경제의 다른 부분으로 확산되지 못했다. 하지만 정확하게 이 단계에서 상품가격은 오르고 경기가 회복되기 시작하면서 무슨 일인가 일어난 것만은 확실했다.

Fed의 공개시장조작 정책이 신용 창출에 성공하지 못했다는 점을 감안하면 Fed의 정책을 상품가격 반등과 직접적으로 연관시키기는 어렵다. 하지만 간접적으로 영향을 미쳤을 수는 있다. 대표적으로 1932년 7월에 사람들이 보유한 현금의 양이 최고치를 기록하고 꺾이기 시작해 그해 말까지 예금 대비 현금의 비율이 소폭 개선된 현상을 꼽을 수 있다. 예금을 찾지 않고 은행에 맡겨두려 한다는 것은 은행 시스템에 대한 믿음이 높아졌다는 뜻이며, 이는 아마도 Fed의 유동성 공급 조치 덕분일 것이다. 은행 시스템에 대한 우려가 완화된 것이 1932년 여름에 상품가격이 안정되고 경기회복 기조가 나타나는 데 도움이 됐을 수도 있다. 하지만 설사 그렇다 하더라도 투자자들이 얻어야 하는 교훈은 Fed의 유동성 완화 조치만 가지고 주식시장의 바닥을 판단하는 것은 본질적으로 매우 위험하다는 점이다. Fed의 유동성 공급이 상품가격안정과 경제활동 활성화에 간접적으로 영향을 줬는지는 모르겠지만 신용 창출 촉진이 경제에 직접적인 영향을 미쳤다는 증거는 없다.

Fed가 1931년 8월부터 10월까지 유동성 공급을 확대했을 때는 긍정적인 반응이 없었다는 점을 감안할 때 Fed의 새로운 정책이 간접적으로 소비 심리를 안정시켜 경기회복으로 연결될 것이라고 믿는 것은 위험하다고 할 수 있다. Fed가 1931년 8월 처음으로 유동성 공급을 시작한 이후에도 다우존스 지수는 69%가 더 떨어졌다. 이 같은 상황에 별다른 동요를 보이지 않았던 용감한 투자자라면 Fed가 두 번째로 공개시장조작에 나섰던 1932년 4월에 주식 매수에 나섰을 것이다. 하지만 그해 4월부터 7월까지 이 투자자는 투자자금의 3분의 1을 잃었을 것이다. 결과적으로 1931년 8월부터 1932년 7월까지 Fed가 공개시장조작으로 유동성 완화에 나섰을 때 주식투자에 나섰다면 엄청난 손실을 봐야 했다.

1부에서 우리는 침체장이 바닥에 도달했다는 신호로 전반적인 자금 증가와 신용확대에 대해 살펴봤다. 1921년 침체장 바닥에서 이 같은 분석은 거의 효과가 없었다. 설사 있었다 해도 1932년에는 1921년보다 더 효과가 없었다. 미국 은행들의 전체 대출잔액이 1935년이 되어서야 바닥을 치고 신용이 다시 늘어나기 시작했기 때문이다. 전반적인 통화 공급 증가율에 주목했다 해도 1932년 7월이라는 주식 매수의 시점을 맞추는 데 별 도움이 되지 못했다. 명목으로든, 실질로든 전반적인 통화 공급 상황은 1933년 1분기 말이 되어서야 개선됐다고 할수 있었다.

당시는 통화 분석에 모든 답이 있다고 기대할 수 있는 분위기가 아니었기 때문일 수도 있다. 돈의 사용 자체에 대한 신뢰가 바닥에 떨어진 상황에서 어떻게 통화를 분석해 이러한 심리적 불안이 개선될지 판단할 수 있겠는가? 돈에 대한 신뢰 상실은 사우스캐롤라이나의 사례에서 단적으로 드러났다. 사우스캐롤라이나의 공장 근로자들은 한달에 일주일간 초과 근무 수당을 옷감으로 받기로 했다. 이 지역 상인들과 농민들도 상품값을 가능한 옷감으로 받는다는 데 합의했다(WSJ, 1932년 5월 30일). 문명 세계에서 실물자산인 금에 대한 욕구가 이때보다 더 강했던 적은 결코 없었다.

동전이 통용되지도 않는 프랑스 파리의 장외시장에서 금괴를 잘라 만든 일종의 금붙이인 20달러짜리 미국 금화double-eagles가 대략 25%의 프리미엄이 붙어 거래되고 있다.

물론 25%의 프리미엄은 프랑스 프랑으로 지불된다.

WSJ, 1932년 6월 7일

이처럼 극단적인 상황에서 통화 지표를 보고 금융시장이 안정되고 있다는 증거를 찾으려 했다면 현명한 판단은 아니었을 것이다.

낙관론자와 비관론자

그는 자기 주식이 어떻게 10달러까지 떨어졌는지 생각했다. 그는 그 주식을 계속 가지고 있을지, 팔아 버릴지 결정해야 했다. 2,000달러가 800달러가 됐다. 일케 더간은 변동성이라고 말했다. 그 개자식이 다음에 스터드 로니건을 만난다면 아주 요동을 칠 것이다.

제임스 패럴,《심판의 날》

1932년에도 1921년처럼 주식시장의 향후 움직임에 대해 많은 예측이 있었다. 그리고 1932년에도 1921년과 마찬가지로 물가 안정이 주식시장의 전환점이 된다고 믿었던 투자자들이 정확했다. 1921년처럼 시중 유동성을 분석해 주식시장의 바닥을 판단하려 노력했던 사람들은 난처한 상황에 빠졌다. 하지만 투자의 세계에는 향후 상황이 어떻게 전개될지 판단할 때 전략적 방법 이상으로 전술적 수법이 필요할 수 있고, 무엇보다 1921년과 1932년 사이에는 수많은 차이점이 있다.

〈WSJ〉에서 인용한 다음 보도들은 1932년 여름, 투자의 세계가 어떤 광경이었는지 보여준다.

표2-28_다우존스 지수: 1932년 5월 8일~10월 8일

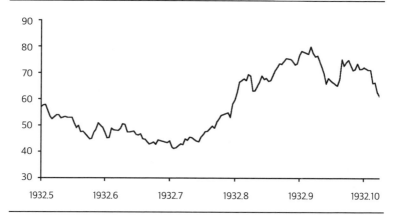

자료: 다우존스&Co.

- **5월 9일:** 상승 동력momentum이 부족한 것은 보통 공매도 잔액이 많지 않고 주요한 매수세를 이끌어낼 만한 유인책이 부족하기 때문이다.

- **5월 9일:** 최근 수개월 사이에 가장 급격한 상승이었다. 후버 대통령이 재정수지의 균형을 맞춰야 한다고 호소한 것이 효과가 있었다.

- **5월 12일:** 지난달 주식시장을 돌아보면 거래량이 평균 이상으로 늘었을 때 주가가 올랐고, 대부분 주가가 떨어지긴 했지만 그때마다 거래량이 많지 않았다는 점은 주목할 만하다. 사실 거래량은 점점 줄어든 이후 늘어날 기미를 보이지 않았다.

- **5월 13일:** 마침내 윤곽을 드러낸 정부 정책이 인플레이션을 유발할 수 있는 결정적인 조치라면 이에 따라 주가가 상승할 것이란 점은 확실해 보인다.

- **5월 17일:** 상원의 민주당 지도자들이 공화당과 함께 세제 개편안의

빠른 처리를 촉구하자 시장이 호응하며 뒤늦게 상승세가 촉발됐다.

- **5월 21일:** 12명의 은행가와 기업가가 연방준비제도의 신용 확장 정책으로 시장에 투입된 막대한 자금이 효력을 발휘할 수 있도록 지원하기 위해 위원회를 구성했다는 소식이 어제 전해졌다. 이는 증권시장에 새로운 희망의 신호로 받아들여졌다. 새로 만들어진 위원회가 어떤 일을 할지 아직 확실하진 않지만 위원회 활동에 따른 영향은 채권시장에 가장 먼저 반영될 것으로 보인다. 다른 여건들이 증권시장에 일시적인 자극밖에 주지 못하는 가운데 워싱턴에서 발표되는 조치가 좀 더 구체화되기 전까지는 앞으로 금융시장이 어떤 회복세를 보일지 미리 판단하기 어렵다.

- **5월 25일:** 오랜 침체장 속에서 가장 꿋꿋하게 잘 버텨왔던 식품회사와 담배회사 주식이 최근 가장 약세를 보이고 있다. 다른 주식들이 너무 많이 폭락하자, 투자자들이 그나마 남은 자산이라도 보전하려 가장 잘 버텨온 회사들의 주식을 팔고 있기 때문으로 보인다. 최근 최저치를 경신한 식품회사 주식들이 수두룩하다.

- **5월 26일:** 전날 거래량 급증은 주식시장이 침체장의 절정에 다가가고 있다는 신호로 해석된다.

- **5월 27일:** AT&T, 사상 최저치 경신

- **5월 28일:** 휴일을 앞두고 극도로 한산했던 주식시장이 제너럴일렉트릭이 분기 배당금을 60% 삭감한다고 발표하면서 크게 흔들렸다.

- **5월 28일:** 오전에는 투자자들이 주식에 사실상 전혀 관심이 없었다고 할 수 있다.

- **6월 2일:** 통화 안정 단체를 새로 만들었다는 소식이 발표됐다. 연방

준비제도의 제한된 신용 확장 정책으로 대부분의 주요 은행에 상당한 규모의 지급준비금이 쌓였다. 여러 징후에 의하면, 이 준비금 중 일부는 최소한 추천된 기업의 채권을 매입하는 데 쓰일 것이다. 주식시장은 상원이 세제 법안을 마침내 통과시켰다는 소식으로 전날 오전 급등했다. 발표된 경제 정책이 시행되면 균형예산[세입과 세출이 균형을 이루는 예산-옮긴이]이 이뤄지게 된다. 3월 8일 이후 다우존스 산업지수와 철도지수, 공공설비 지수는 대략 50%에서 60% 이상 급락했다. 이 같은 낙폭을 감안할 때 주식시장이 전환점에 거의 도달한 것으로 보인다.

- **6월 6일:** 최근의 반등은 과거 주식시장의 오랜 하락세 동안 나타났던 수없이 많은 짧은 반전과 닮아 있다. 이전에도 반등 때마다 마침내 상승세로의 전환점에 도달했다는 희망이 솟아났지만 곧 이은 급락은 희망에 찬물을 끼얹었다.

- **6월 11일:** 충격적인 상승세가 펼쳐졌다. 하지만 주가상승의 대부분은 공매도 잔고가 급증하면서 초조해진 공매도 투자자들이 빌린 주식을 갚으려 주식을 되샀기 때문이다. 공매도 투자자들은 오번을 공매도했던 불행한 투자자들이 어떤 일을 당했는지 보고 충격을 받았음에 틀림없다. 오번은 전날 5포인트 오른 데 이어 오늘도 꾸준히 올라 한때 상승폭이 20포인트를 넘어섰다. 공매도 잔고가 많은 다른 주식들도 큰 폭으로 뛰어올랐다. 특히 JJ.케이스, 콜럼비아카본, IBM 등의 상승세가 두드러졌다.

- **6월 11일:** 모든 뉴스가 긍정적인 것은 아니었지만 증시는 악재에는 거의 신경도 쓰지 않는 모습이었다.

- **6월 13일:** 여러 가지를 고려해볼 때 유럽은 미국 주식을 사고 있는 것처럼 보인다. 이 결과 뉴욕 주식시장이 지난 몇 주일간 하락한 주요 원인이었던 외국 투자자들의 꾸준한 매도세도 억제되고 있다.

- **6월 15일:** 주가 수준은 전반적으로 높아졌으며 때때로 주식시장이 뚜렷한 강세로 돌아설 준비가 되어 있다는 분명한 신호도 나타나고 있다. 증시는 대부분 오름세를 보였는데 달러화 강세가 이 같은 상승세의 동력으로 작용했다.

- **6월 16일:** 주식시장의 움직임은 상당히 인상적이었다. 주가가 반락할 때는 거래량이 잦아들고 주가가 오를 때는 거래량이 늘었다. 게다가 주도주가 다각도의 매수세에 힘입어 최고의 수익률을 보인 것도 주목할 만하다.

- **6월 17일:** 월스트리트는 최근 채권시장에서 얻은 단서를 거래할 때 활용하고 있는데 채권시장의 상승 없이는 주식시장 역시 지속적으로 개선되기 어렵다는 사실을 깨닫고 있다.

- **6월 21일:** 하루 다섯 시간이라는 전체 거래시간을 채우고도 거래량이 거의 40만 주가량으로 줄었다. 1924년 6월 2일 이후 전체 거래시간을 채운 날로는 최저 수준이다. 월요일에 40만 주라는 거래량은 주가가 폭락했던 1929년 10월 29일에 기록했던 최대 거래량 1,641만 주와 대비된다. 그날 GM 보통주 한 주식의 거래량만 97만 1,300주에 달했다(단일 종목의 거래량으로는 최대 기록이다). 오늘 월요일 전체 거래량의 2배가 넘었다.

- **6월 23일:** 주도주 일부가 신저점을 경신했지만 나머지 종목은 이러한 하락세 속에서도 꿋꿋했다.

- **6월 24일:** 또다시 개별 종목, 특히 아메리칸캔과 아메리칸텔레폰에서 주식 청산 압력이 뚜렷하게 나타났다. 아메리칸캔은 오늘 사상 최저치로 떨어졌지만 아메리칸텔레폰은 이전 최저치 부근에서 움직이다 오후 들어 급격히 회복하며 상당한 강세로 마감했다.

- **6월 25일:** 주식시장의 디플레이션이란 말이 오히려 온화하게 들릴 정도로 급락세가 나타나며 거래된 종목의 50% 이상이 주당 10달러 아래로 내려갔다. 목요일 장에서 422개 종목이 거래됐는데 이 중 226개 종목이 주당 10달러 이하로 팔렸다. 주가가 100달러 이상으로 거래된 종목은 단 하나도 없었다.

- **6월 28일:** 다우존스 지수의 신저점 경신은 분명 걱정스러운 신호다. 다우존스 지수의 움직임만 가지고 약세장이 여전히 진행되고 있다고 단언하기는 어렵다. 하지만 다우존스 철도지수마저 신저점을 경신한다면 다우이론에 따라 오랜 주가하락이 아직도 끝나지 않았다는 확실한 신호가 될 것이다(다우존스 지수는 5월 저점을 깨고 내려갔다).

- **6월 29일:** 제너럴푸드가 분기 배당금을 기존의 75센트에서 50센트로 삭감한 것 때문에 급락한 것은 아니었다. US스틸과 코카콜라, GM, 내셔널비스킷, 시어스-로벅, 유니온퍼시픽, AT&T도 신저점을 경신했다.

- **6월 30일:** 시카고에서 열린 민주당 지도부 회의는 증권시장에 거의 영향을 미치지 못했다. 스위스 로잔에서 날아온 급전은 급박한 유럽 경제의 문제를 해결하는 데 어떤 도움도 주지 못한 채 회의가 거의 결렬 상태에 놓여 있다는 인상을 더욱 뚜렷하게 주었다.

- **7월 2일:** 재정건전성이 뛰어나고, 기본적으로 사업 전망이 밝으며,

현재와 같은 여건에서도 상당한 이익 창출 능력을 갖춘 기업은 현재의 주가 수준이 장기적인 관점에서 확실히 매력적으로 보인다. 다음은 이런 점에서 염두에 둘 만한 종목 명단이다. AT&T, 콘솔리데이티드가스, 유나이티드가스 임프루브먼트, 퍼시픽가스&일렉트릭, 체서피크&오하이오, 아메리칸토바코, 유나이티드스테이츠토바코, 프록터&갬블, 아메리칸홈프로덕트, 컨티넨털캔, E.I.듀퐁드느무르, 윌리엄리글리주니어, 아메리칸치클, 보든, 콘프로덕트.

- **7월 3일:** 다우존스 지수는 6월 27일에 42.93으로 마감해 5월 31일에 기록했던 기존 최저치 44.74보다 1포인트 이상 떨어졌다. 다우이론을 추종하는 사람들에게 다우존스 지수의 신저점 경신은 경고 신호다. 하지만 아직까지 다우존스 철도지수는 기존 저점 밑으로 떨어지지 않고 있어 침체장이 계속될 것이란 확실한 신호로선 부족하다. 다우존스 철도지수는 6월 1일 14.10으로 최저치를 기록했다. 6월 27일에는 13.76으로 마감해 기존 바닥을 소폭 밑돌았을 뿐 6월 1일 저점보다 완벽하게 1포인트까지 떨어지진 않았다. 철도 주식에선 매도 압력에 대한 저항 신호가 분명하게 나타나고 있다. 철도 주식은 5월 한 달간 극히 부진한 실적 발표가 이어지는 중에도 견고하게 버텼다. 철도 주식이 지지를 받고 있다는 뚜렷한 증거와 다우존스 지수가 저항 지점의 소폭 아래 수준에서 유지되고 있다는 점은 다우이론을 따르는 사람들에게 중요하다.

- **7월 8일:** 다우존스 지수 바닥

- **7월 11일:** 그간 월스트리트가 장기적인 관점에서 엄청난 개선 가능성을 지닌 구체적인 움직임보다는 잠재적인 악재에 대한 두려움에

더 민감하게 반응해온 것은 사실이다. 하지만 최근 들어 국내외에서 투자자들의 매수세가 뚜렷해지고 있다.

- **7월 11일:** 이번 주 후반 들어 몇몇 주도주들이 기존 저점을 뚫고 내려갔다. 신저점을 경신한 종목은 아메리칸텔레폰과 코카콜라, 이스트만코닥, 유니온퍼시픽, 뉴저지퍼블릭서비스, 인터내셔널슈, IBM 등이다.

- **7월 11일:** 코카콜라 보통주는 그간 공매도 세력의 엄청난 공격을 받아왔다. 알코올 함유량이 0.5%가 넘는 맥주가 다시 허용될 것이라고 믿는 사람들이 이 같은 코카콜라 매도를 주도했다(미국은 1920년부터 금주법이 시행돼 법적으로 술을 제조, 판매하는 것이 금지됐다. 금주법은 1933년에 폐지됐다 – 옮긴이). 하지만 코카콜라의 사장인 로버트 우드러프Robert Woodruff는 알코올 음료가 얼마간 허용됐던 몬트리올에서 1인당 코카콜라 판매량이 오히려 미국보다 2배 이상 많았다며 이 같은 논리를 반박하고 있다.

- **7월 12일:** RCA의 주주가 1931년 12월 31일 기준으로 10만 3,851명을 기록했다. RCA의 주주는 1930년 6월 30일에는 9만 3,000명이었고 1928년 6월 30일에는 2만 5,000명이었다.

- **7월 12일:** 7월 5일 화요일 주식시장 마감 때 다우존스 지수에 포함된 모든 종목들은 올해 저점이나 침체장이 시작된 이래 최저점과 비교해 0.5포인트 이내 수준으로 떨어져 있었다. 하지만 NYSE에 상장된 주식과 채권의 상당수는 현재 올 들어 최저점 대비 50% 이상 상승했다(67개 종목이 1932년 7월 8일 저점 대비 50% 이상 올랐다).

- **7월 14일:** 영국과 프랑스가 유럽의 번영을 위해 정치·경제적으로

협력하기로 합의한 점은 주목할 만하다. 몇몇 소식통에 따르면, 최근 며칠간 외국인들은 상당한 규모로 미국 주식을 사들였다. 3월 초부터 6월 말까지 몇 개월간 외국인 매매는 가끔씩 나타난 공매도를 제외하고는 상대적으로 무시해도 좋을 만한 규모였다.

- **7월 15일:** 여러 가지 불리한 여건 속에서도 주식시장의 움직임은 특히 고무적이었다. 의회 휴회가 가까웠다는 기대감이 증시상승의 주요 원인이 되고 있다. 의회 휴회는 증시를 끌어올리는 촉매가 될 것으로 보인다(의회는 바로 다음날 휴회했다).

- **7월 20일:** 조정이 임박했다. 월스트리트는 대부분의 기업이 실망스러운 실적을 발표할 것이란 점을 이미 자포자기의 심정으로 받아들이고 있다. 하지만 다른 한편으로 대부분의 주가에 이 사실은 이미 오래전부터 반영돼 있다는 점 역시 명백하다.

- **7월 22일:** 목요일 거래에서 알루미의 종가는 올해 들어 최저치 22달러에 비해 80%가 높았다. 걸프는 최저치 22달러보다 39% 높은 수준에 도달했다. 다우존스 지수는 1932년 저점 대비 13%가 올랐다.

- **7월 22일:** AT&T에서 숏 커버링이 나타났다. 숏 커버링이란, 주가가 떨어질 것으로 보고 주식을 빌려 팔았던 투자자들이 주가가 오르자 손실을 줄이려 주식을 갚기 위해 매수에 나서는 것을 말한다. AT&T와 오번, 듀폰, 내쉬, 내셔널비스킷, 오티스엘리베이터, 캘리포니아 유니언오일, 유나이티드프루트 등은 분기 배당금 요구액을 벌어들이지 못했지만 지난 하루 이틀 사이에 큰 폭으로 뛰어올랐다.

- **7월 25일:** IT&T [1920년에 설립된 전화통신기기 제조업체로 사명이 INT로 변경됐다 - 옮긴이]의 주주 숫자가 10만 745명으로 늘었다. 1929년 12월

31일에는 5만 3,594명이었다. 이 회사가 1921년 12월 31일 첫 연차 보고서를 발표했을 때 주주 숫자는 846명이었다.

- **7월 25일:** 주가가 하락하면서 거래량이 현저하게 줄었다. 뚜렷한 근거는 없지만 증시는 최근의 상승세를 다지려 노력하고 있는 것으로 보인다.

- **7월 25일:** 최근의 채권 가격 상승이 갖는 중요성은 주식시장에도 영향을 주기 시작했다. 많은 경우 채권은 담보 목적으로 제공되는 한계 계좌에 들어 있다. 따라서 채권 가격이 급등하면 이런 한계 계좌의 매수 역량이 늘어나게 된다.

- **7월 26일:** 주가가 소폭 떨어지면 투자자들의 매매 활동이 큰 폭으로 줄고 주가가 오르면 거래량이 급증한다. 이는 지난 3월 초부터 6월 초까지 긴 하락세 동안 나타났던 시장의 움직임과 극명하게 대비된다. 당시에는 주가가 반등할 때 거래량이 급감하고 주가가 약세를 보이면 거래량이 늘어났다.

- **7월 26일:** 회의론자들은 최근의 주가상승이 주로 전문투자자들의 참여 덕이라며 진지하게 받아들일 필요가 없다고 주장하고 있다. 하지만 경기가 즉각 회복되지 않는다 해도 현재 이익 수준에서 주가가 싸다고 생각하는 투자자들이 상당한 규모로 매수에 참여한 것도 사실이다.

- **7월 30일:** 1929년 9월부터 형성된 추세선이 마침내 무너졌다. 이는 기술적 분석상 오랜 침체장이 일시적 반등을 만난 것이 아니라 주요한 흐름이 강세로 바뀔 만한 전환기를 맞았다는 결정적인 증거라고 할 수 있다.

- **8월 1일:** 수많은 분기 동안 반복된 급격한 상승 이후의 반락은 아직까지 나타나지 않고 있다. 증시는 오히려 차익 실현을 위한 매도와 청산 압력을 상당히 쉽게 흡수하며 꾸준히 밀고 올라가고 있다.

  환율이 급락한 직접적인 이유는 올 봄 달러 선물환을 매도했던 투자자들이 손해를 만회하려 달러화 매수에 나섰기 때문이다. 올 봄 미국 경제에 대한 비관론이 고조되면서 많은 투자자들이 달러화 가치가 급락할 것으로 보고 달러화에 대해 매도 포지션을 취했다. 이러한 매도 포지션은 향후 미국 경제가 더 나빠질 것이란 전망으로 대부분이 그대로 유지돼왔다[달러 가치가 떨어질 것으로 보고 일정 기간 뒤에도 현재 가치로 달러를 팔기로 계약을 맺는 것이 달러 선물환매도다. 하지만 달러를 팔기로 한 시점에 오히려 달러 가치가 올라 있다면 이전에 낮은 가치로 달러를 팔기로 했던 사람들은 손해를 보게 된다 – 옮긴이]. 이전에는 미국 경제가 파국으로 치닫고 있다고 확신하는 사람들이 많았지만 채권과 주식 가격이 오르자 마침내 미국 경제가 최고의 투자 기회를 맞고 있다는 믿음이 나타나고 있다.

- **8월 5일:** 여전히 많은 투자자들이 상승세를 믿지 못하고 장중 내내 공매도와 차익 실현 매물이 쏟아졌지만 대부분의 종목이 신고점을 경신했고 거래량은 1931년 10월 이후 가장 많았다.

- **8월 6일:** 증시는 오후 들어 약세를 보였지만 주가가 하락할 때마다 상당한 저항이 있었고 조정이 상당 기간 이어질 것이란 증거도 나타나지 않았다.

- **8월 8일:** 증시전문가들은 아직도 많은 종목이 한 달 전만큼이나 많이 공매도되어 있다고 보고 있다. NYSE의 8월 현재 공매도 잔고 집

계도 이 같은 믿음을 뒷받침하고 있다.

- **8월 9일:** 유럽계 자본은 지난 1년 이상보다 지난 일주일간 더 많은 미국 증권을 거래했던 것으로 추정된다. 아울러 최근 유럽계 자본은 1929년 증시 대폭락 이후 그 어느 때보다도 더 많은 미국 증권을 매수하고 있는 것으로 보인다.

- **8월 12일:** 침체장이 시작된 이후 시가총액 증가율이 월간 기준 최대를 기록하고 있음에도 전체 증권 담보 대출은 7월에 1억 1,200만 달러가 줄어 사상 최저 수준으로 감소했다. 현재 증권 담보 대출은 1929년 9월 30일에 기록했던 사상 최대치 132억 500만 달러에 비해서는 85억 1,800만 달러가 줄었다.

- **8월 13일:** 주식시장은 최근 드러나고 있는 기업들의 실적 부진에는 거의 신경을 쓰지 않는 반면, 올 가을 경기 반등을 예고해주는 경기 지표에는 높은 관심을 보이고 있다. 오랫동안 증시는 악재에는 즉각 반응한 반면 긍정적인 전망은 거의 무시해왔으나 최근에는 전혀 다른 모습을 보여주고 있다.

- **8월 16일:** 듀폰이 보통주의 분기 배당금을 75센트에서 50센트로 줄였으나 증시는 이를 무시했다. 지금까지 기업 실적에서는 어떠한 의미 있는 변화의 조짐도 나타나지 않고 있지만 채권과 원자재 가격은 거의 지난 두 달간 강세를 이어왔다.

- **8월 16일:** 영국 투자자들이 미국 주식시장에 다시 관심을 보인 것은 전쟁 공채를 전환해주겠다는 제안이 나오고 의회가 휴회를 하면서부터였다. 미국 증권가에서는 영국 투자자들이 약 한 달 전부터 주가상승세를 주도했다는 얘기가 공공연히 돌고 있다. 7월 26일에 나온 영

국 증권중개인들의 회보에는 미국과 유럽의 우량 제조업 주식이 15개씩 소개됐는데, 미국 주식들의 평균 수익률은 10.4%였다.

- **8월 17일:** NYSE에서 주식을 매매할 수 있는 권리인 회원권이 15만 달러에 팔렸다. 이는 기존 거래 때보다 25% 오른 가격이다. NYSE 회원권의 올해 최저가는 6만 8,000달러였다.

1932년 여름은 실로 암울한 시기였지만 낙관적인 징조도 적지 않았다. 앞서 소개한 〈WSJ〉 보도 중에서 한 가지 뚜렷한 변화의 징조는 악재가 나와도 주식시장 전반적으로, 특히 해당 종목이 부정적인 반응을 보이지 않았다는 점이다. 증시가 호재에도, 악재에도 반응을 보이지 않을 정도로 마비된 것처럼 보였던 이 기간 중에 미묘한 변화가 시작되고 있었다.

주식시장은 전반적으로 하락세를 지속했고 점점 쌓여가는 호재도 무시하고 있었지만 몇몇 종목들은 특정한 호재에 반응해 이미 오르기 시작하고 있었다. 다우존스 지수가 바닥으로 떨어진 7월 8일에 이미 67개 종목은 기존 1932년 저점 대비 50% 이상 올라 있었다. 1932년 초여름 더운 날씨에는 통상 450개 미만의 종목이 거래됐기 때문에 이처럼 급등한 종목의 움직임은 더욱 두드러졌다. 이 가운데 다우존스 지수에 포함된 종목은 하나도 없어 이들 종목의 특징을 분석하기는 쉽지 않다. 하지만 이들 급등 종목의 한 가지 공통점은 전반적으로 원자재 가격, 특히 설탕 가격 상승의 수혜를 입었다는 점이다. 다우존스 지수가 바닥을 치기 전에 이처럼 많은 종목들이 상승할 수 있었다는 것은 이미 시장에 매수 세력이 구축되고 있었다는 증거가 된다.

많은 증권전문가들은 침체장의 마지막 날이 멀지 않았다는 신호로 AT&T의 약세를 지목했다. AT&T는 당시 투자자들이 가장 많이 보유하고 있던 종목으로, 어느 하루 상당폭 하락했다는 사실만으로도 신문 머리기사를 장식할 정도였다. 이처럼 많은 사람들이 투자하고 있는 AT&T마저 '급강하'했다는 것은 주식에 미련을 버리지 못하고 있던 소액투자자들마저 두손 들고 주식시장을 떠나고 있다는 신호일 수 있다. AT&T의 급락이 마지막 낙관론자마저 비관론자로 바꾸었다는 뜻으로 해석될 수 있을까? 침체장의 마지막 며칠간 상당수의 종목이 앞서 급등하긴 했지만 '안전한' 종목으로 여겨졌던 담배와 식음료 주식들은 급락했다는 사실도 주목할 만하다. 1932년 5월에 식음료 주식은 가중평균했을 때 23.2%가 급락했고 담배 주식은 21.3%가 추락했다. 33개월간 이어진 침체장에서 식음료 주식의 월평균 하락률은 3.4%, 담배 주식은 1.3%에 불과했다. 하지만 오랜 하락세 속에서 꿋꿋하게 버텨왔던 '안전한' 주식의 몰락만으로 증시가 바닥에 근접했다는 판단을 내릴 수는 없다. 1930년 9월에도 식음료 주식은 한 달간 27.9% 급락했고 담배 주식은 21.3% 떨어졌다. '안전한' 주식의 추락을 주식투자자들의 마지막 항복 선언으로 해석하고 10월 1일에 주식을 샀다면 1932년 7월까지 투자한 자본의 절반을 잃었을 것이다. 경기하락 때 상대적으로 안전한 주식으로 여겨지는 이른바 방어주들의 추락을 침체장이 끝나고 있다는 신호로 해석하려면 또 다른 바닥의 징조가 함께 나타나고 있는지 살펴봐야 한다.

주가가 떨어질 때 거래량이 줄고 주가가 오를 때 거래량이 늘어나면 긍정적인 신호로 여겨지는데 1921년과 마찬가지로 1932년에도 6월 초부터 이 같은 현상이 뚜렷해졌다. 주가가 떨어질 때 거래량이 준다는 것은 주식을 청산할 준비가 되어 있는 투자자들이 줄었다는 의미다. 주가가 오를 때 거래량이 느는 것은 이른바 '대규모의 건설적인 투자자'들이 시장에 들어오고 있다는 뜻이다.

1921년에는 주가가 오를 때 공매도 세력이 빌려 팔았던 주식을 갚으려 매수에 나서면서 거래량이 더 늘어났다. 1932년에도 몇몇 종목에서 이러한 공매도 세력의 주식 매수가 나타나긴 했지만 1921년과 달리 공매도 잔고를 줄이려는 비관론자들의 매수세가 의미 있는 정도로 많지는 않았다. 1921년 침체장 바닥 때는 공매도 잔고가 재빨리 줄었지만 1932년에는 다우존스 지수가 바닥을 쳤던 7월 8일부터 27일까지 공매도 잔고가 계속 늘어났다. 공매도 잔고는 8월 3일이 되어서야 7월 8일 수준 밑으로 떨어졌다. 이 기간 동안 다우존스 지수는 29%가 올랐다. 따라서 공매도 투자자들은 주가가 하락할 것이란 전망을 포기할 때까지 엄청난 손실을 입었던 것으로 보인다.

1932년 7월에 공매도 잔고가 줄지 않았던 것은 당시의 상승세가 7월 이후까지 지속될 가능성이 높다는 사실을 예고하는 긍정적인 신호였다. 비관론을 포기하지 않으려는 움직임은 초기 반등이 지속될 가능성이 높다는 긍정적인 징조로 해석된다.

1부에서 침체장이란 이른바 투자자들의 '항복'과 함께 끝난다는 증시 격언을 살펴봤다. 이 같은 격언은 최후의 낙관론자들이 마침내 자포자기의 심정으로 주식을 내던지면 거래량이 늘면서 주가가 마지막으로 급락하며 침체장이 끝난다는 의미를 담고 있다. 하지만

1921년에도 마지막 급락 때 거래량이 줄었고 1932년에도 비슷한 상황이 펼쳐졌다.

표2-29에서 보듯이 거래량은 침체장 마지막 몇 달간 쭉 감소했다. 다우존스 지수가 바닥을 쳤을 때 2주간 일평균 거래량은 채 65만 주도 안 됐다. 7월 23일까지 2주 이동평균 거래량은 여전히 75만 주 미만이었다. 그리고 7월 25일부터 4일 연속으로 일 거래량이 1932년 5월 초 이후 처음으로 100만 주를 넘어섰다.

다시 한번 침체장의 마지막 급락은 거래량이 크게 줄어든 상태에서 일어난다는 사실이 확인됐다. 거래량은 침체장이 끝나고 첫 반등이 이뤄진 이후에야 늘어난다. 이는 1921년에도 뚜렷하게 나타났던 현상이다. 거래량이 크게 늘어난 상태에서 투자자들의 항복이 나온다는 널리 알려진 믿음보다 거래량이 줄어든 상태에서 주가가 급락하는 것이 침체장 바닥을 더 잘 나타낸다.

표2-29_다우존스 지수의 바닥과 거래량

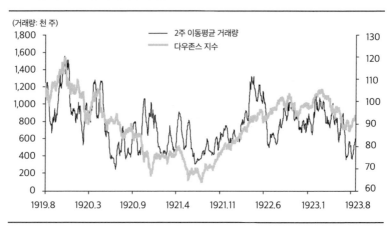

자료: 다우존스&Co.

증시가 강세로 돌아섰다는 신호로 기업들의 이익이 회복되기를 기다렸던 투자자라면 1932년 7월 바닥을 놓칠 수밖에 없었을 것이다. 코울스 재단에 따르면, S&P500 지수에 포함된 기업들은 1932년 12월에 실적이 바닥을 쳤다. 기업들의 분기 실적은 한 분기 가량 늦게 발표된다는 점을 감안하면 당시 투자자들이 실적 개선을 알게 된 것은 1933년 2분기 어느 때였을 것이다.

1933년이 되어서도 기업들의 실적 성장세가 지속될 것이라고 선언하기는 어렵다. 투자자들은 이전 경험에 비춰볼 때 경기가 회복되어야 강한 이익성장세를 기대할 수 있었다. 하지만 1933년에 기업들의 실적은 1932년에 비해 단지 7% 더 늘었을 뿐이다. 따라서 실적 개선의 신호를 기다렸던 투자자들은 1933년 여름까지 실탄을 쏘지 않고 기다렸을 것이고 1933년 내내 이런 식으로 기다리기만 했을 공산이 크다. 기업들의 실적은 1934년에도 11% 늘어나는 데 그쳤고 1935년이 되어서야 55% 급증하며 정상적인 경기순환 사이클 수준으로 회복됐다고 단언할 수 있었다.

상장기업 전체적으로는 경기침체 동안 단 한 분기도 손실을 냈던 적이 없었다. 하지만 미국 기업 전체를 놓고 보면 상황이 아주 달라진다.

표2-30을 보면 미국 기업 전체적으로 1932년에는 손실이 났다. 하지만 S&P의 집계에 따르면, 상장기업들은 1932년에도 비록 1929년 최고치에 비해 75% 감소하긴 했지만 이익을 냈다. 이익을 낸 기업들의 비율을 보면 언제 기업들의 실적 회복이 전반적으로 시작됐는지 알 수 있다.

표2-30_미국 전체 기업의 순이익 (단위: 백만 달러)

1929년 3분기	1,696
1929년 4분기	1,406
1930년 1분기	984
1930년 2분기	727
1930년 3분기	357
1930년 4분기	132
1931년 1분기	84
1931년 2분기	(34)
1931년 3분기	(185)
1931년 4분기	(407)
1932년 1분기	(361)
1932년 2분기	(569)
1932년 3분기	(677)
1932년 4분기	(662)
1933년 1분기	(604)
1933년 2분기	(142)
1933년 3분기	370

자료: 해롤드 보저, 미국의 지출과 수입, 1921~1938

실적 회복의 신호를 기다렸다면 1932년 7월이라는 침체장 바닥을 비슷하게도 가늠할 수 없었다. 무엇이든 잘 믿는 투자자조차 1933년 2분기가 되어서야 지속적인 실적 개선이 이뤄지고 있다는 판단을 내릴 수 있었고, 당시 상장기업들의 실적 증가율이 극히 미미했다는 점을 감안하면 1935년이 되어서야 실적 회복의 지속성을 확신할 수 있었다. 다우존스 지수는 1932년 7월 8일에 41.22에서 바닥을 쳤다. 1933년 초여름에 다우존스 지수는 이미 바닥에 비해 2배가량 올라와 있었다. 하지만 강세장의 다음 도약은 1935년 3월이 되어서야 이뤄졌다. 강세장의 이 두 번째 도약으로 다우존스 지수는 1935년 3월

표2-31_순익을 낸 기업의 비율 (단위: %)

1929년 3분기	94.3
1929년 4분기	89.8
1930년 1분기	84.1
1930년 2분기	83.0
1930년 3분기	71.6
1930년 4분기	65.2
1931년 1분기	67.2
1931년 2분기	63.1
1931년 3분기	53.3
1931년 4분기	50.9
1932년 1분기	45.7
1932년 2분기	40.2.
1932년 3분기	39.5
1932년 4분기	41.8
1933년 1분기	38.6
1933년 2분기	52.3
1933년 3분기	70.0

자료: G.H, 무어, 경기순환 지표들

부터 1937년 2월까지 거의 2배가 올랐다. 오로지 기업의 이익증가세에만 주목했던 투자자라면 이 두 번째 랠리에는 참여할 수 있었을 것이고, 1932년 7월에 증시에 뛰어들어 4배의 수익을 올렸던 투자자보다는 적었겠지만 그래도 2배의 이익은 거뒀을 것이다.

1921년과 마찬가지로 1932년에도 주주들의 숫자에 변화가 있는지 살펴보려는 노력이 있었다. 주주들의 숫자가 기존 최대치를 경신하면 이는 중요한 낙관 신호로 받아들여진다. 반면 침체장에서는 주식에 대한 대중의 관심이 잦아들면서 주주들의 숫자도 줄어든 것으로 여겨진다. 하지만 현실은 이런 예상과 정반대다. 1932년 5월에

346개 기업을 분석한 결과, 이 중 42%가 1930년 5월에 비해 주주 숫자가 늘어났던 것으로 나타났다. 이런 추세, 특히 주식시장 대표주에서 나타나는 이런 추세는 꽤 유명해서 20년 이상 US스틸의 주주 숫자가 매수 시점을 판단하는 근거로 사용되기도 했다.

적절하게 조합을 맞춘 차트에서 US스틸의 주가가 주주 숫자 밑으로 떨어지면 매수 신호로 해석됐다. 1903년과 1914년, 1920년, 1923년에는 이 차트가 매수 시점을 정확히 맞췄다. 1921년부터 1929년 강세장에서 US스틸의 주주 숫자는 변동이 없었지만 1929~1932년 침체장에서는 주주 숫자가 거의 2배로 늘어났다. 투자자들이 기존의 투기적 종목들을 버리고 규모가 커서 안정적일 것으로 여겨지는 종목으로 돌아섰기 때문으로 추정된다. US스틸의 주가와 주주 숫자의 관계상 1923년 이후 매수 신호는 1931년 초에 나타났다. 하지만 이때는 이후에도 오랫동안 주가하락이 계속될 시점이었다. 이로 인해 이 분석 방법이 신뢰성에 상당한 타격을 받았음은 물론이다. 하지만 R.G. 던의 분석을 보면, 1929년보다 1932년에 기업들의 주주가 더 많았다는 사실은 부인할 수 없다. 이는 일반적인 예상과 달리 1932년 침체장 바닥 때 주식에 대한 관심이 상당히 높았음을 시사한다. 1932년에 NYSE에 상장된 전체 종목의 3분의 1이 거래됐다는 점만 봐도 당시 대중들이 주식에 아주 냉랭했던 것은 아니라는 사실을 알 수 있다. 사람들이 주식에 진저리를 치고 있다는 증거가 나타날 때까지 매수 시점을 늦추며 기다렸다면 1932년 주식시장이 바닥을 친 이후에도 계속 기다려야 했을 것이다.

1920년대 강세장을 주도했던 RCA조차 1929~1932년 침체장 때 오히려 주주의 숫자가 큰 폭으로 늘었다. 1921년과 1932년 두 번의 침체장에서 동일하게 나타난 현상은 주가가 하락하는 동안 주식이 전문투자가의 손에서 대중의 손으로 이동했다는 점이다. 이 같은 현상은 당시 '대규모 건설적인 투자자'의 등장이라고 표현됐다. 1921년에도 전문투자자, 증권중개인, 자금력이 풍부한 자산가 등이 시장에 복귀한 것이 바닥임을 알리는 신호가 됐다. 이후 강세장이 전개되면서 주식은 일반 대중들의 손에서 다시 증권중개인이나 자산가 등 투자 규모가 큰 전문투자가의 손으로 이동했다. 1921년과 마찬가지로 1932년에도 강세장이 시작되고 있다는 신호는 일반 대중들이 주식에 다시 관심을 갖기 시작했다는 것이 아니었다. 증권중개인이나 자산가 등 자금력이 풍부한 큰손들로 주식이 집중되기 시작한 것이 강세장이 도래했다는 신호가 됐다.

당시 투자자들은 재정적자 확대에 대해서는 확실하게 잘못된 생각을 갖고 있었다. 〈WSJ〉는 재정수지 전망에 대해 지속적으로 보도했고 주식시장에 미치는 부정적이거나 긍정적인 영향에 대해서도 언급했다. 〈WSJ〉는 증시의 마지막 급락이 재정 불균형 탓이라고 봤다. 다우존스 지수는 1932년 3월부터 7월까지 4개월간 반토막이 났다. 어떤 침체장의 기준으로 보더라도 이는 굉장히 빠르고 지독한 하락세였다. 마지막 급락의 폭은 대폭락이 있었던 1929년 10월과 두 번의 은행 시스템 위기 당시의 낙폭을 넘어섰다. 〈WSJ〉의 다음 보도에서 알 수 있듯 정부의 조치로 정부에 대한 대중들의 신뢰가 무너졌음이 분명해 보인다.

뉴저지주 의회는 호전적인 테론 맥캠벨Theron McCampbell 의원이 '뉴저지 의회는 정신병원인가'란 주제로 1,500글자의 연설문을 읽겠다는 의지를 꺾지 않자 항의의 표시로 모두 퇴장해 버렸다. 뉴저지주 의회는 전원이 퇴장하기 전까지 '쉿' 하는 소리를 내거나 노래를 부르거나 전등을 끄는 방식으로 연설을 방해했지만 맥캠벨 의원은 아랑곳하지 않았다. 뉴저지주 의회는 마지막 조치로 휴회를 선언했지만 맥캠벨 의원은 끝까지 연설문을 읽었다.

WSJ, 1932년 5월 25일

"우리에게 정부란 것이 있는가?" 이 질문은 지금 이 시점에서 너무나 적절하다. 워싱턴에 지금처럼 뻔뻔스러운 싸구려 정치인들이 있었던 적이 있었던가? 그 정치인들을 심하게 꾸짖어 몰아내야 한다. 우리는 마음이 너무 너그러워 문제다.

롱 아일랜드, 오리엔트의 찰스 N 톰슨의 편지
WSJ, 1932년 5월 17일

주식시장과 채권시장이 개선되려면 균형재정이 필요하다는 의견이 지속적으로 나왔지만 훗날 이는 가장 잘못된 생각이었던 것으로 판명났다.

1931년에 정부의 재정적자는 GDP의 0.6%였다. 당시에는 1932년 초 집행을 목표로 정부 지출을 늘려달라는 로비도 의회에서 많이 이뤄지고 있어 재정적자는 더 악화될 것으로 예상됐다. 당시 경제전문가들은 이 같은 상황으로 인해 정부 재정이 파탄날 수도 있다고 우려

했다. 따라서 의회가 1932년 7월 16일 휴회하면서 지출을 늘리는 내용의 법안들이 무산되고, 후버 대통령이 균형재정을 위해 노력하겠다고 밝히자 투자자들은 이를 호재로 받아들였다. 당시 금융시장이 개선 조짐을 보인 것도 재정 수지 악화를 막으려는 이 같은 조치들 때문으로 투자자들은 풀이했다.

그해 7월에는 민주당이 루스벨트를 대선 후보로 결정했다. 루스벨트는 균형재정을 강력하게 주장해온 인물이었다. 하지만 균형재정을 예고하는 이 같은 움직임들을 1932년 7월에 시작된 주식시장 회복세의 주요 원인으로 생각한다면 이후 지속된 증시상승세를 이해하기 어렵게 된다. 1930년대 이전까지만 해도 미국은 평화기 때 재정흑자 기조를 유지해왔다. 미국 역사상 가장 심각한 경기위축기로 보이는 1837년에도 재정적자는 GDP의 0.68%에 불과했다. 이런 점에서 보면 평화 시기인 1931년에 재정적자가 GDP의 0.60%라는 것은 1932년 당시 투자자들에게 충분히 심각하고 걱정스러운 일이었다.

하지만 재정적자 규모는 1932년 GDP의 4.6%로 급증했고 1933년 4.61%에 이어 1934년에는 GDP의 5.5%까지 늘어났다. 당시 누구도

> **재정적자**
>
> 재정적자는 정부가 거둬들인 수입보다 더 많이 쓸 때 생긴다. 다시 말해 정부의 일반회계에서 세출이 세입보다 많은 상태를 말한다. 정부는 지출이 수입보다 많아 적자가 생기면 보통 국채를 발행해 자금을 조달받는다. 재정전문가들은 재정적자를 부정적인 것으로 보지만 금본위제를 폐기한 이후 최소한 정부의 재정 상황이 주식시장의 하락세를 악화시킨다는 증거는 거의 없었다.

이처럼 심각한 재정적자가 진행되는 상황에서 미국 역사상 가장 큰 폭의 강세장 중 하나가 펼쳐질 것이라고 예상하지 못했다. 주식시장의 회복을 위해선 무엇보다 균형재정이 전제돼야 한다고 주장했던 사람들은 전적으로 틀렸다. 당시 전 세계 각국이 균형재정을 실현하기 위해 결사적으로 펼쳤던 정책은 사실상 잘못된 것이었고 특히 모라비아에서 새를 키우는 사람들은 헛되이 세금을 내야 했다.

> 모라비아의 히엔스타트시는 시 예산을 마련하기 위해 모든 애완용 새에 세금을 부과하기로 했다. 이에 따라 나이팅게일에는 연간 2.97달러, 카나리아와 개똥지빠귀에는 이보다 적은 금액의 세금을 부과했다.
>
> WSJ, 1932년 6월 10일

1932년부터 1937년까지 재정수지가 악화됐음에도 증시가 오름세를 지속했던 것을 보면 1932년 3월부터 7월까지 증시의 마지막 폭락도 재정적자에 대한 걱정 때문은 아니었던 것으로 보인다. 당시 미국의 금 보유액은 크게 줄고 있었고, 이것이 증시하락을 유발했던 것은 분명하다. 하지만 미국에서 금이 유출됐던 것은 다른 이유 때문이었다. 당시 〈WSJ〉의 보도를 보면, 워싱턴의 정치 상황이 악화되면서 미국에서 금이 유출되고 증시가 급락하고 있다는 분석들이 있다. 〈WSJ〉는 해리 트루먼Harry Truman 대통령을 두고 '공화 당원들의 성경'이라고 표현했을 정도로 공화당에 우호적이다. 따라서 당시 〈WSJ〉가 민주당 대통령의 탄생 가능성이 높아지면서 신뢰가 하락하고 있다고 분석한 점은 전혀 놀랍지 않다. 하지만 미국의 금 유출에는 좀 더 근본적인 원인이 있었다. 미국의 주요 무역 상대국들이 모두 자국 통화 가치를 평가절하했던 것이다. 이 같은 통화 가치의 변화가 미국의 무역수지에 얼마나 극적으로 타격을 줬는지는 1932년 초 영국과의 무역 상황만 봐도 알 수 있다. 영국은 1932년 첫 4개월간 미국에서 단지 396대의 자동차만 수입했다. 1928년 1년간 5,188대를 수입했던 것과 비교하면 엄청난 감소다. 반면 1932년 첫 4개월간 영국은 미국에 총 8,771대의 자동차를 수출했는데, 이는 1928년 같은 기간에 비해 약 50% 늘어난 것이다(WSJ, 1932년 5월 23일). 미국의 무역흑자는 1930년부터 1931년까지 이미 절반가량 감소했다.

무역수지 악화가 뚜렷해지면서 미국이 금본위제를 유지할 수 있는지 의문이 생기기 시작했고, 이 결과 미국에서 자본이 빠져나가게 됐다. 1932년 4월에 연방준비제도가 통화정책 기조를 바꾼 것 역시 이 같은 금 유출을 촉진하는 역할을 했던 것으로 보인다. 많은 경우 정치적 압력에 의해 유동성을 확대하려는 움직임이 나타나면 이는 금본위제 폐기의 전조였다. 미국이 금본위제를 폐기하면 미국 달러화로 표기되는 재산을 가진 외국인 투자자들이 특히 손해를 입게 된다. 1932년 1월부터 7월까지 미국의 금 보유액은 36억 5,000만 달러로 12%가 줄었다. 금 유출은 연방준비제도가 공개시장을 통한 채권 매입을 중단하고 의회가 휴회할 때까지 계속됐다. 증시가 안정되기 위해선 균형예산이 필요하다는 당대 의견은 틀린 것으로 드러났고 1932년 증시의 마지막 급락이 워싱턴의 정치 상황 때문이라는 분석 역시 옳지 않다. 무역수지 악화와 연방준비제도의 유동성 투입으로 많은 사람들이 미국이 곧 금본위제를 폐기할 것이라고 믿게 됐던 것이 증시 급락의 핵심 원인이었다. 이런 상황에서 다우존스 지수는 단지 4개월만에 반토막이 나버렸다.

연방준비제도의 조치에 이 같은 부정적인 반응이 나오자 연방준비제도가 경기침체를 완화해주는 해독제 역할을 할 수 있다고 믿었던 사람들은 심각한 타격을 입었다. 뉴욕 연방준비은행을 포함해 많은 사람들이 몇 년간 금융 시스템에 유동성 투입이 필요하다고 주장해왔다. 하지만 실제로는 금본위제에서 유동성을 풀면 자본 유출이 일어나 유동성 확대로 인한 긍정적인 효과가 상쇄되는 결과가 나타났다. 미국의 무역흑자 폭이 더 컸고 다른 국가들이 자국 통화를 평가절하하기 전인 경기위축 초기에 유동성을 풀었다면 금융시장이 긍정적으로 반응했을 수도 있었을 것이다. 하지만 1932년 4월에는 금본위제가 지속될 것이란 믿음 자체가 이미 흔들리고 있었기 때문에 연방준비제도의 유동성 투입 정책은 금본위제가 곧 끝날 것이란 불안 심리를 조장하며 증시를 끌어내렸다.

그렇다면 지금 물어봐야 할 핵심적인 질문은 이것이다. 1932년 7월에 이 모든 혼란을 끝낸 것은 과연 무엇이었을까? 1932년에 금 유출을 막고 증시를 끌어올렸던 것은 그해에 있었던 외교적 사건이었다. 바로 스위스 로잔에서 있었던 독일의 전쟁 보상금에 대한 국제적 합의였다. 당시 언론 보도에 따르면, 협상이 이처럼 극적으로 타결될 것이란 기대는 전혀 없었던 것으로 보인다.

독일은 1919년 베르사유 조약에 서명한 이후 계속해서 제1차 세계대전과 관련한 전쟁 보상금을 낮춰달라고 요구했다. 반면 다른 국가들, 특히 프랑스는 어떠한 보상금 삭감에도 반대한다고 맞섰다.

이 같은 의견 차이는 오랫동안 좁혀지지 않았기 때문에 시장은 외교적 타협과 혼란에 익숙해져 있었다. 독일의 보상금 문제는 1921년에 합의됐으나 채 1년도 지나지 않아 독일은 보상금을 갚지 못해 채무불이행을 선언하고 1년간 보상금 지불 유예를 결정했다. 벨기에와 프랑스는 산업도시인 독일의 루르 지방을 점령했고 곧 초인플레이션이 독일을 강타했다. 1924년에 독일의 보상금 지불 능력을 감안해 채무 상환 일정을 조정해주는 내용의 도즈안 Dawes Plan 이 채택됐다. 이후 독일은 미국에서 돈을 빌려 보상금을 갚아 나갔다. 독일은 1921년 10월부터 1930년 7월까지 미화 135달러짜리 채권을 발행했다. 1932년 8월까지 이 채권의 발행총액은 액면가로 10억 달러가 조금 못 미칠 정도로 많았다. 독일 정부는 채권 발행에 성공해 보상금을 갚아나갔지만, 1929년에 또다시 추가적인 채무 조정이 필요해졌고 이 결과 영안 Young Plan 이 마련됐다. 하지만 대공황으로 인한 심각한 경기위축으로 독일의 경제적 문제는 더욱 악화됐다. 결국 후버 대통령은 1931년 여름에 연합국의 전쟁 채무 상환과 독일의 보상금 상환을 1년간 유예하는 모라토리엄을 선언했다. 지불 유예 기간이 끝나갈 무렵 이해 당사국들은 스위스 로잔에서 만나 채권을 받고 독일의 보상금 지불 의무를 면제해주기로 합의했다. 이 합의는 독일의 보상금 부담을 사실상 약 90% 삭감해주는 파격적인 내용으로 사람들을 깜짝 놀라게 했다. 프랑스는 오랫동안 독일의 보상금 삭감을 적극적으로 반대해왔으나 이상하게도 이 같은 내용의 삭감안에 합의했다(미국이 유럽 연합국의 전쟁 채무를 탕감해준다는 합의가 비공식적으로 이뤄졌으나 이는 당시 공개되지 않았다. 후에 미국의회는 이 합의안의 비준을 거부했다).

전쟁 보상금 문제가 타결됐다는 소식은 특히 상품시장에 긍정적으로 작용했다. 투자자들은 꽉 막혀 있던 국제적인 재정 문제가 해결됨에 따라 독일을 비롯한 전쟁 채무국의 소비가 늘어날 것으로 기대했다. 〈WSJ〉는 6월 24일에 국제적 합의에 따라 기대되는 긍정적 결과를 다음과 같이 소개했다.

프랑스는 현재 네덜란드, 스위스와 함께 금으로 묶인 단일 경제권 중 하나다. 세계 경기 회복은 이 3개 국가에 집중된 금이 채무국과 수출국들로 이동하는지 여부에 일부 달려 있다고 해도 과언이 아니다. 이 같은 금의 이동은 궁극적으로 경제가 회복되면서 서서히 이뤄지겠지만 각국 사이에 얽힌 채무 문제를 정치지도자들이 해결한다면 금의 이동이 촉진될 수도 있다.

로잔 합의는 세계 경기 회복을 가속화할 것이란 전망을 낳았다. 특히 이 합의는 상품가격이 안정되는 데 결정적인 역할을 했고 상품가격안정은 앞에서도 살펴봤듯이 주식시장이 안정되는 중요한 계기였다. 합의 이후 스위스 프랑에 대한 가치절하 압력이 나타났는데, 이 역시 세계 금융시장에는 매우 중요한 긍정적인 신호로 여겨졌다. 스위스 프랑은 금과 교환이 보장돼 있었기 때문에 자본은 스위스에 집중돼 있었다. 스위스 통화가 로잔 합의 이후 약세를 보이자, 스위스에 몰려 있던 이 같은 '유동 자금'이 세계 다른 곳으로 투자되고 있다는 뜻으로 해석됐다.

독일에서도 희망적인 신호가 나타났다. 아돌프 히틀러가 이끄는 국가 사회주의당이 정치적으로 주춤하면서 주로 미국이 보유하고 있던 독일 국채에 대해서도 낙관론이 높아졌다. 히틀러는 대통령 선거에서 파울 폰 힌덴부르크Paul von Hindenburg에게 패했다. 히틀러가 독일 경제와 기업가에게 더 나은 대통령이 될 것이란 일부 전망이 있었지만, 〈WSJ〉는 이 기간 내내 히틀러를 '겉만 번지르르한 싸구려 지도자'라고 비난했다. 〈WSJ〉는 7월 31일 독일에서 치러진 의원 선거에서 나치당이 의석수를 늘리는 데 실패하자 긍정적이라고 평가했다. 당시 독일은 국민들이 정치적 이견으로 반목하면서 사회가 극히 혼란스러운 상황이었다. 나치당이 의석수를 늘리지 못함에 따라 질서가 회복될 가능성이 높아졌다는 게 〈WSJ〉의 판단이었다. 〈WSJ〉는 히틀러의 정치적 잠재력도 깎아내렸다.

하지만 히틀러의 활동이 독일 내에서 정점에 달했고 나치당이 질서 정연한 정부를 갈구하는 사람들에게 앞으로도 계속 걸림돌이 될 것이란 의견이 늘어나고 있다. 히틀러는 정부의 장악력을 확보할 능력이 없다.

WSJ, 1932년 8월 29일

불행히도 히틀러의 행보는 민주적 절차인 선거에서 승리하지 못한 것으로 끝나지 않았다.

1921년과 마찬가지로 1932년에도 다우이론은 침체장 바닥을 예측하는 데 상당한 효과가 있었다. 다우존스 지수 하나가 신저점을 경신했지만 다우이론 전문가들은 〈WSJ〉에서 이것이 매우 낙관적인 신호라고 지적했다.

최근 다우존스 산업지수와 철도지수가 동시에 신저점 영역에 진입했다. 이를 두고 앞으로도 증시하락세가 지속될 것이라는 신호라고 생각할 수도 있지만 이 같은 해석을 내리려면 향후 시장의 움직임에서 좀더 확실한 증거가 나와야 한다. 다우존스 산업지수와 철도지수가 기존의 최저점이나 최고점을 뚫으면 이를 가지고 시장의 향방을 예측할 수 있는데, 이때 지수 하나의 움직임만으로는 확정적인 판단을 내릴 수 없다. 다우존스 지수 하나가 기존 최저점이나 최고점을 뚫었다는 것이 그간의 증시 움직임이 조금 더 이어질 것이라는 기대나 예측의 근거가 될 수도 있다. 하지만 반대로 이중 바닥이나 이중 고점이 나타나며 지금까지의 추세가 반전될 것이라는 신호일 수도 있다는 점을 염두에 둬야 한다. 이중 바닥이나 이중 고점은 기존 움직임이 계속될 것이란 전망과 확연히 다른 것이다.

WSJ, 1932년 7월 12일

증시가 이중 바닥을 형성할 수도 있다는 낙관론은 곧 현실화됐다 [다우존스 지수가 기존 저점을 뚫고 내려갔을 때 더 낮은 저점으로 쭉 떨어지며 하락세를 이어갈 수도 있지만 신저점을 경신한 직후 반등하며 오름세로 전환할 수도 있다. 상승세로 돌아서는 경우 기존 저점과 신저점이 이중 바닥을 형성하게 된다-옮긴이]. 〈WSJ〉의 다우이론은 다시 한번 침체장의 바닥을 근접해서 예측하는 데 성공했다. 윌리엄 피터 해밀턴은 1929년에 사망했고 아쉽게도 다우이론의 선두 주자라는 명성은 다음 〈WSJ〉 편집장에게 이어지지 못했다. 대신 로버트 레아Robert Rher가 새로운 다우이론의 전문가로 떠올랐다. 레아는 〈WSJ〉의 두 편집장이었던 다우와 해밀턴의 칼럼을 읽으며 다우이론을 연구했다. 레아는 다우이론에 근거해 1932년 7월 21일에 장기 침체장이 바닥을 쳤다고 선언했다.

당시 뉴욕 카운티의 공화당 자문위원회는 보험회사들이 주식을 사지 못하도록 법적인 장치를 마련해야 한다는 주장을 내놓았다. 공화당 자문위원회가 이런 의견이 담긴 보고서를 제출한 지 2주일도 되지 않아 주식시장은 바닥을 쳤다. 주가급락으로 패닉이 절정에 달했던 1932년 여름에 모든 사람들이 주가가 앞으로 어떻게 될 것인지 관심을 가졌던 것은 아니라는 사실은 기억해둘 만하다.

내셔널 시티은행의 회장의 아들로 올해 20살인 알렉스 스틸먼은 내년에 대서양을 비행할 계획이라고 밝혔다. 그는 "증시침체로 아버지가 내게 남겨줄 수 있는 주식 자산이 6,500만 달러로 줄었다"며 "아마도 나도 일을 해야 하지 않을까 싶다"고 말했다.

WSJ, 1932년 9월 2일

채권시장과 침체장

"나는 1907년과 1893년의 공황을 기억해. 아주 힘들었지. 하지만 지금처럼 힘들진 않았어. 나는 어떻게 수백만 명의 사람들이 거리로 나앉게 됐는지 모르겠어."

"그때의 경기 불황은 어떻게 끝났어?"

"글쎄, 그 공황들은 결국 끝났는데 대책이 나왔고 그에 대해 반응이 나오면 또 다른 대책이 다시 나왔어. 올라가면 내려가야 해. 그리고 내려가면 다시 올라가게 되지."

제임스 패럴,《심판의 날》

물가가 떨어지는 경기침체에서 특이한 현상이 나타났다. 미국 국채 가격이 하락한 것이다. 1932년 1월에 미국 장기국채의 일평균 수익률은 4.26%로 1929년 9월의 3.70%에 비해 하락했다. 같은 기간 생산자물가 지수는 31%가 급락했다. 전반적으로 가격이 하락하고 다른 투자자산의 신용 위험이 높아지고 있어 대부분의 투자자들은 경기가 위축되는 동안 안전자산인 국채 가격이 오를 것으로 예상했다. 실제로 1929년 9월부터 1931년 6월까지는 국채수익률이 3.70%에서 3.15%로 하락하며 국채 가격이 올랐다. 하지만 1931년 6월이 국채 가격의 정점이었고 미국에서 제2차 은행위기가 발생한 이후 전 세계적으로 확산되면서 국채 가격은 하락하기 시작했다. 국채 가격은 1931년 6월부터 8월까지 횡보하다 영국이 금본위제를 포기하면서 급락했다.

영국 파운드화가 금본위제를 포기하자 외국 중앙은행들이 즉각 달러화 자산을 팔면서 미국의 금 보유액이 감소했다. 이 같은 유동성의 외부 유출은 미국 예금자들이 은행들의 새로운 연쇄 도산에 충격받아 줄줄이 예금을 찾아 현금 보유 비중을 높이고 있을 때 일어났다. 이 때문에 미국 은행들은 보유하고 있던 국채와 회사채 등 자산을 매각해 현금 보유 비중을 높여야 했지만 Fed가 금 환율을 방어하려 나서면서 매각 여건이 나빠졌다. 뉴욕연방은행은 10월 16일에 재할인율 금리를 1.5%에서 3.5%로 대폭 올렸다. 재할인율 인상은 국채 가격에 추가적인 하락 압력으로 작용했다.

1931년 9월 이전에 은행들은 이미 신용등급이 낮은 회사채를 팔아치웠고 이 결과 등급이 낮은 회사채의 수익률은 1930년 1분기부터 오르기 시작했다.

1931년 9월이 되자 은행들이 회사채는 물론 미국 국채까지 팔기 시작하면서 두 종류의 채권 모두 수익률이 올라갔다. 국채 가격은 1932년 2월이 되어서야 안정됐다. 재정적자가 확대될 것이란 우려가 이 같은 국채 가격하락의 원인이었다고 생각할 수도 있다. 하지만 재정수지 개선 전망이 나오기 몇 년 전인 1932년 2월부터 국채 가격이 반등하기 시작했던 것을 보면 재정적자는 국채 가격에 별다른 영향을 미치지 않았던 것으로 보인다. 국채 가격은 1932년 1월 재건금융공사 설립 시점과 거의 동시에 안정되기 시작했다. 재건금융공사는 정부가 만든 기관으로 15억 달러의 대출 여력으로 은행과 다른 금융기관에 돈을 빌려주는 역할을 맡았다. 재건금융공사의 대출 여력은 1932년 7월 21일 긴급구제 및 건설법Emergency Relief and Construction Act에 따라 33억 달러로 늘어났다. 새로운 자금이 투입되면서 은행들은 국채를 매각할 필요성이 줄었다. 따라서 은행에 새로운 돈줄인 재건금융공사의 설립이 재정수지의 변화보다 훨씬 더 중요한 역할을 했다. 국채 가격이 안정된 또 다른 부수적인 이유는 Fed가 1932년 4월부터 은행 시스템에 유동성을 제공하려 국채를 매입하기 시작한 것이었다.

국채의 가격하락은 가팔랐지만 회복은 완만했다. 국채수익률은 1934년 4월까지 1931년 6월 수준으로 떨어지지 못했다. 당시의 국채

표2-32_미국의 장기국채 수익률: 1929년 9월~1932년 9월

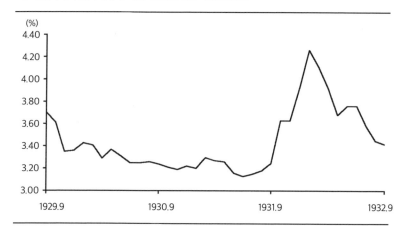

자료: NBER

가격 급락은 1920년 8월부터 시작된 채권시장의 장기 강세장 속에서 바라볼 필요가 있다. 국채시장은 수익률이 1920년 8월에 5.67%에서 1946년 6월에 2.16%로 떨어질 때까지 장기 강세를 누렸다.

이런 장기간의 강세 속에서 보면 1931년 6월부터 1932년 1월까지 국채수익률이 3.13%에서 4.11%로 떨어지며 가격이 일시 하락한 것은 미미한 사건으로 여겨진다. 하지만 투자자들로선 역사적으로 기록적인 물가하락이 진행되고 있는 동안 국채 가격까지 하락하자 금융자산의 '적정 가격'이 무엇인지 상당히 혼란스러웠을 것이다. 물가가 하락하고 기업 실적이 감소하는 데다 사실상 위험이 없는 국채 가격마저 떨어지면서 금융자산에 대한 밸류에이션은 상당한 타격을 입었다. 심지어 최악의 디플레이션 기간 중에도 국채 가격이 떨어질 수 있다는 점이 증명됐다. 금융시장에서 또 다른 어떤 예상치 못한 사건이 일어날 수 있을까?

회사채 투자자들 역시 가격하락의 폭에 충격을 받았다. 회사채 시장을 보면 당시 투자자들이 1929년 10월 증시 대폭락 이후에도 경기위축이 평범한 수준으로 진행될 것으로 예상했다는 사실을 확실히 알 수 있다. 시장에서 거래되는 회사채 중에서 신용등급이 가장 낮은 BAA 회사채마저 1929년 9월부터 1930년 대부분의 기간 동안 수익률이 사실상 떨어지면서 가격이 올랐다. BAA 회사채 가격이 처음으로 떨어진 것은 1930년 3분기 제1차 은행위기가 발생한 다음이었다. 1929년 9월에 BAA 회사채의 월간 평균 수익률은 6.12%였는데 1930년 9월의 월간 수익률은 오히려 5.65%로 떨어졌다.

BAA 회사채에 대한 신뢰는 1929년 10월 이후 거의 1년가량 유지됐지만 이후 급속도로 무너져 내렸다. 1930년 11월이 되자 BAA 회사채의 수익률은 이미 1929년 9월 수준을 넘어섰다. 그해 12월에는 수익률이 6.7%를 넘어서 1931년 4월까지 비슷한 수준을 유지했다. 그런 다음 제2차 은행위기가 터지고 이 같은 금융위기가 전 세계로 확산되자 회사채 시장의 너무나 극적인 침체장이 시작됐다. 1931년 4월부터 그해 12월까지 BAA 회사채의 평균 수익률은 6.72%에서 10.42%로 치솟았다.

국채시장과 BAA 회사채 시장은 1932년 1분기에 같이 안정됐다. 하지만 당시의 가격안정이 국채시장에는 새로운 강세장의 시작을 의미했지만 회사채 시장에는 마지막 급락을 앞둔 폭풍전야일 뿐이었다. BAA 회사채 시장은 1932년 6월에 일평균 수익률이 11.52%까지 치솟으면서 바닥을 쳤다. 최우량 회사채인 AAA 회사채 가격은 BAA 회사채와 매우 흡사하게 움직였지만 낙폭은 훨씬 작았다.

침체장으로 국채 가격은 1924년 수준으로 떨어졌지만 회사채 가격은 훨씬 심하게 하락했다. 신용등급별 회사채 수익률에 대한 자료는 많지 않다. 하지만 BAA 회사채가 1932년 6월에 기록한 수익률 11.52%는 이 회사채에 대한 유효한 자료를 찾을 수 있는 1919년 이후 최고치보다도 3분의 1 높은 수준이다. AAA 회사채가 1932년 6월에 기록한 일평균 수익률 5.41%는 1921년 12월 이후 가장 높다. 40개 회사채로 구성된 다우존스 회사채 지수는 1914년에 도입됐는데 최저점까지 떨어졌다.

1932년 1월과 2월에 국채시장을 안정시킨 것이 무엇이든 간에 주요 원인은 재건금융공사 설립이었다. 하지만 재건금융공사 설립이 회사채 시장에는 그만큼의 긍정적인 영향을 미치지 못했다. AAA와 BAA 회사채 시장이 바닥을 친 것은 1932년 6월이었다.

1932년 여름에 〈WSJ〉 기사에는 회사채 매도 행렬이 막바지에 도달했다는 신호로 가득하다. 1921년과 마찬가지로 1932년에도 대출이 전혀 늘지 않고 있는 상황에서 채권의 최대 구매자는 은행들이었다. 은행들은 처음에는 안전한 국채를 샀지만 국채 가격이 오르면서 회사채의 가격 매력이 높아졌다. 회사채 가격은 다우존스 2등급 철도 채권 지수가 1931년 최고치에서 49%가 미끄러지는 등 급락했다. 은행들이 회사채 매수에 나서자 기업들도 동참했다. 기업들은 자사가 발행한 회사채를 액면가액의 절반도 안 되는 가격에 사들여 채무 부담을 덜 수 있다는 점 때문에 회사채 매수에 나섰다.

채권시장에 새로 등장한 가장 유명한 매수자는 미국 대형 은행들이 출자해 설립한 전미증권투자회사American Securities Investr Corporation, ASI

표2-33_BAA 회사채 수익률: 1929년 9월~1932년 9월

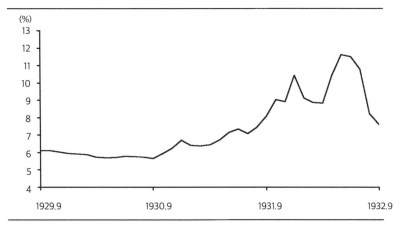

자료: NBER

표2-34_AAA 회사채 수익률: 1929년 9월~1932년 9월

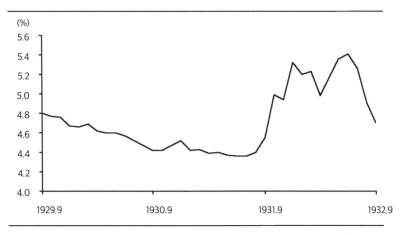

자료: NBER

였다. 미국 대형 은행들은 돈을 출자해 기금, 즉 '자금 풀'을 만들어 채권을 사면 위험이 각 은행에 분산된다는 취지로 이 회사를 만들었다. 회사채 가격은 대형 은행들이 채권을 매입하기 위해 자금 풀을 조성했다는 소식에 큰 폭으로 뛰어올랐다. 그 결과 자금 풀은 1932년

저점보다 훨씬 더 높은 가격에 회사채를 사들여야 했다. 채권시장에 매수세가 늘어나는 과정에서 재건금융공사는 매우 중요한 역할을 했다. 물론 투자자들은 정부가 시장의 흐름을 근본적으로 바꿀 수 있는지에 대해 회의적이었다. 하지만 재건금융공사가 자금난에 처한 은행과 철도회사에 자금을 빌려주면서 회사채 시장의 매도 압력은 완화되었다.

이때도 수많은 투자전문가들이 저금리의 단기 자금을 빌려 신용등급이 좋은 회사채를 사는 것이 현명한 투자라고 지적했다. 1932년은 1921년과 달리 재정수지 악화가 채권 가격을 압박하는 주요 원인이었다.

1932년에는 실제로 의회가 이른바 가너안Garner Plan을 처리할 것이란 위협이 있었다. '가너안'은 '공공건설에 필요한 자금을 조달하기 위해 10억 달러의 채권 발행을 요구'하는 내용을 담고 있었다. 가너안이 나오자 채권시장은 즉각 공급 확대에 따른 가격하락을 걱정했다. 가너안은 결국 법안으로 채택되지 못했지만 이후로도 몇 년간 재정적자는 채권시장에서 대규모 매도 사태를 유발하지 않는 가운데 늘어갔다. 투자자들은 지속적인 재정수지 악화가 채권 가격에 미칠 영향을 걱정했지만 이런 생각은 맞지 않았다. 〈WSJ〉에 재정적자를 우려하는 언급이 아무리 많이 나와도 채권이 발행되면 투자자들이 몰려들었다.

독일의 전쟁 보상금을 탕감해주는 로잔 합의는 상품시장에 커다란 영향을 미쳤고 이는 채권시장에도 긍정적으로 작용했다. 독일의 채무 부담을 덜어주고 미국에 전쟁 채무가 있는 다른 연합국의 부담 역시 일부 완화해주는 내용의 로잔 합의로 국제 무역이 정체 상태를 벗어나고 수요도 활기를 되찾을 것으로 기대됐다. 독일 국채는 로잔 합의가 발표된 지 며칠 만에 10포인트가 뛰어올랐다. 로잔 합의가 이뤄진 직후 미국 채권시장도 큰 폭의 상승세를 재개했다. 채권 가격 상승폭은 놀랄 정도였다.

국채는 1932년 1월에 바닥을 쳤지만 회사채는 주식시장이 바닥을 치기 5주일 전인 6월 1일에 최저점을 찍었다.

반면 재정수지는 1932년 6월에 기존에 예상하지 못했던 수준으로까지 악화됐다. 그럼에도 그때 시작된 채권시장 강세는 1949년까지 지속됐다. 채권투자자들은 의회가 휴회하고 있어 정부 지출 법안을 처리하지 못했던 것이 1932년 채권 강세의 주요 원인이라고 생각했다. 하지만 의회는 곧 회의를 열어 더 큰 규모의 정부 지출 방안을 의결했고, 재정적자는 더 확대됐으며, 그럼에도 채권시장 강세는 계속됐다. 회사채 시장이 6월 초에 바닥을 치고 반등을 시작한 데는 다른 이유가 있었다. 상품가격의 상승세였다. 상품가격은 이미 5월 말부터

표2-35_다우존스의 채권 지수

	토요일 종가	저점 대비 상승폭
10 1등급 철도*	88.47	17.10
10 2등급 철도	70.14	22.42
10 공공설비*	91.49	8.99
10 제조업	77.29	17.67
40 채권	81.85	16.07

자료: WSJ, 1932년 8월 22일
* 연중 신고점

안정되는 조짐이 뚜렷했다.

〈WSJ〉는 5월 24일에 벌써 '몇몇 상품들이 현재 물가수준에서 더 떨어지지 않고 버티는 양상을 보이고 있다'고 보도했다. 5월 말에는 다양한 종류의 상품가격이 오른 것으로 집계됐으며 피셔의 생산자물가 지수는 7월 중순에 3주 연속 오름세를 이어갔다. 8월 말에는 '생산자물가가 두 달 이상 상승세를 계속하고 있어' 대중들 사이에 가격 강세가 지속될 것이라는 믿음이 확산됐다.

회사채 시장은 여러 가지 상품들의 가격이 개선될 즈음, 생산자물가를 넓게 포괄하는 지수들이 개선되기 2주일 전에 바닥을 쳤다. 기업들은 디플레이션으로 대출이나 채권 발행에 따른 이자 상환에 어려움을 겪어왔기 때문에 전반적인 물가상승은 투자자들에게 긍정적으로 인식됐다.

그달 중순에 전해진 로잔 합의 소식은 전 세계 금융 시스템에 근본적인 변화가 있을 것임을 예고했고, 이는 상품가격을 더욱 견고하게 지지해주는 역할을 했다(WSJ, 1932년 8월 19일).

채권의 가격안정에 기여했던 몇 가지 일회성 사건들도 있었다. 이 중 가장 주목할 만한 사건은 대형 은행들이 조성한 '채권투자 풀bond pool'과 재건금융공사의 설립이었다. 대형 은행들이 채권투자를 위해 일종의 기금 풀인 ASI를 설립한다는 소문이 도는 것과 거의 동시에 회사채 시장은 바닥을 쳤다. 연방준비제도의 국채 매입이 은행들의 대출을 늘리는 데는 실패했지만 은행들은 연방준비제도가 제공한 유동성 일부로 공동 기금을 만들어 채권에 투자하는 ASI를 설립했다. ASI를 통해 공동으로 회사채를 매입하면 기업 파산에 따른 손실 위험을 여러 은행에 분산시킬 수 있었다. 이런 조직이 만들어진다는 소식은 채권시장에 지속적인 상승세를 불러일으키기에 충분했다. 채권시장의 추세 반전은 ASI가 채권을 매입하기도 전에 이미 이뤄졌다. 채권 가격은 떨어져 있고, 경기는 회복 조짐을 보이고, 상품 가격은 오르고 있어 채권시장이 반등할 만한 여건이 무르익고 있던 차에 채권 수요를 떠받쳐주는 조직이 설립된다는 소식이 전해졌다. 결국 ASI는 채권시장 강세를 촉발하는 데 필요한 동력을 제공했던 셈이다. ASI 같은 민간 투자기관이 1932년에 금융시장 안정에 기여했을 정도니 정부가 설립한 자금 지원 조직은 훨씬 더 큰 역할을 했을 것이다.

재건금융공사는 은행에 유동성을 지원하고 국채 가격안정에 기여했을 뿐만 아니라 철도를 비롯한 일부 산업의 신용등급을 끌어올려 대출을 쉽게 받을 수 있도록 해줬다. 이 같은 자금 지원 기관은 물론 20억 파운드 규모로 금리가 5%인 영국의 전쟁 채무를 3.5%의 영구 채무로 전환해줬다는 소식도 미국 채권 가격안정에 도움이 됐다. 미국의 회사채 시장이 바닥을 치기 약 한 달 전인 7월 2일에 〈WSJ〉는 다음과 같은 기사를 실었다.

런던증권거래소는 오늘 1928년 호황장 때 이후로는 결코 보지 못했던 극도의 흥분과 활발한 거래를 펼쳐 보였다. 이번 주 초만 해도 약간의 채무 조정이 있을 것으로 기대했지만 실제로 나온 결과는 단일 채무 조정으로는 최대 규모였다. 오전 10시 30분에 거래가 시작되자 영국 국공채들이 급등했다. 우량 증권들은 가격이 보통 한 번에 1포인트 미만으로 소폭 움직이는데, 오늘 아침에는 거래가 시작되자마자 4%짜리 통합 공채consols [영국이 1751년에 각종 공채를 통합, 정리해 연금 형태로 전환시킨 공채–옮긴이] 가격이 8포인트 올라 110파운드까지 뛰었다. 심지어 제조업과 광공업, 석유 등의 주도주들까지 상승세에 동참했다.

1932년 여름 〈WSJ〉를 보면 영국의 채무 전환 이후 외국인들이 모든 종류의 미국 증권을 매수하고 있다는 언급이 자주 나온다. 금리를 인하하는 내용의 채무 전환은 일부 자금을 해외로 보내는 역할을 충분히 할 수 있다. 실제로 채무 전환 소식에 영국 투자자들이 흥분했고 불과 며칠 뒤에 미국 주식시장은 바닥을 쳤다. 이런 식으로 1932년 초여름에는 회사채 시장에 영향을 줄 만한 몇 가지 일회성 사건들이 있었다. 하지만 1921년과 마찬가지로 1932년에도 채권시장이 강세로 돌아선 결정적 계기는 선구적인 일부 상품의 가격안정과 이에 따른 생산자물가 전반의 안정이었다.

루스벨트와 침체장

"하지만 이제 정치로 돌아갑시다. 이번 봄은 단지 1932년에 있을 대통령 선거의 예고편일 뿐입니다. 그러면 우리는 백악관에서부터 거리 곳곳의 모든 청소부에 이르기까지 민주당으로 채워지는 것을 목격할 수 있을 겁니다. 그리고 더 좋은 시절도 찾아올 겁니다."
레드는 자랑스럽게 말했다.

제임스 패럴,《심판의 날》

1932년 여름의 금융시장을 논할 때 대선 얘기를 빼놓을 수 없다. 민주당이 대선 후보로 루스벨트를 지명하고 바로 며칠 뒤 주식시장이 바닥을 친 것은 단지 우연일 뿐일까? 공화당과 민주당은 모두 1932년 6월에 대선 후보를 결정하기 위한 전당대회를 열었다. 공화당은 현직 대통령인 후버를 다시 대선 후보로 지명할 의무가 있었다. 따라서 공화당 전당대회에서는 금주법을 어느 정도 손질할 것이냐가 가장 큰 현안이었다. 대중들이 노골적으로 금주법을 어기고 금주법으로 인해 술을 둘러싼 범죄조직이 늘고 있는 상황에서 금주법을 완화하는 것이 공화당의 대선 승리를 높이는 데 도움이 될 것이란 점은 명백했다.

민주당에서는 대선 후보로 루스벨트가 가장 유력하긴 했으나 루스벨트는 대선 후보를 뽑기 위한 경선에서 선거운동을 조직적으로 잘하지 못했다. 이 때문에 누가 민주당 대선 후보가 될지 불투명했다. 〈WSJ〉는 7월 2일자 신문에서 민주당 대선 후보 경선이 초박빙으로 진행되자 시장이 흥분하고 있다고 전했다.

처음 세 곳의 개표 결과가 사실상 동수로 나오자 금융시장에는 기업에 좀 더 우호적인 타협적인 후보가 대선 후보로 선출될 것이란 희망이 높아졌고 루스벨트 뉴욕 주지사가 표심을 잃고 있는 것으로 전해지면서 증시가 전반적으로 뚜렷한 강세를 보였다.

〈WSJ〉는 루스벨트가 대통령이 된다면 증시에 호재가 아니라 악재가 될 것으로 봤다. 좀 더 타협을 아는 인물이 대선 후보가 될 수도 있다는 희망은 바로 다음 날 루스벨트가 대선 후보 수락 연설을 하면서 사라졌다. 이런 식으로 7월 2일부터는 쭉 루스벨트가 차기 대통령이 될 가능성이 점점 높아졌다. 당시 미국 국민들은 장기간의 불황에 진저리를 치고 있었기 때문에 정권이 교체될 가능성이 매우 컸다. 루스벨트의 러닝메이트이자 부통령 후보인 존 낸스 가너 John Nance Garner는 민주당이 '가만히 앉아 조용히 있기만 해도' 대선에서 승리할 것이라는 말을 자주 하고 다녔다. 물론 공화당은 국민들이 대공황의 책임을 현 정부에 전적으로 돌리지는 않을 것이란 희망을 가지고 있었고, 〈WSJ〉는 대공황이 정부 탓이 아니란 점을 헛되이 강조했다.

- **7월 14일:** 올해 대선은 1916년 이후 가장 불확실한 상황이다. 중립적인 입장에서 볼 때 어느 진영에서도 자신들이 유리하다는 판단을 내릴 수 없는 상태다. 그러나 유권자들과 얘기를 나눠보면 후버 대통령보다는 민주당 하원의원들에 대한 반감이 훨씬 더 크다는 사실을 알게 된다. 민주당 하원대표는 루스벨트 주지사에 이어 민주당 내 2인자다. 현재 미국인들의 마음에 새로운 인물, 새로운 정책에 대한 갈망이 있는 것은 사실이다. 그러나 선거 결과를 결정하게 될 계층의 사람들은 이 같은 변화에 대한 갈망이 급진주의나 심지어 지나친 진보주의로조차 흘러가기를 원하지는 않는 것처럼 보인다. 그런데 루스벨트 주지사와 측근들의 말을 들어보면, 루스벨트는 바로 이 급진주의나 과도한 진보주의를 지향하고 있는 것으로 비춰진다.

하지만 공화당에 대한 낙관론은 〈WSJ〉가 보도한 다음과 같은 사실에 의해 철저히 깨진다.

- **6월 15일:** 통계기관 뱁슨이 전국의 정치적 성향을 조사한 결과, 60%가 민주당 지지, 40%가 공화당 지지로 나타났다. 하지만 뱁슨은 "최근 추세가 바뀌면서 지금은 확실히 후버 대통령을 향하고 있다"고 밝혔다.
- **8월 23일:** 지난 몇 주일간 후버 대통령의 재선 가능성이 상당한 수준으로 올라갔다. 하지만 후버 대통령이 민주당 후보인 프랭클린 루스벨트보다 우위를 점했다고 할 수는 없다.
- **8월 30일:** LA에 있는 다운타운 공화당 클럽이 만찬 회합을 취소했다. 회원들을 대상으로 설문 조사한 결과, 70%가 대통령으로 루스벨트 주지사를 선호하고 있는 것으로 나타났기 때문이다.
- **9월 1일:** 루스벨트 대통령이 승리할 수 있다.

어떤 대선도 선거일까지 4개월 이상이 남은 상황에서 결과를 확신하기는 어렵다. 하지만 1932년 여름에는 루스벨트가 미국의 차기 대통령이 될 가능성이 상당히 높았다. 루스벨트가 대선 후보로 지명되고 당선 가능성이 높아진 시점에 미국 주식시장이 바닥을 쳤다는 사실은 역사적으로 기록될 만한 일이다. 생산자물가와 국채 가격, 회사채 가격은 루스벨트가 대선 후보로 지명되기 이전에 이미 상승 반전했지만 루스벨트가 대선 후보로 지명된 이후 오름세가 더욱 강하게 이어졌다. 주식시장이 루스벨트가 대선 경선에서 패할 수도 있다는 소식이 전해진 7월 1일에 오른 것은 금융시장의 초기 회복 시점과 루스벨트의 대선 가능성이 높아진 시점이 전적으로 우연히 겹쳤을 뿐이라는 사실을 시사한다.

1932년 여름에도 루스벨트가 기업에 어떤 입장을 갖고 있는지는 여전히 불확실했다. 선거운동 기간 동안 루스벨트 진영은 매우 다른 2가지 메시지를 내보냈다. 하나는 루스벨트와 그 부인이 구조조정을 단행할 것이란 급진적인 메시지였다. 〈WSJ〉는 이를 다음과 같이 보도했다.

- **5월 23일:** 루스벨트 주지사는 조지아주 애틀랜타에 있는 오그너돌프대학교의 졸업식 연설에서 소득의 재분배를 위해서는 과감한 실험이 필요하다고 밝혔다. 또 현재의 자본주의 제도가 지속되려면 앞으로 자본가는 더 낮은 수익에 만족해야 하고 근로자는 이에 비례해 더 많은 수익을 얻을 수 있어야 한다고 강조했다.
- **7월 9일:** 루스벨트 대선 후보의 부인은 뉴욕주 셔토쿼(여름 문화교육학교)에서 행한 연설에서 거대 기업으로의 과도한 중앙 집중이 경기 침체의 원인이라고 지적했다. 또 경기침체는 농업과 도시의 산업, 전 세계 모든 국가의 무역이 상호연관돼 있음을 증명했다고 밝혔다.

다른 한편 루스벨트는 10월 19일 피츠버그 연설에서 후버가 정부 재정을 너무 많이 썼다고 비난하며 균형재정을 이루기 위해 정부 지출을 25% 삭감하겠다고 약속했다. 따라서 루스벨트는 정부 지출을 줄이고도 자신이 원하는 소득 재분배를 이룰 수 있다고 생각했던 것 같다. 루스벨트는 1932년 5월에 '과감한 실험'적 정책과 소득 재분배를 지지한다고 밝혔지만, 선거운동 기간에는 훨씬 보수화된 정책을 발표했다.

1932년 대선의 가장 큰 모순은 루스벨트는 정부의 지출 확대와 불균형 재정, 거만한 관료주의에 반대한 반면 후버는 정부 지출과 이에 따른 재정적자, 그리고 실험적 정책들을 옹호했다는 점이다. 두 대선 후보의 연설은 서로 뒤섞여버린 듯했다.

시장은 루스벨트가 대통령이 되면 정말 진보적이고 급진주의적인 정책들이 추진될 것이라고 기대했을까? 민주당 전당대회 전날 개런티신탁은 고객들에게 보낸 보고서에서 다음과 같이 밝혔다. '대선은 여전히 시장에 불안한 요인으로 남아 있다.

하지만 대부분은 상상일 뿐이고 대선이 실제 경제에 미치는 영향은 극히 미미하고 중요성도 크지 않다.' 당대 의견을 근거로 할 때 루스벨트의 당선 가능성은 신뢰를 소폭 떨어뜨리는 데 그쳤거나 개런티신탁의 보고서가 지적한 것처럼 금융시장에 실질적인 영향을 미치지 못한 것으로 보인다.

금융시장에서 원인과 결과를 분리하기는 어렵지만 루스벨트의 대선 승리 가능성이 7월에 증시가 강세로 돌아선 주요 원인은 아니었다. 실제로 상승세의 첫 후퇴는 11월 대선에서 루스벨트가 당선됐을 때 시작해 다음 해 3월 루스벨트 취임식까지 이어졌다. 이 기간 동안 시장은 루스벨트의 정책 전반과 금본위제에 대한 입장 등과 관련해 불확실성이 크게 높아졌다. 3부에서 살펴보겠지만, 루스벨트는 대통령으로 취임한 후 몇 가지 매우 급진적인 정책을 채택했지만 이 같은 정책이 미국 역사상 가장 큰 강세장을 막지는 못했다.

ANATOMY OF THE BEAR

미국 역사상 1929~1932년 같은 침체장은 결코 없었다. 주식시장의 89%가 폭락했다. 이는 기존 침체장 때 최대 하락률이었던 1857년과 1907년의 45%를 크게 웃도는 것이다. 1921년과 마찬가지로 주가는 기업을 새로 세우는 데 드는 대체 비용의 70%가 될 때까지 하락세를 계속했다. 1932년 7월 증시가 바닥에 근접했을 때 1921년 여름과 비슷한 신호가 나타났지만 몇 가지는 매우 달랐다. 1932년에는 Fed가 재할인율을 침체장 후기가 아니라 초기에 처음 인하했다. 다른 주요한 차이점은 1932년에는 경기 회복세와 가격안정세가 지속되지 못했다는 점이다. 하지만 다우존스 지수는 1932년 7월에 바닥을 치고 다시 하락하긴 했어도 저점을 뚫고 내려가진 않았고 1932년 7월에 주식을 샀다면 향후 5년간 엄청난 수익을 올릴 수 있었다. 1921년과 1932년 침체장 사이에 상당한 차이점이 존재하긴 하지만 바닥을 나타내는 신호는 거의 똑같이 나타나 침체장의 종말과 강세장의 시작을 알렸다. 이후 다음 침체장이 도래할 때까지 일어난 주요한 변화는 뉴딜 정책으로 미국 경제의 구조가 철저히 바뀌었다는 점과 금본위제가 폐기됐다는 점이다. 이런 변화된 환경 속에서도 침체장에서 강세장으로 바뀌는 시기를 우리가 여태까지 살펴본 신호들을 통해서 짚어낼 수 있을까?

세 번째 침체장

1949년 6월

1949년 6월은 주식에 투자했다면 1932년 7월에 이어 두 번째로 높은 수익을 올릴 수 있었던 시점이지만 당시 다우존스 지수는 1942년보다 높았다. 침체장 바닥을 주가의 최저점이란 뜻으로 해석한다면 1949년이 아니라 1942년을 바닥이라고 해야 한다. 하지만 1949년에 투자했을 때 얻을 수 있는 수익이 1942년보다 훨씬 크기 때문에 1949년을 바닥으로 잡았다. 왜 1949년이 더 좋은 주식 매수의 기회였을까? 40년의 기간을 두고 봤을 때 1949년에 주식을 샀다면 1982~1989년 강세장의 혜택을 받을 수 있었기 때문이다. 1942년 4월의 침체장 바닥을 무시해도 좋다고 말하는 것은 아니다. 1942년 4월에도 Q비율이 0.3배 밑으로 떨어졌다. 연구 범위가 좀 더 광범위했다면 충분히 포함될 수 있었던 침체장 바닥이었다. 1930년대 초의 대공황은 이후 투자자들의 심리에 부정적인 영향을 미쳤고, 그로 인해 1940년대 내내 주식은 적정가치보다 훨씬 더 싼 값에 거래됐다. 그렇다면 투자자들은 어떻게 1949년에 미국 역사상 가장 긴 강세장이 본격적으로 시작될 것이라고 판단할 수 있었을까? 앞으로 살펴보겠지만 1921년과 1932년 때와 마찬가지로 주가 수준과 주식에 대한 밸류에이션이 나아질 수밖에 없다는 사실을 알려주는 많은 신호가 있었다.

1949년 6월까지의 시장

"뭐 좀 안전한 주식 없을까요? 말하자면 쭉 올라갈 만한 그런 주식 말이죠."

"글쎄요. 어려운 질문이네요. 지금 당장은 얘기하기가 쉽지 않아요. 설탕 주식이 꽤 오르긴 했는데."

로버트 홀튼이 이렇게 말했다. 그는 이런 질문엔 언제나 똑같이 대답한다. 그가 뭐라고 대답하든 아무도 신경 쓰지 않았다. 그들도 지인을 만나면 월스트리트에서 일하는 아는 사람이 설탕 주식을 사라고 했는데 지금은 그리 싸 보이지 않는다고 습관처럼 말할 것이다.

고어 비달, 《노란 숲에서》

1949년의 세계는 1932년과 비교해 상황이 완전히 딴판이었다. 1932년에는 아돌프 히틀러가 독일 대통령으로 선출되는 데 실패했으며, 그가 사망한 후인 1949년에는 그가 지휘한, 인류역사상 가장 잔혹한 방식을 통해 죽은 사람들의 수만도 약 5,500만 명이나 되었다. 미국은 1932년에 25만 명 규모였던 군대를 1945년에는 1,200만 명으로 대폭 늘렸고 약 30만 명의 미군이 미국을 떠나 전쟁터에서 싸우다 살아 돌아오지 못했다. 1949년까지 1,000만 명이 넘는 미군은 군대를 떠나 민간에서 일자리를 찾아야 했고, 그 결과 핵심적인 변화가 생겼는데, 그것은 곧 경제활동에서 차지하는 정부의 비중이 대폭 커졌다는 점이었다. 그래서 일반 대중들은 국채를 주요한 투자 대상으로 보유하기 시작했다.

제2차 세계대전(1939년 9월~1945년 8월) 직후 주식은 투자자들 사이에서 이류로 취급됐다. NYSE의 일평균 거래금액은 50만 달러에도 못 미쳤다. 투자자들은 열정을 부동산시장으로 옮겼다. 게다가 1949년 여름에는 살인적인 더위마저 겹쳐 사람들이 주식투자에 흥미를 전혀 갖지 못했다. 다우존스 지수가 제2차 세계대전 이후 최저점으로 떨어졌던 1949년 6월 13일에 〈뉴욕타임스〉는 '150만 명이 더위를 피해 뉴욕 인근 해변에 나갔다'고 보도하며 '이날 온도는 화씨 89.1도로, 지금까지 가장 무더웠던 날보다 겨우 0.7도 낮은 온도'라고 전했다. 바로 3일 뒤 디트로이트에서는 뉴욕 출신의 제이크 라모타가 복싱 미들급 세계 챔피언이 되었고, 맨해튼에서는 진 켈리와 프랭크 시나트라가 영화 〈춤추는 대뉴욕〉을 찍었다.

1932년 7월에 시작된 위대한 강세장은 1937년 3월까지 이어졌다. 다우존스 지수는 41.22에서 최고점일 때 194.15까지 급등했다. 1932년부터 1949년까지 거둬들인 총수익은 이미 1937년까지 대부분 달성됐다. 다우존스 지수는 1945년 12월까지 1937년 고점을 넘어서지 못했다. 1937년 3월 최고점에서 1949년 침체장 바닥까지 다우존스 지수가 1937년 최고점보다 위에 머물러 있었던 기간은 불과

표3-1_다우존스 지수: 1932년 7월~1949년 7월

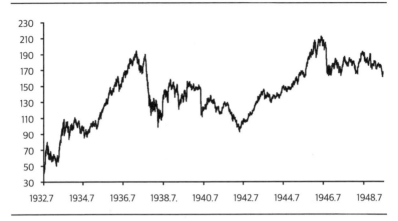

자료: 다우존스&Co.

32주밖에 되지 않는다. 다우존스 지수는 1946년 5월에 1937년 최고점에 비해 10%도 높지 않은 212.5로 정점을 친 뒤 하락세로 돌아서 침체장에 들어섰다. 이 침체장은 다우존스 지수가 1949년 6월 13일 161.6으로 바닥을 칠 때까지 계속됐다. 이 기간 동안 투자자들이 주식시장에 어느 정도 관심을 갖고 있었는지 월평균 거래금액을 통해 살펴보자.

표3-2에서 월평균 거래금액이 줄어든 것을 보면 주식에 대한 투자자들의 관심이 얼마나 급격히 낮아졌는지 짐작할 수 있다. NYSE의 거래금액은 1929년 최고치를 쳤던 날부터 1942년 최저치까지 99%가 급감했다. 1942년 총거래금액은 직전 침체장이 바닥을 쳤던 1932년보다 70%나 적었다. 1942년에 NYSE의 총거래금액은 심지어 1901년 수준도 밑돌았다. 거래금액이 감소한 이유는 시가총액이 줄었기 때문이기도 했지만 더 근본적으로는 주식시장에 대한 관심이 전반적으로

표3-2_NYSE의 월평균 거래금액: 1937~1949년

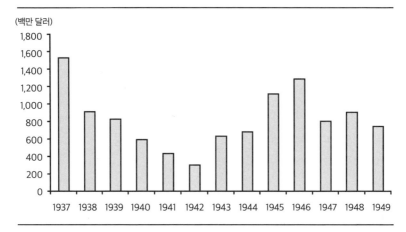

자료: NYSE

낮아졌기 때문이었다.

1929년에 NYSE에서 거래된 총주식수는 상장된 총주식수의 119%였다. 1937년 말에도 이 같은 회전율은 30% 수준을 유지했다. 하지만 1942년에는 연간 거래된 주식수가 NYSE에 상장된 전체 주식수의 9%에 불과했고 이는 1949년까지 13%로 소폭 오르는 데 그쳤다. 이전 침체장인 1921년과 1932년에는 회전율이 각각 59%와 32%로 꽤 높은 수준을 유지했다. 주식 거래 활동을 기준으로 할 때 1949년 침체장은 주식에 대한 투자자들의 관심이 최악의 대공황 때보다도 낮았다고 할 수 있다. 1949년 NYSE의 시가총액은 1929년 말 수준을 넘어섰지만 주식 거래를 하려는 사람은 극히 드물었다.

주식을 믿지 못하는 분위기가 팽배해진 이유는 주식의 수익률이 장기적으로 부진했고 시장과 경제에 대해 잘못된 낙관적 신호가 투자자들을 혼란스럽게 했기 때문이었다. 1932~1937년 강세장 때 투자자들

은 주식에 대한 열정을 되살렸지만 그 이후 주식시장과 경제가 보통 수준의 지속적인 순환적 회복세마저 나타내지 못하자 주식에 대한 장기적인 신뢰 자체가 무너졌다. 제2차 세계대전 동안에 거래량이 심각하게 줄어들었던 것은 당연한 일이다. 전쟁이 한창 치열하게 전개되고 있던 1942년에 가장 거래가 부진했던 날의 거래금액은 20만 6,680달러에 불과했다. 마침내 일본이 항복을 선언했던 1945년 8월 15일 이후 주식에 대한 흥미가 되살아나며 1946년까지 이어졌지만 침체장이 도래하면서 거래금액은 또다시 감소세를 탔다.

NYSE 내에서 주식을 매매할 수 있는 권리인 회원권 가격이 하락한 것을 보면 NYSE 내부자들조차 시장에 대한 흥미를 급격히 잃어 갔다는 사실을 극명하게 알 수 있다.

다우존스 지수는 1932년에 바닥을 쳤지만 NYSE 회원권 가격은 이때가 본격적인 하락세의 시작일 뿐이었다. NYSE 회원권 가격은 1929년 최고가부터 1932년 최저가까지 약 90%가 떨어져 다우존스 지수와 하락률이 거의 비슷했다. 하지만 1932년부터 1942년까지 다우존스 지수는 2배로 뛰어오른 반면 NYSE 회원권 가격은 75%가 더 떨어졌다. 1929년에 49만 5,000달러로 거래됐던 회원권이 1942년에는 불과 1만 7,000달러에 팔릴 정도로 가치가 내려갔다. 이후 1942년부터 1946년까지 가격이 회복세를 보이며 좀 올랐지만 1949년에 또다시 하락했다. 하지만 이때부터 가격이 장기 회복세를 시작했다. NYSE의 회원권 가격이 장기간 하락했다는 것은 주식에 대한 무관심이 커졌다는 또 다른 증거다. 주식에 대한 냉랭한 반응은 1930년대 초 대공황이 끝난 뒤에도 오랫동안 이어졌다.

표3-3_NYSE 회원권 가격: 1932~1949년

(단위: 달러)

	연중 최고가	연중 최저가
1932년	185,000	68,000
1933년	250,000	90,000
1934년	190,000	70,000
1935년	140,000	65,000
1936년	174,000	89,000
1937년	134,000	61,000
1938년	85,000	51,000
1939년	70,000	51,000
1940년	60,000	33,000
1941년	35,000	19,000
1942년	30,000	17,000
1943년	48,000	27,000
1944년	75,000	40,000
1945년	95,000	49,000
1946년	97,000	61,000
1947년	70,000	50,000
1948년	68,000	46,000
1949년	49,000	35,000

자료: NYSE

다우존스 지수의 움직임을 보면 당시 투자자들이 주식의 장기수익률을 믿지 못했던 것이 합리적으로 보인다. 다우존스 지수는 1949년이 되어서야 겨우 1926년 2월에 처음 도달했던 수준을 회복했다. 1949년 6월 13일 바닥 때 다우존스 지수는 거의 20년 전인 1929년 9월의 사상 최고치에 비해 57%나 낮았다. 증시는 1932년부터 1949년의 바닥 때까지 17년이란 긴 시간 동안 두 번의 서로 다른 강세와 두 번의 구분되는 침체를 겪었다.

1949년에 다우존스 지수가 1942년 저점을 밑돌지도 않았는데 이 책에서 군이 1942~1946년을 강세장으로, 1946~1949년을 침체장으로 구분한 이유는 무엇일까? 1942년 저점이 1949년 바닥보다 훨씬 낮았다고 한다면 1942년부터 강세장이 시작돼 이어졌다고 봐야 하는 것이 아닐까? 어떤 기준에서 보면 맞는 지적이다. 1942년 4월은 증시의 Q비율이 0.3배 밑으로 내려간 매우 드문 시기였다. 하지만 나는 밸류에이션에 대한 매개변수와 관련해, 특히 바닥 이후 거둘 수 있는 수익률을 토대로 침체장 바닥을 골랐다. 주식 매수 시점을 기준으로 장기간 얻을 수 있는 수익을 보면 1949년이 1942년을 월등히 앞선다. 그리고 1949년 6월에도 1942년 4월과 마찬가지로 주식의 Q비율이 0.3배를 밑돌았다. 장기투자자라면 1942년보다는 1949년이 주식을 매수하기에 더 좋은 때였다.

다우지수의 움직임: 1932~1937년

1932년 7월부터 1937년 3월까지는 미국 역사상 가장 큰 강세장 중 하나였다. 이 기간 동안 다우존스 지수는 370%가 올랐다. 같은 기간 GDP 디플레이터에 따르면, 물가는 11%가 올랐다. 1932년 7월 바닥 때 주식을 샀던 투자자들은 이처럼 큰 폭의 자본이득을 누렸을 뿐만 아니라 연평균 10%의 배당수익률을 누렸다. 1932년에 실제 지급된 배당금과 1937년까지 배당금 증가율이 총 60%였다는 점을 감안하면 이 기간 동안 연평균 배당수익률은 10%에 달했다는 계산이 나온다. 1932~1937년 강세장은 1933년 이후 지속된 금융 시스템의 건전성 개선을 토대로 이어졌다. 사실상 파산한 것처럼 보였던 금융 시스템이 안정되면서 주식에 대한 밸류에이션이 평균 수준으로 회복됐다. 금융 시스템이 붕괴 직전에서 살아나고 경제와 기업이익이 개선되면서 증시는 강한 상승 탄력을 받게 됐다. 실질 국민순생산은 경기가 바닥을 쳤던 1933년부터 경기 고점이었던 1937년까지 연간 12%씩 성장했다. 미국에서 이 같은 경제성장률은 이전에도, 이후에도 없었다. 기업의 이익증가세는 이보다 훨씬 더 역동적이었다. S&P500 지수의 실적 바닥이었던 1932년부터 1937년까지 기업이익은 176%가 늘어 증가율이 명목 GDP 성장률의 거의 3배에 달했다.

경제성장률이 큰 폭으로 반등했음에도 생산여력이 남아돌아 물가상승률은 낮게 유지됐고 이 같은 미증유의 경기확장기에 금리는 하락 기조를 이어갔다. 이런 식으로 주식에 강력하고 긍정적인 이익 증가, 배당금 확대, 금리 하락세라는 조합이 마련됐다.

표3-4_다우존스 지수: 1932년 7월~1937년 7월

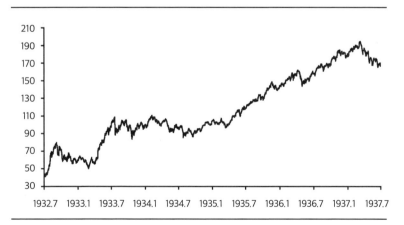

자료: 다우존스&Co.

이익과 배당금의 회복은 극적이었지만 어느 쪽도 다우존스 지수를 신고점으로 끌어올릴 만큼 극적이진 않았다. 1932~1937년에 기업의 이익이 176% 급증하긴 했지만 S&P 자료에 따르면, 1937년 상장기업의 이익은 여전히 1929년, 1928년, 1926년, 1925년은 물론 1917년과 1916년 수준보다도 적었다. 1937년 고점일 때 상장기업 이익은 이전 고점이었던 1929년에 비해 여전히 30% 적었고 배당금은 49%가 부족했다. 1937년 3월 고점 때 다우존스 지수는 1929년 8월 사상 최고치에 비해 49%나 낮은 수준이었다.

따라서 1932~1937년이 미국 역사상 가장 뛰어난 강세장 중 하나였다 해도 1928년 3월부터 1930년 10월 이전에 주식을 샀던 사람은 주식투자로 인한 수익을 전혀 누릴 수 없었다. 반면 1932년 7월 바닥에서 주식을 샀던 운 좋은 투자자들은 다우존스 지수가 5년도 안 돼 376% 급등하는 것을 지켜보며 큰 수익을 거두어들일 수 있었다. 기업이익이 급증하고 금리가 하락하는 가운데 증시가 1932년 큰 폭의 저평가 상태에서 급등했다는 사실은 어쩌면 당연해 보인다. 하지만 증시가 이처럼 활황세를 펼치는 동안 미국에서는 자본주의의 자율성에 부정적이라고 여겨지는 여러 규제와 정책들이 추진되고 있었다.

1932~1937년 강세장이 전개되는 동안 많은 월스트리트 논평가들은 미국에 '사회주의'가 도입되고 있다고 평가했다. 이 같은 시장 자본주의에 부정적인 요인들은 1932년 말에 이미 영향을 미치고 있었다.

다우존스 지수는 1932년 7월에 바닥을 쳤지만 그해 9월에는 경기 회복의 초기 조짐이 이미 잦아들고 있었다. 당시 투자자들은 그해 9월에 차기 대통령으로 확실시됐던 프랭클린 루스벨트 정부에 대한 불확실성으로 경기회복세가 꺾였다고 봤다. 루스벨트는 그해 11월 8일에 대통령 선거에서 승리해 대통령 후보자로 확정되었고, 대통령 취임식은 다음 해 3월 4일에 열렸다. 이 결과 루스벨트가 취임하기 전까지 상당히 오랫동안 '레임덕'이 지속됐고 루스벨트 정부가 추진할 정책에 대한 추측이 많았다. 특히 금본위제를 폐기할 것이란 관측이 점점 더 힘을 얻어갔고 대통령 후보자인 루스벨트도 이런 소문을 부인하지 않았다. 이 결과 미국인들은 대공황이 시작된 이후 처음으로 달러를 팔아 금을 사기 시작했고 이 때문에 시중 유동성은 더 위축됐다.

이 정치 공백기 동안 경기회복세와 상품가격안정세, 채권 가격 상승세는 모두 막을 내렸다. 더구나 제3차 은행위기까지 발생해 1933년 3월 루스벨트 취임 즈음까지 이어졌다. 1932년 10월에 네바다주가 은행 영업 정지를 선언했고 아이오와주가 1933년 1월에, 루이지애나주와 미시간주가 한 달 뒤인 2월에 각각 은행 영업 정지를 결정했다. 루스벨트 대통령 취임 바로 전날인 1933년 3월 3일까지 미국 전체 주의 절반이 은행의 영업을 중단시켜야 했다.

대공황 기간 중 최악의 경제 마비 상태였지만 다우존스 지수는 1932년 7월 저점보다 약 10포인트 높은 50포인트에서 급락세를 멈췄다. 증시가 루스벨트 정부 정책에 어떤 두려움을 가지고 있었든 다우존스 지수를 1932년 7월 저점 밑으로까지 끌어내리진 못했다. NBER에 따르면, 경기도 1933년 3월에 바닥을 쳤다. 1932년 7월보다 약간 낮은 수준이었다. 이로써 본격적인 강세장이 펼쳐질 여건이 마련됐다.

대형 강세장은 혁명적인 '뉴딜' 정책과 함께 나타났다. 루스벨트 대통령이 1933년 3월 취임했을 때 그가 미국의 금융기관과 금융시장을 대대적으로 개혁할 것이란 사실을 의심하는 사람은 거의 없었다. 루스벨트 대통령은 1933년 취임 연설에서 이렇게 말했다. "돈 놀음을 하는 금융가들은 우리 문명의 성전 높은 자리에서 도망쳐 내려왔습니다. 이제 우리가 성전의 오래된 진리들을 회복시켜야 할 것입니다."

루스벨트가 취임한 지 몇 주일 만에 월스트리트를 규제하는 첫 번째 법안인 '증권법'이 의회에서 처리됐고, 곧이어 은행업과 증권업을 분리시키는 내용의 글래스·스티걸법이 제정됐다. 이후 1934년에 공시제도를 도입하는 내용의 증권거래법, 1935년에 은행법과 공공설비 지주회사법이 의회를 통과했다. 금융기관의 방만한 권리와 자율을 침해하는 법과 규제가 속속 도입되는 가운데 주식시장은 오름세를 계속했다.

주식시장은 또 미국 금융 시스템의 토대가 되는 금본위제에 대해서도 상당한 손질이 가해지고 있는 가운데 강세를 유지했다. 루스벨트 대통령은 취임 바로 다음 날 금 수출에 대한 '일시' 금지를 선언했다. 3월과 4월에 몇몇 은행이 금을 수출할 수 있는 면허증을 받았다는 점을 감안하면 이 조치는 일시적인 것이었다. 하지만 4월 19일에 루스벨트 대통령이 토마스 수정 조항이 첨가된 농업조정법Agricultural Adjustment, Act에 서명할 것이라는 사실이 발표됐다. 농업조정법은 주요 농산물의 경작을 제한하는 대신 농가에 보조금을 지급해 농산물 가격 회복을 지원하는 내용의 법이었다. 이 법에 첨가된 토마스 수정 조항은 대통령에게 금 지급이 보장되지 않는 통화를 발행할 수 있도록 하는 내용을 담고 있었다. 이로써 미국은 사실상 금본위제를 폐기하게 됐고 예산국장은 사석에서 "이건 서구 문명의 종말이야"라고 탄식했다. 이 한 마디는 금본위제 폐기에 대한 많은 미국인들의 생각을 대변하는 것이었다.

루스벨트 대통령은 이후 민간인의 금 사재기를 금지하고 정부의 금 지급 의무를 폐기하는 등 금본위제를 무력화하는 조치들을 취해 나갔다. 루스벨트 대통령이 금본위제로 돌아가겠다는 뜻을 밝힌 것은 1934년 1월 중순 연두교서 연설에서였다. 이 발표 다음 추락하던 달러화 가치가 마침내 안정됐고 1월 말에 금본위제로 돌아가기 위한 법안들이 의회를 통과했다. 미국 재무부는 1933년 3월에 20.67달러를 주고 금 1온스를 샀지만 1933년 1월에는 같은 양의 금을 사는 데 35달러를 줘야 했다. 1879년 이후 쭉 미국 금융 시스템의 기본 토대였던 금본위제를 가지고 벌였던 무모한 실험과 다수 금융전문가의 무시무시한 경고에도 불구하고 강세장은 계속됐다.

강력한 규제가 금융시장을 덜 요동치고 더 안전한 곳으로 만들어줄 것이란 새로운 믿음이 싹트는 가운데 대중들은 대공황을 책임질 희생양을 찾고 있었다. 증시가 1932년에 거의 바닥에 도달했을 무렵 후버 대통령은 의회에 증권거래 관행을 조사해달라고 요청했다. 이에 따라 상원의 은행위원회는 대공황의 원인을 규명하고 월스트리트의 문제점을 파악하기 위해 1932년 4월부터 청문회를 시작했다. 이 청문회는 전직 뉴욕주 검사로 상원 은행위원회의 수석 법률고문이었던 페르디난트 페코라Ferdinand Pecora의 이름을 따서 이른바 '페코라 청문회'로 불렸다. 청문회는 2년 이상 대중의 분노를 자극하는 머리기사를 수없이 양산하며 1934년 5월까지 계속됐다. 청문회가 진행되는 동안 월스트리트의 무수히 많은 악행이 드러나며 대중의 비난이 집중됐다. 1930년대 내내 수많은 월스트리트 종사자들이 형사 법정에 서야 했다. 몇몇 혐의자들만이 1940년대가 되어서야 유죄 판결을 받았을 뿐, 주가 대폭락과 대공황을 야기했다는 혐의로 기소된 사람 중 대부분은 어떤 형사상 처벌도 받지 않았다. 떠들썩한 월스트리트 스캔들에도 불구하고 강세장은 이어졌다.

1932년부터 1937년까지 미국 내에는 미국이 사회주의를 지향하고 있으며 금융시장에 대한 '공격'이 본질적으로 이념적인 것이라고 믿는 소수의 목소리가 있었다. 이러한 주장을 뒷받침하는 증거도 많았다. 은행업과 금융시장에 대한 규제가 점점 더 늘어나는 것과 더불어 정부는 민간 부문이 제공할 수 없다고 생각하는 서비스를 제공한다는 취지에서 국가 기관을 잇달아 설립했다. 정부의 민간 영역 침해는 빠르게 진행됐는데 1932년에 연방주택대출은행Federal Home Loan Banks, FHLB, 1933년에 주택소유자대출공사Home Owner's Loan Corporation, HOLC와 테네시강유역개발공사Tennessee Valley Authority, TVA, 1934년에 연방농지담보대출공사Federal Farm Mortgage Corporation, FFMC 등을 설립했다. 후버 대통령이 만든 재건금융공사는 루스벨트 대통령 때 대폭 권한이 확대돼 세계에서 가장 큰 회사가 됐다. 연방 차원에서 최저임금제도가 도입됐고 이와 더불어 사회보장 세금이 부과되고 각종 정부 정책들이 추진되면서 노동비용은 날로 올라갔다. 경제에 대한 정부 개입이 많아질수록 재정적자가 확대됐다. 루스벨트 정부 이전에 전쟁 비용과 상관없이 미국의 재정적자가 가장 컸던 때는 기록상 1937년 증시 대폭락 때로 재정적자가 GDP의 0.7%였다. 하지만 1932년에는 재정적자가 이미 GDP의 4.7%에 달했으며 경기가 회복되는 동안 점차 늘면서 1934년에는 GDP의 5.5%로 절정을 이뤘다.

1928년 민주당 대선 후보였던 알 스미스Al Smith가 1936년 1월 연설에서 민주당 정부를 소비에트 연방정부와 비교하며 강력히 비난했던 사건은 유명하다.

> 우리의 수도는 하나일 수밖에 없습니다. 워싱턴이냐, 모스크바냐. 우리 정부의 기조는 하나일 수밖에 없습니다. 투명하고 신선하고 자유로운 미국이냐, 악취 나는 공산주의 러시아냐.
>
> 1936년 1월 25일, 워싱턴 DC 메이플라워 호텔에서 행한 미국자유연맹 연설
> [미국자유연맹American Liberty League은 1934년에 만들어진
> 보수적인 성향의 민주당원 모임을 말한다 – 옮긴이]

재정적자 확대와 뉴딜 정책, 사회주의적 조치들, 심지어 공산주의적 미래 등에 대한 우려가 제기됐음에도 증시는 상승세를 멈추지 않고 계속 올라갔다.

루스벨트 대통령의 정책이 미국의 자유시장 시스템에 이론적이든 실질적이든 어떤 손상을 입혔든 간에 주식시장은 금융 시스템 안정과 기업 실적 및 배당금의 극적 회복이 더 중요하다고 봤다. 정부 정책이 미국 경제의 효율성을 구조적으로 해쳤다 한들 주식시장은 이런 문제가 강력한 경기회복보다는 덜 중요하다는 반응이었다.

다우지수의 움직임: 1937~1942년

1937년까지 이어진 역동적인 경기회복으로 GDP는 1937년에 1929년 수준을 소폭 웃돌았다. 하지만 인구가 급격히 늘어나면서 1인당 국민소득은 1929년 고점 수준을 회복하지 못했다. 1937년 경기가 최고점에 도달했을 때도 실업률은 1900~1930년간 최고 실업률의 절반 수준인 14.3%에 달했다. 정상적인 경기회복이라면 초기 국면 밖에 진행되지 않은 것 같은 상황에서 갑작스럽게 경기가 후진하기 시작했다. 경기가 회복 초기 국면에서 급격히 아래로 꺾이자 경기 사이클의 확실성에 대한 투자자들의 신뢰가 흔들렸다.

경기회복이 1937년에 갑작스레 끝나버린 이유가 재정적자 때문인지 아니면 통화정책 때문인지 확실치 않다. 분명한 것은 Fed가 1936년 8월부터 은행의 지불준비금을 높이면서 경기가 하락세로 돌아섰다는 점이다.

개정된 은행법으로 권한이 강화된 Fed는 지불준비금 인상과 함께 증권 매입에 대한 마진을 25%에서 50%로 올렸다. 은행 시스템에 지불준비금이 쌓이면서 대출이 급감하자 지불준비금 상향이 연방준비제도가 통화량에 대한 제어력을 회복하는 최선의 방법인 것처럼 여겨졌다. 1937년까지 Fed가 효과적인 통화긴축정책을 원했던 이유가 있었다. 생산자물가 지수가 큰 폭으로 뛰어오른 데다 증시가 오름세를 계속하면서 투기에 대한 우려도 제기되고 있었다.

금융 시스템에 남아도는 돈이 있었다는 점을 감안할 때 Fed의 조치가 경제활동에 부정적인 영향을 미쳤다고 생각되지는 않았다. Fed는

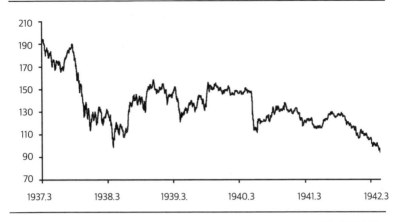

표3-5_다우존스 지수: 1937년 3월~1942년 5월

자료: 다우존스&Co.

오히려 재정정책이 바뀐 이후 경기가 위축됐다고 비난했다. 실제로 재정정책의 변화가 경기하강의 한 요인일 수 있었다. 연방정부의 재정적 자가 GDP에서 차지하는 비중은 1936년 4.2%에서 1937년에는 2.8%로 대폭 낮아졌다. 경기위축의 또 다른 요인은 1937년 초에 기업의 수익성이 전반적인 비용 상승, 특히 노동비용 상승으로 급격히 축소됐기 때문일 것이다. 월스트리트는 순환적 경기회복의 기간이 축소된 데 대해 기업이 질식할 정도로 쏟아진 정부 규제에서 원인을 찾았다. Fed의 또 다른 판단 착오가 경기위축의 원인이든 아니든 산업생산은 1937년 경기 고점에서 1938년 바닥 때까지 3분의 1이 급감했고 S&P500 지수의 기업이익은 거의 50%가 줄었다.

침체의 원인이 무엇이든 경기순환의 바닥은 Fed가 지불준비금을 처음으로 하향 조정하고 두 달이 지난 1938년 6월에 일어났다. 경기회복이 고용에 의미 있는 수준의 긍정적 영향을 미치기도 전에 갑작스럽게 끝나버린 것은 전혀 정상적이지 않은 현상이었다. 특히 경기가 생산여력에 한계를 느끼고 인플레이션의 조짐이 나타날 때까지 계속 확장할 것으로 기대했던 사람들이 충격을 받았다. 1937년 3월 31일부터 12개월간 다우존스 지수는 49%가 급락해 1933년 중반 수준으로 돌아갔다. 주식시장의 거래량을 보면 장기적인 경기침체 가운데 발생한 이 갑작스러운 경기위축은 대공황보다도 더 심하게 주식 투자에 대한 혐오감을 키우는 역할을 했다.

경기는 1938년 6월부터 다시 회복되기 시작했지만 증시하락세는 잦아들지 않았다. 기업 실적도 반등했지만 주가를 상승세로 돌려세우지는 못했다. 이를 보면 경기가 1929년 이전의 정상 수준으로 돌아가지 못한 데 대해 투자자들이 얼마나 실망했는지 짐작할 수 있다. 1938년 저점부터 1941년 12월까지 S&P500 지수의 기업 실적은 2배로 늘었지만 다우존스 지수는 거의 변화가 없었다. 향후 경제에 대한 신뢰가 떨어지자 증시는 가장 강력한 실적 회복마저도 무시해버렸다.

게다가 유럽에서 전쟁 발발 가능성이 점점 높아지자 전쟁이라는 외부 변수가 금융시장의 전망을 결정짓는 데 핵심적인 역할을 하게 됐다. 전쟁의 먹구름이 드리우면 증시는 반드시 하락 압박을 받게 된다. 그러나 영국이 독일에 대해 전쟁을 선포한 날은 뉴욕 증시에서 공포에 질린 투매가 나오지 않았다. 오히려 정반대였다. 1939년 9월 독일이 폴란드를 침공한 날로부터 첫 8일간은 다우존스 지수가 15% 오르기까지 했다. 투자자들은 미국이 제1차 세계대전 당시 1917년까지 중립을 지켰고 이로 인해 유럽에서 미국으로 자금이 흘러들어오고 유럽에서 전쟁 물자에 대한 주문이 늘면서 '전쟁 수혜주'가 덕을 봤다는 사실을 기억했다. 미국 경제에 유리한 이 같은 조합이 이번에는 언제까지 지속될까? 독일의 유럽 지배가 점점 더 불가피해 보이자 패한 유럽에서 상당량의 주문이 들어올 가능성은 낮아졌고 증시는 방향을 아래로 꺾었다.

히틀러는 1940년 5월 10일에 서유럽을 향해 전격전을 시작했고 며칠 내에 이 전술은 성공했다. 5월 10일부터 25일 사이에 네덜란드와 벨기에가 독일군에 항복했고, 영국 군대는 프랑스 북부 항구도시인 됭케르크에서 철수했으며, 다우존스 지수는 23%가 급락했다. 독일이 유럽 자본을 봉쇄하면서 유럽에서의 자본 유출 전망은 사라졌다. 미국에 대한 전쟁 물자 주문도 이제는 유럽에서 오직 영국만이 가능한 것처럼 보였다. 그나마 영국도 물자에 대한 대금 지급을 신용도도 의심스러운 약식 차용증서로 대체할 것으로 예상됐다. 5월 말이되자 제1차 세계대전 당시 1915~1916년까지 미국에서 강세장을 촉발시켰던 2가지 긍정적 요인이 이번에는 재현되지 않을 것이란 사실이 명확해졌다.

독일의 전격전은 모든 상황을 바꾸어 놓았고 증시하락세에는 가속도가 붙었다. 제1차 세계대전 때처럼 영국은 처음에는 물품 대금을 현금이나 금, 증권으로 치렀다. 1940년 중반부터 1941년 3월까지 이런 식으로 유럽에서 흘러나온 자본이 미국으로 대거 유입됐다. 미국은 금본위제를 고수하고 있었기 때문에 이러한 자본 유입으로 통화량이 늘어났다.

1940년 여름 내내 영국 본토 상공에서 항공전이 벌어지는 동안 주식시장은 영국에서 유입된 금을 기반으로 소폭 반등했다. 하지만 그해 9월이 되자, 미국이 50대의 구식 구축함을 영국에 넘기면서 미국이 전쟁에 좀 더 깊숙이 개입할 수밖에 없었다. 이때부터 금융시장에선 영국의 대금 지급 방식이 현금에서 약식 차용증서로 바뀔 것이란 두려움이 커져갔다. 미국의 전쟁 개입은 루스벨트 대통령이 1940년 12월 16일 라디오 연설에서 "미국이 영국에 전쟁 물자를 빌려줄 것"이라고 말하면서 더 확실해졌다. 미국의 무기 대여 프로그램은 1941년 3월부터 시작됐다.

미국 정부는 연합국에 전쟁 물자를 제공하면서 현금이나 금을 받지 않고 차용증서만 받아두거나 용역을 대가로 받았다. 증시는 이 소식에 호의적으로 반응하지 않았다. 미국 정부가 무기 대여 프로그램을 확대하면서 다우존스 지수는 1940년 9월부터 1941년 12월까지 14% 하락했다. 전쟁으로 미국 내 물가상승 압력도 높아졌는데, 이 역시 증시에 부정적으로 작용했다. 1939년 8월부터 1941년 11월까지 미국을 포함한 전 세계가 전쟁 태세에 돌입하면서 원자재 가격이 급등한 결과, 생산자물가가 23% 치솟아 올랐다. 미국은 여전히 중립을 표방하고 있었지만 이미 전쟁으로 정부 정책과 관련법이 바뀌고 있었고 이는 기업들의 수익성을 침해했다.

연방준비제도는 1941년 9월 1일에 인플레이션을 잡기 위해 소비자 신용에 규제를 가하는 'W 규정'을 도입했다. W 규정은 특정 상품을 할부로 구입할 때 최소 계약금과 최대 만기 기한을 명문화했다. 연방준비제도는 1941년 11월 1일 은행의 지급준비금을 가능한 최대치인 25%로 올렸다. 다우존스 지수는 이제 1938년 수준으로까지 내려왔지만 아직 최악은 오지 않았다.

그해 12월 7일 오전, 일본이 미국 하와이주 진주만 미군 기지를 공습했고 미국은 이제 정식으로 제2차 세계대전에 당사국으로 개입하게 됐다. 1917년과 마찬가지로 미국이 전쟁에 군사적으로 직접 개입할 가능성이 높아질수록 주가는 하락 압박을 받았다. 하지만 일본의 진주만 공격이 당장 주식시장에 미친 영향은 영국이 독일에 전쟁을 선포했을 때나 히틀러의 전격전이 성공했을 때만큼 크지 않았다. 주식시장은 1940년 9월부터 완만한 하락세를 이어가며 1942년 4월 28일 바닥을 치기까지 거의 5개월간 20%가 더 떨어졌다.

그러나 1942년 바닥이 1940년대에서 주식을 매수하기에 가장 좋은 시점은 아니었다. 투자자들은 강세장과 침체장을 다시 겪은 다음에야 최적의 매수 시점을 만날 수 있었다. 다만 주식의 적정가치를 평가하는 기준으로 사용되는 Q비율로 봤을 때, 1942년 4월 증시는 주가가 해당 기업의 실물자산을 대체하는 데 드는 비용보다 70% 이상 저렴할 정도로 심하게 저평가돼 있었다. 이전에 이처럼 극심한 저평가 상태는 오직 1921년과 1932년뿐이었다. 1942년부터는 다우존스 지수가 다시 오르기 시작해 1946년 5월까지 128%가 급등했다. 이때가 1932~1949년까지의 기간을 놓고 봤을 때 두 번째 강세장이었다.

다우지수의 움직임: 1942~1946년

1942년 4월의 침체장 바닥은 미국 금융시장 구조가 큰 폭으로 바뀌고 미군이 필리핀에서 일본에 패배하던 즈음에 형성됐다.

표3-6_다우존스 지수: 1942년 4월~1946년 5월

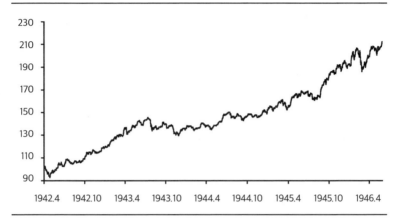

자료: 다우존스&Co.

Fed는 1917년과 마찬가지로 다른 모든 금융 목표들은 뒷전으로 미루고 전쟁 자금 조달을 최우선 목표로 삼았다. Fed는 1942년 4월에 만기가 1년 이하인 단기국채 금리를 1%의 8분의 3으로 고정시킨다고 발표했다. 시장은 단기국채 금리가 전쟁 기간 동안 고정되는 것으로 이해했지만 이런 종류의 시장 개입은 1951년 3월까지 계속됐다. Fed의 시장 개입은 단기국채에 대해서만 명시적으로 드러났지만 실제로는 국채의 수익률 곡선을 억누르는 역할을 했다. Fed가 단기국채의 수익률을 고정시킨 배경에는 미래에 국채수익률이 높아질 것으로 기대하지 말고 전쟁 국공채를 사라는 뜻이 담겨 있다. Fed는 이런 식으로 전쟁 조달 비용을 낮추려 했다. 당시 최장기 국채에 사실상 가능한 수익률은 2.5%였다. Fed의 수익률 제한 조치는 1942년 4월 이전에 시장을 지배했던 긍정적인 수익률 곡선을 전쟁 기간은 물론 전쟁이 끝난 이후까지 효과적으로 유지시켜 줬다. 투자자들과 시중 은

표3-7_제2차 세계대전 동안 만기별 국채의 최고수익률　　　　　　　(단위: %)

1년 이하 단기국채	0.375
1년 만기 국채	10.875
단기국채	2.0
장기국채	2.25
25~30년 만기 국채	2.50

자료: 시드니 호머&리처드 쉴러,《금리의 역사》

행들이 전쟁 기간 동안 자본 손실의 위험이 전혀 없는 장기국채로 몰린 것은 당연하다. 이 결과 만기 1년 이하의 단기국채 시장의 소유권은 점점 Fed로 넘어갔다. Fed 위원장이었던 매리너 에클스Marriner Eccles의 표현에 따르면, 당시 Fed는 '단지 재무부의 결정을 실행할 뿐이었다.'

제1차 세계대전 당시처럼 Fed는 필요한 만큼 무한하게 통화량을 늘린 후 국채를 매각할 수 있는 자금이 시중에 풀려 국채 가격을 지지하도록 했다. Fed는 국채를 자체 계정으로 직접 매수해 시중 은행의 적립금을 높였다. 시중 은행들은 제1차 세계대전 때와는 달리 늘어난 적립금으로 대출을 늘려 다른 사람들이 국채를 사도록 하는 것이 아니라 직접 국채를 매입했다. 1941년부터 1945년까지 재무부는 7종의 전쟁 국채를 발행했고 정부의 자금 조달이 이처럼 늘었음에도 이들 국채가 정부에 순종적인 시중 은행에 배분됐기 때문에 수익률은 치솟지 않았다. Fed가 국채시장에 개입한 결과 재정적자가 확대되고 경제성장률이 높아질 때 통상적으로 나타나는 수익률 상승은 없었다. 국채시장의 낮은 수익률은 다른 채권의 수익률까지 억제하는 효과를 냈다. 1942년 4월에 최우량 회사채의 월평균 수익률은

2.63%였으나 1942~1946년 평균은 2.55%로 떨어졌다.

1939년부터 1941년까지 물가가 큰 폭으로 뛰어올랐고 채권수익률은 낮은 수준으로 고정돼 있는 상황에서 투자자들이 1942년에 수익률이 11%가 넘었던 주식에 눈을 돌린 것은 당연했다. 채권투자자들은 고정된 이자를 지급받지만 주식투자자들은 보통 배당금 증가를 기대할 수 있었다.

채권수익률이 낮은 데다 물가상승률은 높아지고 있어 많은 투자자들이 장기적으로 주식의 투자수익률이 더 좋을 것이라고 생각하게 됐다. 하지만 정부가 공식적으로 발표하는 채권수익률과 물가상승률이 시사하는 것보다 1942년에 주식시장의 상승 잠재력은 훨씬 더 컸다. 1941년 11월부터 1945년 8월까지 공식적으로 발표되는 연평균 물가상승률은 4%밖에 되지 않았다. 하지만 이는 정부가 물가를 통제하고 특정 물품에 대해서는 배급제를 실시했기 때문에 가능한 숫자였다. 정부가 1942년 1월부터 실시한 물가 통제가 없었다면 물가상승률은 훨씬 더 높아졌을 것이다.

'암시장'에서 물품을 구매하는 사람들은 물가상승률이 정부가 발표하는 것보다 훨씬 더 높다는 것을 체감했다. 채권도 공식적으로 발표되는 수익률이 시사하는 것보다 훨씬 매력이 떨어졌기 때문에 주식의 상대적인 강점은 더욱 두드러졌다.

정부가 채권시장을 억제하면서 주식시장의 전망이 개선되긴 했지만 전쟁이라는 비상 상황으로 인해 다른 부정적 요인들이 나타났다. 미국은 제1차 세계대전 때는 기본적으로 국채 발행을 통해 전쟁 자금을 조달받았다. 하지만 제2차 세계대전에 참전할 무렵 미국은 대공황의 여파로 이미 국채 발행량이 1917년 수준보다 훨씬 더 높았다. 따라서 정부는 전쟁 비용을 납세자에게 조금 더 공평하게 나누는 방식을 선택했다. 이 결과 정부의 세수가 GNP에서 차지하는 비중이 1941년 7%에서 1945년에는 21%로 높아졌다. 가장 높은 소득세율은 90%로 연간 소득 100만 달러 이상에 붙었다. 이는 제1차 세계대전 때 같은 소득에 붙던 세율 66.3%보다 훨씬 높은 것이었다. 이처럼 급격하게 오르는 세금은 주식시장이 헤치고 나가야 할 역풍이었다.

주식시장의 또 다른 문제는 1942년부터 1946년까지 기업의 이익이 거의 늘지 않았다는 점이었다. 미국 기업들은 제2차 세계대전 동안 이익이 크게 늘 것으로 기대했지만 현실은 그렇지 못했다. 미국 정부는 전쟁 기간 동안 가격을 억제하는 수많은 행정 조치를 취했고 이는 사실상 기업이익을 억제하는 결과를 낳았다. 자원과 자본을 배분하는 역할이 시장에서 관료로 넘어갔다. 전쟁생산위원회War Production Board, 전쟁노동위원회War Labor Board, 물가관리청Office of Price Administration 등의 활동 속에서 기업의 마진은 수요와 공급의 법칙에 따라 결정되지 않았고 전쟁 수행을 돕느라 축소돼갔다.

게다가 미국 정부는 전쟁 비용을 대기 위해 세수 증대가 절실히 필요한 상황에서 제1차 세계대전 때 기업들이 폭리를 취했다는 점을 떠올리며 법인세율을 급격하게 올렸다. 가장 높은 법인세율은 1940년에 19%에서 1942년에는 40%로 급등했고, 초과이윤세도 1940년 최고이율 50%에서 1942년에는 단일세율 95%로 대폭 높아졌다. 결과적으로 S&P500 지수에 포함된 기업의 이익과 배당금은 1946년에도 1942년과 비교해 기본적으로 변화가 없었다.

결국 1942년부터 1946년까지 강세장은 채권의 실질수익률이 극히 낮은 가운데 전적으로 주식에 대한 밸류에이션이 높아지면서 이뤄졌다.

이처럼 증시의 밸류에이션이 높아지는 과정에서 전쟁의 전개 상황은 영향이 설사 있었다 해도 제한적이었던 것으로 보인다. 참전 이후 최악의 상황은 필리핀 주둔 미군이 1942년 4월 9일 바탄에서 일본군에 패한 데 이어 5월 6일 코레히도르에서도 항복했을 때였다. 다우존스 지수는 이 사이인 4월 28일에 바닥을 쳤다. 6월 초에는 하와이 북서쪽 미드웨이 해전에서 일본군이 큰 피해를 입으며 태평양의 해군력은 균등해졌고 이때부터 전쟁에서 긍정적인 소식이 전해지기 시작했다. 8월에는 미군이 공세적으로 돌아서 일본군이 주둔하고 있던 솔로몬제도 과달카날섬에 상륙했다. 1942년 11월에는 연합군이 이집트 연안의 엘 알라메인에서 독일과 이탈리아 군대를 격퇴하면서 전쟁 상황은 급격히 호전되기 시작했다. 같은 달 소련은 스탈린그라드(지금의 볼고그라드)를 포위한 히틀러의 제6군을 물리쳤다.

1942~1946년 강세장은 이 기간 동안 첫 번째 토대를 마련해 1943년 7월까지 지속되었다. 하지만 전쟁 상황이 점점 더 유리하게 변하고 승리의 가능성이 높아졌음에도 증시는 오름세를 꾸준히 이어가지 못했다. 다우존스 지수는 1943년 7월부터 1944년 12월 말까지 연합군이 이탈리아 시칠리아와 로마 루마니아, 프랑스 파리, 벨기에 브뤼셀과 앤트워프, 그리스 아테네 등을 해방시키는 동안에도 상승하지 못한 채 등락만을 반복했다. 다우존스 지수는 1944년 12월 연합군이

서쪽에서 독일로 진입해 들어가고 소련은 동프로이센에서 전투를 하고 있었지만 1년 전과 비슷한 수준에 머물러 있었다. 1년 전이라면 소련군이 베를린에서 거의 1,600km나 떨어진 곳에 있었고 다른 연합군은 영국 동남부 항구도시 도버에 모여 있었던 때였다.

이처럼 전쟁에서 승리가 확실시되고 있었음에도 주식시장은 1945년 초가 되어서야 상승세를 재개했다. 그때조차 증시는 1945년 2월부터 시작된 소폭의 경기위축 탓에 천천히 올라갔다. 경기하강이 주가상승세를 제한한 데다 위탁증거금 비율이 1945년 2월에 45%에서 50%로 오른 데 이어 7월에는 75%까지 높아지면서 강세장을 방해했다. 증시는 1945년 8월 15일 일본의 항복을 받아내고 나서야 상승 탄력을 강하게 받기 시작해 10월까지 경기하강이 이어졌음에도 강세를 보였다.

정부는 과도한 투기 우려가 있다고 판단하고 1946년 1월에 위탁증거금 비율을 75%에서 100%까지 올렸다. 페인, 웨비, 잭슨&커티스의 해리 코머Harry Komer는 1946년 1월 2일 미국 증시를 낙관적으로 보는 이유를 다음과 같이 설명했다.

초과이윤세 폐지로 제조업계 전체적으로 순이익이 1945년에 비해 약 30% 늘어날 것으로 전망된다. 배당금도 전체적으로 순이익과 전적으로 비례해 늘어날 것이다. 전쟁 기간 동안 주주에 대한 보상은 극히 제한적으로 이뤄졌다. 기업 실적이 개선되면 1946년에는 결과적으로 좀 더 자유로운 배당금 정책이 이뤄질 수 있을 것이다.

WSJ, 1946년 1월 2일

기업 실적과 배당금에 대한 이런 낙관론에 힘입어 증시는 1946년 5월까지 상승세를 이어가며 마침내 1937년 고점을 넘어섰다. 다우존스 지수가 과거에 이때보다 더 높았던 때는 1928년 7월부터 1930년 9월까지의 기간밖에 없었다. 그러나 다우존스 지수의 이때 고점은 여전히 1929년 9월 사상 최고치에 비해서는 44%나 낮은 수준이었다.

다우지수의 움직임: 1946~1949년

1946년에 낙관론자들은 전쟁 기간 동안 억제됐던 수요가 분출하고 법인세율이 정상 수준으로 내려오면서 경기가 회복되고 이 결과 증시도 상승세를 이어갈 수 있을 것으로 봤다. 실제로 경기는 1945년 침체를 벗어나 강하게 반등하고 있었다. 그러나 비관론자들은 1918년 제1차 세계대전이 끝난 후 12개월간 전후 과도한 성취감과 만족감이 어떻게 큰 폭의 인플레이션을 유발했으며 인플레이션은 어떻게 다시 경기를 끌어내려 미국 역사상 가장 급격한 디플레이션을 초래했는지 기억하고 있었다. 당시 증시는 디플레이션으로 지독한 하락세를 겪어야 했다. 비관론자들은 심지어 더 오래전 참사인 남북전쟁이 끝난 뒤에도 불가피하게 물가가 하락하는 조정 과정을 거쳤음을 떠올렸다. 앞에서 살펴봤듯이, 강세장은 1942년 제2차 세계대전의 가장 암울한 시기에 시작돼 일본군이 항복한 날로부터 약 1년 이후까지 이어졌다. 하지만 1946년 여름에는 다시 시장의 주도권이 침체장으로 넘어갔다.

다우존스 지수는 1946년 8월 말과 9월 초 사이에 17%가 하락했다. 이는 독일이 전격전에 성공했던 1940년 5월 이후 최대 낙폭이었다.

표3-8_다우존스 지수: 1946년 5월~1949년 7월

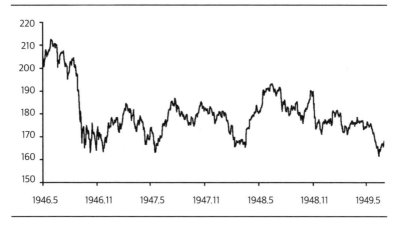

자료: 다우존스&Co.

〈WSJ〉는 1946년 8월 30일에 이처럼 급격한 증시하락의 원인이 무엇인지 분석했다.

루이손의 로버트 S. 바이필드는 주식시장의 급락을 유발한 요인을 다음과 같이 나열했다. (1)물가관리청을 둘러싼 법적 논쟁 (2)신규 상장 주식이 시장에서 원활히 소화되지 못하고 심각한 공급과잉을 초래한 점 (3)금리가 저점을 치고 조금씩 오르기 시작하고 있다는 증거

물가관리청은 제2차 세계대전 때 물가를 관리하던 정부 조직으로 1946년 6월로 기능이 정지될 예정이었다. 하지만 트루먼 대통령은 물가관리청의 기능을 연장하려 했고 그해 8월과 9월에 투자자들은 이 점을 우려했다. 물가관리청은 가격을 통제해 기업의 마진을 압박했다. 결국 트루먼 대통령은 정부의 가격 통제 기능을 연장하는 데 실패했

고 물가관리청은 짧은 '비상' 연장 기간을 거쳐 그해 1946년 11월에 폐지됐다.

증시를 압박하는 다른 수많은 요인도 많았다. 그중 하나는 근로자들의 지속적인 임금 인상 요구였다. 많은 사람들은 물가가 치솟은 다음에는 결국 1920~1921년과 같은 파괴적인 디플레이션이 찾아올 것이라고 생각했다. 트루먼 대통령조차 1949년 1월 5일 연두교서 연설에서 심각한 경기하강이 다가올 수 있음을 시사했다. 그는 "우리는 전후 경기호황을 급락할 때까지 끊임없이 누릴 여유가 없다"고 말했다. 전후 경기조정의 가능성이 점점 더 높아지는 것처럼 보였다. 제임스 그랜트James Grant가 쓴 《돈의 심리학Money of the Mind》이라는 책을 보면, 1920~1921년의 디플레이션이 1949년에 백화점 체인점 몽고메리와드의 사장이었던 걸출한 사업가 스웰 에이버리Sewell Avery의 사업 전망에 어떤 영향을 미쳤는지 흥미로운 사례가 나온다.

몽고메리와드의 경제전문가가 상품가격이 19세기 초 수준으로 내려가 있는 모습의 그래프를 보여주자, 회장은 한참을 골똘히 바라봤다. 물가는 정기적으로 올랐다 떨어졌다. 전쟁 때는 인플레이션이 나타났고 전쟁 후에는 디플레이션이 찾아왔다. 이런 양상이 최근인 1919~1920년까지 반복됐다. 따라서 에이버리에게 전쟁 후 경기침체는 이미 내려진 결론이었다. "내가 누구라서 과연 역사와 논쟁을 벌일 수 있단 말인가!" 그는 같은 말을 반복했다.

에이버리는 제2차 세계대전 이후 물가가 하락할 것으로 확신하고 미래 사업에 투자하지 않고 국채를 사들였다. 하지만 그의 예상과 달리 디플레이션은 찾아오지 않았고 그의 국채투자는 대실패로 끝이 났다. 1949년에는 대부분의 전문가들이 에이버리처럼 어떤 식으로든 1919~1920년과 비슷한 현상이 나타날 것으로 예상했고 전쟁 후 물가가 많이 오를수록 더 큰 폭의 가격조정이 뒤따를 것으로 믿었다.

당시 전문가들이 언급한 여러 가지 요인들 가운데 현재 시점에서 돌아봤을 때 1946~1949년 침체장을 촉발시킨 가장 결정적인 원인은 물가급등과 금리상승이었다. 당시 대부분의 투자자들은 물가하락이 불가피하다고 생각했고 인플레이션이 아니라 디플레이션에 대해 두려움을 갖고 있었다.

1946년부터 1949년까지 물가상승 압박이 점점 더 높아지고 있다는 신호가 뚜렷해지고 있었다. 1946년에는 1919년에 분출했던 것과 같은 가격 폭등이 일어났다. 1946년 상반기에는 파업이 확산되며 임금 협상이 큰 폭으로 늘어갔다. 1월과 2월에는 파업으로 근무를 하지 못한 날이 1943년과 1944년 2년간 모두 합한 것보다 더 많았다. 1946년 말에는 정부의 물가 통제가 사라지면서 물가가 급격히 올랐다. 1946년에 생산자물가 지수는 32%가 급등했는데, 주로 하반기에 오른 것이었다. 일각에선 경제가 구조적으로 변하면서 물가상승이 상시화, 제도화하고 있다는 의견도 제기됐다. 경제의 구성이 바뀌면서 공공 부문이 GDP에서 차지하는 비중이 1920년대 말 3%에서 15%로 높아졌다. 투자자들은 이런 현상이 물가의 일회성 상향 조정인지 아니면 구조적 변화로 물가상승이 상시적 현상으로 굳어진 것인지 고민해야 했다.

정부의 역할이 확대된 것과 함께 노동계의 영향력도 커졌다. 이 같은 구조적 변화로 경제에서 인플레이션이 관습적인 현상으로 뿌리내리게 될까? 비농업 분야의 노동조합 가입률은 1932년 13%에서 1949년 33%로 대폭 높아졌다. 이 사실에서도 노조의 권력이 얼마나 커졌는지 알 수 있다. 심지어 노조는 통쾌한 심정으로 노사협약에서 프랭클린 루스벨트 대통령의 생일을 공휴일로 지정하라고 요구하기까지 했다.

스웰 에이버리와 반대되는 관점에서 보면, 이 같은 구조적 변화로 전쟁 후에도 물가상승이 이어지며 인플레이션이 만연화되고 있다고 판단할 수 있었다. 대다수는 전쟁 후에 물가가 하락하고 주가도 떨어질 것으로 예상한 반면 소수는 새로운 인플레이션의 시대가 펼쳐지고 있다고 봤다. 인플레이션은 디플레이션의 전조가 아니라 앞으로 다가올 미래였다.

1946년에 고용법이 개정되면서 '최대 고용'을 실현하기 위해 노력한다는 내용이 포함됐는데 이는 전쟁 후 인플레이션 양상이 1919년과는 매우 다를 것이란 사실을 시사하는 것이었다. 1946년에는 금본위제로 복귀하려는 시도가 이뤄지지 않을 것이 확실해졌다. 1944년 7월 미국 뉴햄프셔주 브레튼우즈에서 브레튼우즈 협정으로 알려진 새로운 국제 통화 협정이 맺어졌다. 이 협정은 본질적으로 디플레이션이 가능한 한 나타나지 않도록 하는 것을 목표로 하고 있다. 만약 그렇다면 경기순환 과정에서 물가상승률이 금본위제였을 때보다 더 높아질 것으로 예상할 수 있었다.

이 같은 근본적인 변화에도 불구하고 투자자들은 여전히 전쟁이 끝난 뒤에는 제1차 세계대전 직후와 마찬가지로 디플레이션이 찾아올 것으로 전망하고 있었다. 금리가 오르고 붕괴가 임박해 보이는 가운데 다우존스 지수는 1949년 초까지 하락했다.

1946~1949년 주식시장이 침체를 겪는 동안 채권시장은 완만한 약세를 보였다. Fed는 미리 정해놓은 수준에서 국채 가격을 지지하고자 여러 가지 조치를 계속 취했다. 이 결과 국채 가격은 하락세를 멈췄지만 회사채 가격은 계속 떨어졌다. 채권시장은 인플레이션에 대한 걱정이 높아지며 1946년 4월 초부터 타격을 받기 시작했고 1920년부터 시작됐던 채권시장의 장기 호황도 마침내 막을 내렸다. 제2차 세계대전 때 마련됐던 국채 가격 하한선이 계속 유지될 것이라고 기대하기는 어려웠다. 정부가 정하는 국채수익률은 변하지 않았지만 시장에서 결정되는 국채수익률은 1946년 4월에 Fed가 정해놓은 상한선 훨씬 아래에서 조금씩 오르기 시작했다. AAA등급 회사채

표3-9_AAA 등급 회사채 수익률, 1942년 1월~1949년 12월

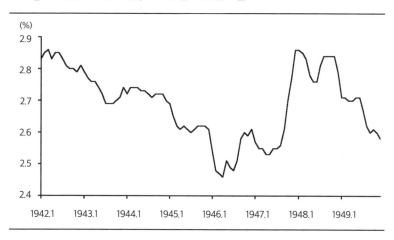

자료: NBER

수익률도 1946년 4월에 사상 최저 수준인 2.46%에서 서서히 오르기 시작해 1947년 12월에는 2.86%까지 올랐다.

단기국채의 정부 공시 수익률은 1947년 7월에 사라졌고 이후부터 단기 국채의 수익률이 서서히 올라 1948년에는 1.25%에 달했다. 투자자들은 시장에서 결정되는 채권수익률이 오르는 것도 우려했지만 인플레이션 확대에 정부가 어떤 조치를 취할 것인지 역시 걱정했다. 인플레이션에 대한 우려가 커지자, 급기야 트루먼 정부는 1947년 가을에 다시 물가와 임금, 대출을 통제하려 시도하게 됐다. 하지만 의회는 트루먼 대통령의 요청을 거부했다. 시장금리는 1946년 4월부터 올랐지만 기준 금리는 1948년 1월이 되어서야 인상됐다. 이때 재할인율이 0.25%포인트 올랐고 1948년 8월에 다시 비슷한 폭으로 올라 15%가 됐다. 지급준비율도 1910년 2월과 6월, 9월에 연달아 높아졌고 그해 8월에 의회는 12개월 기한으로 Fed에 신용, 즉 대출을 통제할 수 있는 권한을 부여했다. 이 같은 조치는 마침내 수요를 억제해 경제활동은 1948년 11월에 고점을 치고 꺾이기 시작했다.

다우존스 지수는 1946년 8월과 9월에 급락한 이후 2년간 163에서 190 사이를 반복적으로 등락했다. 침체장의 마지막 하락은 경기하강이 시작되고 대선에서 트루먼 대통령이 자기 힘으로 대통령에 당선되었던 1948년 11월에 찾아왔다(트루먼 대통령은 루스벨트 대통령의 급서로 부통령으로서 대통령직을 이어받아 수행하다가 대통령으로 당선되었다). 다우존스 지수는 1948년 11월에 190에서 하락하기 시작해 1949년 6월 13일에 162까지 내려왔다.

1946~1949년 침체장이 진행되는 동안 S&P500 지수에 포함된 기

업의 실적은 거의 200%가량 급증했다. 기업의 이익이 늘어날 것이란 낙관론은 1946년에는 실현되지 않았지만 그 이후에는 현실화됐다. 1947년에 기업이익은 마침내 1916년 수준을 넘어섰고, 이후 기업이익이 이 밑으로 내려간 적은 없었다.

하지만 배당금은 기업이익이 늘어나는 것과 비교해 상당히 증가 속도가 느렸다. 미국이 소비자 사회로 재정비되면서 기업들이 대규모 투자에 나설 필요가 생겼기 때문이다. 배당금은 2년간 31% 늘어나는 데 그쳤다. 디플레이션 가능성에 대한 투자자들의 우려가 얼마나 컸는지는 기업이익과 배당금이 이렇게 늘어나는 동안에도 주가가 하락했다는 사실에서 분명히 알 수 있다.

인플레이션이냐 디플레이션이냐를 두고 벌어진 큰 논쟁이 1946~1949년 침체장의 핵심 원인이긴 했지만 미국과 소련 간 관계 악화도 증시를 억누르는 악재로 작용했다.

미국과 소련과의 관계 악화는 시간이 지날수록 증시에 부담이 됐다. 윈스턴 처칠Winston Churchill 영국 총리는 이미 1946년 3월 초에 미주리주 웨스트민스터 대학교에서 행한 연설에서 '철의 장막'이 유럽에 드리웠다는 유명한 말을 했다.

"러시아 국경에서 멀리 떨어진 수많은 국가, 사실상 전 세계에서 공산주의자들의 제5열[적국 내에서 간첩 활동과 사회 교란 행위 등을 하는 무력집단 - 옮긴이]이 결정돼 조직적으로 움직이고 있습니다. 이들은 공산주의의 수도인 모스크바에서 내려오는 지령에 절대적으로 복종합니다. 공산주의가 아직 자리 잡지 않은 영국과 미국을 제외한 세계 곳곳에서 공산당이나 공산주의 제5열이 만들어져 점점 더 세력을 넓혀가며 기독교 문명을 위협하고 있습니다."

트루먼 대통령은 1947년 3월, 의회에서 트루먼 독트린을 천명했다. 트루먼 독트린은 무장한 소수 세력이나 외부 압력이 국가 전복을 시도할 때 이에 저항하는 자유 시민들에게 경제적 원조를 제공한다는 내용이다(1947년 3월 12일 트루먼 대통령의 의회 연설).

이후 미국은 그리스 정부에 자금을 제공해 소련 공산당이 지원하는 게릴라에 저항하도록 지원했다. 이후 마샬플랜이 채택되며 미국과 소련 사이의 긴장은 더욱 팽팽해졌다. 소련은 마샬플랜을 유럽에 영향력을 확대하려는 미국의 시도로 해석했다. 소련은 1948년 5월 베를린을 봉쇄해 미국과 영국, 프랑스 등 서방 연합국이 서베를린으로 접근할 수 있는 모든 육로를 막아버렸다. 서방 연합국은 이에 맞서 항공기로 서베를린에 물자를 공급했다. 양측의 긴장은 더욱 고조됐다. 미국과 서유럽 국가들이 1949년 4월에 북대서양조약기구NATO를 결성하자, 소련은 이를 '노골적인 공격' 연합체라며 국제연합 헌장을 위반한 것으로 간주했다.

새로운 강세장의 초기 국면이었던 1949년 여름, 〈WSJ〉는 배시의 증권중개인의 말을 인용해 소련이 NATO 결성을 막지 못한 것이 증시상승의 중요한 원인이라고 보도했다.

산업계에서 일어나고 있는 현상에 대한 걱정으로 투자 심리는 3년 이상 위축됐고 주식시장에서는 주가와 기업이익 간에 정상적인 관계가 형성되지 못했다. 이 같은 부담이 사라지면 투자 심리가 긍정적으로 변하면서 주식시장에 원기를 북돋워줄 것이다. 전쟁이 일어날 것 같지 않은 현실도 주식시장에서 크게 반길 만한 요인이다.

1949년 7월에 드디어 많은 사람들이 걱정하던 물가하락이 현실화됐으나 소련과의 전쟁 가능성은 크게 낮아졌다. 한국전쟁과 같은 무력 충돌이 종종 일어나긴 했으나 미국과 소련 간 긴장 관계는 군비 경쟁을 토대로 한 '충돌 없는 전쟁'에 그쳤다.

이 같은 상황은 1946~1949년 사이에 발발 가능성이 높게 보였던 제3차 세계대전보다는 훨씬 더 주식시장에 긍정적이었다. 소련이 1949년 8월 29일에 첫 원자폭탄 실험에 성공하면서 미국과 소련 간 대치는 노골적인 전쟁으로 번지기보다 팽팽한 힘의 균형으로 이어질 가능성이 높아졌다.

투자자 입장에서 보면 이 같은 군비 경쟁과 미국의 사실상 중립 상태는 1915~1916년 제1차 세계대전 때 호황과 매우 비슷한 긍정적인 요소를 가지고 있었다. 미국-소련 간 긴장이 '뜨거운 전쟁'이 아니라 '차가운 전쟁(냉전)'으로 전개된 것도 1949년 여름에 주식시장이 안정되는 데 중요한 역할을 했다. 이제 거의 20여 년 만에 최장기 강세장이 펼쳐질 무대가 마련됐다.

1949년 시장의 구조

방의 한쪽 벽에는 사무실 문들이 있었다. 다른 쪽 벽에는 공장과 빌딩, 철도 등이 그려진 엄청난 그림들이 걸려 있었다. 그 그림들은 골든의 아이디어였다. 그는 고객들에게 주식이 진짜 의미하는 것이 무엇인지 설명하고 싶었다. 골든은 사람들이 주식시장을 창조적인 것, 생산적인 것으로 느끼기를 늘 원했다.

고어 비달,《노란 숲에서》

1949년 주식시장

1949년 5월 말에 NYSE에 상장된 모든 주식의 시가총액은 640억 달러였다. 1929년 9월보다는 여전히 3분의 1이 적었지만 1932년 침체장 바닥에 비해서는 4배나 늘어난 것이었다. 1932년에 NYSE는 미국 전체 주식시장에 상장된 시가총액의 거의 90%를 차지했다. 1949년 말에 NYSE에 상장된 주식 종목은 1,457개였다. 이는 1929년 말의 1,293개에 비해 소폭 늘어난 것이다. 1,043개 기업이 NYSE에 상장돼 있었고 각 기업의 평균 시가총액은 5,800만 달러였다. 주식시장의 규모는 경기침체와 전쟁을 겪으며 거의 초토화되다시피 한 자산운용시장과 함께 살펴볼 필요가 있다. 1949년 6월에 증권거래위원회에 등록된 자산운용사는 150개에 불과했으며, 이들이 운용하는 자산도 고작 27억 달러였다. 그나마 채권 자산을 제외하면 자산운용사가 미국 주식시장에서 차지하는 비중은 5%도 안 됐을 것이다.

1949년 7월 초 침체장 바닥 때 NYSE에 상장된 1,500여 개의 주식 종목 가운데 900여 개 남짓만이 매일 거래됐다. 이는 1946년 강세장 고점 때 약 1,300여 개의 종목 가운데 1,000여 개가 매일 거래됐던 것과 비교된다. 1946년 1월에 NYSE의 월간 거래금액은 19억 4,600만 달러에 달했고 주가가 그해 고점을 쳤던 5월에는 14억 3,200만 달러로 소폭 줄었다. 반면 다우존스 지수가 저점에 도달했던 1949년 7월에 월간 거래금액은 5억 2,600만 달러에 불과했다. 당시 주식시장은 토요일에도 오전에 반일이 열렸기 때문에 7월의 일평균 거래금액은 2,340만 달러에 그쳤다. 다우존스 지수는 1946년 5월부터 24% 하락한 반면 거래금액은 70%가 급감했다. 하루 거래금액이 가장 많았던 때는 1929년 10월 19일로 1억 6,400만 달러였다. 1949년의 최저 거래금액이 54만 1,360달러였으니 20년 전에 비해 97%나 줄어든 것이었다. 1932년 이후 17년 동안 주식시장의 구성은 상당히 많이 변했다.

표3-10은 NYSE의 시가총액 상위 10대 업종이 대공황과 제2차 세계대전을 거치며 어떻게 변해왔는지 보여준다. 1949년에 공공설비의 중요성은 다소 줄어든 반면 석유의 역할은 훨씬 더 커졌다. 1949년에

표3-10_NYSE 시가총액 상위 10대 업종 비교 (단위: %)

	1932년	1949년
공공설비	15.5	6.7 (5위)
석유	10.9	16.0 (1위)
통신	10.8	6.2 (7위)
철도	8.7	5.1* (9위)
식음료	8.0	6.2 (8위)
화학	7.8	9.0 (2위)
담배	5.5	2.3 (14위)
유통	5.4	7.9 (3위)
자동차	4.3	7.5 (4위)
철강	3.7	6.4 (6위)
전기기기	2.4 (13위)	3.5 (10위)
합	80.6	74.5

자료: 케네스 R. 프렌치, 산업 포트폴리오 데이터
*철도를 포함한 모든 운송수단

석유와 화학업종을 합하면 전체 시가총액의 4분의 1에 달한다. 이 같은 석유화학산업의 부상은 특히 화학회사에 중요했다. 전쟁 중에 개발된 폴리에틸렌은 일상생활에서 사용될 수 있는 새로운 용도가 개발되면서 연간 생산량이 1년에 4배 폭증하며 5,000만 파운드에 달했다(WSJ, 1949년 7월 6일).

독일 화학산업이 거의 파괴되면서 미국 화학회사들의 전망이 특히 밝아졌다. 제약산업 역시 페니실린 한 종류의 수출금액이 전쟁 전 전체 의약품 수출금액을 능가하며 폭발적으로 성장했다. 1932년과 비교해 주식시장에서 차지하는 비중이 크게 확대된 또 다른 업종은 유통과 자동차였다. 자동차는 제2차 세계대전 동안 생산이 중단됐기 때문에 1949년에 자동차산업은 밀린 수요를 해결하는 데 급급했다. 반면 공공설비와 담배, 통신 등은 1932년에 비해 중요성이 줄었다. 표3-11은 주식시장의 구조 변화속에서 업종별 수익률을 나타낸 것이다.

이 같은 업종별 수익률이 시사하는 바는 한 마디로 '나중 된 자로서 먼저 되고 먼저 된 자로서 나중 되리라'라는 마태복음 성경 구절로 요약할 수 있다. 1932년 6월에는 민주당의 프랭클린 루스벨트 후보가 차기 대통령이 될 가능성이 높아지면서 금주법이 폐지될 가능성이 커졌다. 맥주산업에 대한 긍정적 영향력은 주로 1933년 12월 금주법이 폐지됐을 때 나타났다. 금주법이 폐지될 것이란 예고가 이전에 여러 번 있었지만 그럼에도 투자자들은 여전히 맥주산업에서 높은 수익을 거두었다. 1932~1949년의 업종별 수익률은 주식시장의

표3-11_수익률 최고 업종과 최저 업종: 1932년 6월~1949년 6월 (단위: %)

최고 수익률 업종	총수익률
맥주	3,993
유흥	2,606
도매	2,396
자동차	2,201
서비스	2,199
최저 수익률 업종	총수익률
공공설비	280
담배	398
석탄	489
생활용품	523
통신	527

자료: 케네스 R. 프렌치, 사업 포트폴리오 데이터
※주: 배당금을 재투자했을 때 얻을 수 있는 총수익률

구조가 바뀌는 가운데 새로운 주식의 발행이 얼마나 중요한지 보여준다. 이 기간 동안 발행 주식수는 59%가 늘어난 반면 상장된 기업의 숫자는 단지 27% 늘어나는 데 그쳤다. 특히 화학산업은 주가를 끌어올리고 신규자금을 끌어들이는 데 큰 역할을 했다.

1946~1949년 침체장은 기간은 길었지만 전체 하락폭은 완만했다. 1949년에 주식이 많이 쌌던 이유는 주가하락 폭이 커서가 아니라 이 기간 동안 기업이익이 대폭 늘었기 때문이었다. 1946년 5월부터 1949년 6월까지 이어진 완만한 약세장에서 공공설비 업종은 다시 한 번 방어주로서 특징을 나타냈다.

석유산업은 군대용이나 민간용이나 생산품에 별다른 차이가 없어 전시 생산체제를 평상시 체제로 바꾸기가 쉬웠다. 이 때문에 석유산업은 침체장에서 특히 수익률이 좋았다. 석유는 다른 산업과 달리 1945년보다 1946년에 수요가 더 늘었다는 점도 특이하다. 침체장 동안 석유산업은 수요증가와 가격상승의 혜택을 모두 누렸다. 반면 자동차산업은 군대용 수요가 거의 사라지고 민간용 생산체제로 돌아가는 데 상당한 변화가 필요했기 때문에 전시에서 평상시로의 전환이 좀 더 어려웠다. 운송산업은 주로 철도가 차지했는데 정부의 규제가 계속 부담으로 작용하고 있었다. 전쟁 후 물가가 급격히 오르는 동안 화물 운송료를 거의 올리지 못하면서 수익성이 더욱 낮아졌다.

표3-12_시가총액 상위 10대 업종의 수익률(1949년 6월): 1946년 5월~1949년 6월   (단위: %)

석유	+5.8
화학	-8.06
공공설비	-9.7
소매	-15.5
식음료	-16.2
통신	-17.7
철강	-17.9
자동차	-21.5
전기기기	-27.5
운송	-33.4

자료: 케네스 R. 프렌치, 산업 포트폴리오 데이터

1949년 채권시장

그는 책상 앞에서 멈춰 섰다. 그것은 칙칙한 올리브색이었다. 그의 다른 통계학 책들이 한쪽 구석에 가지런히 쌓여 있었다. 노트 종이들이 책상 위에 흩어져 있었고, 그는 바쁜 것처럼 보였다.

고어 비달,《노란 숲에서》

1949년에 NYSE에 상장된 채권의 시가총액은 1,280억 달러였다. 이는 1932년 당시 320억 달러와 비교해 크게 늘어난 것이다. 같은 기간 국채 지수는 16% 올랐고 최우량 등급 회사채 지수는 43% 상승했다. 〈WSJ〉는 1949년 7월에 NYSE의 채권시장이 어떻게 변했는지 다음과 같이 설명했다.

1932년에 NYSE에 상장된 채권 종목은 1,600여 개가 넘었다. 1940년 말에도 NYSE에 상장된 채권 종목의 수는 여전히 1,400여 개에 달했다. 현재는 912개밖에 없다. 이 중 75개가 미국 재무부와 세계은행이 발행한 것으로, 이들은 전적으로 장외에서 전문중개인들을 통해 거래된다.

NYSE에 상장된 채권 종목의 수는 1905년 이후 최저 수준으로 줄었다. 채권의 종류가 이처럼 감소한 가운데 채권시장의 규모가 급증한 이유는 미국 정부가 발행한 몇몇 대규모 채권의 비중이 점점 더 커졌기 때문이었다. 여기에서 알 수 있듯 회사채 시장은 수년간 계속 위축돼왔다. 1932년부터 1945년까지 1936년과 1938년을 제외하고는 매년 상환되거나 부도나 시장에서 사라지는 회사채가 새로 발행되는 회사채보다 규모 면에서 더 많았다. 이 기간 전체적으로 상환되거나 부도나 시장에서 사라진 순 회사채 규모는 428억 달러였다. 반면 1949년에 발행된 채권 총액은 300억 달러 미만이었던 것으로 추정된다.

NYSE 통계를 보면, 1920년대 이후 채권시장은 거래금액이 감소하는 가운데 강세가 이어졌다. NYSE에서 채권 거래금액이 가장 많았던 해는 1922년으로 일평균 1,500만 달러를 넘어섰다. 하지만 1920년 내내 주식시장이 활황세를 보이며 투자자들의 관심은 점차 주식으로 옮겨갔고 1929년이 되자 채권의 일평균 거래금액은 1,140만 달러로 감소했다. 주식의 거래금액은 1942년에 최저점으로 떨어져 바닥을 쳤으나 채권시장은 그 이후에도 계속 거래금액이 줄어 1949년에야 바닥을 쳤다. 이때 NYSE에서 채권의 일평균 거래금액은 300만 달러에 불과

표3-13_NYSE의 주식과 채권 시가총액

	채권 (10억 달러)	주식 (10억 달러)	전체 시가총액에서 주식이 차지하는 비율(%)
1928년	47.4	67.5	58.75
1929년	46.9	64.7	57.97
1930년	47.4	49.0	50.83
1931년	37.9	26.7	41.33
1932년	32.0	22.8	41.61
1933년	34.9	33.1	48.68
1934년	40.7	33.9	45.44
1935년	39.4	46.9	54.35
1936년	45.1	59.9	57.05
1937년	42.8	38.9	47.61
1938년	47.1	47.5	50.21
1939년	49.9	46.5	48.24
1940년	50.8	41.9	45.20
1941년	55.0	35.8	39.43
1942년	70.6	38.8	35.47
1943년	90.3	47.6	34.52
1944년	112.6	55.5	33.02
1945년	143.1	73.7	33.99
1946년	140.8	68.6	32.76
1947년	136.2	68.3	33.40
1948년	131.3	67.1	33.82
1949년	128.5	76.3	37.26

자료: NYSE

했다. 채권 거래가 가장 부진했던 1949년에는 NYSE에서 채권의 연간 총거래금액이 10억 달러 미만으로 채권 시가총액 1,280억 달러의 1%도 안 됐다.

1924년 초만 해도 NYSE에서 채권의 연간 거래금액은 채권 시가총액의 거의 14%에 달했다. 그럼에도 NYSE에서 거래되는 총액은 이 기간 내내 채권이 주식보다 많았다. 1929년 주식 거래가 가장 활발했던 날에야 주식 거래금액이 채권의 일평균 거래금액을 넘어섰을 정도였다. 채권 거래가 바닥을 쳤던 1949년에 NYSE에서 채권의 일평균 거래금액은 300만 달러였던 반면 주식의 하루 거래금액은 50만 달러에서 200만 달러 사이였다.

이 같은 거래 동향은 오로지 NYSE의 자료만을 근거로 했다는 점을 염두에 두기 바란다. 채권 거래금액과 관련해 활용할 수 있는 온전한 자료는 오직 NYSE에만 있다. 이와 관련해 이 기간 동안 미국 채권시장에서 중요한 변화가 일어나고 있었다는 점도 주목해야 한다. 표3-14에서 알 수 있듯 회사채가 주로 상장돼 거래되는 곳은 NYSE였다.

이처럼 NYSE는 회사채 시장으로서는 계속 중요한 입지를 유지했다. 하지만 국채시장으로서는 점점 더 영향력이 줄어들었다. 차일즈

표3-14_미국 회사채의 상장 현황 이후 전체 액면가액에서 차지하는 액면가액 비율　　(단위: %)

	NYSE	다른 거래소	OTC (장외시장)
1900년	60	11	29
1908년	51	5	44
1916년	56	5	39
1924년	62	5	33
1932년	57	20	23
1940년	66	12	22
1944년	66	10	24

자료: W. 브래독 히크만, 1900년대 이후 회사채 발행을 통한 자금 조달의 통계학적 분석

에 따르면, 심지어 제1차 세계대전 때조차 국채 거래는 NYSE 밖에서 더 활발하게 이뤄졌다고 한다.

국채 매매는 사실상 거의 모두가 국채에 특화된 전문 딜러들에 의해 관례적으로 이뤄졌다. 증권거래소에 표기되는 명목상의 시세는 거래할 때 참조할 수 있게 감정한 전반적인 공식 가격일 뿐 실제 대량으로 거래되는 국채 시세를 반영하지 못했다. 증권거래소에 국채가 1,000달러 거래됐다고 기록될 때마다 국채 딜러로 알려진 극소수의 금융기관들 사이에서는 증권거래소에 기록되지 않은 액면가액 100만 달러의 거래가 이뤄졌다.

국채는 제1차 세계대전 때 정부 부채가 폭발적으로 늘어나면서 개인 투자자들에게도 중요한 금융 자산이 됐다. 자유국채는 기본적으로 NYSE에서 거래됐으며 1919년에는 NYSE에서 거래되는 채권의 76%가 국채였다. 하지만 이때가 개인이 국채를 가장 많이 소유하고 있었을 때였다. 이후 점차적으로 국채를 소유한 주체는 개인에서 금융기관으로 넘어가 장외에서 이뤄지는 대형 거래가 다시 한번 국채 시장을 주도하게 됐다.

이 때문에 시간이 지날수록 NYSE의 자료는 미국 국채시장을 정확하게 반영하지 못한다. 미국 국채시장을 좀 더 정확하게 파악하려면 국채 발행총액의 변화를 살펴보는 것이 더 낫다. 미국은 제2차 세계대전에 참전하기 전인 1941년에도 정부 부채, 즉 국채 발행총액이 489억 달러에 달했으며 국채 발행은 1946년에 2,694억 달러로 급증해 최대치를 기록했다. 정부의 국채 발행총액은 제1차 세계대전이 끝난 직후와 비교해 거의 10배가량 늘었다. 1946년 3월에 개인들이 보유하고 있던 국채 규모만 1,676억 달러에 달했다. 1932년에 발행된 국채의 액면가액은 142억 달러였으며, 어음까지 포함하면 정부 부채는 총 195억 달러였다. 1949년에는 발행된 국채의 액면가액이 1,686억 달러였으며, 이 중 563억 달러는 저축채권이었다. 저축채권은 정부가 일반 국민의 자금을 모으기 위해 발행하는 채권으로 시장에서 유통되지 않아 만기 전에 매각하려면 정부에 매입을 요청해야 한다. 이 외에도 어음과 특수한 형태의 채권 등이 822억 달러로 국가 부채의 나머지를 이뤘다. 이런 식으로 1949년 당시 채권시장은 국채만 따져도 주식시장의 거의 3배에 달했다.

1949년 미국의 채권시장을 살펴볼 때, 미국에 상장돼 거래되던 해외 채권도 짚고 넘어갈 필요가 있다. 1920년대는 미국이 온통 주식투기의 열풍에 휩싸여 있었던 때로 기억되지만 외국 채권에도 이와 비슷한 열광적인 반응이 있었다. 미국은 제1차 세계대전 이후 핵심 채권국으로 부상했다. 그 전에도 외국 국채가 미국 시장에 조금씩 발행돼 거래되긴 했지만 1920년대는 대중들 사이에 외국 국채 투자가 선풍적인 인기를 끌며 새로운 호황을 맞았다.

유럽에서 제1차 세계대전이 발발하기 전인 1914년 6월 30일 NYSE에서 거래되던 외국 정부 채권은 아르헨티나와 일본, 단 두 종류뿐이었다. 외국 정부 채권은 과거 세계 최대의 채권국이던 영국이 1820년대 초 세계 금융시장에 처음으로 소개했으나 잔인한 결과를 맞았다. 이후 외국 정부 채권은 어느 정도의 간격을 두고 몇 차례의 강세장과 약세장을 겪었다. 미국에서 외국 채권은 새로운 시장이었고 19세기 영국에서 나타났던 열광적이고 투기적인 반응을 똑같이 겪었다.

1929년 9월에 NYSE에서 정기적으로 거래되는 외국 채권의 종류는 202개에 달했고 이들은 NYSE 전체 채권 거래금액의 3분의 1을 점했다. 하지만 대공황과 제2차 세계대전을 겪은 뒤인 1949년에는 NYSE에서 거래되는 외국 채권의 숫자가 크게 줄었다. 다우존스 지수가 바닥을 쳤던 1949년 6월 13일에 NYSE에 상장된 외국 채권은 46개뿐이었다. 이 가운데 20개국만이 NYSE에서 거래가 이뤄졌고 그나마 대부분이 액면가액의 절반도 안 되는 가격으로 매매됐다. 당시 NYSE에 상장돼 있던 외국 국채는 칠레, 콜롬비아, 코스타리카, 그리스, 이탈리아, 멕시코, 페루, 세르비아, 유고슬라비아 등이었다. 이들 외국 국채 가운데 절반 정도만 정해진 금리를 다 지급하고 있었다. 1948년 말에 유럽에서 발행한 달러 표시 채권 10억 3,000만 달러 규모가 금리를 지급하지 못하고 있었고, 이 중 64%가 독일이 발행한 채권이었다.

일본이 미국 진주만을 공격한 후 미국 증권거래위원회는 독일, 이탈리아, 일본 등 추축국이 발행한 액면가액 12억 5,000만 달러 규모의 달러 표시 채권에 대해 거래를 전면 금지했다. 당시 채권 거래가 금지된 국가는 독일, 이탈리아, 일본을 포함해 오스트리아, 루마니아, 헝가리, 불가리아로 7개국이었다. 1949년이 되어서도 이탈리아 채권만 거래가 재개됐을 뿐 나머지 국가의 채권은 거래되지 못했다.

이들 국가의 채권 거래가 재개되지 못했던 한 가지 이유는 독일 정부가 1941년 12월 전에 재매입했던 독일 국채가 베를린에 쌓여 있는 채 취소되지 않고 있었기 때문이다. 게다가 이 독일 국채들이 소련의 수중으로 넘어갈 수 있다는 두려움도 있었다. 미국 투자자들이 처음으로 외국 국채에 열광하며 뛰어들었던 결과는 1820년대 영국 투자자들이 외국 국채에 호응했던 때만큼이나 커다란 재앙으로 끝났다. 벤저민 그레이엄Benjamin Graham은 "외국 채권은 1914년 이후 형편없는 투자 결과를 보였다"며 "이는 두 차례에 걸친 세계대전과 그 사이에 있었던 유례없는 불황 때문에 불가피한 것이었다"고 지적하며 약간의 경멸을 담아 외국 국채 전체를 잊어버리라고 권고했다.

그러나 몇 년에 한 번씩은 꼭 새로운 외국 채권을 거의 액면가로 거래할 수 있을 정도로 충분히 우호적인 시장 상황이 조성되곤 한다. 이와 같은 현상은 채권시장뿐만 아니라 일반투자자의 심리 상태에 대해서도 많은 것을 알려준다.

벤저민 그레이엄, 《현명한 투자자》

침체장 바닥에서: 1949년 여름

> '조만간 엄청난 주문이 밀려들 거야. 난 지금 보고서 작업을 하고 있는
> 데 사실 꼭 보고서라고 할 수는 없지. 본사에 보고하기 위해 항공기 주
> 식에 관한 몇 가지 통계를 조사하고 있거든. 이 일도 꽤 품이 드는군'
>
> 고어 비달,《노란 숲에서》

1921년과 1932년 침체장 때는 주가가 큰 폭으로 하락했다. 반면
1949년 여름에 끝난 침체장은 양상이 많이 달랐다. 1946년 5월에 기
록했던 16년 만의 최고치에서 1949년 6월 바닥까지 24% 하락하는
데 그쳤다. 하지만 극적인 폭락이 없었음에도 1949년 침체장 역시 핵
심적으로 한 가지는 1921년 침체장과 같았다. 1929~1932년 침체장
때는 주식에 대한 밸류에이션이 고평가 상태에서 저평가 상태로 급
격히 떨어졌다. 이처럼 고평가에서의 갑작스런 하락은 이례적이었다.
1921년 침체장 때 주식은 마지막 큰 폭의 하락을 겪으며 바닥에 도
달하기까지 오랜 시간 밸류에이션이 낮아지는 과정을 거쳤다.

1949년에는 마지막 하락이 좀 더 완만했지만 오랫동안 밸류에이

션이 낮아지는 과정을 거쳤다는 점은 1921년과 비슷했다.

주식에 대한 평가가 장기간에 걸쳐 하락했던 주요 원인은 1921년과 마찬가지로 기업의 이익이 경제성장률만큼 늘어나지 못했기 때문이었다. 1929년부터 1946년까지 미국의 경제는 1921년 이전과 비교해 훨씬 더 많은 굴곡을 겪었다. 이 기간 동안 다우존스 지수는 1926년에 처음 도달했던 수준까지 내려갔지만 미국 경제는 대공황을 겪은 와중에도 확장을 계속했다.

주식시장은 1926년 수준으로 돌아간 반면 경제는 상당한 규모로 늘어났다. 실질 GDP는 1935년 말만 해도 1926년 수준을 밑돌았지만 1935년부터 1949년까지 큰 폭으로 증가했다. 1926년부터 1949년까지 1인당 국민소득은 인구가 크게 늘어나면서 2배까지 늘지는 못했다. 하지만 그래도 62% 증가했다. 경제 규모에 비해 기업이익이 상대적으로 덜 늘어난 이유 중의 하나로 정부와 노동계의 중요성이 커졌다는

표3-15_S&P500 지수의 CAPE 비율: 1933~1949년

자료: www.econ.yale.edu/~shiller/data.htm

베어마켓

점을 생각해볼 수 있다. 표3-16을 보면, 정부가 미국 경제에서 차지하는 비중이 얼마나 커졌는지 알 수 있다. 1926년부터 1949년까지 정부 지출이 GDP에서 차지하는 비율은 3%에서 15%로 확대됐다. 이 기간의 상반기에는 노동계가 극히 어려웠으나 하반기 들어 뚜렷하게 개선됐다. 소비자물가 지수는 1935년부터 1949년까지 73% 오른 반면 제조업 근로자의 시간당 평균 급여는 155%나 올랐다.

정부의 역할이 확대되고 노조의 영향력이 커지긴 했지만 상장기업들의 이익은 1932년부터 1949년까지 명목 GDP보다는 조금 더 빠르게 늘어났다. 하지만 특정 기간의 이익 증가만을 가지고 기업의 수익성을 판단하기는 매우 위험하다. 1932년에 기업이익이 얼마나 부진했는지를 감안한다면 이때부터 1949년까지 기업이익이 명목 GDP와 거의 비슷한 속도로 증가했다는 사실이 그리 놀랍지 않다. S&P500 지수의 상장기업 이익은 1871년부터 집계가 되기 시작했는데, 1872년 기업이익이 1932년보다 명목으로나 실질로나 더 많았다.

1932년에 기업이익이 워낙 저조했기 때문에 1932년까지 10년간 연평균 기업이익과 1949년까지 10년간 연평균 기업이익을 비교하는 것이 좀 더 '표준화된' 이익을 추정하는 데 도움이 된다. 이렇게 비교해보면 1949년의 '표준화된'[계절성과 일회성을 제거한 조정 이익-옮긴이] 이익은 1932년의 '표준화된' 이익보다 33%가 많다. 이 기간 동안 명목 GDP 성장률과 비교해보면 기업의 수익성 개선 속도는 확실히 실망스럽다.

1932년부터 1949년까지 상장기업의 이익은 2개 시기로 나뉘어 뚜렷이 다른 증가 양상을 보였다. 이 17년 동안 늘어난 기업이익 가운데

표3-16_1926년과 1949년의 경제 현황

	1926년	1949년
인구 (백만 명)	117	149
연간 이민자 수	304,488	188,317
평균 수명	57	68
내과의사 수	149,521	201,277
시간당 평균 임금 (제조업)	55센트	1.43달러
총 노조 가입자 수 (천 명)	3,502	13,213
생산자물가 지수	100	155
명목 GDP (10억 달러)	97	267
실질 GDP (2000년 달러 가치 기준 10억 달러)	794	1,634
학교 등록자 수 (천 명)	27,180	28,491
농장 수 (천 개)	6,462	5,722
농장의 가축 수 (천 마리)	60,576	76,830
현재 통용 달러 기준 광물 생산액 (백만 달러)	5,311	10,580
광물 생산량 지수	66	92.1
원유 생산량 (천 배럴)	770.874	1,841,940
민간 및 공공의 신규 건설금액 (백만 달러, 1947~1949년 가격)	23,752	23,527
착공 주택수 (천 가구)	849	1,025
담배 생산량 (백만 개)	92,523	385,046
철강 생산량 (천 영국 톤)	48,293	69,623
철도 운행거리 (마일)	421,341	397,232
자동차 등록대수 (천 대)	22,250	44,690
전화기 보급대수 (천 대)	17,746	40,079
중앙 발전소 전력 생산량 (백만 킬로와트시 Kwh)	94,222	345,066
수출금액 (백만 달러)	5,017	12,160
수입금액 (백만 달러)	4,755	7,467
상품 및 서비스 수지 (백만 달러)	826	6,359
국내 민간부문의 1인당 1시간 실질 총생산 (1929=100)	94	162.7
은행 총 자산 (백만 달러)	65,079	170,810
은행 예금 총액 (백만 달러)	54,416	156,488
NYSE 연간 주식 거래량 (백만 주)	451	271
생명보험 유효 계약액수 (백만 달러)	77,642	213,672
연방정부 지출 (백만 달러)	3,097	39,506
연방정부 공무원수 (천 명)	548	2,102
연방정부 공공부채 (백만 달러)	19,643	252,770
현역 군인 수	247,396	1,615,360

자료: 미국 조사통계국

베어마켓

거의 3분의 2가량은 1945년부터 1949년 사이에 이뤄졌다. 1945년에 초과 이윤세가 폐지된 것이 이 같은 이익 급증에 중요한 역할을 했다. 앞에서 살펴봤지만 이처럼 기업이익이 급격히 커지는 가운데 주식시장은 하락세를 보였다.

이는 투자자들이 제2차 세계대전 이후 폭발적인 이익증가세를 지속 가능하지 않은 것으로 여겼으며, 1945년의 낮은 수익성이 미국 기업의 이익 창출력을 좀 더 정확하게 반영하는 것으로 생각했음을 뜻한다. 이처럼 1932년부터 1949년까지 표준에 못 미치는 이익증가세마저 상장기업의 미래 수익성을 예상하는 기준으로는 과도하게 낙관적인 것으로 여겨졌다. 이 기간 동안 주식 가치에 대한 평가 수준, 즉 밸류에이션이 하락했다는 것은 저조한 수준의 수익성마저 지속될 것이란 믿음이 투자자들 사이에 부족했다는 증거가 된다.

당시 많은 투자자들에게 주식에 대한 밸류에이션이 1932년의 극히 낮은 수준보다 더 떨어질 수 있다는 사실은 믿기 어려웠을 것이다. 다우존스 지수가 1932년 6월 바닥을 쳤을 때 당시 PER은 당대 이익을 기준으로 9.4배에 불과했다. 이는 1871년부터 1932년까지 평균 PER 13.7배에 비해 극히 낮은 것이다. 기업의 이익감소세는 주식시장이 바닥을 친 1932년 6월 이후로도 조금 더 이어졌기 때문에 미래 이익을 기준으로 하면 PER이 훨씬 높아진다. 대공황으로 야기된 기업이익 감소세는 1932년 12월에야 끝났다. 1932년 12월의 최저 이익을 기준으로 하면 1932년 6월의 PER은 11.6배가 된다.

당시 기업의 이익이 이미 1872년 4월부터 1876년 6월까지의 수준을 넘어설 정도로 극히 저조했음에도 불구하고 주식에 대한 투자자들

표3-17_S&P500 지수의 PER (12개월간 이익을 기준으로): 1929~1949년

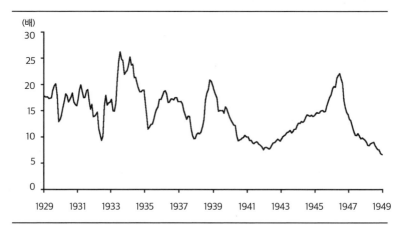

자료: www.econ.yale.edu/~shiller/data.htm

의 평가는 급격하게 떨어졌다. 1932년 6월에 투자자들은 기업이익이 더 위축돼, 주식의 밸류에이션이 장기적으로는 1871~1932년 평균인 13.7배까지 높아질 것으로 예상할 수도 있었다. 하지만 1949년 6월에 S&P500 지수의 PER은 5.8배로 더 떨어졌다. 1949년 나머지 기간 동안 기업의 이익이 조금 더 줄어들긴 했지만 이를 반영해도 1949년 6월 PER은 6.4배에 불과했다.

주식에 대한 밸류에이션은 1932년 침체장 바닥 때부터 1949년 증시 저점 때까지 40%가 더 떨어졌다. 이 기간 동안 기업의 이익증가세가 극히 저조했음에도 주식에 대한 밸류에이션이 좋지 못한 탓에 특히 1937년 이후 주식에 대한 수익률이 크게 떨어졌다.

미국 주식시장의 Q비율은 1932년 말 0.43배에서 1949년 말에는 0.36배로 떨어졌다. 1949년에 주식은 극심할 정도로 저평가된 상태여서 20세기 최장기 호황장이 펼쳐질 여건이 무르익어 있었다.

호재와 침체장

"개인적으로 당신과 당신 동료들의 의견에 대해 최대한의 존경심을 가지고 있지만, 음, 그러니까 주식시장에 대해선, 나는 이 경우에 관련해선, 반대할 수밖에 없습니다. 왜냐하면 나는 지금이 강세장이고 앞으로도 쭉 주가가 상승할 것이라고 생각하기 때문입니다. 지금 있는 모든 통계가, 아니 입수 가능한 모든 통계가 그렇게 말하고 있지요. 당신으로부터 다시 소식을 듣기를 바랍니다."

고어 비달,《노란 숲에서》

1949년 6월 여름은 1932년보다는 1921년과 닮았다. 1949년 바닥 직전에는 충격적인 주가하락이 없었다. 주식시장은 경제 여건이 개선되고 1945년 이후에는 기업이익이 급격하게 증가했음에도 1949년 중반까지 뚜렷한 상승세를 보이지 못한 채 장기간 동안 옆으로 기는 모습을 보였다. 경제와 기업이익이 개선됐음에도 주식시장이 오르지 못했던 이유는 1921년처럼 전쟁 후 경기침체와 디플레이션이 나타날 수 있다는 두려움 때문이었다. 또 정부의 대규모 경제 개입이 계속되면 장기적으로는 결국 수익성에 타격을 입을 거라는 우려도 존재했다. 이 같은 전반적인 불확실성에도 불구하고 주가는 경기보다 더 빨리 회복됐다.

다우존스 지수는 1949년 6월에 바닥을 쳤으나, NBER에 따르면 경기침체는 1949년 10월에 끝났다.

하지만 경기가 회복될 것이라고 예상했던 투자자들조차 신중할 수밖에 없었던 이유가 있었다. 1932년 이후 경기침체가 끝나고 경기확장이 재개됐던 때가 1949년 이전에도 두 번 있었다. 1938년 6월과 1945년 10월이었다. 하지만 두 번 다 경기회복이 지속적인 주가상승으로 이어지지 못했다. 1949년 6월에 주식에 투자할 수 있으려면 이번 경기 개선 조짐은 과거와 다르다는 믿음이 있어야 했다.

주식시장의 유명한 진리 중 하나는 침체장이 막바지에 도달하면 호재나 낙관론이 완전히 사라진다는 것이다. 앞에서도 살펴봤듯 이 같은 믿음이 1921년과 1932년 침체장 바닥 때는 전혀 사실이 아니었다. 1949년에도 마찬가지로 침체장 바닥이 다가오면서 엄청나게 많은 호재와 낙관론이 쏟아져 나왔다.

경기는 1949년 10월에 저점을 치고 상승세로 돌아섰지만 〈WSJ〉는 이미 그해 여름에 경기가 좋아지고 있다는 소식을 상당히 많이 실었다.

- **4월 21일**: 1분기 기업들의 실적은 전반적으로 예상했던 것 이상으로 좋았다.
- **4월 22일**: 인터내셔널하비스터는 지난해 11월 1일부터 시작된 이번 회계연도에서 지금까지 농기구 생산량을 1년 전 같은 기간에 비해 최소 30% 이상 늘렸다.
- **4월 22일**: 수많은 경제전문가들이 지금까지 진행된 경기 재조정으로 마침내 활기찬 경기회복의 여건이 마련됐다는 결론을 내리고 있거나 경기가 바닥을 쳤다는 쪽으로 견해를 바꾸고 있다.
  -배시&CO.

- **4월 22일**: 경기하강의 기간을 제한할 만한 요인은 수없이 많습니다. 가장 중요한 것은 신용 공급이 풍부한 데다 연방준비은행이 신용 공급을 계속 확대할 것으로 예상된다는 점입니다. 기업활동이 더 위축되면 정부는 재정 지출을 늘릴 것이고 공공산업 분야를 중심으로 진행돼야 할 건설사업도 산재해 있습니다. 공정의 단축과 노동생산성의 개선으로 새로운 수요가 창출될 수도 있다고 봅니다. 전반적인 기업활동의 하락세로 인해 의회에서 통과 가능성이 높은 법안들이 수정될 가능성도 있습니다. 현재 상황은 1907년이나 1920년 같은 극심한 경기하강의 초입 국면과 같지 않습니다. 하지만 짧고 가파른 경기하강이 나타날 가능성은 존재하는 듯합니다.

  –액스휴튼펀드의 사장이 주주들에게 보낸 편지의 일부

- **4월 25일**: 에반스 월렌 주니어Evans Wollen Jr. 전미은행연합회 회장은 다음과 같은 점을 근거로 기업활동이 활기를 되찾을 수 있다고 밝혔다. 그간 수요가 소비로 이어지지 않고 억제돼 있어 갑작스럽게 분출할 수 있다는 점, 가계에 돈이 풍부하다는 점, 유럽의 원조 프로그램이 장기적으로는 심각한 문제를 유발할 수 있지만 현재로선 경기를 부양하는 효과가 있으며 북대서양 조약에 명시된 미국 동맹국들에 대한 군사 지원이 기대된다는 점

- **4월 28일**: US스틸, 듀폰, GM 등의 기업들이 발표한 1분기 실적에는 긍정적인 내용이 많았다. 하지만 투자자들은 역사에는 관심이 없으며 앞으로도 일어날 일을 예상해 매매하고 있다.

- **4월 28일**: 오하이오주 스탠더드오일의 1분기 가솔린 매출액이 1년 전에 비해 8%가량 늘었다.

- **5월 2일:** 순익이 7억 3,200만 달러를 넘는 기업이 197개로 1948년에 비해 21% 늘었다.

  -〈WSJ〉가 분석한 20개 주요 업종의 1949년 1분기 실적

- **5월 12일:** 스나이더 재무장관은 전후 '조정 과정'이 대부분의 기업 활동 영역에서 '사실상 완료됐다'고 밝혔다.

- **5월 14일:** 주식시장 마감 후에 구리판 가격이 파운드당 1센트 올랐다는 소식이 전해지며 투자자들의 심리가 개선됐다.

- **5월 21일:** US파이프&파운드리의 신규 주문이 2분기 들어 개선된 것으로 알려졌다. US파이프&파운드리의 주요 고객인 지방자치단체와 공기업들은 당분간 사업 운영을 높은 수준으로 유지할 것으로 기대되고 있다.

- **5월 23일:** 대다수 경기지표들이 침체가 가볍게 끝날 것임을 예고하고 있다.

- **6월 3일:** 5월 민간 주택 건설이 지난해 같은 달에 비해 15% 줄었다. 1949년 들어 5월까지 주택 건설은 지난해 같은 기간에 비해 15%가 감소했다. 올 들어 5월까지 주택을 포함한 전체 건설은 지난해 같은 기간에 비해 3%가량 늘었다. 공공건설은 훨씬 긍정적인 모습을 보여준다. 올 들어 5개월간 공공건설은 지난해 같은 기간보다 40% 증가했다.

- **6월 8일:** 항공주를 밝게 보는 투자자들은 보잉의 올해 매출액이 지난해보다 2배 늘어나고 순익 역시 지난해 수준을 상당폭 웃돌 것으로 기대하고 있다.

- **6월 9일:** Fed에 따르면, 기업 대출이 6월 1일까지 일주일간 1억

5,200만 달러 또 줄면서 20주 연속 감소세를 이어갔다. 반대로 부동산 대출은 6월 1일 기준으로 40억 9,200만 달러로 늘어나며 기존 기록을 경신했다. 부동산 대출은 1년 전에 비해 3억 2,400만 달러 늘어났다.

- **6월 16일:** 대다수 기업인들이 1년가량 경기하강이 지속될 것으로 보고 있다. 예를 들어 질레트의 스팽 사장은 경기하락세가 4개월에서 6개월 사이에 끝날 것으로 전망하고 있다.

- **6월 16일:** 화학제품 생산업체인 펜실베이니아솔트의 조지 바이체 사장은 '지난 며칠간 특정 라인의 생산이 좀 늘어나는 조짐이 고착됐다. 우리 회사의 대다수 직원들이 가을이면 경제가 다시 활기를 되찾을 것으로 보고 있다'라고 전했다. 대형 페인트 회사는 최근 판매가 반등하고 있다고 밝혔다. 이 회사에 따르면, 도매상들이 재고를 줄이려 주문을 중단했다가 최근 소비자들의 수요가 여전히 강하다는 사실을 발견했다고 한다. 아마도 소비자들이 매장에 원하는 품목의 재고가 없다고 불평했을 것이다.

- **6월 16일:** '순차 침체Rolling recession'란 용어가 현재 경기 상황을 설명할 때 점점 더 자주 사용되고 있다. 이 용어를 처음 사용한 사람은 백악관의 경제보좌관으로 알려져 있다. 그는 순차라는 단어를 통해 각 산업이 한꺼번에 침체에 빠지지 않고 순차적으로 어려움에 처했다가 바닥을 치는 상황을 묘사했다. 면화와 섬유, 항공, 냉동식품, 라디오, 주류, 사치품 등이 약 1년 전후에 침체에 빠졌고 이 중 몇몇 업종은 이미 회복세를 보이고 있다. 하지만 다른 업종은 아직 본격적인 경기하강을 체험하고 있지 않다. 대표적인 사례로 자동차산업

을 들 수 있다. 제약산업도 마찬가지다. 전력 판매량은 1년 전 수준을 웃돌고 있다. 전화회사는 주문이 쌓여 있다. 트럭 운송업자들은 경쟁 상대인 철도가 부진한 이유도 일부 있지만 수익이 남을 정도로 바쁘게 움직이고 있다. 정부의 경제 당국자들은 각 산업이 전후 경기 고점에서 평범한 수준으로 완전히 하락할 때까지 평균적으로 약 1년이 걸릴 것으로 보고 있다.

- **6월 16일:** 경기침체가 올 초 가속화되는 것처럼 보였다 해도 대다수 미국 소비자들은 너무 걱정할 필요가 없다. Fed의 분석에 따르면, 현재 소비자들은 과거 어느 때보다 쓸 돈이 많으며 미래를 상당히 낙관적으로 전망하고 있고 자동차와 주택 등과 같은 내구재를 구매할 의향을 갖고 있다. 조사 결과에 따르면, 한 가지는 '현재 경제에서 우리가 알고 있는 다른 상황들과 비교할 때 이상해 보일 정도였다'고 한다. Fed는 가전제품 판매가 4월 내내 부진했다가 비록 일반적인 계절적 요인에 비해 강도가 약하긴 해도 반등했다는 사실 자체가 가격이 떨어지면 소비가 촉진된다는 의미라고 봤다. 또 가격을 깎고 광고를 늘리는 방식으로 공격적으로 소비자들의 마음을 공략하려 노력한 유통업체들이 성과를 거두고 있다고 보고했다.

- **6월 22일:** 시어슨, 햄밀의 월터 메이너드는 다음과 같은 견해를 밝혔다. '여러 신호들을 조합해보면 경기와 주식시장 모두 7월에는 반등할 것으로 보인다. 현재 상황에서 투자자들은 다소 공격적인 태도를 갖는 것이 바람직하다.'

- **6월 29일:** 해리스, 업햄의 랠프 로트넘Ralph Rothem은 "일부 비내구재의 경우 재고가 상당폭 줄어 생산 증대가 필요한 상황"이라며 "앞으

로 몇 주 내에 기업활동이 되살아날 가능성이 있다"고 말했다.

- **6월 30일:** 최근 급격히 침체됐던 레이온 산업이 회복의 조짐을 보이고 있다. 경영진이 같은 노스아메리칸레이온과 아메리칸벰베르크의 대변인은 "업황이 바닥을 치고 돌아서고 있는 것이 분명하다"며 "우리는 이를 주목하고 있으며 올해 하반기에는 사업 여건이 더욱 개선될 것으로 기대한다"고 말했다.

- **7월 1일:** 간간이 물가가 떨어지고 있다는 점을 감안하면 지금까지 소매업체의 판매량은 전반적으로 매우 잘 버티고 있다고 할 수 있다. 실업률이 상승했지만 아직 소비자들이 구매력을 발휘하는 데 별다른 영향은 미치지 못하고 있는 것으로 보인다. 산업생산과 소비자에게 유통되는 물량 사이의 차이는 재고 감소로 설명할 수 있을 것이다. 휴업 연장과 임금 삭감 같은 비상대책이 사라지면 소비는 얼마 안 가 생산을 따라잡을 것이고 공장과 작업장 활동을 크게 늘려야 할 것이다. 자동차산업과 건설산업의 경제활동은 두드러지게 활발한 상태를 지속하고 있다.

- **7월 1일:** 경기가 개선되고 있다는 징후가 몇몇 산업에서 드문드문 나타나고 있다. 특히 레이온 산업의 회복세가 두드러진다. 세계경제를 뒤덮고 있는 먹구름에도 몇 줄기 빛이 틈을 뚫고 들어와 비치기 시작했다. 콧대 높은 영국 파운드화가 1~2주 사이에 평가절하될 것이라는 경고도 있었으나 이제는 한두 달 사이에 또는 런던에서 주요국 재무장관 회의가 열릴 때까지 영국의 경제위기와 그와 같은 최악의 사태를 맞지는 않을 것으로 예상되고 있다.

- **7월 2일:** 실업자 수가 377만 8,000명으로 7년 만에 최대치를 기록했

다. 하지만 노동부는 성인 실업자 수는 늘지 않았다고 밝혔다. 5월에 늘어난 실업자 수 48만 9,000명은 25세 이하 연령에서 발생했다. 비농업 부문 취업자 수는 건설 등 야외 일자리가 늘면서 5개월만에 증가세로 돌아섰다.

- **7월 6일:** 현재의 경기침체는 올 가을에 바닥을 치고, 내년 봄에는 모든 경제활동이 서서히 반등하기 시작할 것이란 전망이 최근 상당한 인기를 끌고있다.

  -시카고의 다니엘 F. 라이스&Co.

- **7월 8일:** 여러 산업을 광범위하게 조사해 비교 분석한 결과, 경기가 극심한 침체에 빠지기 전에 나타나는 징후와 증거들이 전반적으로 부족했다.

  -W.E.휴튼의 루시엔 후퍼Lucien Hooper

- **7월 8일:** 5월에 대규모 제조 공장에 판매된 전력량이 지난해 같은 달과 비교해 줄었다. 대규모 제조 공장용 전력 판매량이 지난해 같은 달과 비교해 감소하기는 1946년 8월 이후 처음이다. 5월 가정용 전력 판매량은 44억 7,000만 킬로와트시로 지난해 같은 달보다 14.2% 늘었다. 상업용 전력 판매량은 36억 2,500만 킬로와트시로 지난해 5월에 비해 7.2%가 증가했다.

- **7월 11일:** 황동 판매가 지난주 말부터 상당히 큰 폭으로 반등했다. 황동은 지난 6개월간 생산이 50%가 감소하며 침체를 보여왔다.

- **7월 12일:** 3년 이상 산업계에서 당장 일어나고 있는 일에 대한 우려가 투자 심리를 짓누르며 주가와 기업이익 간에 정상적인 관계가 형성되는 것을 막아왔다. 이 같은 부담감이 사라지면 투자 심리가 긍

정적으로 변하며 주식시장에 활기가 되살아날 것이다. 아울러 현재 여건에서 반길 만한 요소가 많다. 현재의 냉전이 진짜 전쟁으로 번지진 않을 것이다, 세금이 올라가지 않을 것이다, 악명 높은 노동법이 없다, 산업활동이 빠르게 정상 수준으로 회복되고 있다, 비용이 많이 드는 재고가 줄었다, 과도하게 비효율적인 공장 공간이 놀고 있거나 폐기되고 있다, 소비자들의 수요는 여전히 많고 구매력은 막대하다, 가격이 현실적인 수준으로 되돌아가면서 거대한 새 시장이 창출될 것이다, 자금 조달 비용이 싸고 신용 창출이 풍부하다, 주가는 싸고 수익률은 높다.

-샘 스미스 배시&Co.

- **7월 14일**: 섬유업체들은 최근 면과 레이온 구매자들의 동향과 관련해 매우 고무된 상태다. 뉴잉글랜드의 섬유 공장에 따르면, 재단사와 의류 제조업체가 가을 상품을 준비하기 위해 사전 탐색 차원에서 섬유를 구매하는 행태를 보면 1년 만에 처음으로 섬유 구매 흐름이 살아나고 있다는 것을 느낄 수 있다고 한다.

- **7월 18일**: 광고시장 동향을 가장 먼저 체감할 수 있는 옥외 광고업체들에 따르면, 1950년에 광고산업은 또 한 번 커다란 호황을 누릴 수 있을 것으로 전망되고 있다.

- **7월 21일**: 상무부는 올 들어 소매업체 영업 상황이 상대적으로 변화가 없었다고 밝혔다. 올 상반기에 조정된 지수가 지난해 상반기와 비교해 달라진 것이라곤 1% 늘었다는 것뿐이다.

- **7월 22일**: 핫포인트 사장인 제임스 낸스James Nance는 가전산업이 재조정 과정에서 바닥에 근접했다는 의견을 갖고 있다. '올 1분기 말에

있었던 가전제품의 가격하락은 급격하고 완벽했다. 그때의 하락으로 가전제품 가격은 국가 경제 수준을 크게 밑돌게 됐다.'

- **7월 23일:** 5월에 지급된 배당금은 지난해 같은 달보다 14%가 늘었다. 5월말까지 3개월간 지급된 현금 배당은 총 13억 7,330만 달러로 지난해 같은 기간의 12억 5,190만 달러에 비해 10%가 증가했다.

- **7월 25일:** 경기침체로 크게 타격을 받았던 뉴잉글랜드 경제가 회복의 조짐을 보이고 있다. 뉴잉글랜드는 소비재 비중이 높은 산업 구조를 갖고 있는데 경기가 좋아지는 쪽으로 바뀌든, 나빠지는 쪽으로 바뀌든 변화가 가장 먼저 나타나는 지역이다.

- **8월 1일:** 전미 구매자관리협회NAPA[본문에 'National Association of Purchasing Agents'로 표기돼 있다. 이는 통상 구매자관리협회, NAPM으로 불렸던 'National Association of Purchasing Management'의 전신으로 보인다. 구매자관리협회는 2002년부터 공급관리자협회Institute of Supply Management, ISM으로 바뀌었다 – 옮긴이]에 따르면, 7월에도 기업의 경제활동은 하락세를 이어갔다. 하지만 감소폭은 5월이나 6월보다는 둔화됐다. 동시에 구매 담당자의 30%가 주문을 늘릴 것이라고 밝혀 주문을 줄일 것이라고 응답한 비율 28%보다 높았다. 이 같은 주문 예약 상황은 지난 10월 감소세가 시작된 이래 가장 좋은 것이다. 아울러 조사 결과, 구리, 납, 아연, 알코올, 새 삼베, 도자기, 옥수수, 면실유, 동유, 로진, 녹말 등은 7월에 가격이 오른 것으로 나타났다.

- **8월 4일:** 철강업계에 따르면, 최근 수요는 확실한 반등 조짐을 보이고 있다고 한다.

- **8월 5일:** 실로 본지는 지난 몇 개월간 '나쁜' 소식을 보도하는 불행

한 일을 떠맡았으나 최근에는 격려가 되는 기사들을 전달하면서 트루먼 대통령이 전날 기자간담회에서 이를 언급하기조차 했다. 이번만은 트루먼 대통령이 〈WSJ〉 보도를 기꺼워했다.

- **8월 6일**: 주식시장 마감 후 Fed는 향후 몇 주일간에 걸쳐 은행들의 지급준비율을 낮출 것이라고 밝혔다. 이번 지급준비율 인하로 은행권에서 국채에 투자하거나 기업에 빌려줄 수 있는 자금이 18억 달러 가량 늘어나게 된다.

- **8월 10일**: 월스트리트에 새로운 활력이 유입되고 있다. 이 같은 활력은 향후 기업들의 경제활동이 확대되는 토대가 될 수 있다.
  -배시&Co.

- **8월 10일**: 그럼에도 전쟁이 일어날 가능성이 없고 영국 파운드화와 다른 통화의 평가절하에서 비롯된 어떠한 역효과도 오래가지 않을 것이란 점에서 미국 경제가 극심한 침체는 피해갈 수 있을 것이라고 믿는다.
  -헴필, 노예스&Co.

물론 당시에는 나쁜 소식들도 엄청나게 많았다. 하지만 앞서 인용한 보도들을 보면 '악재가 만연할 때야말로 침체장의 종말'이라고 믿고 기다릴 경우 투자 적기를 놓치게 된다는 사실을 다시 한번 알 수 있다. 1921년이나 1932년과 마찬가지로 호재가 나와도 주식시장이 별다른 반응을 보이지 않는 현상이야말로 악재가 늘어나는 것보다 침체장 바닥을 예고하는 더 적절한 신호다. 이 외에도 1949년에는 1921년과 1932년의 경기회복의 초기와 비슷한 징후들이 상당히 많이 나타났다. 세 번의 침체장 바닥 모두 경기회복은 뉴잉글랜드에서 시작돼 전국으로 확산됐다. 세 번의 침체장 바닥에서 발견할 수 있는 또 다른 공통점은 전체경제가 위축을 계속하는 동안에도 자동차산업은 확장했다는 점이다.

1942년 2월, 자동차 생산이 중단되면서 1943년과 1944년에는 신차가 749대 팔리는 데 그쳤다. 그것도 재고에서 나온 것이었다. 1945년 자동차 등록대수는 여전히 1939년 수준을 밑돌았다. 이 같은 생산량 부족으로 자동차시장은 비정상적인 상태가 되었으며, 이 결과 제2차 세계대전 이후 몇 년간 자동차 가격은 상당 부분 왜곡됐다. 전쟁 후에는 억눌렸던 자동차 수요가 한꺼번에 폭발하면서 중고차조차 큰 폭의 프리미엄이 붙어 판매됐으며 새 차를 사려면 대기 명단에 이름을 올리고 오래 기다려야 했다. 〈WSJ〉 1949년 4월 5일자에는 이런 상황을 소개하는 기사가 실렸다.

- **중고차시장의 몰락:** 중고차 가격이 떨어지고 판매가 둔화되면서 중고차 판매상들의 이익이 줄고 있다. 사실 중고차 판매상들은 지난 2년간 엄청나게 매력적이었던 시장이 서서히 그러나 확실히 무너져내리는 것을 목격해왔다. 제2차 세계대전 기간과 전쟁 직후에는 달릴 수만 있으면 어떤 차라도 어떤 가격을 부르더라도 팔 수 있었다. 그러나 1946년 말과 1947년 초 겨울 동안 엄청나게 높은 가격이 붙었던 고급 모델부터 가격이 미끄러지기 시작했다. 중고차 시장의 호황은 1947년 내내 지속됐으나 가격에 대한 소비자들의 저항은 서서히 높아져갔고 공장에서 나오는 신차도 늘어났다. 1947년

말과 1948년 초 겨울에는 중고차 가격이 10~20% 하락했고 1948년 9월에는 1947년 고점 대비 가격이 25%가량 떨어진 것으로 집계됐다. 이 지난해 겨울에는 중고차 사업이 전후 저점 수준으로 떨어졌다. 연식 1937년 쉐보레는 새 차가 900달러였는데, 첫해에 250달러가 깎이고 다음 해에 추가로 200달러가 떨어지고 그다음 해에는 150달러가 더 낮아져 3년 만에 원래 가격의 3분의 1 수준으로 내려가는 게 일반적이었다. 하지만 전쟁 후에는 새차 공급이 달리는 반면 수요는 많아 중고차 가격이 새 차보다 높은 역전 현상이 나타났다. 예컨대 1946년 연식 쉐보레는 새 차가 1,200달러였는데 1947년 초 중고차 매장에서는 1,500달러에 팔렸다. 출고된 지 3년이 되는 올 초만 해도 1947년 연식 쉐보레는 1,300달러에 거래됐으나 지금은 1,100달러 선으로 내려온 것으로 추정된다. 1946년에 출고된 캐딜락은 새 차가 2,500달러였는데 3년이 되는 올 초만 해도 중고차시장에서 그 수준에서 거래가 됐다. 하지만 현재는 800달러 밑으로 떨어졌다.

같은 날 〈WSJ〉에서 한 전문가는 미국 전체 중고차 판매상이 4만 명으로 제2차 세계대전 전의 1만 9,000명에 비해 크게 늘었다고 지적했다. 중고차 가격에서 프리미엄이 축소되고 판매상의 숫자가 줄어드는 것은 중고차시장이 정상으로 되돌아가고 있음을 보여준다.

전쟁이 끝나고 바로 다음 해인 1946년에 미국에서 팔린 신차 대수는 210만 대였으나, 1949년에는 510만 대로 2배 이상 늘었다. 신차 가격은 1949년이 되어서야 떨어지기 시작했지만 수요가 반등하면서 하락세는 오래 이어지지 않았다. 신차 판매량 510만 대는 미국이 전쟁에 개입하기 직전 마지막 해인 1941년의 380만 대에 비하면 상대적으로 상당히 많은 것처럼 보인다. 이 때문에 전쟁 직후 억눌렸던 자동차 수요가 모두 해소되고 나면 이처럼 높은 수준의 판매량이 지속될 수 있을지 투자자들이 걱정했던 것도 무리는 아니다. 하지만 전쟁 이후 자동차 판매량은 급증세를 이어가며 이 같은 우려를 불식시켰다. 물론 전후 자동차 호황이 계속될 것이라고 예상한 사람들도 있었다. 〈WSJ〉 1949년 6월 4일자는 GM의 판매 담당 부사장인 윌리엄 허프스테이더가 다음과 같은 근거로 자동차 호황이 이어질 것으로 전망했다고 보도했다.

1948년에 자동차 평균수명은 8.73년으로 1941년의 5.33년에 비해 늘었다. 지난해 미국 도로를 달리는 자동차 가운데 10년이 넘은 자동차는 1,300만 대로 제2차 세계대전 전의 500만 대에 비해 크게 증가했다. 가처분 소득은 사상 최고 수준으로 높아졌고 인구는 늘고 있으며 통상 신차 시장으로 여겨지는 소득계층도 확대됐다.

〈WSJ〉 1949년 8월 11일자 보도를 보면, 자동차 판매상들은 판매를 늘리기 위한 각자의 독특한 방법들을 가지고 있었다.

말이 있습니까? 뉴욕시 포드판매점에선 새 트럭을 살 때 말(또는 노새나 염소)을 제공하면 300달러를 할인해 줍니다.

1921년과 1932년, 1949년 모두 동일하게 자동차 수요 증대는 경제 전반에 수요가 개선될 것이란 전조가 됐다. 자동차산업이 이처럼 경기회복에 탄력적으로 반응할 수 있었던 것은 자동차 보급비율이 계속 높아지고 있었기 때문이었다. 뒤돌아보면 당시 자동차 보급비율은 매우 낮은 것으로 증명됐다. 이처럼 보급비율이 낮은 상품은 억눌렸던 수요가 해소됐다는 신호가 전반적인 경기회복의 중요한 기준이 된다. 자동차는 활기를 되찾은 소비자들의 구매목록 1순위에 올라 있었던 것으로 보인다. 하지만 소비자들의 구매 욕구는 곧 다른 상품으로도 빠르게 확산됐다. 소비자들의 심리가 개선됐을 때 구매목록 상위에는 다른 상품들도 올라 있었다. 〈WSJ〉는 1949년 5월 4일 보도를 통해 자동차 이외에 또 다른 산업이 이미 호황에 접어들었다고 지적했다.

- **라스베이거스에 다시 찾아온 호황**: 라스베이거스의 호텔플라밍고의 술집 경영자 중 한 사람인 벤 고프슈타인은 "다른 지역에서 술 판매액이 40%나 줄었다는 소식을 들었는데 우리 바는 지난 몇 주일간 총판매액이 1년 전에 비해 10%가량 늘었다"고 말했다. 네바다주의 도박산업이 경제상황을 정확하게 알려주는 척도가 될 수는 없다. 하지만 전례를 봤을 때 사치품에 대한 소비 경향을 알려주는 하나의 잣대로선 정확했다. 예를 들어 1947~1948년에 걸친 겨울에 네바다주 리노의 도박산업은 침체에 빠졌는데 이는 사치품에 대한 전반적인 수요 감소 시기보다 몇 개월 앞서는 것이었다. 라스베이거스는 곧 인구가 리노 수준인 3만 명을 넘어서 네바다주에서 가장 큰 대도

시로 부상하기를 기대하고 있다.

이 인터뷰는 벅시 시걸이 라스베이거스에 호텔플라밍고를 지은 지 3년밖에 지나지 않은 시점에 이뤄진 것이다. 1949년에 구조적인 성장 국면에 들어선 산업과 도시가 있다면 그건 바로 라스베이거스였다. 한때 인구가 3만 명이 넘기를 희망했던 라스베이거스는 현재 거의 200만 명이 거주하고 매년 3,600만 명의 관광객이 방문하는 대도시로 변했다.

물가 안정과 침체장

〈WSJ〉는 1949년 여름에 수많은 경기회복의 징후들을 소개했다. 1921년과 1932년처럼 1949년에도 상품가격이 하락하자 어느 순간부터 수요가 늘기 시작했다. 이는 1921년과 1932년 침체장 바닥 때 나타났던 중요한 변화였다. 수요가 가장 먼저 늘어난 산업은 구조적으로 성장세를 타고 있던 자동차와 도박이었다. 하지만 수요 강세는 곧 다른 평범한 제품과 원자재, 농축산물 등에서도 뚜렷해졌다. 1921년과 1932년, 1949년 모두 상품가격이 하락한 뒤 처음 나타난 수요 증대 조짐이 침체장 바닥을 가늠하는 중요한 기준이 됐다. 1921년과 1932년처럼 1949년에도 디플레이션이 끝나고 있다는 가장 뚜렷한 증거는 수요 증대였다. 디플레이션이 기업이익을 위축시켰던 주범이었던 만큼 가격이 안정되고 있다는 초기 신호에 증시가 긍정적으로 반응하는 것은 당연했다. 수요가 늘고 가격이 상승하는 시기는 제품과 원자재, 농축산물 종류에 따라 제각기 달랐다.

1921년과 1932년처럼 1949년에도 가격이 전반적으로 안정되면서 침체장이 종말을 맞았다. 1921년과 1932년처럼 1949년에도 몇몇 상품을 중심으로 먼저 수요가 늘고 가격이 안정됐으며, 이는 전반적인 물가수준이 안정될 것이란 예고가 됐다.

1921년과 1932년, 1949년 모두 재고가 대폭 낮아진 상태에서는 어떠한 물가 반등이든 지속적인 상승세로 이어졌다. 〈WSJ〉 1949년 5월 19일자 기사에서도 확인할 수 있듯 재고가 넘치면 수요 예측이 상대적으로 쉬운 산업조차 타격을 받게 된다.

- **사망률 하락이 관 생산을 강타하다:** 관 생산이 줄어든 가장 큰 원인은 장의사들이 지난해 관을 너무 많이 샀기 때문이다. 이 결과 현재 관은 재고 과잉 상태가 됐다. 이는 다른 업종의 구매자들도 마찬가지다.

이처럼 재고 청산은 물가가 하락하는 주요한 요인으로 작용한다. 또 재고가 밑바닥까지 감소하면 디플레이션이 잦아들게 된다. 경제 전반적인 재고 청산은 1948년 말에 집중적으로 일어났다. 생산자물가 지수는 1948년 8월에 제2차 세계대전 이후 최고치에 도달했다. 이는 전쟁이 끝나고 꼭 3년 만이었다. 제2차 세계대전이 끝난 이후의 인플레이션은 제1차 세계대전 이후와 비교해 거의 2배나 오래 지속됐다. 1949년 6월 다우존스 지수가 바닥을 쳤을 때 생산자물가 지수는 1948년 8월 고점에 비해 7.5% 떨어진 상태였다. 표3-18에서 알 수 있듯 생산자물가 지수는 그 이후 조금 더 하락했을 뿐이다.

소비자물가 지수도 생산자물가 지수와 매우 흡사한 모습을 보였다. 따라서 침체장 바닥과 전반적인 물가수준의 바닥이 완전히 일치하지는 않았다. 하지만 주식시장은 전반적인 물가가 급격한 하락세를 멈췄을 때 바닥을 쳤다. 1921년과 1932년처럼 상품가격이 안정되고 있다는 증거가 늘어나는 것이 전반적인 가격 추세가 바뀌고 침체장이 막바지에 도달했다는 결정적인 신호였다.

1949년 여름에 〈WSJ〉는 이 같은 변화의 증거를 대대적으로 보도했다. 4월 초에는 소매가격 지수 내에서 임대료와 식료품 가격의 오름세가 뚜렷했다. 6월에는 밀과 석유 가격이 올랐다. 재고가 대폭 감소하고 하락한 물가수준에서 수요가 늘고 있다는 사실이 물가의 상승 기조를 뒷받침해줬다. 〈WSJ〉는 7월 8일에 "소비자들은 가격이 적당하다고 판단하면 기꺼이 돈을 쓸 준비가 되어 있다"고 보도했다.

표3-18_생산자물가 지수: 1939~1951년

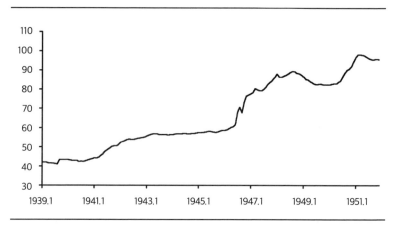

자료: NBER

7월이 되자 전반적인 물가하락 압력이 완화되면서 납과 레이온, 닭고기, 아연, 구리 등의 가격이 뚜렷한 상승세를 보였다. 생산자물가 지수는 7월에 소폭 올랐고 디플레이션이 가팔라지거나 이로 인해 증시가 타격을 받을 만한 조짐은 어디에서도 발견되지 않았다.

1949년에 투자자들이 주목해야 할 변수는 전쟁이 끝나면 필연적으로 뒤따르는 물가하락의 폭이었다. 침체장은 언제 끝이 날 것인가? 이 질문에 대한 대답은 전체적인 경제상황이나 주식시장 그 자체가 아니라 전반적인 물가 동향에 있었다. 특히 1949년에는 물가가 하락한 뒤 수요가 늘면서 가격이 안정되기 시작했을 때 고점 대비 물가하락폭이 1920~1922년에 비해 훨씬 적었다는 점이 특이했다. 1921년과 1932년처럼 1949년에도 전반적인 가격 추이, 특히 상품가격 동향을 면밀히 관찰하는 것이 증시가 바닥에 근접했는지 판단할 수 있는 핵심 열쇠였다.

생산자물가 지수는 1948년 8월 고점에서 1950년 6월 저점까지 총 하락률이 79%였다. 제1차 세계대전 직후에는 생산자물가 지수가 고점에서 저점까지 45% 급락했다. 그럼에도 제1차 세계대전 이후 〈WSJ〉 기사를 보면 투자자들은 훨씬 더 큰 폭의 물가하락을 예상하고 있었던 것으로 보인다. 기업이익이 2배로 늘었던 1946~1949년의 침체장 동안에도 투자자들은 물가가 훨씬 더 큰 폭으로 떨어질 것으로 예상하고 있었다. 가격이 전반적으로 안정되고 있다는 초기 신호를 상품가격에서 찾았던 투자자들은 1949년 여름이 좋은 주식을 싸게 살 수 있는 절호의 기회로 다가왔다.

물론 물가수준의 이러한 변화를 예상하는 것이 더 쉬운지, 주식시장이 강세로 돌아섰다고 전망하는 것이 더 쉬운지는 좀 더 따져봐야 할 문제다. 게다가 1949년 당시에 물가하락이 1921년이나 1932년과 비교해 그처럼 소폭 수준에서 그칠 것이라고 예상하는 것이 과연 가능했을까? 1948년부터 1950년까지 물가하락이 소폭으로 제한됐던 이유는 많다. 하지만 1921년과 1949년 사이의 결정적인 차이점은 제2차 세계대전 이후 경기 사이클에서는 물가하락이 미미했다는 사실이다. 교직원 연금보험의 부회장이었던 윌리엄 그리너프William Greenough의 책《퇴직 소득에 대한 새로운 접근A New Approach to Retirement Incom》을 보면 물가상승 기조가 이전과 다른 새로운 국면에 접어들었다는 논의가 당시 활발하게 이뤄졌던 것으로 보인다.

명망 높은 경제전문가들은 우리의 경제구조가 '근본적으로 물가상승 압력을 내재하고 있는' 상태로 변했다고 믿었다. 특히 전쟁 기간과 정부의 방위비 지출이 늘어날 수밖에 없는 국제적인 긴장 시기에는 물가상승 압력이 더욱 높아진다. 경제전문가들은 인플레이션 압력이 구조적으로 내재된 이유와 관련해 조세구조와 자동적인 임금 인상을 보장하는 노사협약, 패리티가격[다른 물가와 비슷한 수준을 유지하도록 정부가 결정하는 농산물 가격을 말한다. 농민들이 소득을 다른 근로자와 균등하게 보장해주기 위한 정책이다-옮긴이], 재정적자, 은행에 대한 정부부채, 낮은 금리, 원가에 이익을 덧붙여 대가를 받는 원가가산계약 보조금 등을 지목하고 있다. 어떤 전문가들은 완전 고용과 공공 복지를 중시하고 금본위제 복귀를 반대하는 케인즈 경제학을 원인으로 꼽기도 한다.

이런 점에 미뤄볼 때 당시 전쟁 후 물가하락이 완만할 것이라고 예상한 사람들도 있었던 것으로 보인다. 아마도 이러한 사람들은 1946년부터 1949년까지 주가가 매우 쌀 때 주식투자 비중을 늘릴 수 있었을 것이다. 당시의 물가하락은 이전과 실로 달랐다. 이러한 선견지명을 가진 사람들은 1949년 여름에 전체 물가하락폭은 중요하지 않다고 확신하고 주식에 투자해 큰 이익을 얻을 수 있었을 것이다. 하지만 앞서 지적한 것처럼 침체장의 바닥을 가늠하기 위해 경제구조가 '근본적으로 물가상승 압력을 내재하고 있는' 상태로 변했다는 사실을 파악할 필요는 없었다. 1921년과 1932년처럼 1949년에도 물가가 어느 정도까지 떨어진 다음에 안정될 것인지 예단할 필요가 없었다. 그저 지켜보다가 1949년 여름에 물가가 안정되고 있다는 신호가 나타나고 있는지 판단하기만 하면 됐다.

지금까지는 상품가격이 안정되고 있는지 파악하는 것이 주식투자의 적기를 판단하는 데 전술적으로 중요하다는 점을 주로 설명해왔다. 물론 전반적인 물가수준의 변화가 중요하다는 점도 함께 지적해왔다. 전반적인 물가수준이 심한 변동을 겪은 다음에 증시의 극심한 저평가 상태가 이어진다는 점은 확실해 보인다. 1921년과 1949년에 투자자들은 전쟁 기간 동안 올랐던 물가가 어느 정도까지 떨어질 것인지 고민했다. 이 문제에 대한 대답은 1921년과 1949년이 크게 달랐고 미래 가격과 기업이익의 불확실성은 증시를 내리 눌렀다. 1932년에는 직전의 강세장과 관련한 물가급등이 없었다. 이 때문에 물가가 갑작스럽게 하락하자 불확실성이 더욱 심해졌고 투자자들은 어느 수준에서 물가가 안정될 것인지 판단해야 했다.

이 책은 주가가 매우 저렴해 최고의 수익률을 얻을 수 있는 시기를 분석하고 있다. 그렇다면 1921년과 1949년 모두 전반적인 물가수준에 상당한 혼란이 야기된 다음 주가가 가장 저렴한 수준에 도달했다는 사실은 단지 우연의 일치일 뿐일까? 이 질문은 투자자들에게 매우 중요하다. 상당한 정도로 가격 혼란을 겪은 다음에 주식을 매수하기에 가장 안전한 시기가 찾아온다는 점을 질문 자체가 시사하고 있기 때문이다. 이 같은 물가하락이 증시하락과 연관돼 나타나지 않는다면 주식을 매수하기에 최적의 시기는 아니다.

물가가 전반적으로 상당한 혼란을 겪지 않은 상황에서는 하락하고 있는 주식을 매수하지 말라는 말은 아니다. 그러나 상당한 정도의 물가 변동이 없었다면 매수 후 장기보유 전략으로 접근해도 좋을 만큼 증시가 저렴한 수준에 도달하지 않았다는 의미일 수 있다. 주식이 저평가된 상태에서 전반적인 물가가 정상 수준으로 회복되고 있다면 평균 이상의 수익률을 얻을 수 있는 최적의 주식투자 기회일 가능성이 높다.

전반적인 물가수준

전반적인 물가수준이란 모든 상품과 서비스 가격을 포괄하는 개념이다. 이 같은 용어를 사용한 이유는 좀 더 구체적인 가격이나 물가지수를 언급할 때 혼동을 피하기 위해서다. 물가의 혼란 또는 혼동이란 급격한 상승과 하락 모두를 의미한다. 그러나 상당한 정도의 물가 혼란이란 어떤 뜻일까? 이는 자의적인 표현이긴 하지만 전반적인 물가수준의 변동폭이 주식시장에 주요한 영향을 미칠 정도로 중요하다는 점을 강조하기 위해 사용했다.

유동성과 침체장

간호사가 유모차를 끌며 빠르게 큰길 쪽을 향해 걸었다. 아기를 데리고 나가기에는 늦은 시간이었다. 아마 많이 늦었을 것이다. 간호사가 지나갈 때 그는 아기를 흘낏 쳐다봤다. 아기는 자신이 자라는 데만 집중하는 듯 멍하니 앞을 바라보고 있다.

고어 비달,《노란 숲에서》

'유동성 분석'은 침체장 바닥이 언제인지 판단하는 데 어느 정도 도움이 되는 것일까? 앞서 1921년과 1932년 침체장을 다룬 1, 2부에서는 Fed의 화폐발행액 증감을 비롯한 다른 통화정책 변화들이 주식시장에 어떤 영향을 미쳤는지 살펴봤다. 특히 1부와 2부에서는 금본위제가 운영되고 있는 가운데 연방준비제도가 새로 도입되면서 유동성 추세를 예측하기가 상당히 어려워졌다는 점을 지적했다. 1949년이면 Fed가 설립된 지 거의 35년이 되는 시점이다. 따라서 연방준비제도의 정책 변화를 예측하기가 다소 쉬워졌을 것이라고 예상할 수 있다. 하지만 지금까지 살펴봤던 대로 Fed는 지난 35년간 펼쳐온 정책에 일관성이 없었다. 게다가 종종 실수도 저질렀다. 그 결과 Fed의 정책적 변화를 예측하기는 1914년 11월 연방준비제도가 처음 설립된 당시나 1949년이나 마찬가지로 어려웠다.

특히 1949년에는 통화정책 목표가 바뀌면서 Fed가 앞으로 어떤 조치를 취할지 예견하기가 더욱 어려워졌다. 전쟁 때 Fed의 최우선 목표는 국채 가격이 미리 정해놓은 수준 밑으로 떨어지지 않도록 지지하는 것이었다. 이는 Fed가 본원통화를 무제한으로 늘렸다는 의미다. 1949년에도 이 같은 상황에는 거의 변화가 없었다. 1947년부터 만기 1년 이하의 단기국채와 10년 이하의 중기국채에 대해선 Fed의 가격 방어가 사라졌지만 10년 이상 장기국채에 대해선 Fed의 가격 지지 노력이 계속됐다. Fed는 1947년 크리스마스 이브 때부터 국채 가격을 방어하려는 노력은 완화했지만, 국채 가격은 1948년 말까지 Fed가 정해놓은 지지선 위에서 유지됐다. Fed가 국채 가격을 일정 수준 이상으로 떠받치려면 가격이 떨어질 때마다 국채를 매입해야 한다. 결국 Fed가 국채 가격을 지지한다는 것은 국채를 매입할 필요가 있을 때마다 '탄력적 통화 공급'을 계속 확대해야 한다는 것을 의미한다. Fed는 시장의 수급에 따라 국채 가격이 하락해 미리 정해놓은 최저가 밑으로 내려가면 자동적으로 국채를 매입했다. 이 결과 공개시장조작이라는 Fed의 핵심 통화정책은 사실상 자동조정장치처럼 작동했다. 이러한 상황에서는 Fed의 '탄력적 통화 공급'의 확대도 국채 가격이 떨어지면 자동적으로 취해지는 조치일 뿐 Fed가 어떤 정책을 더 선호하고 있는지 나타내지는 못한다.

Fed가 국채 가격을 인위적으로 방어하면서 정상적인 통화 시스템에는 또 다른 왜곡이 나타났다. Fed가 지급준비율을 인상해도 시중 유동성을 줄이는 효과가 평상시만큼 나타나지 않았던 것이다. Fed는 경제활동이 필요 이상으로 과열되면서 물가가 상승하는 것을 막기 위해 1948년 2월 27일부터 지급준비율을 올리기 시작했다. 이에 따라 은행들은 지급준비금을 늘리기 위해 국채를 팔아야 했고, 국채 가격이 하락했다. 그러자 Fed는 국채 가격이 떨어지는 것을 막기 위해 시장에서 돈을 주고 국채를 사들였고 결과적으로 Fed의 화폐발행액이 늘어났다. Fed가 경제활동을 억제하려고 취한 정책이 역으로 Fed의 탄력적 통화 공급을 확대시키는 모순이 발생한 것이다. 국채 가격이 시장의 수급에 따라 Fed가 방어하려는 수준 밑으로 떨어지면 이 같은 왜곡은 불가피하게 나타났다. Fed의 정책 결정이 통념과 다른 결과를 낳았기 때문에 통화정책의 변화에 과거와 똑같이 반응할 수 없었다. 이런 점에서 1921년과 1932년에도 Fed가 어떤 조치를 취할지 예측하기가 어려웠지만 1949년에는 더욱 어려웠다.

Fed의 핵심 통화정책 수단이 자동조정장치처럼 작동됐기 때문에 Fed의 정책 의도를 파악하려면 Fed의 다른 조치를 눈여겨봐야 했다. Fed는 1935년부터 은행법에 따라 증권을 매입할 때 적용받는 증거금률[증권을 매수할 때 계약금으로 내야 하는 금액이 총매입 금액에서 차지하는 비율을 말한다-옮긴이]을 정할 수 있었다. Fed는 1947년 2월에 증거금률을 100%에서 75%로 낮췄다. 하지만 침체장이 길어지고 있는 데도 Fed는 증거금률을 더 인하하지는 않았다. 이는 Fed가 증시 약세를 그리 걱정하지 않고 있다는 뜻으로 해석할 수 있다. Fed는 의회가 1947년 11월에 폐기했던 소비자 신용을 조절할 수 있는 권한을 1948년 8월에 되찾으면서 또 다른 정책적 수단을 갖게 됐다. Fed는 1948년 9월 초에 다시 회복한 정책 수단을 소비자 신용을 줄이는 데 사용했다. 이 역시 Fed가 통화긴축을 원하고 있음을 의미했다.

이 같은 Fed의 정책 결정에 시장은 빠르게 반응했다. 주식시장은 이미 1948년 8월에 고점을 치고 하락세로 반전했고 경제활동은 그해 11월에 절정에 다다른 뒤 꺾였다. 1949년 1분기까지 경기가 둔화되고 물가가 하락하는 가운데 투자자들은 증시가 언제 바닥을 치는지 파악하려 유동성 추이에 주목했다. Fed의 정책이 변했다는 신호는 언제 나타날까? Fed가 혼재된 2가지 목표를 동시에 추구하고 있는 상황에서 이러한 Fed의 정책 변화는 어떻게 파악할 수 있을까?

다행히도 1949년에 Fed의 정책을 펼칠 수 있는 여지가 확대되면서 이 같은 정책의 변화를 판단하기가 훨씬 쉬워졌다. Fed는 국채 가격이 지지선 밑으로 떨어지면 시장에 개입해 국채를 매입해야 하지만 시장 수급에 따라 국채 가격이 지지선 위에서 유지되면 국채를 매입하지 않아도 된다. 1948년 4분기부터 국채 가격이 시장의 힘에 따라 Fed가 정해놓은 지지선 위에서 유지되면서 Fed의 정책 의도가 왜곡 없이 고스란히 드러나게 됐다. Fed가 주식시장이 주도하는 상승세가 지속되도록 내버려 둔다면 이는 Fed가 저금리와 통화정책 완화를 선호한다는 의미다. 반면 Fed가 국채를 내다팔아 증시상승세를 억제한다면 이는 탄력적 통화 공급의 위축으로 이어지기 때문에 통화긴축을 원한다는 뜻이다. 실제로 Fed는 증시가 상승하자 국채를 매각했고 이 결과 1949년 1월 한 달 동안에만 탄력적 통화 공급이 5% 줄었다. Fed는 기회가 찾아오자 재빨리 화폐발행액을 줄이는 조치를 취했다. 투자자들이 그토록 오랫동안 예상해왔던 전쟁 후 통화흡수 조치에 따른 디플레이션이 드디어 현실화되는 것일까?

제2차 세계대전 이후에도 제1차 세계대전 이후처럼 통화긴축이 있을 것으로 예상했던 투자자들이 있었고 이들은 통화긴축의 신호로 Fed의 화폐발행액 동향을 주시했다. 이런 투자자들은 1921년에 주식시장이 바닥을 쳤을 때 Fed의 화폐발행액이 50% 줄었던 것처럼 이번에도 급격한 물가하락이 있을 것으로 예상했다. Fed의 화폐발행액은 1922년 7월 말까지 감소세를 이어가며 총 69%가 줄었다. Fed는 제2차 세계대전 이후에도 제1차 세계대전이 끝났을 때처럼 통화량을 급격히 줄여야 한다고 생각했을까?

1928~1931년에는 과도한 물가상승 압력이 나타나지도 않았는데 Fed가 화폐발행액을 큰 폭으로 줄였다. Fed의 화폐발행액은 1928년 11월부터 1931년 5월까지 50% 감소했다. 이런 전례 때문에 투자자들은 1949년 1월에 화폐발행액이 5% 줄자, 1919~1921년이나 1928~1931년처럼 큰 폭의 통화긴축이 이어질 것으로 예상했다.

특히 제2차 세계대전 동안 Fed의 화폐발행액이 크게 늘었다는 점을 감안하면 투자자들이 예상했던 큰 폭의 통화긴축은 충분히 가능한 일이었다. 일본의 진주만 공격 당시 Fed의 화폐발행액은 1920년 최대치보다 32% 적은 23억 달러였다. 하지만 일본의 항복으로 전쟁이 끝났을 때 Fed의 화폐발행액은 229억 달러로 10배 가까이 늘어나 있었다. 이는 제2차 세계대전 이전 최대치에 비해서도 거의 6배나 늘어난 것이었다. Fed의 화폐발행액은 1946년 12월에 247억 달러로 최대치를 기록한 뒤 줄기 시작했다. 그렇다면 Fed의 과거 조치에 비춰볼 때 이번에도 화폐발행액이 50~60%가량 감소할까? Fed는 제1차 세계대전 이후 물가상승 압력을 낮추기 위해 강력한 통화긴축 정책을 펼쳤다. 이 결과 Fed의 화폐발행액은 참전을 선언했을 때에 비해 60% 많은 수준으로 줄었다. 이 전례가 기준이 된다면 이번에는 화폐발행액을 85%나 줄여야 했다. 투자자들이 이처럼 큰 폭의 통화긴축을 예상하고 있었던 탓에 1946년부터 1949년까지 기업이익이 2배로 늘어났어도 증시는 약세를 지속했다.

1949년 1월에 뚜렷해진 통화긴축 조짐은 이후까지 이어졌다. 1948년 12월부터 불과 8개월 사이에 Fed의 화폐발행액은 25%가 줄었다. 이는 비관론자들이 예상했던 시나리오였고 이들은 전례대로 화폐발행액이 50~85% 줄 때까지 통화긴축이 계속될 것으로 기대했다. 하지만 이 같은 큰 폭의 통화긴축은 일어나지 않았다. 통화긴축은 1949년 10월에 끝났고 탄력적 통화 공급이 다시 확대되기 시작했다. 1951년 9월에는 화폐발행액이 1948년 12월 수준을 회복했다. Fed는 역사적인 기준에 비춰볼 때 완만한 긴축이라고 표현할 수밖에 없는 수준에서 화폐발행액 축소를 멈췄다. 국채가 여전히 Fed가 지지하려는 가격을 크게 웃도는 수준에서 거래되고 있었기 때문에 Fed가 어쩔 수 없이 긴축을 멈췄다고 할 수는 없었다. 긴축 중단 결정은 Fed의 자유 의지로 이뤄졌다. Fed가 탄력적 통화 공급을 제2차 세계대전 이전보다 훨씬 더 확장된 상태로 놓아둔 채 긴축을 멈출 것이라고 예상할 수 있었던 사람이 당시에 과연 있었을까? Fed의 화폐발행액을 봐서는 1949년 4분기까지도 낙관의 조짐을 발견할 수 없었다. 하지만 주식시장은 이보다 훨씬 전인 그해 6월에 벌써 바닥을 쳤다.

결국 Fed의 재무상태표에 주목했던 투자자들은 다우존스 지수가 1949년 6월에 바닥을 치고 오르기 시작할 것이라고 예상하지 못했을 공산이 크다. Fed의 화폐발행액 축소 조치가 끝났을 때 긴축은 역사적인 기준에 비춰볼 때 기껏해야 절반 정도 진행된 것에 불과했다. 1921년이나 1932년과 마찬가지로 이때도 Fed의 재무상태표를 아무리 열심히 들여다본들 침체장의 바닥을 알아내는 데 별다른 도움을 얻지 못했을 것이다.

1949년에도 Fed의 재무상태표를 분석해봤자 최적의 매수 시점을 맞출 수는 없었지만 1921년과 1932년보다는 그나마 바닥을 근접하게 파악할 수 있었다. 1949년에 Fed의 재무상태표에 주목했던 투자자라면 증시가 바닥을 치고 5개월 뒤에 주식 매수에 동참하기 시작했을 것이다. 유동성 개선 신호를 살펴봤던 투자자들에게 이는 과거에 비해 훨씬 다행스런 일이었다. 과거 두 번의 침체장에서는 Fed의 화폐발행액이 너무 빠르거나 너무 늦게 늘어나 투자자들에게 큰 손실을 입혔다. 1921년 침체장 바닥 때는 3년이 지난 1924년 여름이 되어서야 화폐발행액이 늘었고 반대로 1932년 침체장 바닥 때는 1년 앞서 1931년 7월부터 화폐발행액이 늘었다.

1921년과 1932년에는 증시와 경기가 개선되는 속도에 비해 신용 확장이 매우 더뎠다. 1949년에는 상황이 매우 달라서 시중은행들의 대출잔액이 증시 바닥 직후인 1949년 7월에 바닥을 쳤다. 이후 대출 잔액은 그해 말까지 서서히, 그러나 꾸준히 늘었다. 7월 통계를 보고 투자에 나서려 했던 사람들은 8월부터 주식을 매수했겠지만 대다수 투자자들은 대출잔액 증가가 추세로 분명해질 때까지 매수를 늦췄다. 1949년에는 주식 매수에 나서기 전에 대출 증가세를 확인하는 것이 이전 침체장 바닥과 비교해 그리 나쁜 투자 결정은 아니었다. 그러나 여전히 대출 증가세는 주식시장 개선의 선행지표가 아니라 후행지표였다. 광의통화(총통화, M2) 증가량이 개선되는 것을 기다렸던 투자자들은 1921년과 1932년처럼 1949년에도 잘못된 판단을 내릴 수밖에 없었다. 광의통화 증가량은 증시가 바닥을 치고 한참 지난 1950년

2분기가 되어서야 처음으로 개선되는 조짐이 나타났다. 하지만 이 개선의 조짐조차 단기간에 그쳤고 통화 증가 속도는 1953년까지 전반적으로 계속 줄어드는 추세였다. 물가상승률을 감안한 광의통화 증가율은 1949년 8월부터 9월까지 개선되는 모습이 뚜렷했다. 이처럼 1932년에는 증시가 7월에 바닥을 치고 한참 지난 다음에 통화량이 늘기 시작했으나 1921년과 1949년에는 통화량 변화에 주목하는 것이 어느 정도 의미가 있었다.

Fed의 재무상태표는 최적의 주식 매수 시점을 파악하는 데 좋은 지표는 아니다. 하지만 Fed의 정책적 변화는 투자의 호기를 잡아내는 데 시의 적절한 신호를 보내준다. Fed가 1948년 9월에 시작했던 대출관리는 1949년 3월 초에 처음 완화됐다. 이는 Fed가 경기위축 속도가 너무 빠르다고 믿고 있다는 확실한 증거였다.

Fed는 1949년 3월부터 정책적으로 경기를 충분히 억제해왔다고 판단했던 것으로 보인다. 그해 5월 1일부터는 지급준비율이 낮아지기 시작했다. 6월 29일에는 Fed가 국채 가격이 오르는 것을 피하기 위해 시장에 개입해 국채를 매입하는 조치를 중단하기로 했다는 보도가 〈WSJ〉에 실렸다. 이 같은 조치에도 불구하고 화폐발행액은 10월까지 그리 늘지 않았다. 하지만 Fed가 통화정책을 완화하려 한다는 정책적 의지는 분명하게 드러났다. 이 같은 정책 변화의 신호가 Fed의 재무상태표를 꼼꼼하게 분석하는 것보다 유동성 경색이 조만간 풀릴 것이라는 사실을 알아차리는 데 훨씬 더 도움이 된다.

통화정책이 처음으로 완화 조짐을 보였던 1949년 3월에 주식을 샀던 투자자들이라면 6월 13일 증시 바닥 때까지 다우존스 지수가

10% 추가 하락하는 것을 감내해야 했을 것이다. 은행들은 Fed의 정책적 입장은 물론 Fed의 신용 자금 규모에도 민감하게 반응하기 때문에 은행의 재무상태표를 살펴보는 것이 유동성의 변화를 파악하는 데 더 효과적이다. 은행의 대출잔액은 1949년 6월에 바닥을 쳤고 그해 11월에 이미 3.2% 늘어났다. 이처럼 대출 증가세는 재개됐지만 Fed의 화폐발행액은 감소세를 계속했다. 〈WSJ〉에 따르면, 뉴욕시에 위치한 은행들의 기업대출은 1949년 7월 말에 기록적인 27주 감소세에서 벗어나 늘기 시작했다. 이 보도를 접했던 투자자라면 은행들의 태도가 변했다는 사실을 인식할 수 있었을 것이다. 은행들의 대출은 Fed가 화폐발행액은 늘리기 약 3주 전부터 감소세에서 벗어나 증가했다.

반면 Fed의 정책 변화 조짐은 화폐발행액보다 빠르게 확인할 수 있다. Fed가 통화정책을 완화하기 시작했다는 첫 신호는 1949년 3월 지급준비율 인하 조치였다. 당시 투자자들에게 다행스러웠던 것은 이 첫 신호에 주식시장이 반응을 보이기까지 걸린 시간이 짧았다는 점이다. Fed가 처음으로 통화정책을 완화한 이후 다우존스 지수는 10% 더 떨어졌을 뿐이다. 미국 역사상 가장 위대한 강세장 중 하나가 시작되는 시점 부근에 주식을 매수할 수 있다면 이는 감내할 만한 수준의 하락이다. 반면 1921년에는 그해 5월에 Fed가 재할인율을 인하하면서 첫 정책 변화의 신호가 나타났는데, 그때 주식에 투자했더라면 다우존스 지수가 8월 22일 바닥을 치기까지 20% 추가 하락하는 것을 견뎌야 했을 것이다. 반면 1949년과 1921년 모두 Fed의 정책 변화 조짐이 아니라 Fed의 재무상태표를 보고 투자 결정을 내렸다면 주식시장의 첫 급등세를 아예 놓치고 말았을 것이다.

문제는 1929~1932년 침체장 때는 정책 변화의 조짐을 보고 침체장 바닥을 가늠해 투자했다면 엄청난 손실을 입었을 것이란 점이다. 당시 Fed는 이미 침체장 초기 국면인 1929년 11월에 재할인율을 인하하면서 통화정책을 완화한다는 입장을 드러냈다. 그럼에도 유동성 완화의 징후를 알아내려면 Fed의 재무상태표가 아니라 Fed의 정책 방침을 관찰하는 것이 훨씬 낫다.

물론 Fed의 첫 정책 변화 신호를 보고 주식을 매수하는 전술이 유효하다고 말하려면 1929~1932년 침체장은 극히 이례적인 일회성 사건으로 치부해야 하지만 말이다.

낙관론자와 비관론자

헤이우드 씨는 시장과 주식, 연방의 상태에 대해 말했다. 그의 말은 설득력이 있었다. 그의 태도는 자신감이 넘쳤는데, 또 그가 말하는 그의 생각과 사실들이 많은 똑똑한 사람들에게 들은 내용이었기 때문이다.

고어 비달,《노란 숲에서》

지금까지 살펴봤듯 널리 알려진 믿음과는 달리 침체장 바닥일 때 긍정적인 경제 뉴스가 많아진다. 부정적인 보도가 가득할 때를 기다렸다면 1921년과 1932년에 침체장 바닥을 놓쳤을 것이다. 이와 비슷한 잘못된 믿음은 모든 사람이 비관적일 때 주식을 사야 한다는 것이다. 언론의 보도와 증권사의 전망들로 비관론의 정도를 결정할 수 있다

면 1921년은 물론 심지어 1932년과 마찬가지로 1949년에도 비관론
은 없었다. 침체장 바닥 때 수많은 낙관론자들이 주식을 사라고 권유
했다.

- **4월 13일:** 브로드스트리트 투자회사는 역사상 분산 투자 펀드의 연평
  균 배당금과 이자수익률이 5%를 넘었던 적은 1911년과 1932년 그
  리고 1942년 뿐이었다며 "되돌아보면 그때가 주식을 매수하기에 매
  우 좋은 시기였다"고 밝혔다. 현재 배당금과 이자수익률은 5.25%다.
- **4월 18일:** 최근 힘 빠지는 소식들이 적지 않았음에도 증시가 급락하
  지 않고 버텼다는 점은 주목할 만하다고 생각한다.
  -배시&Co.
- **4월 19일:** 페인웨버, 잭슨&커티스의 해리 코머는 배당수익률이
  8~12%인 보통주 20개를 분류한 뒤 "이 주식들은 배당금이 상당히
  후할 뿐만 아니라 모든 주식이 1948년에 비해 배당금이 최소 50%
  이상 늘었다"고 지적했다. 또 "모든 주식이 20년 연속 중단 없이 배
  당금을 지급했고 일부는 50년 이상 연속으로 배당금을 지급했다"고
  소개했다.
- **4월 19일:** 순수하게 시장의 관점에서 보면 이미 증시에는 실제 기업
  들이 겪을 수 있는 어려움보다 훨씬 더 심각한 상황이 반영돼 있다.
  -시어슨, 햄밀의 월터 메이너드
- **4월 25일:** 지금 이 시장은 생각해볼 만한 문제를 상당히 많이 던진
  다. 이번 침체장은 1946년 여름부터 시작돼 거의 3년간 이어오면서
  매우 불규칙한 양상으로 전개됐다. 또 어떤 주식은 다른 주식보다

훨씬 더 잘 팔리는 모습을 보였다. 기업의 이익이 줄고 지급하는 이익의 비율이 늘어나면 PER은 높아진다. 과거에 영향을 미쳤던 요인이 앞으로도 똑같이 투자 심리를 지배할 것이라고 생각하지 말고 새로운 가격 변수들을 찾기 시작해야 한다. 그리고 최근 절반 이상의 기간 동안 주가는 기업의 경기를 나타내는 지수나 기업이익과는 정반대로 움직여왔다.

-W.E.휴튼의 루시엔 후퍼

- **4월 25일:** 아서바이젠버거는 제1, 2차 세계대전 때 결정적인 시기와 1932년과 1873년 최악의 경기침체를 제외하고는 배당금과 비교해 주가가 더 낮았던 적이 없었다고 지적했다.

- **4월 25일:** 현재 주식시장 상황에서는 방어적인 태도를 유지하는 것이 더 나을 수도 있다. 그러나 지난 몇 개월간 어려운 매매 여건에서도 시장이 전반적인 안정성을 유지했고 최근 공개된 통계상 공매도 잔량이 매우 많다는 점을 감안하면 시장 근간의 기조는 건전하다는 사실을 알 수 있다.

　-E.F.휴튼의 노먼 펑크Norman Funk

- **4월 28일:** 현재 주식시장이 앞으로 나아가지 못하고 있다는 점은 거의 놀랍지 않다. 하지만 긍정적인 기업의 이익과 다른 호의적인 소식들이 사실상 시장에 거의 영향력을 발휘하지 못하고 있다는 점만은 분명하다.

　-해리스, 업햄의 조지 베스George Bass

- **5월 2일:** 매매자들은 지난주 해외에서 일어난 일에 대해 지켜보는 전략을 택한 것으로 보인다. 투자자들은 확실히 국내에서 물가하락

의 조짐이 점점 더 늘어나고 있다는 점을 더 걱정하고 있는 것으로 판단된다.

- **5월 2일:** 이번 주 초 상당히 많은 호재들이 쏟아졌음에도 증시가 소폭의 강세밖에 보이지 못하자 초기에 2월 저점을 다시 시험하는 수준으로 주가가 떨어질 것이라는 비관적 전망이 제기되고 있다.

- **5월 2일:** 월스트리트의 몇몇 대형 증권사들은 현재 '1929년 이후 어느 때보다도 많은 주식을 역사상 어느 때보다도 많이' 빌려주고 있다고 밝혔다. 이는 지난 2주일간 공매도잔량이 다시 늘어났을 것이라는 월스트리트의 추측을 뒷받침해주는 증거다. 점점 약화되고 있는 낙관론자들은 공매도잔량이 늘었다면 주식시장이 앞으로 있을 어떠한 하락에 대해서도 안정적인 안전판을 확보하고 있는 것이라고 지적했다[공매도된 주식은 언젠가는 시장에서 다시 사서 원 주인에게 갚아야 하기 때문에 공매도잔량이 많으면 그만큼 시장에서 매수해야 할 주식이 많다는 의미다 – 옮긴이].

- **5월 2일:** 지난해 11월 말 바닥에서처럼 지금도 수많은 소액투자자들이 수익을 기대하며 공매도로 뛰어들고 있다. 하지만 소액 공매도 투자자들은 거의 수익을 거두지 못한다.

  –필라델피아의 코핀, 베츠

- **5월 9일:** 뒤이은 결과가 나오진 않았지만 주가가 소폭 하락할 때 거래량이 감소하는 등 시장의 전반적인 기술적 모습은 호의적인 편이다.

- **5월 10일:** 거의 10년간 기업의 활동 수준과 주가 사이에는 연관성이 거의 없거나 아예 없었다. 따라서 최근 기업활동이 재조정 국면에

들어갔다고 해서 같은 정도의 주가 조정이 수반될 것이라고 가정할 필요는 없다.

-휴 W.롱

- **5월 10일:** 우리가 지금 목격하고 있듯 그러한 분기점에서 중요한 현상들이 일어나고 있으며 나는 주식시장이 이미 올해의 저점은 지났다고 단언할 준비가 되어 있다.

-허츠펠드&스턴의 A.J. 메싱

- **5월 12일:** 수많은 우량주들이 상당한 수준의 이익 감소가 있었을 때 적절한 수준의 주가로 거래되고 있다면 매수 기회가 가까웠다는 의미다.

-케네스 워드Kenneth Ward

- **5월 12일:** 우리는 현재 투자자들이 매우 매력적인 가격으로 주식을 매수할 수 있는 극히 이례적인 기회를 맞았다고 보고 있다.

-H.헨츠

- **5월 13일:** 우리는 올 여름 초 어느 시점에 기술적 요인들이 주목할 만한 계절적 증가세를 보일 것으로 전망하고 있다.

-루시엔 후퍼

- **5월 13일:** 주식시장은 교착 상태를 지속하고 있다. 주식시장은 심지어 낙관론자들이 주가상승의 걸림돌로 지목했던 베를린 봉쇄가 풀렸음에도 교착 상태를 벗어나지 못하고 있다. 공매도를 위해 주식을 빌릴 때 프리미엄을 지불해야 하는 주식의 수는 최근 몇 개월 동안 더 늘었다.

- **5월 14일:** 장이 마감한 후 구리판 가격이 파운드당 1센트 올랐다는

소식이 나오며 건설적인 태도를 가진 투자자들의 심리가 훈훈해졌다.

- **5월 14일:** 기술적 분석 결과, 지금 시장은 매우 빠르게 과매도 상태로 진입하고 있다. 추가 하락 압력이 있을 수 있지만 현재 시장은 상당히 중요한 상승세 초기 국면에 다가가고 있는 것으로 보인다.

  −월스턴, 호프먼&굿윈의 에드먼드 테이블*Edmund Tabell*

- **5월 14일:** 지난 6개월간 기업활동과 관련해 온갖 악재가 다 쏟아졌음에도 다우존스 지수는 7% 범위 내에서 등락했다.

- **5월 19일:** 장이 마감한 후 발표된 공매도잔량은 월스트리트가 예상했던 것 이상으로 큰 뉴스였다. 5월 13일까지 한 달간 공매도잔량은 13만 58주가 늘어 162만 8,551주로 집계됐다. 이는 1933년 2월 27일 이후 16년 만에 최대 규모다. 기술적 분석가들은 지난 한 달간 일평균 거래량을 기준으로 계산할 때 공매도잔량이 2.13일치 거래량에 맞먹는다는 점이 더욱 의미가 있다고 지적했다. 공매도잔량이 가장 많은 주식은 펩시콜라이며, 그 뒤를 허드슨자동차와 제너럴모터스가 이었다.

- **5월 20일:** 주식시장은 상당히 견고한 토대 위에서 박스권 안에서 등락을 계속하고 있다. 최근 매도세가 극히 약화된 것을 두고 증권사 전략가와 기술적 분석가, 주식 전문가 등은 물가가 떨어지고 있다는 소식이 쏟아지고 있는 가운데 증시가 하락보다는 상승 쪽으로 방향을 잡을 가능성이 많다는 의미라고 해석했다.

- **5월 24일:** 전날 다우존스 지수가 큰 폭으로 내려가며 중요한 지지선인 171.10에 성큼 다가섰다. 기술적 분석가들은 거래량이 줄어든 가운데 다우존스 지수가 하락했다는 점에 주목했다. 기술적 분석가들

은 거래량이 최근 몇 주일간 일평균 수준인 75만 주보다 훨씬 줄면서 주가가 추가 하락하면 거래량이 늘면서 주가가 상승하는 것 다음으로 중요한 낙관적 신호가 될 것으로 예상해왔다.

- **5월 25일:** 1932~1933년 경기침체를 제외하고 지난 50년 동안 보통주 주가가 배당금과 비교해 이보다 더 낮은 수준에서 형성된 적은 없었다.

  -보스턴의 밴스, 샌더스

- **6월 1일:** 다우존스 지수가 1946년과 1947년, 1948년에 기록했던 163~165 수준의 삼중 바닥을 조만간 다시 시험하게 될 것이란 전망이 지배적이다.

- **6월 3일:** 다른 한편으로 재정 상황이 좋은 기업들은 배당수익률이 높은 수준을 계속 유지하고 있다는 점에 대해 시장의 공감대가 형성돼 있다. 이같이 중요한 시기에 주식시장의 하루하루 전개 과정에서 극히 놀라운 일이 일어나지 않는다면 주식을 대량으로 보유한 투자자들이 주식을 대거 팔아치울 것이라는 우려가 나오고 있다.

- **6월 4일:** 다우존스 지수가 역사상 의미 있는 지지선인 163~165 수준을 소폭 웃도는 수준까지 떨어지며 주식시장은 최근 들어 가장 유감스러운 한 주를 마감했다. 거래량은 낙관적인 조짐은 아니라고 해도 최소한 즉각적인 경고의 신호로는 해석되지 않았다. 전날 거래량은 70만 주에 불과했다.

- **6월 6일:** W.E.휴튼의 루시엔 후퍼는 주가가 운전자본을 밑도는 주식 225개의 명단을 만들었다.

- **6월 10일:** 이번 침체장에서 다우존스 산업지수와 철도지수가 각각

160과 40을 뚫고 내려간다면 우리는 주식을 파는 것보다 사는 것이 훨씬 더 낫다고 생각한다. 이 같은 중간적인 움직임은 이미 평균 기간 이상 이어지고 있으며 주식시장은 결코 기업의 활동과 이익 수준만큼 높지 않은 상태라는 점을 기억하라. 공매도잔량이 상당히 많은 수준인 데다 비관론은 현재 포화지점에 도달해 있으며 기관투자가들은 주식 매수에 흥미를 보이고 있다. 그리고 침체장에서조차 여름 중반에는 전통적으로 상승세가 나타났다.

-루시엔 후퍼

• **6월 11일:** 우울한 전망에 가려진 또 다른 사실은 다우존스 산업지수가 2년 만에 최저치로 마감했음에도 다우존스 철도지수는 연중 최저치를 경신하지 않았다는 점이다. 마지막으로 거래량은 80만 주를 밑돌았다. 이는 앞서 메모리얼 데이(미국의 현충일) 직후 거래량 138만 주와 124만 주에 비해 대폭 줄어든 것이다. 이날 다우존스 산업지수는 1945년 저점보다 1.49포인트, 다우존스 철도지수는 1947년 바닥보다 1.54포인트 높은 수준에서 마감했다. 최근 몇 주일간의 거래를 지켜보며 낙관론자와 비관론자는 최소한 한 가지 점에 대해선 공감하게 됐다. 다음 주 주식시장이 매우 흥미로울 것이란 점이다.

• **6월 13일:** 다우존스 지수 161.6으로 최저점

• **6월 14일:** 주식시장이 지난 10거래일 가운데 네 번째 급락세를 보이며 지지선이 무너졌다. 모든 지수가 제2차 세계대전 이후 최저점으로 내려갔다. 다우존스 산업지수는 3.01포인트 떨어져 1945년 8월 7일 이후 최저치로 마감했고 다우존스 철도지수는 1.67포인트 하락해 1944년 10월 3일 이후 모든 저점을 깨고 내려갔다. 거래량은 다

시 한번 투자자들의 항복을 나타내는 '절정 수준'에 도달하는 데 실패했으나 54만 주가 늘어 금요일 전체 거래량을 훌쩍 넘어섰고 일주일 전 폭락 때 수준을 소폭 밑돌았다.

- **6월 14일:** 미국에서 가장 큰 자산운용사 중 하나인 내셔널시큐리티 시리즈 운용은 4월 30일까지 1년간 회계연도 연차보고서에서 '지금이 안정적인 소득을 창출해줄 증권을 신중하게 골라 장기투자에 나서기에 가장 좋은 시기'라며 '1949년은 투자자들이 소득을 얻을 수 있는 절호의 기회라는 것이 우리의 의견'이라고 밝혔다.

- **6월 15일:** 하지만 추가 하락을 저지하는 약한 방어벽 하나는 아직 깨지지 않고 있다. 다우존스 산업지수와 다우존스 철도지수가 1946년 10월 30일과 1947년 5월 19일에 기록했던 장중 최저점이다.

- **6월 15일:** 현재의 침체장은 5월 29일로 만 3년이 됐다. 이번 침체장은 1929년 9월부터 1932년 7월까지 계속됐던 대공황 당시 침체장까지 능가하며 과거 어느 때보다 길게 이어지고 있다.

- **6월 16일:** 케네스 워드는 다음과 같이 지적했다. "지난 몇 년간 다우이론의 예측은 상승할 때 매도를 목표로 하고 하락할 때 매수 기회를 잡으라는 쪽에 가까웠다. 분석 결과 지금은 선별적 매수에 나설 때이지 매도할 때는 아니다."

- **6월 17일:** 하지만 주가가 장중 최저점인 상황에서 장 마감 한 시간 동안 거래량은 주가가 오르던 수요일 오후 2시 이후 거래량의 절반 남짓한 수준에 불과했다.

- **6월 17일:** 침체장이 막바지에 도달하면 몇 가지 특징이 나타난다. 주가가 하락 압력을 받을 때 거래량이 얼마나 줄어드는지 지켜보는 것

이 매우 중요하다.

-루시엔 후퍼

- **6월 21일:** 장 마감 후 공매도잔량이 소폭 감소했다는 소식이 나왔다. 비관론이 더 오래 득세할 것으로 예상했던 월스트리트 투자가들은 이 소식을 다소 놀랍게 받아들였다.

- **6월 25일:** 몇몇 애널리스트들은 '방어적'인 주식이 갖는 안전성에 투자자들이 지불하고자 하는 프리미엄이 1942년 이후 최고치에 달했다며 좀 더 리스크가 큰 투기적인 주식 쪽으로 투자자들의 관심이 이동할 가능성이 있다고 지적했다.

- **6월 29일:** 키스톤에 따르면, 지난 몇 년간 다우존스 지수를 구성하는 30개 종목은 기업이익의 15배 수준에서 주가가 형성돼 왔다고 한다. 강세장에서는 주가가 기업이익의 25배 수준까지 높아졌고 침체장에서는 10배 수준으로 낮아졌다. 현재 다우존스 지수에 포함된 기업들은 최근 12개월간 이익 대비 6~7배 수준에서 거래되고 있다.

- **7월 1일:** 우리는 수주일 전, 수개월 전에 예상됐던 사건에 놀라 비관적인 입장으로 물러서지는 않을 생각이다.

-A/M.키더

- **7월 5일:** Fed가 국채 가격이 오르도록 놔두기로 하면서 사실상 금리를 억제하는 결정을 내리자 2분기 실적이 긍정적일 것으로 전망하면서 호의적인 시장을 기대했던 은행주 매매자들이 실망했다.

- **7월 6일:** 국채 강세가 주식의 상승세 전환을 견인한 사례는 손쉽게 찾아볼 수 있다. 국채에 돈이 몰린 다음 시간이 흐르면 다른 등급의 채권과 주식으로도 돈이 흘러들어가게 되고 궁극적으로는 모든 종

류의 투자 대상에 수요가 생기게 된다. 국채 가격 상승이 수익률이 더 높고 더 신뢰할 수 있는 투자 대상을 찾으려는 투자자들의 의욕을 자극하고 이 결과는 서서히 나타나기 시작한다. 지금 단계에서 이 같은 투자의 확산 효과가 이번에도 나타날 것이라고 단언하기는 이른 감이 있지만 가능성 자체는 염두에 두고 있어야 한다.

-배시&Co.

- **7월 7일:** 전날 장 마감 한 시간 동안의 거래량이 지난 6월 15일 이후 어느 날이든 하루 전체 거래량보다 더 많았다. 전날 오후 2시 이후 한 시간 동안에만 81만 주가 거래됐다. 이는 60분간 이뤄진 거래량으로는 1948년 5월 17일 이후 최대량이다. 장 막판 거래량이 급증하면서 전날 전체 거래량은 올봄 반등 시도가 허무하게 막을 내렸던 지난 3월 30일 이후 최대량을 기록했다. 전날 거래량은 매도세가 반복적으로 개입하며 주가가 하락하던 어느 날보다도 많았다. 기술적 분석가들은 장 마감 후 이 점을 매우 중요하게 평가했다.

- **7월 8일:** 5일 연속 상승에 뒤이어 예상됐던 조정은 없었고 거래량은 줄었다.

- **7월 8일:** 증시가 5일째 상승세를 이어간 수요일의 거래량이 반복적인 매도세로 주가가 하락했던 올 2분기의 어느 날보다도 많았다. 이에 따라 완만한 기술적 반등이 수요일을 기점으로 '여름 랠리'의 싹을 틔웠다.

- **7월 14일:** 주식시장은 전날 또다시 이해하기 어려운 모습을 보였다. 불안한 노동계 동향과 계속되는 국제적인 긴장 관계, 기술적으로 손상된 상승추세 등에도 불구하고 증시는 거래량이 다시 한번 100만

주를 넘어서며 상승세가 시작된 이후 최고치에 도달했다. 상장된 주식의 종류가 1,016개로, 화요일의 941개에 비해 늘어난 것도 상당히 중요한 의미를 지닌다.

- **7월 14일:** 증시가 전날 또다시 장 마감 한 시간을 남겨두고 강한 상승세를 보이며 최근 자주 나타나는 양상을 반복했다. 증시가 이처럼 장 막판에 지속적으로 강세를 발휘하는 것과 관련, 증권사 중개인들은 소심한 공매도 투자자들이 장 마감 후에 긍정적인 소식이 나올까 두려워 공매도잔량을 급하게 줄이고 있기 때문으로 보고 있다.

- **7월 16일:** 철강업계 노조가 파업에 돌입할 것이 확실시되고 다른 몇몇 산업에서도 노사관계가 불안한 상황이지만 증시는 오히려 이번 주 들어 며칠간 지속적으로 상승했다.

- **7월 19일:** 버지니아주 샬러츠빌의 W.E.뷰퍼드는 '재투자된 이익'이라는 제목의 보고서에서 '3,000개 종목을 분석한 결과, 현재 4분의 1은 주가가 지난 6년간 재투자된 이익보다 낮은 것으로 나타났다'고 밝혔다.

- **7월 20일:** 미국 큰 부자의 자산을 운용하고 있는 매니저는 다음과 같은 고민을 털어놓았다. '이번 상승세를 뒤쫓아가고 싶은 생각은 없다. 하지만 수많은 투자자들이 '다음 조정이 오면 들어가겠다'는 생각으로 투자를 준비하고 있어 내 입장이 초조한 것은 사실이다. 이런 상황에서 나 같은 생각을 가진 사람들이 너무 많지 않았으면 하는 것이 솔직한 심정이다.'

- **7월 20일:** 지난 2년 남짓 동안 긍정적인 신념을 유지했던 투자자들이 공통적으로 했던 말이 현재 빛을 발하고 있는 것으로 보인다. 그

들은 증시가 결코 과장된 낙관론으로 과도하게 오른 적이 없으며 경기가 하강하기 이미 2년 전부터 이 사실을 반영하고 있었기 때문에 실제 침체가 닥치더라도 일반적인 급락세로 고전하지는 않을 것이라고 주장해왔다.

-칼 러브

- **7월 21일:** 최근 집계 결과 공매도잔량은 164만 4,313주로 나타났다. 이 주식들은 언젠가는 매수돼 원래 주인에게 되돌아가야 한다. 최근의 공매도잔량은 1933년 1월의 164만 3,047주에 맞먹는 규모다. 7월 15일까지 한 달간 공매도잔량과 일평균 거래량의 비율은 2.40대 1이었다. 공매도잔량이 일평균 거래량을 이처럼 압도하기는 1938년 5월 이후 처음이다. 기술적 분석가들은 공매도잔량이 현재와 비슷한 수준이었던 1933년 1월이나 일평균 거래량 대비 공매도잔량의 비율이 높았던 1938년 5월이나 모두 비관론이 틀렸다는 점에서 최근의 공매도잔량 통계는 중요하다고 지적했다.

- **7월 25일:** 주식시장이 화약고를 안고 있는 것처럼 취약하다고 생각할 필요는 없다. 주식은 당분간 매우 강력한 매수세를 탈 것이고 현재 극도로 많이 쌓여 있는 공매도잔량의 잠재력 역시 막대하다. 한 가지 분명한 사실은 공매도로 돈을 벌 수 있는 사람은 거의 없을 것이란 점이다.

　-*허버트 킹*Herbert King

- **8월 5일:** 1929년 호황기 때는 주식의 가치가 심하게 부풀려지면서 채권의 수익률이 주식의 이익수익률원문에는 주식과 채권 모두 'yield'라고 표기되어 있지만 주식의 수익률은 이익수익률로 옮겼다. 주식과 채권의 수익률을 비교

할 때 주식의 수익률은 통상 이익수익률을 의미하기 때문이다. 이익수익률이란 PER의 역수를 말한다. 즉 주당 이익을 주가로 나눈 것이다-옮긴이을 1.75%가량 앞섰다. 1932년 침체기 때는 주식과 채권의 수익률이 거의 비슷해졌다. 1937년에는 주식의 수익률이 채권을 1.5%가량 웃돌았고 제2차 세계대전이 미국을 비롯한 연합국에 불리하게 돌아갔던 1942년에는 주식이 채권의 수익률을 3%나 앞섰다. 현재는 주식의 이익수익률과 채권수익률 사이의 격차가 4%로 벌어졌다. 이 같은 수익률 격차는 지난 20년 동안 가장 큰 것이다.

-해리스, 업햄의 랠프 로트넘

- **8월 9일:** G.H.워커는 증권 전망 보고서에서 다음과 같이 밝혔다. '현재 상황으로는 주가가 떨어져 또 다른 매수 기회가 오면 수많은 잠재 투자자들이 반기며 주식을 매입할 것으로 보인다.'

- **8월 14일:** 현재 주식시장에서 혼란스러운 점은 너무나 많은 사람들이 여전히 '상승세를 믿지 않는다'는 것이다. 투자자들의 이 같은 회의적인 반응이 오히려 기술적으로 증시를 건강하게 만들고 있다. 기술적 분석가들은 현재의 강세가 역사적이고 기술적인 것이라고 믿고 있으며 거래량이 큰 폭으로 늘어나면서 상승세가 절정을 맞지 않는 한 증시가 하락세로 추세 반전하지 않을 것이라고 판단하고 있다.

  -루시엔 후퍼

1949년 침체장 바닥 때도 1932년과 1921년처럼 증시를 낙관하는 목소리가 많았다. 20세기의 가장 극심했던 네 번의 침체장을 살펴보면 1949년은 가치투자자들이 투자에 나설 만한 시기였다. 하지만 가치투자자 입장에서 보면 주식은 이미 1949년 훨씬 전부터 투자할 만한 가치가 있었다. 문제는 주식에 대한 밸류에이션이 이미 낮은 상태에서 더 낮은 상태로 상당 기간 내려갔다는 점이다. 주식은 이미 1949년 1월부터 저평가 영역에 들어섰다. 이때부터 S&P500 지수의 PER은 1871~1949년간 평균 수준을 밑돌기 시작했다. 이때는 증시가 바닥을 치기 18개월이나 전이었다. 다만 이때부터 증시 바닥 때까지 다우존스 지수의 하락률은 10%에 불과했다.

1947년 1월부터 1949년까지 주식의 저평가 정도는 점점 더 심해졌는데, 주가가 소폭 하락했기 때문이기도 하지만 그보다는 기업의 이익이 폭발적으로 늘었기 때문이다. 1949년 6월에 S&P500 지수의 PER은 1871~1947년 평균보다 거의 60%가량이나 낮았다. 결과적으로 침체장의 바닥을 찾으려는 투자자들에게 가치투자자들의 매수 신호는 충분하지 않았던 셈이다. 주가가 어느 정도 저평가돼야 바닥이라고 명확하게 판단하는 것은 거의 불가능하기 때문이다.

1949년에는 주가가 저평가 영역에 들어선 뒤 바닥 때까지 10%가량 추가 하락하는 데 그쳤지만 1932년에는 주가가 이미 상당히 내려간 뒤에도 엄청나게 큰 폭의 하락을 겪어야 했다. 물론 가치투자자들이 기업의 현재 이익과 현재 PER에만 관심을 두는 것은 아니다. 기업이 가진 자산의 내재가치에 주목했던 투자자들은 상당히 오랫동안 주가가 저평가되어 있다는 사실을 알고 있었다.

이미 1939년에 주식시장의 Q비율은 역사상 기하학적 평균 아래로 떨어졌다. 이는 주식이 1939년부터 1949년까지 적정가치 아래에서 거래됐다는 것을 의미한다. 침체장 바닥을 찾으려면 주가가 적정

가치 아래로 떨어졌는지 판단하는 것이 중요하다. 하지만 너무 일찍 주식을 매수해 주가가 싼 수준에서 더 싼 수준으로 떨어지는 경험을 하지 않으려면 침체장 바닥을 나타내는 다른 요인들도 함께 살펴보는 것이 중요하다.

1949년 5월과 6월에 많은 주식전문가들은 증시가 부정적인 소식에 부정적으로 반응하지 않고 있다는 점을 들어 향후 증시하락세가 제한적일 것이라고 내다봤다.

증시의 이 같은 탄력성은 침체장 하반기와 강세장 초기 국면에 뚜렷하게 나타나는 특징이다. 증시가 호재와 악재에 전반적으로 둔감하다면 비관론자들이 공매도잔량을 줄이지 않고 있다는 뜻이기도 하지만 동시에 추가로 증시를 더 끌어내릴 능력이 없다는 뜻이기도 하다[호재가 나오면 공매도 투자자들이 공매도잔량을 줄이느라 주식을 매수해 증시가 올라간다. 반대로 악재가 나오면 공매도 투자자들이 공매도를 늘려 증시가 떨어진다. 호재와 악재에

표3-19_주식시장의 Q비율: 1900~2000년

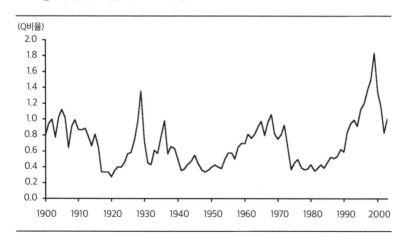

자료: 스미더스&Co.

둔감하다는 것은 공매도 투자자들이 호재에도 악재에도 반응하지 않고 있다는 의미다－옮긴이]. 주식시장이 뉴스에 전반적으로 무심한 반응을 보인다면 주식에 대한 수요와 공급 구조가 앞으로 뚜렷하게 개선될 것이란 신호다. 이는 공매도가 오랜 기간 동안 서서히 늘어나 공매도잔량이 많아졌을 때 특히 중요하다.

1946~1949년 침체장이 막바지에 이르렀을 때 장 마감 한 시간을 남겨놓고 거래량이 급증하는 경우가 많았다. 이 같은 장 막판 거래량 급증은 주가가 오를 때 두드러지게 나타났다. 이는 증시가 조정받기를 기다렸던 공매도 투자자들이 조정 없이 또 하루 거래가 끝나려 하자 막판에 공매도잔량을 줄이려 주식 매수에 나섰기 때문으로 보인다. 1949년에 장이 끝나기 직전 강한 반등세가 자주 나타났던 것은 주가가 더 떨어지기를 기다렸던 투자자들이 항복하고 주식 매수세에 연달아 동참했기 때문이라는 의미다.

1921년과 1932년, 1949년 침체장 바닥에서 공히 공매도잔량이 많은 상황에서 증시가 악재에 둔감한 모습을 보이면 긍정적인 신호였다.

공매도잔량이 이미 많은 상황에서 악재가 나와도 증시가 하락하지 않는다면 공매도할 사람은 이미 다 공매도했다는 뜻이다. 침체장이 막바지에 도달하면 공매도에 동참하는 소액투자자들이 늘어난다. 이는 강세장이 절정을 향해 달려갈 때 수많은 경험 없는 소액투자자들이 주식 매수세에 동참하며 이른바 '광기'의 시기가 나타나는 것과 비슷하다. 공매도 투자 역시 소액투자자들의 숫자가 늘어나 과열되면 시장에 더 이상 공매도할 의지와 역량이 한계에 도달했음을 시사한다.

주식시장이 처음 반등할 때는 거래량이 적은 가운데 공매도 투자자들이 비관적인 생각에 별다른 동요를 느끼지 않는다. 비관론자에 '항복'하고 공매도 입장을 포기하는 신호가 뚜렷하게 나타나기까지는 보통 몇 주간의 시간이 걸린다. 주가상승과 거래량 증가가 결합되면서 공매도 투자자들의 이러한 항복이 촉발되는지 아니면 공매도 투자자들이 항복 자체가 거래량을 늘어나게 하는지는 분명치 않다. 분명한 것은 공매도 투자자들이 증시가 반등할 때 빌려 팔았던 주식을 다시 매수해 갖지 못했다면 상승세가 지속될 가능성이 높아진다는 사실이다. 더욱 중요한 것은 증시가 어느 정도 반등한 뒤 거래량이 늘어나기 시작할 때 공매도 투자자들이 계속 빌린 주식을 갚는 데 실패한다면 이는 증시 폭등세를 촉발시키는 계기가 된다.

기술적 분석상 주가가 떨어질 때 거래량이 줄고 주가가 오를 때 거래량이 늘어나는 것도 침체장 바닥을 나타내는 중요한 특징이다. 이는 역사적으로도 증명돼왔다. 증시가 바닥을 친 뒤 거래량이 늘어날 때 공매도 투자자들이 어떤 역할을 하든 확실한 것은 증시가 처음 반등한 뒤에는 거래량이 반드시 증가한다는 점이다. 이러한 거래량 증가는 1921년과 1932년, 1949년에 공통적으로 나타났으며 증시상승세가 지속 가능하다는 점을 확인해주는 역할을 했다. 표3-20은 증시가 반등을 시작한 뒤 거래량이 늘어났다는 사실을 보여준다. 침체장이 끝날 때는 투자자들이 주가급락에 놀라 주식을 팔아치우느라 거래량이 급증하며 주가가 폭락한다는 속설이 있다. 이른바 '주식투자자의 항복'이라고 하는데, 표3-20을 보면 이러한 주식투자자의 항복은 보이지 않는다.

표3-20_다우존스 지수와 2주 이동평균 거래량

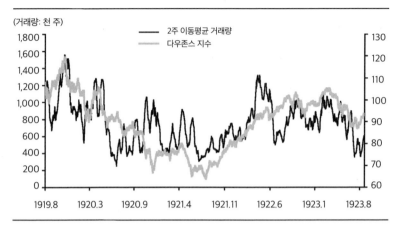

자료: NYSE, 다우존스&Co.

다른 침체장과 마찬가지로 1949년에도 침체장이 끝나기 직전에 마지막 급락세가 있었다. 하지만 이 마지막 급락세는 거래량 증가를 동반하지 않았다. 앞에서도 살펴봤듯이 침체장 막판에 주가가 가파르게 떨어질 때는 거래량이 늘어나는 것이 아니라 오히려 줄었다.

1921년과 1932년처럼 1949년에도 침체장이 바닥을 치면서 자산 규모가 많은 전문투자가들이 비관적인 투자자들의 자리를 대체해나갔다. 하지만 1949년 침체장 바닥 때는 주식을 여러 투자자들이 소유했다가 다시 자산 규모가 많은 전문투자가들로 집중되는 현상이 별다른 주목을 끌지 못했다.

역사적으로 주식을 소유하는 투자자가 분산돼 주주의 숫자가 최대 수준으로 늘어나면 조만간 주식이 자산 규모가 큰 건설적인 투자자들로 집중되는 역전 현상이 일어날 것이라는 신호였다. 예컨대 1930년대까지는 US스틸이 주주 숫자가 최대로 늘어나면서 주가가 반등하면 주식시장의 추세가 상승세로 전환할 것이라는 신호가 됐다. 하지만 1930년대가 지나면서 US스틸의 주주 숫자는 종종 침체장 바닥을 가늠하는 데 잘못된 신호를 내보냈다. 1949년 침체장 바닥 때 주식 소유의 분산과 관련해 별다른 언급이나 보도가 없었던 것도 침체장 바닥을 판단하는 지표로써 정확성이 떨어졌기 때문이었다.

하지만 1949년에도 침체장이 끝나고 있다는 중요한 신호로 장기적인 관점을 지닌 건설적인 큰손들의 등장이 거론됐다. 기관투자가와 투자 경험이 많은 부자들이 주식을 사모으기 시작하면 서서히 주주의 숫자가 줄면서 주식 소유의 분산 정도가 낮아졌다.

1949년에도 침체장이 바닥을 치고 올라갈 때 개인투자자들의 매수세는 제한적이었다. 〈WSJ〉는 미국 기업들의 지분이 여러 주주들에게 광범위하게 분산되면서 나타난 현상들을 종종 소개했지만 이들 소액투자자들의 활동은 한정적이었다. 1949년 4월 20일에는 AT&T의 총발행주식수 2,300만 주 가운데 1,900만 주가 참여한 미국 역사상 최대의 주주 투표가 실시됐다. AT&T 주주들 가운데 94%가 100주 이하를 소유한 소액투자자였다는 점을 감안하면 개표 과정은 한 편의 서사시처럼 엄청난 작업이었을 것이다. GM은 주주의 59%가 보유 주식수가 26주가 안 됐다. 1949년 4월에 열린 제너럴일렉트릭의 주주총회에서는 주주의 45%가 여성이라는 사실이 확인됐다. 침체장에서는 주식을 소유하는 투자자가 수많은 소액투자자들로 광범위하게 확산되는 현상이 일반적으로 나타난다. 이때 낙관론자들은 침체장 바닥을 기다리며 장기적 관점의 큰손들이 등장해 분산된 주식들을 사모으는 시점을 주시했다. 증권중개인들도 부자들이 주식시장에 돌아오기를 고대했지만 소액투자자들에 대한 영업도 계속해야 했다.

> 월스트리트에서 일하는 한 증권중개인은 "소액투자자에게 주식을 팔거나 다른 직업을 찾거나 조만간 결론을 내려야 할 것"이라고 말했다. 세금 탓에 부자들은 과거와 달리 수익이 적은 고객으로 바뀌었다. 일부 증권중개인들은 그들이 당면한 가장 큰 과제 중 하나는 투자자에 대한 교육이라고 생각한다. 전쟁이 진행되는 동안과 전쟁이 끝난 다음 물가 상승을 겪으며 돈은 증권투자에 익숙치 않은 많은 일반 사람들의 손으로 들어가게 됐다.
>
> WSJ, 1949년 6월 7일

메릴린치피어스페너&빈이 소액투자자들을 고객으로 유치하기 위한 활동에 본격적으로 나서면서 투자교육이 활발해졌다. 소액투자자들은 훗날 증권사에 상당한 이익을 안겨줬다. 메릴린치는 1949년 5월에 '여성만을 위한 투자교실'도 열었다. 메릴린치 대변인은 '남자들은 그러한 얘기로 아내를 지루하게 만들 생각이 추호도 없기 때문에' 여성만을 위한 투자교육 프로그램을 마련했다고 설명했다(WSJ, 5월 20일). 일부 여성들은 주식투자에 상당히 높은 관심을 보였으며 여성주주연합회Federation of Women Shareholders를 결성해 주요 기업의 이사회에 여성이 진출해야 한다고 강력히 주장하기도 했다. 〈WSJ〉에 따르면, 식품회사인 내셔널데어리프로덕트도 '여성의 관점'을 도입하기 위해 여성 이사가 필요하다는 제안을 받았는데, 그때 '미혼 남성인 한 주주가, 결혼한 이사들은 이미 1년 365일 여성의 관점에서 세상을 바라보고 있는 것이 분명하다'고 말했다고 한다.

메릴린치는 미국노동총동맹AFL의 기관지인 〈디트로이트노동신문〉에 투자교육 강좌를 소개하는 광고를 게재했다. 한 근로자는 증권중개인들 중에는 '사기꾼들이 많기 때문에' 주식투자가 어떤지 직접 알아보려고 투자교육 강좌에 참석했다고 밝혔다. 침체장에서는 보통 소액투자자들이 늘어나는데, 이들은 가장 안전하다고 여겨지는 주식을 선호하며 일단 주식을 산 뒤에는 단기적으로 매매하지 않고 보유하는 경향을 보인다.

1949년 여름 〈WSJ〉에는 다우존스 지수가 160~165 지지선을 지키는 것이 중요하다는 기술적 분석가들의 의견이 자주 소개됐다. 실제 다우존스 지수가 6월 13일 161.6으로 바닥을 치고 강한 반등을 시작하면서 이 지지선의 중요성이 입증됐다.

다우이론은 1949년에도 1921년과 1932년처럼 침체장 바닥을 맞추는 데 상당한 효과가 있는 것으로 드러났다. 주식시장이 바닥을 치고 바로 다음 날인 6월 14일에 〈WSJ〉는 다우존스 산업지수와 다우존스 철도지수가 장중 저점은 깨지 않고 지켰다는 사실을 지적했다. 또 6월 16일에는 케네스 워드가 다우이론을 근거로 선택적 매수에 나서라고 조언했다는 보도가 〈WSJ〉에 실렸다. 당시엔 이미 다우이론이 〈WSJ〉의 울타리를 벗어나 여러 사람들 사이에서 연구가 되고 있었다. 다우이론을 적극 지지했던 조지 섀퍼George Schaefer는 1949년 6월 18일에 고객들에게 매우 낙관적인 투자 보고서를 보낸 것으로 유명하다.

이 글을 쓰는 지금까지 증시는 지난 20년간 유지해온 거대한 박스권의 장중 저점을 깨고 내려가지 않았다. 장중이라도 이 지지선이 결정적으로 깨지지 않는다면 다우존스 지수는 상승세로 돌아서 박스권 상단까지 올라갈 수도 있고 좀 더 오랫동안 박스권 안에서 등락을 거듭할 수도 있다. 다우존스 산업지수는 1946년 10월 장중에 기록했던 160.49가 장중 최저점이고 다우존스 철도지수는 1947년 5월의 40.43이 장중 최저점이다. 지난주 다우존스 산업지수와 다우존스 철도지수는 모두 이 장중 최저점 부근까지 하락했지만 최저점을 깨고 내려가진 않았다. 화요일에 다우존스 산업지수와 다우존스 철도지수는 장중에 각각 160.62와 40.88까지 내려가 현재의 침체장에서조차 극도로 낮은 수준까지 떨어졌다. 주가가 하락할 때 거래량이 소폭 줄고 있다는 점은 주목된다. 반면 주가가 큰 폭으로 떨어진 날 주식 한 주를 공매도하려는 주문이 121주로 큰 폭 늘었다. 증시가 20년 동안 오르락내리락했던 장기 박스권을 뚫고 내려가지 않는다는 사실은 최저점에 대한 시험이 충분히 이뤄진 다음에는 이 저점을 지지선 삼아 랠리가 펼쳐질 수 있음을 시사한다.

1921년과 1932년, 1949년 모두 다우이론은 다우존스 지수의 바닥을 단지 며칠의 오차 범위 안에서 정확히 예측하는 데 성공했다.

채권시장과 침체장

로버트 홀튼은 그를 쳐다보았다. 머피 씨는 그의 얼굴이 편안하고 차분해 보였기 때문에 그가 무슨 생각을 하고 있는지 알 수 없었다.

"글쎄요."

홀튼이 말했다.

"잘 모르겠어요. 저는 제 영역 밖으로 벗어나고 싶지 않습니다. 돈을 더 벌고 싶어요. 저는 주식을 사고파는 것을 좋아합니다. 주식을 거래한다는 사실이 정말 좋아요. 사실, 제가 여기에 온 것도 그 때문이고요."

"물론 주식과 채권에 대해 알기 위해선 해야 할 일이 많습니다. 당신은 관련된 모든 일을 알게 될 겁니다."

"네."

고어 비달,《노란 숲에서》

제2차 세계대전 이후 채권시장의 비정상적인 상황에 대해선 앞에서 이미 상세히 살펴봤다. Fed가 국채 가격을 미리 정해놓은 수준 이상으로 유지하려 국채 매입에 나서자 시장수익률이 왜곡됐다. Fed가 사실상 국채 최저가를 고정시켜 놓자 매매가 자유로운 회사채 가격도 영향을 받았다.

1946년에 미국의 장기국채는 Fed가 사실상의 지지선으로 정해 놓은 수익률 2.25% 밑으로 내려갔고 4월 둘째 주에는 2.03%까지 떨어졌다[국채 수익률이 하락했다는 것은 가격이 올랐다는 의미다-옮긴이]. 이후 국채 가격이 다시 하락하기 시작했지만, Fed의 재무상태표를 보면 1947년 11월까지는 국채 가격이 지지선 밑으로 떨어지는 것을 막기 위해 Fed가 시장에 개입해 상당 규모의 국채를 매입할 필요가 없었다. 1947년 11월이 지난 후 1948년 말까지는 Fed가 적극적으로 국채를 매입해 국채 가격을 떠받칠 필요가 있었다. 1년 남짓한 이 기간 동안 Fed가 보유한 국채 규모는 129%가 늘어났다. 전반적인 물가하락 기조가 뚜렷해지면서 1948년 11월 가격은 다시 반등해 1949년 11월에 수익률이 2.18%로 내려갈 때까지 상승세를 지속했다.

신용평가회사인 무디스가 부여한 AAA 등급의 최우량 회사채는 국채와 마찬가지로 1946년 4월에 수익률이 최저치로 떨어지며 가격이 올랐다. AAA 회사채는 수익률이 2.46%로 바닥을 친 뒤 1948년 1월 첫째 주까지 2.90%로 올랐다.

그 후 다시 회사채 가격이 오르기 시작해 1949년 12월 마지막 거래일 수익률은 2.57%로 마감했다. 무디스의 BAA 등급 회사채도 수익률이 비슷한 양상으로 변했다. BAA 등급의 회사채 역시 1946년 4월에 2.94%로 최저점을 형성한 뒤 1948년 1월 첫째 주까지 3.56%로 올랐으며 이후엔 큰 폭으로 가격이 뛰며 수익률이 다시 떨어졌다.

표3-21_장기국채와 BAA 회사채 수익률

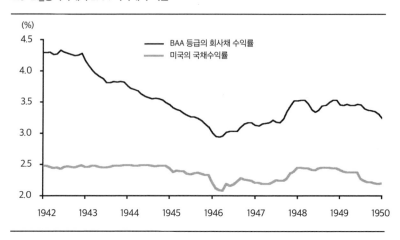

자료: NYSE, 다우존스&Co.

베어마켓

하지만 BAA 회사채는 1951년 2월에 수익률이 3.16%로 떨어질 때까지 가격이 오르며 AAA 회사채보다 더 오랫동안 강세를 보였다. AAA 회사채와 BAA 회사채는 1948년 1월에 최저치를 기록해 바닥이 국채보다 10개월, 주식보다 16개월 앞섰다. 이는 국채가 가장 먼저 바닥을 치고 이어 회사채와 주식 순으로 최저점을 형성하며 상승세로 돌아섰던 1921년이나 1932년과 다른 점이다.

회사채가 국채보다 더 빠른 1948년 1월에 바닥을 치긴 했지만 이후 상승세는 국채가 그해 11월 바닥을 치고 추세 전환하기 전까지 미미했다. 그해 1월에서 11월까지 BAA 등급의 회사채 수익률은 3.56%에서 3.54%로 떨어지는 데 그쳤다.

1949년에는 1921년이나 1932년과 달리 회사채가 국채보다 더 빨리 바닥을 치고 상승세로 돌아서긴 했지만 국채가 랠리를 시작하기 전까지 회사채 가격의 오름폭은 극히 적었다.

1949년에 국채와 회사채의 바닥 시점이 과거 침체장과 달리 뒤바뀐 이유는 Fed의 국채 매입으로 시장이 왜곡됐기 때문이다. 투자자들이 국채와 회사채 시장을 오가며 거래했기 때문에 회사채 시장 역시 Fed의 시장 개입에 따라 어느 정도 왜곡될 수밖에 없었다. Fed는 1947년 11월부터 1948년 11월까지 국채를 매입해 국채 가격이 더 떨어지지 않도록 떠받쳐야 했다. 이런 상황에서 1948년 1월부터 회사채가 랠리를 시작한 것은 투자자들이 수익률이 고정돼 있는 국채 시장을 떠나 수익률이 더 높은 회사채 시장으로 옮겨왔기 때문으로 분석된다. 결국 Fed가 국채시장에 개입해 가격을 지지하면서 이례적으로 회사채 시장이 국채시장보다 10개월 앞서 바닥을 치게 됐다.

1949년에는 상승세를 시작한 투자자산의 순서가 과거와 달랐지만 이는 진행 후 이례적인 상황에서 벌어진 특이한 경우라는 사실을 기억해야 한다. 1921년과 1932년처럼 국채 가격이 가장 먼저 안정된 뒤 그다음에 회사채가, 마지막으로 주식이 바닥을 치고 상승세로 전환하는 것이 좀 더 정상적인 순서로 보인다.

1949년에는 1921년과 1932년 침체장 때와 마찬가지로 주가가 기업의 자산을 모두 대체하는 데 드는 비용보다 70% 싸졌을 때 증시가 하락세를 멈추고 안정됐다. 1949년에는 Fed가 국채수익률을 강제적으로 원하는 수준에 맞췄기 때문에 침체장이 마지막 국면에 도달했다는 신호로서 신용관리의 효용성은 떨어졌다. 이 점을 제외하고는 침체장 바닥을 의미하는 모든 신호가 1921년과 똑같았다. 지금까지 살펴본 세 번의 침체장은 모두 미국이 조금씩 다른 수준이긴 하지만 고정환율제를 채택하고 있을 때라는 공통점이 있다. 이 때문에 세 번의 침체장에서 공통적으로 나타난 신호들은 달러의 가치가 다른 통화에 대해 안정적으로 유지될 수 있도록 다른 변수들이 예측 가능한 방식으로 조정됐을 때만 효과를 발휘한다고 생각할 수 있다. 침체장 바닥의 신호들이 정말 유효한지 여부는 마지막 1982년 침체장을 살펴본 다음에야 결론을 내릴 수 있다. 1982년에는 달러화가 변동환율제로 움직였고 통화의 '탄력적 공급'에 대한 제한이 없었으며 물가하락은 과거의 유물로 잊혀졌다. 이런 상황에서도 1921년과 1932년, 1949년에 새로운 강세장의 탄생을 예고했던 신호들이 똑같이 적용될 수 있을까?

네 번째 침체장

1982년 8월

1949년부터 1982년까지는 긴 시간이다. 이 기간 동안 투자자들은 이전에 한번도 경험해보지 못했던 상황에 직면했다. 물가의 구조적인 상승이었다. 이전에도 폭발적인 물가상승이 있긴 했지만, 주로 전쟁 탓이었고 기본적인 양상은 경기가 확장될 때는 물가가 오르고 경기가 위축될 때는 물가가 떨어지는 것이었다. 그러나 1960년대가 되자 경기가 위축된다고 반드시 인플레이션이 소멸되는 것은 아니란 점이 확연해졌다. 많은 사람들이 이 같은 '새로운 경제구조'가 주식시장에 긍정적으로 작용할 것으로 전망했다. 기업이 가격 인상을 통해 마진을 유지하거나 오히려 확대할 수 있기 때문이다. 그렇다면 이 같은 '새로운 경제구조'가 주식시장의 특징을 바꿔 놓았을까? 이로 인해 침체장은 본질적인 변화를 겪으며 궁극적으로 종말을 맞이했을까? 1982년 8월에 S&P500 지수는 실질 기준으로 1906년 8월에 처음 도달했던 수준으로 떨어져 있었다. 1982년 8월은 이후 거의 18년 동안이나 이어지며 미국의 경제를 변화시킬 호황장의 출발이었다.

1982년 8월까지의 시장

의류 할인점으로 넘어간 오래된 섬유공장…… 쓸모없어진 철로와 자동차 공장, 높이 쌓인 자동차 바퀴들, 텅 빈 화물용 기차 등이 녹슨 커다란 단검처럼 도시 한가운데에 박혀 있었다.

존 업다이크, 《토끼는 부자다Rabbit is Rich》

1949년 무더운 여름, 월스트리트는 오랜 침체로 활력을 잃고 있었다. 당시 뉴욕 시민들은 야외 극장에서 여름용 대작 〈존스 비치에서 온 소녀〉를 보며 더위를 식혔다. 이 영화의 남자 주인공 밥 랜돌프는 잡지사 사진작가로 여성의 가장 아름다운 신체 부위를 찍은 뒤 이를 조합해 '완벽한 여성'의 사진을 만드는 데 관심이 많다. 랜돌프는 어느 날 존스 비치에 놀러 갔다가 자신이 사진으로 형상화하고 싶었던 이상형의 여성을 만난다. 랜돌프는 그녀의 환심을 사기 위해 체코에서 갓 이민 온 사람을 흉내를 내며 사진을 찍을 수 있는 기회를 잡으려 노력한다. 이 영화는 여배우 버지니아 메이요Virginia Mayo의 아름다움을 십분 활용했음에도 흥행에는 그리 성공하지 못했다. 하지만 랜돌프

로 연기한 남자 배우는 훗날 정치인으로 커다란 성공을 거두며 1982
년 미국 대통령으로 당선됐다. 레이건 대통령의 얘기다. 레이건 대통
령이 1949년 영화 속에서 롱 아일랜드의 존스 비치를 산책한 이후 미
국 경제는 상당한 변화를 겪었지만 한 가지는 변함이 없었다. 바로 주
식시장이 침체에 빠져 있었다는 점이다.

이 책이 다루고 있는 네 번의 침체장 가운데 1949년 여름부터
1982년 여름까지가 침체장 바닥 사이의 기간이 가장 길다. 이를 두고
1949년 이후에는 증시가 과거처럼 극심한 저평가 상태로 떨어지는
일이 드물어졌기 때문이라고 해석할 수도 있다. 하지만 이 책에서는
단지 네 번의 침체장 바닥만 골라 분석했다는 점을 염두에 둬야 한다.
이는 이 책에서 소개하는 네 번의 침체장 바닥보다 저평가 정도가 약
한 시점은 배제했다는 뜻이다. 만약 다섯 번의 침체장 바닥을 분석했
다면 1974년이 포함됐을 것이고 저평가 시점 사이의 기간도 매우 달
라졌을 것이다. 근래 투자자들에게 1974년 12월은 매우 힘겨운 침체
장 바닥으로 기억되고 있다. 따라서 1974년 12월이 왜 20세기 들어
극심한 침체장 가운데 5위밖에 안 되는지 살펴볼 필요가 있다. 다음
페이지의 표4-1에서 알 수 있듯이 1974년에는 증시가 1921년이나
1932년, 1949년만큼 저평가돼 있었다.

연말 기준으로 Q비율을 계산해보면, 1974년이 두드러지게 낮다.
이는 그해 12월에 다우존스 지수가 최저점에 도달했기 때문으로 추
정된다.

1974년을 제외한 다른 네 번의 시기는 연말이 됐을 때 이미 증시
가 바닥을 치고 상당폭 상승해 있었다. 1921년과 1932년, 1949년의

표4-1_20세기 이후 다섯 번의 침체장 바닥 때 Q비율

	연말 Q비율	침체장 바닥 때 Q비율 추정치
1921년	.35	.28
1932년	.43	.30
1949년	.36	.29
1974년	.36	.35
1982년	.38	.27

자료: 스미더스&Co.

비율을 연말이 아니라 다우존스 지수가 바닥을 쳤던 여름을 기준으로 계산해보면 1974년보다 확실히 낮아질 것이다. 이는 이전 10년간의 평균 이익을 기준으로 CAPE 비율을 계산해봐도 뚜렷하게 드러난다. 1974년 12월에 CAPE 비율은 11.2배로, 1921년 8월의 7.4배나 1932년 7월의 4.7배에 비해 상당히 높다. 1974년 12월의 PER 11.2배는 1949년 6월의 11.7배에 비해서는 소폭 낮지만 1982년 8월의 9.9배보다는 높다. Q비율과 CAPE 비율을 보면 1974년은 저평가 정도로 봤을 때 다섯 번째 정도가 된다는 사실을 알 수 있다.

이 책에서는 침체장 바닥을 고를 때 저평가 정도와 함께 이후 상승에 따른 수익률도 함께 봤다. 특히 투자자들이 주식을 매수한 뒤 신념을 갖고 장기보유했을 때 평균 이상의 수익률을 거둘 수 있었는지를 중시했다. 표4-2를 보면 1974년 12월의 증시 바닥은 주식을 단기적으로 사고팔기엔 좋은 기회였을지 몰라도 주식을 매수해 장기적으로 보유하기엔 그리 좋은 기회가 아니었던 것 같다.

증시는 1974년 12월에 바닥을 치고 반등했지만 다시 큰 폭으로 떨어지며 등락하는 모습을 보였다. 이는 1921년과 1932년, 1949년,

표4-2_다우존스 지수: 1965년 1월~1984년 12월

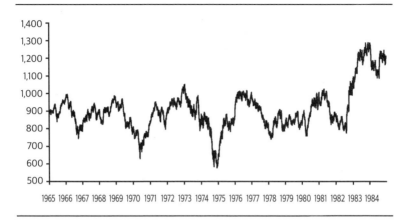

자료: 다우존스&Co.

1982년 바닥 이후 증시가 큰 폭의 상승세를 이어갔던 것과 다른 점이다. 1974년이 주식 매수의 적기로 다섯 번째밖에 안 되는 더 중요한 이유는 인플레이션 때문이다. 1921년과 1932년, 1949년, 1982년에는 바닥에서 투자했을 때 물가상승률을 감안한 실질 기준으로도 탁월한 수익률을 올릴 수 있었다. 하지만 로버트 쉴러 예일대학교 교수가 계산한 결과, 1982년에 S&P500 지수는 실질 기준으로 1974년 12월보다 13%나 낮았다. 1921년과 1932년, 1949년 증시 바닥 때는 이후 물가상승률이 미미했기 때문에 실질수익률이 명목수익률에 비해 거의 낮아지지 않았다. 1982년 이후에는 물가상승률이 1970년대의 높은 수준에서 낮아진 데다 물가상승이 설사 실질수익률을 억제하는 역할을 했다 해도 수익률이 누적돼 확대되는 것을 막진 못했다. 표4-3에서 알 수 있듯 1974년 12월 이후 실질수익률은 5년 기준으로도, 10년 기준으로도 극히 부진했다.

표4-3_바닥 이후 S&P500 지수의 실질가치 변화 (단위: %)

	5년	10년	15년
1921년	+106	+152	+211
1932년	+209	+46	+92
1949년	+84	+237	+343
1974년	+9	+21	+114
1982년	+143	+163	+414

자료: www.econ.yale.edu/~shiller/data.htm

물론 1974년 바닥에서 주식을 매수한 뒤 15년을 보유했으면 높은 수익률을 거둘 수 있었겠지만 이는 1982년 바닥 이후에 증시가 큰 폭으로 상승한 덕이다. 1974년 12월이 주식을 매수하기에 좋은 기회였던 것은 사실이지만 1921년 8월이나 1932년 7월, 1949년 6월, 1982년 8월만큼 좋은 기회는 아니었다. 1974년은 주식에 대한 밸류에이션이나 이후의 수익률이나 어느 기준으로도 20세기 이후 최고의 매수 기회를 제공했던 침체장 바닥 순으로 4위 안에 들지 못한다.

20세기 들어 주식을 매수하기에 가장 좋은 네 번의 시기 중 두 번은 20세기 전반에, 한 번은 20세기 중반에 마지막 한 번은 20세기 후반 4반세기에 나타났다. 이를 다섯 번으로 늘리면 침체장 바닥이 마지막 4반세기에 두 번 나타나 주식을 매수하기에 좋은 시기가 1세기를 걸쳐 거의 완벽한 대칭을 이루며 골고루 배치하게 된다. 이 같은 현실에도 불구하고 상시적 인플레이션이라는 경제의 구조적 변화를 감안할 때 20세기 후반기에 접어들며 증시가 저평가되는 경향이 점점 더 줄어들었다고 생각할 수도 있다.

20세기 들어 미국 통화의 탄력성은 증대됐다. 금본위제에서 금환본위제로 바뀐 뒤 브레튼 우즈 체제를 거쳐 변동환율제가 정착됐기 때문이다. 통화 탄력이 증대되면서 Fed가 경기침체 때 통화를 공급할 수 있는 능력도 커졌다. 이 때문에 매우 저렴한 가격에 주식을 살 수 있는 기회가 줄어들 것으로 생각할 수도 있다. 하지만 자료상 이같은 현상이 뚜렷하게 나타나지 않는다는 점이 흥미롭다. 기하평균을 기준으로 Q비율의 변동폭은 20세기 전반이나 후반이나 크게 차이가 나지 않는다[Q비율이 떨어져 저평가되는 수준은 20세기 전후반에 관계없이 비슷하다는 뜻이다-옮긴이]. 20세기 들어 각종 금융제도가 정비됐음에도 주식은 1세기 전과 비슷한 정도로 전반적인 저평가 영역에 떨어지는 것으로 보인다. 그렇다면 증시가 바닥을 쳤던 1982년에 지금이 20세기 들어 주식의 마지막 저평가 시점이라는 사실을 쉽게 인식할 수 있었을까? 또 월스트리트의 역사 가운데 1982년이 투자자들에게 주는 교훈은 무엇일까? 1982년의 주식시장 상황을 이해하려면 우선 1949년부터 1982년까지 다우존스 지수의 움직임을 살펴볼 필요가 있다.

1949년부터 1982년까지 33년간 주식시장은 여러 차례 강세와 약세를 경험했다. 흔히 주가가 10% 이상 하락하면 침체장이라고 하는데, 이 정의에 따르면, 1982년 여름까지 33년간 침체장은 16번이나 나타났다. 그러나 1982년에 주식시장이 얼마나 저평가되어 있었는지 이해하려면 33년을 한 번의 강세장과 한 번의 약세장으로 나눠 살펴보는 것으로 충분하다.

다우지수의 움직임: 1949~1968년

다우존스 지수를 기준으로 하면 강세장은 1949년 6월에 시작돼 1966년 2월에 끝났다. 하지만 더 많은 기업이 편입돼 있는 S&P500 지수를 기준으로 하면 강세장은 1968년 12월이 되어서야 끝이 났다. 이때 다우존스 지수는 1966년 고점보다 1%포인트 더 낮은 수준이었다. S&P500 지수가 특히 거래량 증가를 수반하며 고점을 치면 일반적으로 강세장이 끝난 것으로 해석된다.

다우존스 지수는 1966년부터 상승세를 멈췄지만 NYSE의 월평균 거래량은 1966년부터 1968년까지 48% 늘어났다. 이 2년 동안 거대기업이 주도하는 인수·합병 바람이 불었고 자산운용업은 새롭고 공격적인 접근 방식으로 활기를 띠었다. 앞으로 자세히 살펴보겠지만, 이런 점에서 강세장은 1966년이 아니라 1968년에 끝났다고 보는 것

표4-4_다우존스 지수: 1949년 6월~1969년 1월

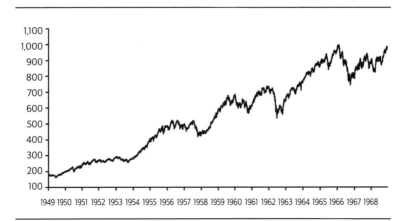

자료: 다우존스&Co.

베어마켓

이 타당하다.

1949년부터 1968년까지 강세장이 이어지는 동안 주가가 10% 이상 조정받는 약세장이 여러 차례 나타났다. 표4-5를 보면 다우존스 지수는 이 기간 동안 여덟 번, 10% 이상 조정을 받았다.

1949년부터 1968년까지 강세장 동안 주가가 가장 큰 폭으로 하락한 시기는 1962년 존 F. 케네디 대통령의 당선 이후였다. 이때의 약세는 이른바 '케네디 조정'으로 불린다. 주식투자자들로선 유감스럽게도 갓 취임한 케네디 대통령은 철강회사들의 가격 인상을 반대하면서 반기업적이라는 평판을 얻었다. 케네디 행정부의 정책이 기업의 이익을 위축시킬 것이라는 전망이 나오며 증시는 급락했다. 이때의 하락세는 속도나 폭이나 모든 면에서 두드러졌다. 그해 10월 22일부터 28일까지 미국을 긴장시켰던 쿠바 미사일 위기 때는 오히려 주가가 소폭 올랐다. 이것만 봐도 1962년 '케네디 조정' 때의 주가 폭락은 컸다고 할 수 있다. 1949년부터 1968년까지 주가가 두 번째로 많

표4-5_다우존스 지수의 하락률 기준으로 1949년부터 1966년까지 침체장   (단위: %)

1950년 6월~7월	13
1953년 1월~9월	13
1957년 7월~10월	19
1960년 1월~10월	15
1961년 12월~1962년 6월	27
1965년 5월~6월	11
1966년 2월~10월	25
1967년 9월~1968년 3월	13

자료: 다우존스&Co.

이 떨어졌던 시기는 1966년이었다. 이때의 주가하락은 언론인 애덤 스미스Adam Smith가 저서 《머니 게임》에서 설명한 것처럼 월스트리트가 아무것도 믿지 못하게 되면서 신뢰의 위기를 맞은 결과였다.

월스트리트는 린든 존슨Lyndon Johnson 대통령을 비롯한 워싱턴의 어떤 정치인도 믿지 않았고, 세금이 오를 것이라고 믿었지만 이 역시도 충분히 믿지는 않았으며, 미국이 베트남전에서 빠져나올 수 있을 것이라고 믿지 않았다. 그리고 아무도 기업이익을 믿지 않았다.

정말 끔찍한 조정이었다. 하지만 급격한 하락에도 불구하고 1949~1968년은 전반적으로 호황이었다. 이 기간 동안 S&P500 지수가 명목 기준으로 662%, 실질 기준으로 413% 급등하며 증시가 강세를 보였기 때문이다.

앞의 표4-4에서 알 수 있듯 증시가 1949년에 바닥을 친 후 본격적인 상승세를 타기까지는 몇 년이 걸렸다. 다우존스 지수는 1949년 6월부터 12월까지 강한 반등세를 보였으나 이후 상승폭이 둔화되며 1953년 9월까지 29% 오르는 데 그쳤다. 제2차 세계대전 후 냉전시대가 도래하면서 방위 산업이 월스트리트의 주요 화제로 떠올랐다. 미국 정부는 당초 공공 지출을 줄이고 방위비 지출도 억제하려 했으나 소련이 1957년 10월에 세계 최초의 인공위성 스푸트니크를 발사하자 태도를 바꿨다. 소련과 마찬가지로 미국도 전쟁이라는 비상사태를 떠나 영구적인 군사력 강화 계획을 수립하기 시작했고 그 결과 방위산업과 관련된 주식이 급등하며 투자자들에게 엄청난 수익을 안겨줬다. 방위산업은 저돌적인 드와이트 아이젠하워Dwight Eisenhower 대통령조차 1961년 1월 마지막 대중 연설에서 '군산복합체'의 '부당한 영향력'을 경고해야 할 정도로 급성장했다. '군산복합체'에 투자한 사람들은 1950년대 하반기까지 엄청난 수익을 거뒀다.

군산복합체는 급성장세를 이어가며 월스트리트가 평가하는 가치, 즉 밸류에이션이 높아졌다. 반면 1950년대 내내 대다수 기업의 주가는 공장이나 설비 등 기업이 가진 자산을 모두 대체하는 데 드는 비용보다 낮게 유지되면서 인수·합병이 활발해졌다[시장에 신규 진입할 때 기업의 주가가 그 기업의 모든 자산을 새로 매입하는 것보다 싸다면 기업을 새로 세우는 것보다 기존 기업을 인수하는 것이 더 유리하다. 이런 상황에서 밸류에이션이 높은 기업이 있다면 주가가 낮은 기업을 대상으로 인수·합병이 활발해진다 – 옮긴이]. 군사기기 제조업체인 리튼인더스트리처럼 주식시장에서 높은 평가를 받으며 주가가 올라간 방위업체들은 1958년 초부터 공격적인 합병 전략을 실행할 수 있게 됐다. M&A 활동의 활성화는 1960년대 강세장의 중요한 원동력이었다.

1949~1968년 강세장은 재정적자가 일상화된 가운데 이어졌다. 이는 당시 투자자들에게 놀라운 사실이었다. 1949~1968년까지 19년간 정부의 연간 재정수지가 흑자를 보인 적은 단 네 번뿐이었다. 1958~1968년 호황기에도 재정수지 흑자는 단 한 해뿐이었다. 이 기간 동안 재정적자는 전반적으로 계속 악화되며 종종 주식투자자들을 위협하기도 했다. 하지만 다른 긍정적인 요인들이 재정수지 악화로 인한 부정적인 영향을 상쇄하면서 주가는 상승세를 이어갔다.

증시가 전반적으로 강세를 보였음에도 이 기간 동안 주식에 대한 투자자들의 관심은 극히 저조했다(표4-6 참조). 미국 주식시장 역사상 투자자들의 관심이 가장 낮았던 때는 상장 주식수의 단 9%만이 거래됐던 1942년이었다. 주식시장이 오르며 투자자들의 관심과 거래량도 늘어났지만 1949년부터 1968년까지 연간 거래 회전율은 평균 17%에 불과했다. 이는 20세기 상반기의 놀랄 만한 거래 회전율과 비교조차 할 수 없는 수준이다. 이 기간 동안 연간 거래 회전율은 고작 24%가 최고였다. 주가 대폭락으로 극심한 침체장이 최소 두 번은 있었던 1900년부터 1937년까지도 모든 해가 거래 회전율이 더 높았다. 1949년부터 1968년까지 강세장은 주식 거래가 저조했다는 점에서 20세기 다른 강세장과 뚜렷하게 차이가 난다. 20세기 전반과 비교해 후반에 상대적으로 주식 거래가 부진해진 주요 원인 중 하나는 주식시장에서 기관투자가의 비중이 커졌기 때문이다. 다만 20세기 말에는 똑같은 기관투자가들의 주식 거래에도 불구하고 이때보다 거래 회전율이 훨씬 더 높아졌다는 점은 주목할 만하다.

강세장이 이어지는 동안 주식투자에 대한 전반적인 관심은 이처럼 낮게 유지됐지만 NYSE 객장에서 주식을 매매할 수 있는 권리인 회원권 가격은 1950년대 후반기에 급격하게 올랐다. 이는 주식투자에 대한 전체적인 관심이 현저하게 변했음을 시사한다.

NYSE 회원권 가격은 1954년 말에도 1949년 침체장 바닥 때 최고가 수준을 밑돌 정도로 침체돼 있다가 1950년대 후반기 들어 뚜렷한 상승세를 보였다. 하지만 1968년이 되어서야 1929년에 이미 도달했던 45만 달러 수준을 완전히 넘어섰다. 다우존스 지수가 1929년 고점을 넘어선 것이 1954년 11월이었다는 점을 감안하면 이는 한참 뒤

표4-6_NYSE의 회전율: 전체 상장 주식수에서 거래된 주식수의 비율

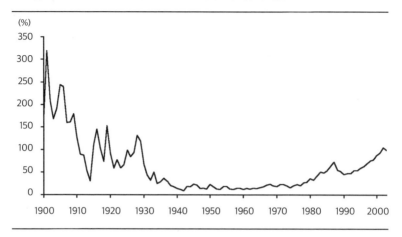

자료: NYSE

늦은 것이다.

NYSE 회원권 가격이 다우존스 지수에 비해 훨씬 늦게 회복된 이유는 제2차 세계대전 이후 주식 거래가 부진했던 탓이 크다. NYSE의 연간 거래량은 1963년이 되어서야 1929년 최대량을 넘어섰다. NYSE의 회원권 가격은 1963년이 되어서도 1929년 고점보다 3분의 2가량이 낮았다. NYSE 회원권 가격이 이처럼 회복이 늦었던 또 다른 이유는 이 기간 동안 객장 밖에서도 NYSE 상장주식을 대량으로 매매할 수 있는 영향력 큰 기관투자가들이 늘면서 NYSE 회원권이 갖는 특권이 과거보다 줄었기 때문이다. NYSE 회원권 가격은 1963년에 1929년 고점을 간신히 넘어섰으나 1968년에 NYSE의 연간 거래량은 1929년에 비해 160%나 더 늘었다. NYSE 회원권 가격의 더딘 회복은 제2차 세계대전 이후 주식시장에서 기관투자가들의 비중이 늘면서 주식 보유 기간이 길어지고 거래량은 줄어든 변화된 현실을 드러낸다.

표4-7_NYSE 회원권 가격: 1949~1968년 (단위: 달러)

	최고가	최저가
1949년	49,000	35,000
1950년	54,000	46,000
1951년	68,000	52,000
1952년	55,000	39,000
1953년	60,000	38,000
1954년	88,000	45,000
1960년	162,000	135,000
1961년	225,000	147,000
1962년	210,000	150,000
1963년	217,000	160,000
1964년	230,000	190,000
1965년	250,000	190,000
1966년	270,000	197,000
1967년	450,000	220,000
1968년	515,000	385,000

자료: NYSE

1949~1968년 강세장 동안 뮤추얼펀드가 개인투자자들에게 점점 더 중요한 투자 대상으로 부각되고 연기금과 생명보험사들이 주식투자 비중을 크게 높이면서 주식시장의 기관화가 진행됐다. 뮤추얼펀드에 투자한 사람들의 숫자는 1950년대에 100만 명에서 500만 명 수준으로 늘었고 1960년대 말에는 1,070만 명으로 급증했다. 1960년대에는 개인투자자들의 숫자도 2배로 늘었지만 거래량에서 차지하는 비중이 1961년에 50% 이상에서 1969년에는 3분의 1수준으로 줄면서 영향력이 감소했다.

이 기간 동안 주가상승의 핵심동력은 연기금이었다. 연기금이 주식을 지속 가능한 투자 대상으로 인식하기 시작하면서 증시를 끌어올렸다.

1949년에 미국의 GNP는 2,581억 달러였는데, 미국 국민의 전체 연금 자산은 143억 달러였다. 연기금은 주로 국채에 투자되거나 보험사에 맡겨졌다. 연기금을 운용하는 방식은 제2차 세계대전 이후 변화를 겪었고 이 같은 변화가 주식시장을 끌어올리는 중요한 연료로 작용했다. 1948년에 전국노동관계위원회NLRB가 인랜드철강의 단체협상에 연금 문제를 포함하라고 결정하면서 연기금은 급성장의 전기를 맞았다. 이 결정으로 연기금 규모가 크게 늘어난 것은 물론 위험자산 비중을 높이는 방안도 적극 검토되었다. 향후 연금에 대한 기업의 분담금이 제한될 것으로 예상되면서 수익률을 높여야 할 필요성이 커졌기 때문이다.

표4-8을 보면 미국의 주요 자산운용 기관들이 관리하는 펀드 규모가 1952년부터 1968년까지 크게 성장했다. 16년 남짓 동안 이들 기관이 운용하는 금융자산은 300% 이상 늘었다. 사적 연기금은 11배, 뮤추얼펀드는 13배 급증했다. 소규모 폐쇄형 펀드와 ETF를 제외하면 모든 종류의 자산운용 기관에서 주식투자 비중도 상당폭 높아졌다. 이 같은 변화는 완만하게 이뤄졌고 특히 생명보험사는 주식투자를 제한하는 주 정부의 법 규정이 바뀌어야 주식투자 비중을 높일 수 있었다. 그럼에도 1952년부터 1968년까지 이들 기관의 전체 금융자산은 300% 늘어나는 데 그쳤지만 주식 자산은 12배 급증했다. Fed가 자금순환표를 처음 집계해 발표한 1952년에 이들 기관이 소유한 주

표4-8_미국의 주요 자산운용기관과 주식투자 비중

	1952년		1968년	
	총 금융자산 (10억 달러)	전체 자산에서 주식의 비율 (%)	총 금융자산 (10억 달러)	전체 자산에서 주식의 비율 (%)
생명보험회사	67.78	3.3	183.07	7.1
다른 보험회사	13.2	22.2	45.31	32.2
사적 연기금	9.26	15.6	111.39	55.2
주 정부의 퇴직연금	5.87	0.7	48.05	12.1
뮤추얼펀드	3.61	83.9	51.23	90.0
폐쇄형 뮤추얼펀드와 ETF	2.27	79.7	8.92	71.1

자료: Fed, 미국의 자금순환표
[ETF는 상장지수펀드로 특정지수의 수익률을 얻을 수 있도록 설계됐으며,
일반 주식처럼 자유롭게 사고팔 수 있다-옮긴이]

식의 가치는 NYSE 전체 시가총액과 비교해 9.5%에 불과했다. 이 비율이 1968년에는 21.3%로 늘었다. 1960년 말 NYSE에서 거래되는 주식가액에서 기관투자가의 비중은 3분의 1에 불과했으나 1968년에는 60%로 높아졌다. 1929년 주가 대폭락 이후 보수적인 투자자들은 주식투자를 피해 왔다. 주요 자산운용 기관의 주식투자 비중이 높아졌다는 점에서 1949년부터 1968년까지 강세장은 부분적으로 장기적인 자산운용 수단으로서 주식의 부활을 의미하는 것이었다.

자산운용 기관들은 여러 가지 이유로 주식투자 비중을 높였지만 가장 근본적인 원인은 물가상승률에 대한 기대치가 변했기 때문이다. 앞에서 살펴봤듯 제2차 세계대전이 끝난 뒤 1946년부터 1949년까지 투자자들은 전반적인 물가수준이 어느 정도 떨어져야 하는지 촉각을 곤두세웠다. 반면 일부 예지력이 뛰어난 사람들은 새로운 국제 금융질서로 물가상승 압력이 이전보다 훨씬 더 일반적이고 상시

적이 될 것이라고 생각했다. 경제구조의 새 시대가 열렸다고 믿었던 사람들은 일부 비웃음을 사기도 했지만 전쟁 후 투자의 세계가 어떻게 변했는지 핵심을 꿰뚫고 있었다.

1950년대와 1960년대가 지나가면서 대부분의 투자자들이 경제구조의 근본적 변화로 앞으로는 실질적인 물가하락 가능성이 낮아졌다는 사실을 받아들이기 시작했다. 이는 채권이 주식보다 수익률이 좋을 수 있는 기간이 줄어든다는 것을 의미했다. 새로운 경제구조에서는 돈을 빌린 기업들이 채권자들에게 고정적으로 지급해야 하는 이자의 실질가치가 인플레이션에 의해 낮아진다. 이 결과 기업의 수익성이 좋아지면서 주가에 유리한 환경이 조성된다. 상시적인 물가상승 압력으로 주식이 채권보다 수익률이 더 좋을 것으로 예상되면서 기관투자가들은 채권에서 주식으로 빠르게 옮겨갔다.

주식의 배당수익률은 원래 채권수익률보다 높았다. 주식의 배당수익률이 채권수익률을 웃도는 이른바 '수익률 격차'는 투자자들이 확고하게 믿을 수 있는 몇 안 되는 투자 세계의 진리였다. 이는 1892년 NYSE가 설립된 이후 변함없이 유지된 투자 상식이었다. 따라서 경제구조가 과거와 완전히 달라졌다고 믿었던 투자자들만이 주식과 채권의 이 같은 근본적이고 장기적인 관계가 바뀔 수 있다고 생각했다. 그리고 이 생각이 옳았다. 자금이 주식시장으로 흘러들어가면서 1957년 7월에 S&P500 지수의 배당수익률이 장기국채 수익률 밑으로 떨어졌다. 이 같은 추세는 1958년 9월까지 점점 더 뚜렷해졌다. 주식의 배당수익률이 채권수익률을 밑도는 '역 수익률 격차'는 1960년대 내내 지속됐다. 주식시장이 고점을 쳤던 1968년 12월에

S&P500 지수의 배당수익률은 2.88%였고 장기국채 수익률은 5.65% 였다.

주식과 채권에 대한 밸류에이션이 근본적으로 변했다는 사실은 1949년부터 1968년까지 주식시장이 상승세를 이어가는 동안 채권 시장은 침체에 빠져 있었다는 점에서 다시 한번 확인할 수 있다. 주 식시장이 바닥을 치고 6개월 정도 지난 1950년 1월부터 본격적인 국 채 매도가 시작됐다. 이때 장기국채 수익률은 2.19% 수준에서 오르 기 시작했다. 주식시장이 호황을 누리는 동안 채권수익률은 2배로 뛰 었고 주식의 배당수익률은 거의 60%가 하락했다. 1949년에 경제구 조가 근본적으로 바뀌었다고 생각했던 투자자들조차 이 같은 대대적 인 금융시장의 재조정은 예상하기 어려웠을 것이다. '이번엔 달라'라 는 생각이 이번만은 맞았다. 이 같은 변화는 경제구조와 사회기반이 바뀌면서 물가상승 압력이 좀 더 일반적이고 상시적이 되면서 비롯 됐다. 금융시장이 일상적인 인플레이션 상황에 적응해가면서 주식투 자자들은 거의 20여 년간 상승세를 누릴 수 있었다.

결과적으로 이 시기의 장기 강세장은 기업이익이 늘었기 때문이 아니었다. 주식에 대한 밸류에이션이 높아진 것이 원인이었다. 앞에 서도 설명했지만 S&P500 지수의 기업이익은 1946년에 바닥을 치고 1949년까지 늘어났지만 이 기간 동안 증시는 약세를 보였다. 1949년 에는 기업이익이 줄어들 것이란 예상이 많았지만 이익 감소는 소폭 으로 짧게 끝났고 증시는 반등했다. 상장기업의 이익은 1949년 12월 부터 1968년 12월까지 150% 늘었다. 이 기간 동안 GDP는 이보다 높은 240%였다. 상장기업의 이익이 명목 기준으로 150% 늘어나는 동안 S&P500 지수는 662%나 급등했다. 표4-9를 보면 1949년부터 1968년까지 주가가 큰 폭으로 오른 것은 기업이익이 늘었기 때문이 아니라 주식에 대한 밸류에이션이 큰 폭으로 뛰었기 때문이라는 사실을 알 수 있다.

주식이 저평가 상태를 벗어나 고평가 영역에 접어들자, 여느 강세장과 마찬가지로 수많은 전문가들이 나타나 고평가가 정당하다는 근거를 제시했다. 1960년대 중반에도 주식의 밸류에이션이 과거보다 높아진 것은 충분한 이유가 있기 때문이라고 주장하는 젊은 매니저들이 있었다. 그들은 기관화된 주식시장에서 수익률을 두고 경쟁했던 첫 젊은 세대로 신경제에 완전히 통달해 있었다[기관화된 주식시장에서 펀드매니저 등 기관투자가의 비중이 커졌다는 의미이다 – 옮긴이].

존 브룩스John Brooks는 《활력의 시대The go-go years》라는 책에서 40세 미만의 매니저만이 급성장하는 새로운 산업을 이해하고 전망할 수 있었다고 지적했다.

꿈과 유행을 먹고 사는 월스트리트는 잘난 척에서부터 합리적 실용주의에 이르기까지 거의 모든 것에서 젊은이들의 새로운 목소리만이 울려 퍼질 수 있는 그런 곳이다.

표4-9_1949년부터 1968년까지 주식의 밸류에이션 변화

	Q비율: 12월 기준	과거 12개월간 이익 기준 PER	CAPE 비율
1949년	0.49배	5.8배	11.7배
1968년	1.06배	18.5배	25.1배

자료: 스미더스&Co., www.econ.yale.edu/~shiller/data.htm

하지만 1966년이 되자 '진짜 경제'가 점점 더 곤란에 빠졌고 자연스레 '신경제'에 대한 믿음도 사그라져갔다. 당시 투자자들의 가장 큰 걱정은 존슨 대통령의 핵심 정책인 '위대한 사회'와 관련한 재정지출이 늘어나며 Fed의 물가 억제력이 현저히 떨어지고 있다는 점이었다. 존슨 대통령이 1965년 1월에 주창한 '위대한 사회'는 오로지 선심성 지출이란 측면에서만 루스벨트 대통령의 '뉴딜'과 견줄 만했다. '위대한 사회' 정책을 추진하는 과정에서 물가상승 압력이 뚜렷해지고 베트남전에 대한 미국의 군사적 개입이 확대되면서 채권시장이 급락했다. 이 결과 장기국채 수익률이 사상 최고 수준으로 치솟았다 (표4-10 참조).

1960년대 중반에 채권시장의 움직임은 정부 정책에 상당한 변화가 일어나고 있음을 시사한다. 정부는 1951년 이후 Fed의 건전한 통화관리정책 기조를 유지했으나 점점 더 경기를 관리하기 위한 핵심 수단으로 적극적인 재정지출에 의존하는 경향을 보였다. 케네디 대통령이 착수한 케인즈식 공공지출 확대는 존슨 대통령 때 주요한 경기부양책으로 이어졌다. Fed는 이 같은 정책 변화를 묵인했던 것으로 보인다. 윌리엄 그라이더William Greider가 쓴《사원의 비밀들Secrets of the Temple》이란 책을 보면 당시 달라스 연방준비은행 총재였던 필립 콜드웰Philip Coldwell의 증언이 나온다. 콜드웰에 따르면, 존슨 대통령은 미국 경제가 방위비 지출을 늘려 베트남전을 수행할 수 있을 만큼 충분히 탄력적이라고 믿었다. 존슨 대통령의 메시지는 재정적자가 늘어나는 데 대해 'Fed가 융통성 없이 굴어서는 안 된다'는 것이었다.

표4-10_미국의 장기국채 수익률

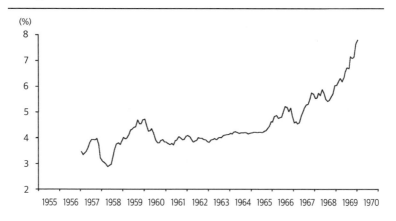

FOMC의 상당수 위원은 우리가 좀 더 긴축적인 입장을 취해야 한다고 강하게 주장했다. 반면 다른 위원들은 "미국이 현재 전쟁 중에 있는 만큼 우리 역시 전쟁 노력을 지원해야 한다"고 말했다. 우리는 결코 긴축적인 입장을 취하지 않았다.

Fed가 통화정책상 아무 조치도 취하지 않았다는 것은 확실하다. 1967년 10월에 재할인율은 4.0%로 1959년 9월과 같았다. 반면 물가상승률은 1959년 1.23%에서 1967년에는 3.56%로 올랐다. 통화정책은 사용되지 않고 있었다. 정치인들은 물가상승률을 낮추려 했지만 인플레이션을 억제하기 위해 필요한 재정 긴축정책은 베트남전 비용과 사회 안전망 확충 때문에 불가능했다. 당시 Fed 의장이었던 윌리엄 맥체스니 마틴William McChesney Martin의 증언에 따르면, 인플레이션을 재정적으로 해결할 수 없게 되자 Fed가 인플레이션의 '바람에 맞서

싸워야 한다'는 압력이 강해졌다. 마침내 1967년 11월에 첫 통화적 조치가 취해지며 연방기금 금리가 0.5%포인트 올라갔다. 이는 처음으로 취해진 인플레이션 억제책으로 향후 2년간 연방기금 금리는 9%를 넘어서게 됐다.

재할인율 인상에 대한 월스트리트의 반응은 느렸다. 증시는 1968년까지 금리인상을 무시하며 강세를 이어갔다. 이 같은 강세의 한 가지 이유는 존슨 대통령이 대선 불출마를 선언하며 공화당 출신 대통령의 탄생 가능성이 높아졌기 때문이다. 미국과 북베트남이 프랑스 파리에서 평화 교섭을 진행하고 공화당의 리처드 닉슨Richard Nixon 대선 후보가 '명예로운 평화'를 가져오겠다고 약속한 것도 증시를 지지하는 역할을 했다. 하지만 재정적자가 줄어들 것이란 전망이 착각으로 끝나고 금리가 완만한 상승세를 이어가자 마침내 1949년부터 1968년까지의 장기 강세장이 막을 내렸다. 주식시장은 1968년 11월 대선에서 닉슨 후보가 승리한 직후 고점을 치고 14년 동안 기나긴 침체장 속으로 빠져들었다.

다우지수의 움직임: 1968~1982년

1968년부터 1982년까지 있었던 가장 중요한 경제적 사건이라면 브레튼우즈 체제의 종말과 급격한 물가상승률이라고 할 수 있다. 브레튼우즈 체제라는 국제 통화협약에 대해서는 이미 수년간 지속 가능성에 대해 의문이 쌓여왔다. 1960년 초에 로버트 트리핀Robert Triffin 예일대학교 교수는 《금과 달러의 위기Gold and the Dollar Crisis》라는 책에서

표4-11_다우존스 지수: 1968년 12월~1982년 9월

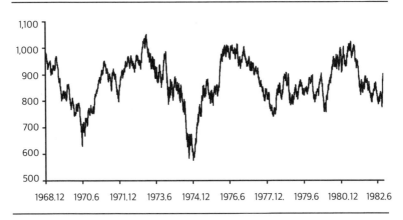

자료: 다우존스&Co.

미국이 전 세계에 공급해야 하는 유동성이 점점 더 늘어나면서 미국이 상시적인 경상수지 적자에 시달릴 것이라고 경고했다. 또 이 같은 경상수지 적자가 장기간 계속되면 세계의 준비통화인 달러에 대한 신뢰가 무너지며 브레튼우즈 체제의 안정성이 위협받게 될 것이라고 지적했다. 11년 후인 1971년 8월 15일에 닉슨 대통령이 달러와 금의 교환을 중단한다고 선언하면서 트리핀의 예언은 적중했다. 금 1온스를 바꾸는 데 필요한 달러가 1971년 12월에는 35달러였으나 1973년 초에는 42달러로 늘어나며 달러 가치가 하락했다. 1973년 3월에는 브레튼우즈 체제로 복귀할 가능성이 완전히 사라지면서 변동환율제로 바뀌게 됐다. 금과 통화 간 연결고리가 완전히 끊기면서 물가상승을 억제해온 핵심적인 경제질서도 사라졌다. 주식시장과 채권시장은 1960년대 말부터 인플레이션을 우려해오다 브레튼우즈 체제가 붕괴하자 더욱 심한 혼란에 빠졌다.

표4-12_미국의 소비자물가 지수 (연간 상승률 %)

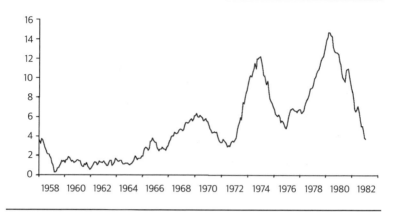

자료: 데이터스트림

1968년부터 1982년까지 침체장의 주제는 인플레이션, 그리고 인플레이션과의 싸움이었다.

1969년에 Fed가 단기 금리를 9% 위로 끌어올리면서 증시는 지독인 하락세를 겪었다. 이 같은 Fed의 긴축 기조는 1970년 초에 아서 번스가 새로운 Fed 의장으로 취임하면서 변화를 맞았다. 닉슨 대통령은 1968년 대선에서 당선되자마자 다시 Fed 의장이었던 윌리엄 마틴을 재무장관으로 임명해 Fed 의장을 교체하려 했다.

하지만 1951년부터 연방준비은행 총재로 일했던 마틴은 이를 거부하고 1970년 1월 30일 임기가 끝날 때까지 Fed 의장직을 고수했다. 번스는 마틴의 임기가 끝난 뒤에야 Fed 의장직을 물려받을 수 있었다. 번스가 Fed 의장으로 취임할 때 닉슨 대통령은 다음과 같이 말했다.

저는 그의 독립성을 존중합니다. 하지만 저의 견해가 따를 만한 것이라고 그가 독립적으로 결론 내리기를 희망합니다.

윌리엄 그라이더, 《사원의 비밀들》

닉슨 대통령과 번스 의장의 견해는 실제로 완벽하게 일치했고 이 결과 물가 안정을 최우선 목표로 삼아야 하는 Fed의 평판이 흔들렸다. 현재의 관점으로 봐도 당시 Fed는 인플레이션에 대해 강력한 조치를 취하지 않았다. 이에 따라 통화팽창으로 물가가 오르며 1970년대 내내 금리가 롤러코스터처럼 급등락했다. 급등락하기는 주식시장도 마찬가지였다(표4-14 참조). 번스가 Fed 의장으로 취임한 첫해에 단기 금리는 4.0% 아래로 떨어졌으며 이는 1960년대 내내 유지됐던 수준보다도 낮은 것이었다. 하지만 1971년 중반에는 1949년 이후 처음으로 물가관리 조치가 취해지며 금리가 다시 오르기 시작했다. 물가관리 정책은 효력을 발휘해 1972년 중반에 물가상승률은 3% 밑으로 떨어졌다. 하지만 1973년에 닉슨 대통령이 물가관리 정책을 중단하

오일 쇼크

1970년대에는 두 번의 오일 쇼크가 있었다. 첫 번째 오일 쇼크는 1973년 10월에 OPEC의 중동 회원국들이 중동 점령 지역에서 이스라엘의 철수를 주장하며 원유를 감산한 것이 원인이었다. 이후 유가는 1973년 크리스마스 때까지 3배가량 급등했다. 두 번째 오일 쇼크는 1979년 1월 이란 혁명이 원인이었다. 혁명의 여파로 이란의 석유 수출이 감소하면서 유가는 그해 말까지 약 1년간 150%가 급등했다. 두 번의 오일 쇼크 모두 주요 7개국G7의 GDP를 위축시키는 결과를 낳았다. 국제 유가는 2002년 12월부터 2005년 6월까지 약 2년 반 동안 160%가 올랐다.

면서 물가상승률은 다시 뛰기 시작했고 증시는 하락했다. 게다가 석유수출국기구OPEC가 1973년 10월에 배럴당 3.12달러였던 국제 유가를 12월에는 11.63달러로 3배 이상 인상하면서 '제1차 석유파동(오일쇼크)'까지 닥쳤다. 1972년 8월에 2.9%까지 내려갔던 물가상승률은 1974년 12월에 12.5%로 치솟아 올랐다.

이것만으로도 주식투자자들에겐 엄청난 타격이었으나 정작 더 큰 충격은 1973년 11월부터 1975년 3월까지 급격한 경기침체 속에서도 가파른 인플레이션이 잡히지 않았다는 점이었다. 저성장 기조에서도 물가가 급격히 오르는 '스태그플레이션stagflation'이라는 단어는 이미 1973년 4월에 〈WSJ〉에 첫 등장했다. 저성장과 고물가라는 반갑지 않은 조합은 주식투자자들에게 크나큰 악재였다.

이런 상황에서도 Fed의 대처는 단호하지 못했다. 물가상승률이 6.1%였던 1977년 1월 연방기금 금리는 물가상승률이 1.1%에 불과했던 1960년 1월과 비교해 기껏 0.75%포인트 더 올랐을 뿐이었다. 물가는 1977년 초부터 다시 뛰기 시작해 1980년 3월에는 사상 최고

스태그플레이션

스태그플레이션은 경기 부진을 뜻하는 '스태그네이션stagnation'과 물가상승을 의미하는 '인플레이션'의 합성어로 경기침체와 급격한 물가상승이 동시에 나타나는 상황을 가리킨다. 스태그플레이션이란 용어는 1965년 영국 보수당의 하원의원이었던 이안 매클라우드Ian Macleod가 새로운 경제현상을 설명하며 처음 사용했다. 이후 5년이 채 지나지 않아 매클라우드는 영국 재무장관으로 임명됐다. 하지만 그가 자신이 직접 정의를 내린 경제상황에 대해 해법을 가지고 있었는지는 영영 알 수 없게 됐다. 매클라우드는 재무장관에 오른 지 한 달도 안 돼 세상을 떠났기 때문이다.

수준인 거의 15%까지 치솟았다. 이 같은 물가상승 압력을 더욱 자극했던 요인은 이란 혁명이었다. 혁명으로 이란에 반미 성향의 이슬람교 신정일치 정권이 들어서며 또 한 차례 유가가 급등했다. 1970년대에 증시는 급락하기도 했지만 급등한 적도 있었다. 하지만 중요한 것은 다우존스 지수가 1970년대 10년간 단 며칠을 제외하고는 내내 1968년 고점 밑에 머물러 있었다는 점이다.

새로운 인플레이션 환경에서 주식은 인플레이션을 반영한 실질 기준으로 플러스 수익을 내지 못했다. 소비자물가상승률은 1950년대에 평균 2.2%, 1960년대에도 2.3%였다. 이 20년간 주식투자자들은 실질 기준으로 평균 이상의 수익을 거뒀다. 1969년에 물가상승률이 3%를 넘어서면서 침체장이 본격적으로 시작됐다. 1970년대 평균 물가상승률은 7.1%였다. 이 정도의 물가상승률이면 주식이 실질 기준으로 플러스 수익을 낼 수 있는 한계를 넘어선 것으로 보였다. 이 기간 동안 증시는 여러 차례 급반등하며 인플레이션을 마침내 극복했다는 희망의 조짐을 보여줬지만 이는 모두 실망으로 끝났다. S&P500 지수는 1968년 12월부터 1982년 7월까지 실질 기준으로 63% 떨어졌다. 이 같은 큰 폭의 하락세가 장기간 이어지는 동안 증시는 급격한 상승과 하락을 반복했다. 다우존스 지수는 1968년 고점에서 1970년 저점까지 33% 떨어졌다. 이는 장기 침체장의 첫 번째 하락 국면이었다. 이때의 하락세는 그다음에 찾아올 두 번째 하락세보다는 완만했다. 다우존스 지수는 1970년 저점에서 가파르게 오르기 시작하더니 1973년 1월에는 이전 고점을 뚫고 올라갔다. 하지만 이 신고점에서 1974년 12월 바닥 때까지 45%가 폭락했다. 이때 다우존스 지수는 1968년 고점에 비해 명목 기준으로는 37%, 실질 기준으로는 57% 떨어진 상태였다.

대다수 투자자들은 다우존스 지수보다 수익률이 훨씬 더 나빴다. 1972년에 투자자들은 한번 사기로 결정하면 평생 보유해도 후회가 없다는 이른바 '원 디시전one-decision' 종목을 집중적으로 보유하고 있었다.

'원 디시전' 종목은 이른바 '니프티피프티Nifty Fifty'라 불렸던 50개 우량주들을 말한다. 이들 '니프티피프티'는 주식을 얼마에 샀든 상관없이 탄탄한 이익 성장세와 배당금 증가로 투자 수익을 보장해줄 것으로 여겨졌다. 1973년 초에 다우존스 지수를 신고점까지 끌어올렸던 것은 이들 50개 종목의 급등세였다. 실제로 다우존스 지수보다 편입 종목이 많아 '니프티피프티'의 비중이 낮은 밸류 라인 지수는 전 고점을 상향 돌파하지 못했다. '니프티피프티'는 1972년에 이익 대비 주가

니프티피프티

'니프티피프티'는 50개 우량주로 이루어졌으며, 1972년 12월에 평균 PER이 42배였다. 이들 50개 종목은 모두 S&P500 지수에 편입돼 있었지만 당시 S&P500 지수의 PER은 18배로 훨씬 낮았다. 당시 투자자들은 '니프티피프티'의 높은 성장성을 감안하면 이 같은 극단적인 밸류에이션도 합리적이라 믿었다. 이익이 급증할 것이기 때문에 높은 PER이 타당하다는 논리였다. 하지만 1973~1974년 침체장 때 이들 50개 종목은 평균 62%가 폭락하며 이 같은 믿음을 깨버렸다. 하지만 50개 종목을 매도하지 않고 계속 보유했다면 훗날 어느 정도의 보답은 받을 수 있었을 것이다. 펜실베이니아 대학교 와튼스쿨의 제레미 시걸 교수는《주식투자 바이블Stocks for the Long Run》에서 1972년 12월부터 2001년 11월까지 '니프티피프티'의 연평균 수익률이 11.62%에 달했다고 밝혔다. 이는 같은 기간 S&P500 지수의 연평균 수익률 12.14%와 거의 맞먹는 수준이다.

의 비율이 역사상 최고 수준인 42배에 달했다. 이때 '니프티피프티'를 매수했다면 1973년부터 1974년까지 주가가 떨어지는 동안 62%의 폭락을 경험해야 했다. 1974년 12월에 증시는 명목 기준으로 1958년 수준으로 회귀했다. 이것만으로도 투자자들에겐 큰 손해인데 실질 기준으로는 더 과거로 되돌아갔다.

1974년 12월에 S&P500 지수는 실질 기준으로 1928년 11월에 처음 도달했던 수준으로 떨어졌다. S&P500 지수는 명목 기준으로는 1974년 12월에 바닥을 쳤지만 실질 기준으로는 이후로도 더 악화됐다. 다우존스 지수는 1974년 12월에 바닥을 쳤으나 실질 기준으로는 1980년 4월과 1981년 9월부터 10월 사이, 1982년 1월부터 9월 사이에 세 번이 바닥 수준을 밑돌았다.

S&P500 지수는 1982년 7월에 1974년 12월보다 13% 더 낮은 수준에서 바닥을 쳤다. 하지만 S&P500 지수가 1982년 7월에 기록한 저점은 실질 기준으로는 1905년 6월에 처음 도달한 수준이었다. 이를 감안하면 투자자들은 이 기간 동안 전적으로 배당금에 의존해 수익을 내왔다는 얘기가 된다.

증시는 1974년 12월 저점에서 강하게 반등했지만 이후 1982년까지 또다시 급등락을 겪으며 전반적인 수익률이 극히 부진했다. 투자자들로선 또 한 차례의 상승세를 믿었다가 속은 셈이었고, 이 결과 1970년대 후반기에 금융시장은 깊은 좌절에 빠져들었다. 심지어 채권 분석의 아버지라 불리던 솔로몬브라더스증권조차 1976년 11월에 극히 비관적인 전망을 내놓았다.

1950년대와 같은 달러에 대한 맹목적 신뢰와 이로 인한 미국의 위상에 대한 강한 믿음은 앞으로는 절대 회복되지 못할 것이다.

마크 파버Marc Faber,《거대한 화폐 환상》

솔로몬브라더스증권은 채권수익률의 '전례 없는 상승'을 1929~1932년 금융시장 대폭락에 비유하며 '이 대폭락은 향후 수세대에 걸쳐 기억될 것이며, 이 기억으로 인해 채권수익률은 고공행진을 계속하며 경제성장을 억제할 것'이라고 경고했다. 가장 명석한 애널리스트조차 미국 경제를 신뢰하지 못하니 1970년대 후반기부터 1980년대 초까지 채권수익률은 오르고 주가는 떨어질 수밖에 없었다.

1968년부터 1982년까지 침체장에서는 기업이익이 크게 늘지 않는 상황에서 주식에 대한 밸류에이션까지 떨어지며 양면으로 주식투자자들의 손실을 키웠다. 이 기간 동안 상장기업의 이익은 명목 기준으로 143% 늘어나는 데 그쳤다. 반면 같은 기간 명목 GDP는 246%가 성장했다. 실질 기준으로는 이 기간 동안 상장기업의 이익이 오히려 12% 감소했다. 1950~1960년대에는 물가상승 압력이 일상적으로 나타나면 기업들이 가격을 올리기가 쉬워 이익도 쉽게 늘어날 것이란 전망이 많았다. 이를 감안하면 인플레이션이 높은 기간에 기업이익이 오히려 줄었다는 사실은 투자자들에게 의외로 받아들여졌다. 투자자들은 기업 경영진이 가격을 올려 영업마진을 확대하는 방식으로 상시적인 인플레이션 환경에 적응할 것으로 예상했다. 영업마진 확대는 통상 주가상승을 견인하는 경향이 있으니 상시적 인플레이션은 주식투자에 유리하다는 게 투자자들의 판단이었다. 반면 탁월한 주식투자가 워런 버핏은 이 같은 생각이 잘못됐다는 점을 다음과 같이 지적했다.

> 최근의 통계를 보면 물가가 오를 때 기업의 마진이 확대된다는 증거는 없다. 상대적으로 물가상승률이 낮았던 1965년까지 10년간 제조업체들은 세전으로 연평균 8.6%의 매출 순이익률을 올렸다. 반면 물가상승률이 매우 큰 폭으로 뛰었던 1975년까지 10년간 제조업체들의 세전 매출액 순이익률은 평균 8%로 오히려 더 낮아졌다. 마진은 물가상승률이 매우 가파르게 오를 때에도 낮아졌다.
>
> 워런 버핏, '인플레이션이 주식투자자들의 이익을 훔쳐가는 방법', 〈포춘〉, 1977년 5월

1949년부터 1968년까지 인플레이션은 주식의 밸류에이션을 끌어올리고 원래 채권수익률보다 높았던 배당수익률을 채권수익률 밑으로 끌어내리는 데 중요한 역할을 했다. 1970년대에도 인플레이션은 주식의 수익률을 채권보다 상대적으로 높게 유지하는 역할을 했지만 실질 기준으로 주식이 플러스 수익을 내도록 하진 못했다. 주식의 밸류에이션은 장기국채의 평균 수익률이 4.67%였던 1960년대에 계속 높아졌다. 1968년에 주식의 밸류에이션은 과거 등락 범위의 상한선에 도달해 있었다. 당시 과거 12개월간 이익을 기준으로 한 PER은 18.5배, Q비율은 1.06이었다. 이때보다 밸류에이션이 더 높았던 적은 1929년과 1905년뿐이었다. 주식의 밸류에이션이 이처럼 높아지자 수익률이 정체됐다. 이런 상황에서 장기국채 수익률이 15%를 넘어서자 1968년 이후 1982년까지 주식의 밸류에이션이 하락 압력을 받는

것은 당연했다.

국채 가격이 급락하자 채권수익률이 급등하며 주식의 배당수익률을 웃도는 '역 수익률 격차'가 확대됐고 이 결과 주식의 밸류에이션이 떨어졌다. 1982년 7월이 되자 과거 12개월간 이익을 기준으로 한 S&P500 지수의 PER은 7.8배로 내려앉았다. 이는 1968년 12월의 18.5배에 비해 절반 이하로 내려간 것이다. 해당 연도까지 10년간 평균 이익을 기준으로 하는 CAPE 비율도 1968년 12월에는 25.1배까지 올라갔지만 1982년 8월이 되자 9.9배로 내려갔다. 주식시장의 Q비율도 1968년 12월에 1.68배였지만, 1982년 12월에는 0.38배로 크게 떨어졌다. 1982년에 주식은 매우 싸게 보였지만 과거 이익을 기준으로 한 PER은 이미 1977년 3월부터 10배 밑으로 떨어져 주식은 저평가 영역에 진입해 있었다. 1982년에 주식시장의 Q비율은 과거 거의 9년간의 기하평균 아래로 떨어졌다.

1970년대에는 경제도, 주식시장도 대혼란 속에서 어려움을 겪었지만 주식에 대한 투자자들의 관심은 1940년대나 1950년대만큼 저조한 수준으로 떨어지지 않았다. 1970년대에 NYSE에서 주식 거래가 가장 부진했던 때는 1974년으로 회전율이 16%에 불과했다. 하지만 이는 여전히 1949~1968년 평균보다는 높은 수준이었다. 1974년부터 1982년까지 주식에 대한 관심은 꾸준히 높아져 1982년에는 회전율이 42%까지 높아졌다. 이는 1933년 이후 최고 수준이며 1968년 강세장 때 최고 회전율에 비해서는 거의 2배에 달하는 규모다. 주식에 대한 투자자들의 관심은 1982년 8월 증시가 바닥을 치기 훨씬 전부터 서서히 높아지고 있었다.

1970년대에 거래 회전율은 1974년에 바닥을 치고 늘어났지만 NYSE 객장에서 주식을 거래할 수 있는 권리인 회원권 가격은 1977년이 되어서야 바닥을 형성했다. 1968년부터 1977년까지 전반적인 물가수준이 거의 2배로 오르는 동안 회원권 가격은 명목 기준으로 93%가 폭락했다. 그러나 1977년부터 1982년까지는 NYSE의 거래량이 급증하면서 회원권 가격이 거의 10배나 뛰었다. 1970년대 후반기에 NYSE에서 회전율이 높아지고 회원권 가격이 올랐다는 것은 1982년 8월에 증시가 바닥을 치기 훨씬 전부터 주식에 대한 사람들의 관심은 고조되고 있었음을 의미한다. 회전율이 올라간다는 것은 투자자들이 주식을 보유하고 있는 기간이 훨씬 짧아지고 있다는 뜻이다. 1974년에 평균 주식 보유 기간은 6년 이상이었으나 1982년에는 2년 미만으로 줄었다. 주식 보유 기간이 짧아지면서 회전율이 높아졌기 때문에 회전율 상승은 강세장의 탄생을 예고하지 못했고 투

표4-13_미국의 주요 자산운용기관과 주식투자 비중: 1968~1982년

	1968년		1982년	
	전체 금융자산 (10억 달러)	전체 자산 중에서 주식의 비중 (5%)	전체 금융자산 (10억 달러)	전체 자산 중에서 주식의 비중 (5%)
생명보험회사	183.07	7.1	527.02	7.70
다른 보험회사	45.31	32.2	196.46	14.90
사적 연기금	111.39	55.2	577.23	41.99
주 정부의 퇴직연금	48.05	12.1	233.61	18.90
뮤추얼펀드	51.23	90.0	58.97	58.52
폐쇄형 뮤추얼펀드와 ETF	8.92	71.1	6.83	52.42
합계	447.97		1,600.12	

자료: Fed, 미국의 자금순환표

자자들이 변동성이 커진 새로운 증시 환경에 적응해나가고 있다는 것을 보여줄 뿐이었다. 1970년대에는 주식시장의 기관화도 계속 진행됐다.

침체장이 이어지는 동안 미국 자산운용 기관의 전체 금융자산은 GDP를 소폭 웃도는 수준으로 늘어났다. 주요 기관의 주식투자 비중은 하락했지만 주식에 투자된 전체 자산은 이 기간 동안 다우존스 지수가 20% 이상 하락했음에도 거의 300%가량 늘어났다. 주요 자산운용 기관들은 갈수록 속도가 완만해지긴 했지만 1970년대 내내 주식 보유를 꾸준히 늘려갔고 NYSE에서 회전율도 상당폭 높아졌다. 하지만 침체장은 여전히 지속됐다.

1978년에 지미 카터Jimmy Carter 대통령이 기업의 CEO 출신이자 법률가인 윌리엄 밀러William Miller를 Fed 의장으로 임명하면서 침체장은 바닥을 향해 달려갔다. 밀러는 Fed 의장으로 취임한 뒤 달러의 가치를 지지하기 위해 국제 금융시장에서 외국 통화를 빌려오고 국제통화기금에서 융자하는 자금을 늘리는 등 극단적인 조치들을 취했다. 이는 Fed가 단기적으로 달러의 가치를 지지하기 위해 필사적인 노력을 기울이고 있다는 신호를 보여줬지만 미국의 경제적 문제들에 대한 장기적인 해결책은 되지 못했다. 브레튼우즈 체제에서는 금 가격이 1온스당 35달러를 유지했으나 1979년 8월에는 300달러를 돌파했다. 밀러는 Fed 의장으로 취임한 지 얼마 되지 않아 재무장관으로 자리를 옮겼다. 밀러가 Fed 의장직을 떠나며 미국 경제는 완전히 새로운 국면에 접어들게 됐다.

1979년 8월 6일 폴 볼커Paul Volcker가 새로운 Fed 의장으로 취임하며 미국 경제는 침체에서 벗어나기 시작했다. 볼커는 취임 후 한 달도 안 돼 FOMC에서 4 대 3의 의견으로 금리를 올렸다. 볼커는 10월 6일에 다시 FOMC 회의를 소집해 금리를 또 올렸다. 볼커는 금리를 인상하면서 협의통화M1[민간이 지닌 현금과 쉽게 현금화할 수 있는 예금인 결제성 예금-옮긴이]의 유통량 증가율 목표치를 제시해 통화량을 관리하는 새로운 정책을 함께 시행했다. 새 정책은 통화량 증가율을 목표치 이내로 관리하는 데 필요한 수준으로 금리가 조정되도록 하는 방식이다. Fed는 금리의 잠재적인 변화를 수용하기 위해 허용할 수 있는 연방기금 금리의 변동폭이 11.5~15.5%라고 발표하고 이를 즉각 실행에 옮겼다. Fed가 통화량 증가율을 목표치 내에서 관리하면서 금리가 어느 수준에서 결정될지 더욱 불확실해졌다.

Fed가 협의통화 증가율 목표치를 세워 관리하면 단기적으로 유동성이 긴축돼 금리가 올라갈 것이란 사실은 자명했다. 볼커가 Fed 의

폴 볼커

앨런 그린스펀Alan Greenspan 전 Fed 의장 직전에 Fed를 이끌었던 인물이 폴 볼커다. 볼커는 1979년 8월부터 1987년 8월까지 Fed 의장직을 맡아 끝없이 치솟아 오르던 인플레이션을 잡는 데 성공한 것으로 유명하다. 볼커가 Fed 의장으로 취임했을 때, 물가 상승률은 거의 12%에 달했다. 그가 Fed 의장직을 떠날 때, 물가상승률은 4%로 내려가 있었다. 당초 인플레이션과의 싸움은 금리 목표치가 아니라 협의통화 같은 통화량 증가율의 목표치를 정하는 방식으로 이뤄졌다. 이 같은 통화정책은 금리의 변동폭을 키웠고 때로는 금리를 매우 높은 수준으로 끌어올려 실행하는 데 상당한 어려움이 있었다. 1995년에 볼커가 그린스펀에게 "협의통화M1는 어떻게 됩니까?"라고 물었더니 그의 후임자가 "M1은 한때 상당히 괜찮은 라이플총으로 이름을 날렸죠"라고 답했다고 한다.

장으로 취임한 지 12개월 만에 미국의 장기국채 수익률은 9%를 소폭 넘는 수준에서 거의 13%까지 올라갔다. 하지만 금융시장은 여전히 Fed의 정책이 인플레이션에 결정적인 타격을 가할 수 있는지 회의적이었다. 이 결과 볼커가 Fed 의장으로 취임한 첫해에 금 가격은 2배로 뛰었다. 물가상승률이 계속 올라가자 카터 대통령은 여신규제 조치를 취했다. 카터 대통령은 1980년 3월 14일에 TV로 방영된 연설에서 미국 국민들에게 지출을 줄이라고 권했다. 놀랍게도 이 같은 일이 실제로 벌어져 1980년 2분기 GDP는 과거 어느 때보다 가장 큰 폭으로 감소했다. 소비 지출과 협의통화가 너무 급격하게 줄어들자, Fed는 곧 통화정책을 완화하면서 연방기금 금리는 석 달 만에 20%에서 8%로 떨어졌다. Fed 의장조차 금융시장의 이 같은 급격한 반응에 놀랐던 것 같다.

표4-14_연방기금의 실효 금리: 1970~1983년

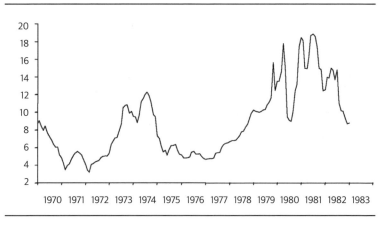

당시 상황이 책에는 오로지 '침체'라고만 기록되고 있다. 하지만 되돌아보면 당시 상황은 매우 이상하고 거의 우발적인 사건에 가까웠다. 생산이 큰 폭으로 줄었으나 생산감소세는 단지 4달만 지속됐다. 경제위기에 대한 우려와 여신규제가 사라지자 지출(과 통화 공급)이 빠르게 증가했다. 최종적으로 드러난 결과는 침체와는 상당한 거리가 있었다. 인플레이션에 반하는 움직임도 그리 나타나지 않았다. 물가상승률은 여전히 두 자리 수를 유지했고 통화 공급량이 다시 강하게 늘어나면서 선거를 불과 몇 주일 앞두고 통화를 긴축하고 재할인율을 올려야 하는 불편한 입장에 처하게 됐다.

폴 볼커&교텐 토요오,《달러의 부활》

통화 공급량이 다시 큰 폭으로 늘어나자 Fed가 이를 조이기 시작하면서 연방기금 금리가 1980년 말에 다시 신고점까지 올라갔다. 단기 금리는 1981년 초부터 떨어지기 시작했다. 1980년 3월에 거의 15%에 근접하며 최고치를 기록했던 물가상승률은 1981년 5월과 6월에 10% 밑으로 내려갔지만 채권투자자들은 계속 수익률을 위로 밀어올렸다. Fed는 시장의 신뢰를 어느 정도 회복한 것처럼 보였지만 레이건 정부가 추진하고 있던 공급 측면의 감세가 인플레이션을 억제하려는 Fed의 노력을 훼손할 것이라는 우려는 상당했다. 협의통화 증가 속도가 점점 더 빨라지면서 이 같은 우려는 근거가 있는 것으로 받아들여졌다. Fed는 물가를 자극하는 어떠한 위험도 감수할 수 없었다. 이 때문에 1981년 5월에 통화 공급량이 늘어나는 속도를 늦추려 시도하면서 금리가 또다시 올라갔다. 연방기금 금리는 1월에

20%에서 3월에는 13%까지 떨어졌으나 7월이 되자 다시 20%를 웃돌았다.

볼커가 Fed 의장으로 취임한 이후 단기 금리의 변동폭은 전례가 없을 정도로 커졌고 이 결과 금융시장의 불확실성도 높아졌다. 볼커가 Fed 의장으로 취임한 지 2년 남짓이 되는 1981년 9월이 되어서야 채권시장에서는 인플레이션과의 싸움이 성공할 것이란 조짐이 보였다. 국채 가격이 바닥을 치며 이후 20년 이상 이어지는 상승세를 시작한 시점이 이때였다.

반면 주식시장은 여전히 침체에 빠져 있었다. 물가상승률이 떨어졌지만 금리는 여전히 대공황 이후 사상 최고 수준을 유지하고 있었다. 미국 정부의 재정수지도 계속 악화됐다. 워싱턴에서는 레이건 행정부와 의회가 세금 감면과 재정지출 삭감을 두고 이견을 좁히지 못하고 있었다. 당시 재무장관이었던 도널드 리건Donald Regan은 저서《월스트리트에서 워싱턴까지From Wall Street to Washington》에서 1982년 3월에 있었던 볼커와의 만남을 소개하며 금리가 높은 수준에서 유지됐던 원인을 다음과 같이 분석했다.

볼커는 정부의 정책에 협조하겠다고 약속했다. 하지만 정부가 재정수지 적자에 대해 어떠한 조치를 취하는 경우에만 통화정책을 완화해 금리를 낮추도록 하겠다는 얘기였다.

이 같은 대립이 계속되며 깊은 침체가 이어졌다. 1982년 상반기에 통화 공급량이 큰 폭으로 늘면서 단기 금리가 인상될 것이란 전망이 나왔지만 이것이 빠른 경기회복의 징조가 되지는 못했다. Fed가 통화 공급량을 목표치에 맞춰 관리하면서 금리 변동성이 커진 가운데 금리가 오를 것이란 전망이 제기되자 주식투자자들은 동요했다. 금리가 높게 유지되면서 달러는 강세를 보였고 국채시장은 물가상승률과 단기 금리가 떨어지면서 상승했다. 하지만 주식시장은 하락세를 계속했다.

주식시장은 국채시장 상승세와 달러 강세에서 소외된 채 약세를 이어갔다. 1970년대 내내 투자자들은 달러 약세, 채권시장 약세, 주식시장 약세라는 3중 약세에 시달렸다. 이 가운데 가장 먼저 개선되기 시작한 금융시장은 외환시장이었다. 통화 유통량의 목표치를 제시해 관리하는 볼커의 통화정책으로 실질 금리가 높게 유지되면서 마침내 달러에 대한 신뢰가 회복되기 시작했다. 자금이 달러로 몰려들면서 달러 가치는 1980년 중반에 바닥을 치고 1981년 내내 강하게 올라갔다[국채 금리가 높게 유지되면 고금리를 좇는 자금이 몰리기 때문에 해당 통화의 가치가 올라가게 된다 - 옮긴이]. 하지만 다우존스 지수는 경제가 극심한 침체에 빠져 있었기 때문에 하락세를 계속했다. 주식시장은 국채시장이 바닥을 치고 11개월이 지난 뒤에야 바닥을 쳤다. 주식시장의 바닥은 달러 가치에 비해서는 거의 2년이나 늦었다.

주식시장의 바닥은 국제 금융위기와 함께 찾아왔다. 1982년 초에 멕시코 최대의 기업이 파산하며 멕시코 경제는 곤경에 처했다. Fed는 국가 부도의 위험이 있다고 판단하고 멕시코를 지원하기 시작했다. 멕시코는 이미 1982년 4월에 다급한 상황에 빠져 미국 은행에서 상당한 규모의 자금을 빌려갔다. 따라서 멕시코의 국가 부도 사태는 미국 경제에도 상당한 타격이 될 수밖에 없었다. 그해 5월에 환매조건부채권을 취급하던 금융회사인 드라이스데일국공채Drysdale Government Securities가 파산했다. 이어 7월 초에는 오클라호마주의 금융회사인 펜스퀘어은행이 부도가 났다. 펜스퀘어은행은 규모가 작았지만 10억 달러 이상의 멕시코 대출채권을 콘티넨탈일리노이를 비롯한 대형은행에 판매했다. 은행감독 당국은 다른 은행에 판매된 대출채권에서도 비슷한 문제가 있을 수 있다는 사실을 깨달았다. 공황은 피했지만 미국의 은행 시스템에 대해 문제가 생긴 것만은 분명했다. 8월이 되자, 멕시코가 국가부도 사태를 맞을 것이란 사실은 대중들에게도 널리 알려졌다. 멕시코에 대한 구제안이 마련됐지만 미국 주요은행들은 보유하고 있던 멕시코 대출채권에 대한 상각 규모가 알려지면서 위기에 봉착했다. 시티은행 회장이었던 월터 리스턴Walter Wriston은 1982년 8월 캐나다 토론토에서 열린 국제통화기금 연차회의 분위기를 다음과 같이 전했다.

국제통화기금 연차회의에는 150여 명의 재무장관과 50여 명의 중앙은행장, 1,000여 명의 기자와 1,000여 명의 시중은행 관계자 그리고 엄청난 양의 위스키가 있었다. 회의에선 '세상의 종말이 다가오고 있다'는 식의 논의가 뜨거운 열의 속에 진행됐다. 세상은 타이타닉호와 같았고 우리는 단지 갑판의자를 정리하고 있을 뿐이었다.

그해 6월 30일에 열린 FOMC에서는 멕시코가 곧 채무불이행을 선언할 것으로 다들 인정하는 분위기가 팽배했다. 협의통화가 여전히 큰 폭으로 늘고 있었지만 금융위기의 가능성이 이를 뒤바꿔 놓았다.

사실 1982년 여름의 미국 금융시장은 일촉즉발의 긴장 상태였다. 저축과 대출을 담당하는 은행산업에 문제가 확산되고 있었고 국채를 취급하던 금융회사는 한계에 몰린 끝에 파산했다. 야망은 컸으나 전망이 불투명했던 오클라호마주의 펜스퀘어내셔널은행이 부도가 나며 펜스퀘어내셔널은행이 대출해 줬던 수십억 달러의 원유 관련 채권은 아무짝에도 쓸모가 없어졌다. 일부 잘 알려진 대형은행들도 대출을 회수하지 못하는 상황에 처했다. 미드웨스트주의 가장 큰 은행으로 콧대가 높았던 콘티넨털일리노이은행도 이 같은 상황에 연루돼 근간이 흔들릴 지경이었다. 이 모든 요인들이 1982년 7월에 Fed가 통화정책을 완화하기로 결정하는 계기가 됐다.

폴 볼커&교텐 토요오, 《달러의 부활》

통화 공급량의 목표치를 정하는 정책은 법적으로는 아니라고 해도 사실상 폐기됐다. 연방기금 금리는 7월 초 14%를 웃돌았으나 9월 초에는 9% 밑으로 떨어졌다. Fed가 더 이상 통화 공급량만으로 정책의 방향을 결정하지 않는다는 점은 분명했다. 이 같은 정책의 변화는 채권시장을 위협하지 않았고 장기국채 수익률은 가파르게 하락했다. 미국의 주식시장이 마침내 바닥을 친 것은 멕시코의 경제위기가 널리 알려지고 Fed의 정책기조가 변했던 1982년 8월이었다.

1982년 시장의 구조

찰리는 단음절의 냉소적인 웃음을 터뜨린 뒤 설명했다.

"돈도 별로 없는 그 투자자는 이제는 마치 자기가 석유회사인 것처럼 행동한다니까. 난 내 몫을 챙길 테니 당신이나 잘하라고."

"난 석유회사들을 탓하지 않아."

해리가 조용히 말했다.

"그건 그들에게도 너무 크거든. 석유가 말라가고 있어. 그게 다야."

존 업다이크, 《토끼는 부자다》

1982년 주식시장

1982년에 주식시장은 더 이상 미국의 금융시장에서 곁가지가 아니었다. 1949년 5월 말 NYSE의 시가총액은 640억 달러로 GDP의 23%를 차지했다. 1949년부터 시작된 강세장으로 1968년 12월에는 NYSE의 시가총액이 6,930억 달러로 급증했고 GDP에서 차지하는 비중도 76%로 높아졌다. 1968년부터 침체장이 시작됐지만 시가총액은 계속 늘어 1981년 말에 1조 1,430억 달러로 증가했다. 하지만 GDP에서 차지하는 비중은 36%로 낮아졌다. 1949년부터 1981년까지 명목 GDP는 11배로 급증했지만 시가총액의 증가율은 이를 넘어섰다. 일반인의 주식 보유도 주로 펀드를 통해 큰 폭으로 늘었다. 1952년에는 주식을 보유한 성인 인구의 비율이 4%에 불과했으나 1985년에는 28%로 뛰었다. 주식 거래가 얼마나 활발한지 나타내는 회전율도 1974년 이후 계속 높아져 1982년에는 1933년 이후 최고치에 달했다. 1982년에 NYSE에서 거래된 주식의 총액은 1968년 호황장 때의 최대치에 비해서도 350%나 많았다. 1982년은 주식에 대한 투자자들의 참여율과 관심이 매우 높았다. 거래도 활발해 평균 주식 보유 기간도 2년 남짓으로 1949년부터 1981년까지의 평균 5년에 비해 크게 단축됐다.

이 기간 동안 NYSE는 미국 주식시장 전반을 대표했다. 오늘날 투자자들은 나스닥시장의 성장이 NYSE에 위협이 됐을 것이라고 생각하기 쉽지만 1982년만 하더라도 나스닥시장은 NYSE에 별다른 타격을 미치지 못했다. 장기적인 관점에서 보면 나스닥시장은 아메리칸증권거래소의 위상이 지속적으로 떨어지는 가운데 영향력이 높아져 갔다. 1968년 증시 고점 때 미국 전체 증권거래소에서 이뤄진 거래량 가운데 아메리칸증권거래소가 차지하는 비중은 18%였다. 1982년에는 아메리칸증권거래소의 거래량이 전체 증권거래소의 4% 미만으로 떨어졌다. 반면 NYSE의 거래량 점유율은 같은 기간에 74%에서 85%로 올라갔다. 1982년에도 NYSE는 좀 더 일반적인 의미에서 '주식시장'이란 용어와 동일하게 사용됐다.

상장기업의 숫자는 NYSE의 시가총액에 비해 증가율이 극히 저조했다. NYSE에 상장된 기업의 수는 1949년 1,043개에서 1968년 강세장 고점 때 1,273개로, 1982년 말에 1,526개로 늘었다. 1949년부터 1982년까지 NYSE에 상장된 기업의 수는 46% 증가하는 데 그쳤다. 이런 점을 감안하면 주식시장의 발전이란 평균 시가총액의 증가를 의미한다고 할 수 있다. 실제로 상장기업들의 총시가총액은 1949년 중반에 5,800만 달러에서 1968년 말에는 5억 4,300만 달러로, 1982년 중반에는 6억 3,900만 달러로 늘었다. 이 기간 동안 시가총액은 11배 이상 증가했다. 2005년 6월 기준으로 NYSE에 상장된 기업의 수는 1,780개로 소폭 늘어나는 데 그친 반면 평균 시가총액은 50억 달러로 급증했다.

주식시장을 구성하는 업종은 시간이 흐르면서 많은 변화를 겪었지만 한 가지는 늘 변함없이 유지됐다. 바로 석유산업의 중요성이다. 주식시장의 업종별 비중은 1926년부터 집계됐지만 아마도 1921년 침체장 바닥 때 석유산업은 철도산업에 이어 두 번째로 시가총액이 컸을 것이다. 1932년과 1949년, 1982년 침체장 바닥 때는 석유산업이 모든 업종 가운데 시가총액이 가장 컸다. 1929년 강세장 고점 때조차 석유산업의 시가총액은 모든 산업 가운데 세 번째로 컸다. 그럼에도 석유산업의 중요성은 전반적으로 평가절하된 경향이 있는데, 이는 월스트리트가 워낙 새로운 것을 좋아하기 때문으로 보인다. 표4-15를 보면 1949년부터 1982년까지 새로운 산업이 떠오르면서 주식시장의 핵심 업종은 변했지만 석유산업의 중요성은 변함없었다.

19세기 중반부터 1920년대 말까지 미국 주식시장에서 가장 중요

표4-15_NYSE의 시가총액 상위업종 (단위: %)

	1949년	1982년 (시가총액 순위)
석유	16.0	12.6(1위)
화학	9.0	3.5(9위)
유통	7.9	5.5(6위)
자동차	7.5	3.4(10위)
공공설비	6.7	7.1(4위)
철강	6.4	1.4(20위)
통신	6.2	4.7(7위)
식음료	6.2	3.3(11위)
운송	5.1	1.7(18위)
전자기기	3.5	1.1(22위)
금융	2.1(16위)	11.7(2위)
사무기기	2.3(13위)	11.3(3위)
의료	1.6(17위)	5.7(5위)
가정용품	1.5(19위)	4.6(8위)

자료: 케네스 R. 프렌치, 산업 포트폴리오 데이터

한 업종은 철도였다. 하지만 점점 더 중요성이 줄어들며 1982년에는 투자자들의 관심에서 완전히 벗어났다. 마찬가지로 철강과 자동차, 화학 등의 중공업도 주식시장에서 차지하는 영향력이 점점 더 줄어 갔다. 반면 금융, 사무기기, 의료 등과 같은 서비스업이 차지하는 비중이 높아졌다. 이 기간 동안 가장 중요한 변화는 금융산업의 부상이다. 1949년에는 금융산업이 주로 자산운용사와 소비금융 기업으로 구성됐으며 시가총액 순으로 16위에 불과할 정도로 주식시장에서 차지하는 비중이 크지 않았다. 오래전부터 이미 상당한 발전을 이룬 은행들이 모두 NYSE에 상장한 것은 제2차 세계대전 이후였고 금융산업의 시가총액은 1949년 16위에서 1982년에는 2위로 높아졌다.

20세기 들어 미국 경제는 엄청난 변화를 겪었지만 주식시장에서 차지하는 비중이 큰 산업들은 놀랄 정도로 별다른 변화없이 유지돼왔다. 업종별 시가총액 비중을 확인할 수 있는 1932년과 1949년, 1982년의 시가총액 상위 10대 산업을 살펴보면 6개가 공통적으로 포함돼 있다. 석유, 공공설비, 유통, 통신, 화학, 자동차다. 전체 시가총액에서 상위 10대 산업이 차지하는 비중은 시대별로 조금씩 차이가 있다. 1932년에는 시가총액 상위 10대 산업의 비중이 76.6%였으나 1949년에는 74.5%, 1982년에는 73.4% 등으로 줄었다. 1932년 이전에는 철도산업의 지배력 때문에 시가총액 상위 산업에 대한 집중도가 더욱 높았을 것이다. 1949년과 1982년 사이에 주식시장에서 일어난 핵심적인 변화는 산업의 중심이 중공업에서 서비스업으로 이동한

표4-16_NYSE의 업종별 총수익률: 1949년 6월~1982년 7월

	최고 수익률
사무기기	80.2배
의료	62.7배
식음료	55.1배
전자기기	53.2배
서비스	46.3배
	최저 수익률
석탄	6.1배
화학	16.9배
통신	17.7배
철강	17.9배
섬유	19.1배

자료: 케네스 R. 프렌치, 산업 포트폴리오 데이터

것이다. 1949년부터 1982년까지 서비스산업은 수익률이 두드러지게 좋았으며 이 결과 점점 더 주식시장에서 차지하는 시가총액 비중이 높아졌다(표4-16 참조).

사무기기와 의료산업은 이 기간 동안 수익률이 상위 1, 2위를 달리며 주식시장에서 차지하는 시가총액 비중이 큰 폭으로 늘었지만 금융산업은 그렇지 않았다. 이 기간 동안 금융산업 지수는 총 29.5배가 올라 전체 산업의 평균수익률 32.5배보다도 낮다. 금융산업의 시가총액이 급증한 원인은 신규 상장 기업이 늘었기 때문이었다. 통신산업은 1949년이나 1982년이나 시가총액 순으로 일곱 번째였지만 이 기간 동안 통신업 지수는 전체 업종의 평균 수익률을 크게 밑돌았다. 이는 통신산업의 시가총액 순위가 변함없이 유지된 것은 높은 수익률 덕분이 아니라 주식시장을 통한 대규모 자금 조달이 많았기 때문이라는 사실을 보여준다. 이와 반대로 전자기기 산업은 이 기간 동안 30개 산업 가운데 수익률이 네 번째로 높았지만 시가총액 비중은 현저하게 줄어갔다. 1949년의 시가총액 상위 10대 산업이 1982년까지 거둔 수익률을 보면 석유산업이 주식시장에서 비중이 큰 핵심산업으로 남아있을 수 있었던 것은 평균을 초과하는 수익률 덕분이었다(표4-17 참조).

주식시장의 산업 구성은 1982년까지 변해왔다. 1949년에는 금융, 의료, 사무기기 산업의 시가총액이 주식시장에서 차지하는 비중이 7%도 안 됐으나, 1982년에는 거의 30%로 늘어났다. 1949년부터 1982년까지 가장 중요한 주식이라면 IBM을 꼽을 수 있다. 미국의 경제주간지 〈포춘〉이 처음으로 500대 기업을 선정한 1955년에 IBM은

표4-17_시가총액 상위 10대 산업의 총 수익률: 1949년 5월~1982년 7월

전자기기	53.2배
석유	52.9배
자동차	34.6배
식음료	25.6배
유통	20.0배
공공설비	21.2배
운송	21.0배
철강	17.9배
통신	17.7배
화학	16.9배

자료: 케네스 R. 프렌치, 산업 포트폴리오 데이터

매출액으로 61위에 올랐다. 1982년에는 IBM이 순익 기준으로 2위를 차지했다.

1968년부터 1982년까지 침체장은 이 책에서 분석한 다른 세 번의 침체장과 상황이 매우 달랐다. 1921년과 1931년, 1949년 침체장에서는 물가가 떨어지는 디플레이션이 나타났지만 1968년부터 1982년까지 침체장에서는 물가가 급등하는 인플레이션이 전개됐다. 배당금을 재투자했다고 가정하면 S&P500 지수는 이 기간 동안 82%가 올랐다. 반면 같은 기간 소비자물가 상승률은 174%로 2배가 넘었다. 이 기간 동안 주식시장의 30개 업종 중 명목 기준으로 주가가 떨어진 업종은 단 1개뿐이지만 실질 기준으로 주가가 오르며 투자자들에게 플러스 수익률을 선사한 업종은 5개에 불과했다.

담배산업은 1929~1932년 디플레이션 때 가장 높은 수익률을 보인 데 이어 1968~1982년 인플레이션에서도 수익률이 가장 우수했다. 담

표4-18_업종별 실질 총수익률: 1968년 12월~1982년 8월 (단위: %)

담배	+420
통신	+194
석유	+185
의료	+180
석탄	+180

자료: 케네스 R. 프렌치, 산업 포트폴리오 데이터
※주: 배당금을 재투자했을 때의 수익률

배산업은 인플레이션 환경에서 가격을 높여 영업마진을 유지할 수 있는 능력이 거의 타의추종을 불허할 정도로 독보적인 것으로 보인다. 1929~1932년 디플레이션 때 수익률이 다섯 번째로 좋았던 석유산업은 1968~1982년 인플레이션 때도 수익률 상위 3위를 차지했다.

이 기간 동안 주요 30개 업종의 평균 수익률은 107%였다. 표4-18에 포함된 5개 업종을 제외하고 이 기간 동안 수익률이 30개 업종 평균인 107%를 웃도는 업종은 식음료, 전자기기, 공공설비, 광업 등 4개였다. 이는 침체장에서는 공공설비와 담배산업의 비중을 높이는 것만으로도 상대적으로 뛰어난 수익률을 올릴 수 있다는 사실을 시사한다. 흥미로운 점은 석유와 의료산업은 1946년부터 1968년까지의 강세장 때는 물론 1968~1982년 침체장 때도 평균을 웃도는 수익률을 냈다는 점이다.

1982년 채권시장

당신은 14%가 재앙이라고 생각할 것이다. 이스라엘에서는 111%에 컬

러텔레비전이 1,800달러나 한다. 아르헨티나에서는 1년에 150%다. 미국 소비자들은 여전히 다른 어떤 선진국보다도 가장 좋은 여건을 누리고 있다.

존 업다이크,《토끼는 부자다》

1982년이 되자 NYSE는 더 이상 채권시장의 구조를 정확하게 반영하지 못했다. 국채 거래는 거의 100년에 걸쳐 서서히 NYSE에서 줄어들었다. 심지어 회사채 시장에서조차 NYSE의 중요성은 점차 감소했다. 1958년 초 회사채와 외국 채권의 발행총액에서 NYSE에 상장된 모든 회사채와 외국 채권의 시가총액이 차지하는 비중은 33%에 지나지 않았다. 1952년부터 Fed가 발표한 자금흐름 통계를 보면 채권시장의 변화를 좀 더 정확히 파악할 수 있다.

표4-19는 모든 만기의 채권을 총망라해 집계한 것이다. 이 표에 나온 1952년의 채권시장 규모를 보면 주식시장보다 1.8배가량 더 크다. 채권과 주식시장의 규모 차이를 나타내는 이 비율은 1982년까지 기본적으로 변화가 없었다. 놀랍게도 1952년 이후 1982년까지

표4-19_미국 채권의 종류별 시가총액 (단위: 10억 달러)

	1952년 말	1982년 2분기
미국 국채	220.8	858.0
공공기관 국채	2.8	351.4
지방채	29.7	474.2
회사채와 외국 채권	49.6	562.8
합계	302.9	2,246.4

자료: Fed, 미국의 자금순환표

베어마켓

채권 가격이 급락했음에도 채권시장 규모는 GDP보다 조금 더 큰 폭으로 증가했다. 시드니 호머와 리처드 쉴러는 《금리의 역사》에서 당시 채권시장의 침체 규모와 상대적인 중요성에 대해 다음과 같이 설명했다.

> 30년 만기의 2.5% 채권이 20세기 들어 두 번째 채권 침체장 내내 통용됐다면 가격이 1946년 101에서 1981년에는 17로 83%가 폭락했을 것이다.

채권시장이 극심한 침체를 겪긴 했지만 어느 때보다 발행 물량이 많았던 국채를 매수할 투자자들은 언제나 있었다. 채권 발행은 국공채만 늘어난 것이 아니었다. 1952년부터 1982년까지 채권시장에서 민간 부문이 차지하는 비중은 16%에서 25%로 늘어났다. 채권 가격이 급락하긴 했지만 국채와 회사채 모두 침체 속에서 거래가 활발하게 이뤄지며 성장해갔다.

이 기간 동안 채권시장에서 일어난 가장 큰 변화는 준 국채성 채권이 기하급수적으로 늘었다는 점과 채권수익률이 급격히 상승했다는 점이다. 1952년만 해도 뉴딜 정책을 추진하는 과정 중에 세워진 공공기관 발행 채권은 많지 않았다. 당시 공공기관이 발행한 채권은 전체 채권 가운데 1%도 안 될 정도로 규모가 미미했다. 하지만 1982년에는 전체 채권시장의 거의 16%를 차지할 정도로 늘었다. 투자자들은 공공기관 발행 채권이라는 새로운 형태의 자산을 이해하면서 1980년대 초 사상 최고 수준으로 뛰어오른 채권수익률이 어떤 의미를 갖는지 파악

표4-20_장기국채 수익률과 무디스의 BAA 회사채 수익률

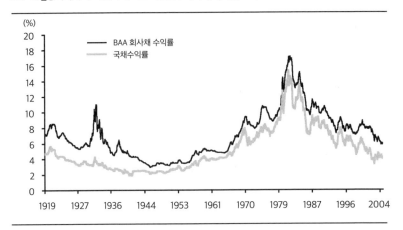

자료: Fed

해야 했다.

　표4-20은 1982년에 채권투자자들이 미지의 영역에 접어들었음을 보여준다. 신용평가사 무디스가 BAA 등급을 부여한 회사채의 수익률이 1982년 2월에 17%를 넘어섰다. 이는 1921년과 1932년 물가하락기 때 회사채 시장의 침체와는 확연히 대조되는 상황이다. BAA 회사채 수익률은 1921년에 8.6%, 1932년에는 11.6%까지 오르는 데 그쳤다. 1949년 침체장 바닥 때는 BAA 회사채 수익률이 3.5%를 밑돌아 주식투자자들이 극도로 낮아진 채권수익률이 주식시장에 어떤 영향을 미칠지 촉각을 곤두세웠다. 1982년에는 BAA 회사채 수익률이 17%를 웃돌면서 채권투자자들이 매우 예민해졌고 이전에는 예상치 못했던 어떠한 일도 가능해 보였다.

침체장 바닥에서: 1982년 여름

유가 상승이 모든 것을 집어삼키고 있다. 악명 높은 바이마르 공화국 시절의 인플레이션처럼 저축해 놓은 돈이 터널 속으로 싹 쓸려가 버리는 듯하다. 모든 사람들이 경기침체를 기정사실화하고 있다.

존 업다이크, 《토끼는 부자다》

오랜 침체장의 결과, 1982년 여름에 주가는 저렴한 수준으로 내려왔다. 1982년 8월에 다우존스 지수는 1964년 4월 수준으로 떨어졌다. 실질 기준으로는 1916년 고점보다 단지 22% 높은 1928년 4월 수준에 불과했다. 주식은 헐값이었다. 연말 기준으로 Q비율은 0.38배에 불과했다. 이를 근거로 증시 바닥이었던 1982년 중반의 Q비율을 추정해보면 0.27배에 근접했던 것으로 보인다. 해당 연도까지 10년간의 평균 이익으로 계산한 CAPE 비율은 9.9배로 1881~1982년의 평균 15.8배에 비해 크게 낮았다. Q비율이 1.06배였고 CAPE 비율이 25.1배에 달했던 1968년 강세장 고점 때와는 현저하게 다른 상황이었다.

주식시장이 고평가에서 저평가 상태로 떨어지기까지 거의 14년이

표4-21_고평가에서 저평가로 바뀔 때까지 걸린 기간

	Q비율	CAPE 비율
1921년 바닥 때까지	16년	20년
1932년 바닥 때까지	3년	3년
1949년 바닥 때까지	13년	13년
1982년 바닥 때까지	14년	17년

자료: 스미더스&Co., www.econ.yale.edu/~shiller/data.htm

걸렸다. 매우 길게 느껴질 수도 있지만 이 책에서 분석한 과거 침체장과 비교해보면 14년은 평균 수준이다. 표4-21은 주식시장이 고평가에서 저평가 상태로 바뀌기까지 걸린 기간을 Q비율과 CAPE 비율을 통해 계산한 것이다.

2부에서 이미 살펴봤지만 1929년부터 1932년까지 주식시장의 폭락 양상은 20세기 들어 다른 침체장과 너무 달랐다. 증시가 고평가에서 저평가 상태로 바뀌는 데 걸리는 기간은 1929~1932년 침체장을 포함하는지 여부에 따라 크게 달라진다. 1929~1932년 침체장을 포함하면 고평가에서 저평가 상태로 바뀌는 데 걸리는 기간은 9년가량 된다. 하지만 이때를 이례적인 상황으로 규정하고 배제하면 고평가에서 저평가로 변하는 데 걸리는 기간은 14년으로 길어진다(이 기간은 Q비율의 변화를 근거로 계산했다. CAPE 비율로 계산하면 이 기간이 더 늘어난다). 1929~1932년의 사건을 전형적인 침체장으로 생각해선 안 된다는 점만은 분명하다. 증시가 극단적인 고평가에서 극단적인 저평가 상태로 단 3년 만에 떨어질 수는 있다. 하지만 '정상적인' 환경에서는 이런 일이 일어나기 어렵다. 단기간에 급격하게 밸류에이션이 조정되려면 단 3년 만에 다우존스 지수가 89% 폭락해야만 가능하다는 점을 염두에 둬야 한다.

이처럼 급격한 주가 폭락을 제외하면 증시가 고평가에서 저평가 영역으로 이동하는 데 걸리는 기간은 대략 14년이라는 것이 역사의 가르침이다.

호재와 침체장

"거품이 터지지 않을까?"

"귀금속은 거품이 아니야. 귀금속은 궁극적으로 가장 안전한 자산이지."

존 업다이크, 《토끼는 부자다》

1982년까지 거의 14년간 계속됐던 침체장은 지지부진한 꼬리를 내리지 않고 '쿵' 하는 급락과 함께 대미를 장식했다. 다우존스 지수는 1981년 4월부터 15개월간 30%가 더 떨어진 다음에야 1982년 8월에 바닥을 쳤다. 주가가 떨어지는 동안 상품가격도 상승세가 억제되며 내려갔고 달러 가치는 반등했으며 1981년 9월부터 국채시장은 마침내 안정되기 시작했다. 이 같은 가격 변화는 Fed가 마침내 인플레이션과의 싸움에서 승리했다는 고무적인 신호로 받아들여졌다. 하지만 주식투자자들은 이 같은 승리의 대가가 경제에 미칠 부정적인 영향에 주목했다.

1982년 8월에는 무엇인가 상황이 변했으며 증시가 강하게 반등하기 시작했다. 증시가 상승세로 돌아선 것은 경제에 대한 전망이 바뀌었기 때문일까? NBER은 미국 경제가 1982년 11월에 바닥을 쳤다고 봤다. 이에 따르면, 증시는 경기에 선행해 상승 전환한 것이 된다. 하지만 GDP는 1982년 1분기에 바닥을 쳤다. GDP를 기준으로 하면 증시는 경기에 후행해 회복한 것이 된다.

이는 경기와 증시의 바닥이 거의 일치한다는 사실을 드러낸다. 사실 경기와 증시의 바닥은 다른 침체장에서도 거의 동시에 나타났다. 1921년 NBER에 따르면, 7월이 경기바닥이었고 증시 저점은 8월에 도달했다. 1930년대 초 침체장 때는 이처럼 명쾌하진 않았어도 1932년 7월에 증시가 바닥을 쳤고 경기는 훗날 이중 침체로 판명이 되는 두 번의 바닥 중 첫 번째 바닥을 그해 1분기에 쳤다. 1949년에는 증시가 경기를 선행해 6월에 저점을 형성하고 오르기 시작했다. 반면 경기는 NBER에 따르면, 그해 11월에 침체를 멈췄다. 이 네 번의 사례에서 알 수 있듯 증시가 평균 어느 정도 기간을 두고 경기를 선행하는지 계산하려 한다면 오류에 빠지게 된다. 분명한 것은 증시의 움직임은 경기보다 보통 6~9개월 선행한다는 투자자들 사이의 유명한 믿음은 사실이 아니란 점이다. 모든 경기 사이클의 회복 시점을 조사해본다면 이 믿음이 어느 정도 타당성이 있는 것으로 판명될지 몰라도 최소한 지난 20세기 가장 저평가됐던 네 번의 침체장 바닥에서는 맞지 않았다. 20세기 역사상 경제가 가장 극단적이었던 네 번의 시기에는 경기와 증시 바닥이 훨씬 더 근접해 나타났고 오히려 경기가 증시를 선행하는 경향이 두드러졌다.

〈WSJ〉가 침체장 바닥 때 경기가 개선되고 있다는 긍정적인 기사를 많이 게재했다는 점에서도 이 같은 사실을 확인할 수 있다. 이는 극단적인 상황에서 주식에 투자하는 것이 사람들의 생각처럼 크게 위험하지는 않다는 것을 시사한다. 침체장에서 주식에 투자할 때 경기가 6~9개월 후에 회복될 것이라는 전망을 반드시 갖고 있을 필요는 없다는 것을 뜻하기 때문이다. 큰 침체장이 바닥에 근접했을 때는 경제가 이미 나아지고 있다는 신호가 많이 나오고 있을 가능성이 높다.

- **6월 14일:** 1분기 기업재고는 물가상승률을 반영한 실질 기준으로 계산할 때 연간으로 환산해 175억 달러가 줄었다. 이는 제2차 세계대전 이후 분기 기준 최대 감소폭이다.
- **6월 14일:** 상무부의 경제 현안 담당 차관보인 로버트 데드릭Robert Dedrick은 최근 기업재고가 증가한 데 대해 긍정적인 의견을 피력했다. "재고 청산이 끝나지 않았을 수도 있다. 하지만 재고 청산의 강도가 약화되고 있다는 것만은 분명하다. 재고 감소가 완화되고 있다는 것은 경기회복을 가로막았던 장해물 하나가 치워지고 있다는 것을 뜻한다."
- **6월 14일:** 3~4개월 뒤의 실물 경기를 예고하는 소비자 기대지수가 개선되면서 경제전문가들 사이에 확산되고 있는 낙관론이 힘을 받고 있다. 최근 점점 더 많은 전문가들이 기업 경기가 몇 개월 지나지 않아 침체에서 벗어나 회복되기 시작할 것으로 전망하고 있다.
- **6월 14일:** 5월 신차 판매는 지난해 같은 달에 비해 5.9% 늘었다.
- **6월 14일:** 고용 동향조차 희망의 근거를 제시하고 있다. 5월 실업률은 9.5%로, 지난 4월의 9.4%에 비해 0.1%포인트 오르며 제1차 세계

대전 이후 최고치를 기록했다. 하지만 5월 취업자 수는 77만 7,000 명이 늘어나 계절적 요인을 반영할 때 1억 10만 명에 달했다. 이는 1981년 5월의 1억 100만 명과 비교할 때 크게 줄어든 것은 아니다.

- **6월 14일:** 컨설팅회사인 데이터리소스의 엘리자베스 앨리슨Elisabeth Allison은 "실질 가처분 소득이 이번 침체에서는 대개 큰 폭으로 늘어 났는데 주로 물가상승률이 하락하면서 실업수당과 사회보장제도가 자동적으로 안정됐기 때문이고 또 고금리의 긍정적인 측면인 이자 소득의 증가 덕분"이라고 말했다.

- **6월 14일:** 재정정책으로 7월1일부터 세금이 10% 감면됨에 따라 소 비 지출이 촉진될 것으로 기대된다.

- **6월 15일:** 와튼계량경제연구소WEFA의 도널드는 상반되는 경기 신호 에도 불구하고 "여전히 이번 2분기가 침체의 마지막일 것으로 기대 되고 있다"고 말했다.

- **6월 16일:** 자동차 판매가 살아나고 있는 것일까? 많은 산업전문가 들이 회복이 진행 중이라고는 할 수 없어도 최소한 임박한 것만은 틀림없다고 믿고 있다. 수입을 포함해 최근 10일간 자동차 판매량 은 계절적 변수를 반영해 연간으로 환산했을 때 830만 대에 달했다. 이는 5월의 연간 환산 판매량 820만 대를 웃도는 것은 물론 4월의 720만 대에 비해서는 큰 폭으로 늘어난 것이다. 자동차 제조업체 들을 즐겁게 하는 소식은 우선 지난 5월 자동차 판매량이 1년 전인 1981년 5월에 비해 15.8% 늘었다는 점이다. 이는 주로 GM의 자동 차 판매량이 늘었기 때문이다. 현재 도로를 달리는 자동차들은 평균 주행한 기간이 7.5년으로 1972년의 5.7년에 비해 늘어났다. 실제로

자동차 재고가 1964년 이후 최저 수준으로 떨어졌기 때문에 일부 애널리스트들은 어느 정도의 수요 증가라도 자동차 공급을 부족하게 만들 수 있는 상황이라고 보고 있다.

- **6월 16일:** 폴 볼커 Fed 의장은 최근 소비가 늘고 재고 감소폭이 둔화된 데 대해 '침체에서 벗어나면서 동시에 회복이 시작되고 있는' 신호라고 해석했다. 볼커는 금리가 언제 떨어질 것인지 시기를 예측하지는 않았지만 "금리가 내려가는 것 외에 다른 여지는 없어 보인다"고 말했다.

  -상하원 합동경제위원회에서

- **6월 17일:** 5월 주택착공건수가 22% 큰 폭으로 늘어나며 오랫동안 기다렸던 경기 회복의 가능성을 보여줬다. 5월 주택착공건수는 연간 환산 기준으로 10개월 만에 처음으로 100만 건을 넘어섰다.

- **6월 17일:** 레이건 정부가 7월 1일부터 시행한 2단계 소득세 감면으로 중위 소득의 주간 실수입이 6달러 늘어날 것으로 보인다.

- **6월 21일:** 지난달 개인소득이 소폭 늘어나고 소비 지출이 강력한 증가세를 보이면서 내수 주도의 회복이 시작되고 있다는 증거로 받아들여지고 있다.

- **6월 22일:** 정부 추정치에 따르면, 미국 경제는 이번 2분기에 실질 기준으로 연율 0.6% 성장하며 1981년 3분기 이후 처음으로 플러스 성장으로 돌아설 것으로 추정된다. 백악관 예산국장은 기자들에게 "침체의 저점은 빠져나왔다"고 말했다. 백악관 대변인인 래리 스피크스 Larry Speakes는 GNP 추정치가 플러스로 돌아섰다는 것은 '경기침체가 바닥을 찍었다는 신호'라고 해석했다. 재무장관인 도널드 리건은

회계사들을 대상으로 하는 강연에서 이번 2분기 GNP 추정치를 근거로 '회복의 전망이 보이기 시작했다'고 밝혔다.

- **6월 23일**: 모건스탠리의 부사장 에리히 하이네만Erich Heineman은 "최근 나오는 지표들은 경기가 완만하게 회복되고 있다는 사실을 증거하고 있다"고 말했다.

- **6월 23일**: 회복의 첫 신호들이 가시화되고 있다. 자동차 판매와 주택착공 건수가 소폭 늘었고 소매 판매도 증가했다. 소비자들의 수요는 다음 달부터 사회보장급여가 늘어나고 (지난해 세법 개정안 시행의 첫 결과로) 원천 징수되는 소득세가 줄어들면서 더 늘어날 것으로 전망된다. 기업들은 무엇보다 재정 상태가 취약해 Fed가 통화정책을 완화하지 않는다면 경기회복만으로 자금 조달 여건이 얼마나 개선될 수 있을지 의구심을 갖고 있다. 이 같은 의문과 더불어 기업들의 대출 수요가 이미 늘고 있다는 점을 감안하면 금리가 하락할 수밖에 없을 것이란 점을 쉽게 유추해볼 수 있다.

- **7월 1일**: 세금 감면으로 개인들은 연간 320억 달러의 세금을 줄일 수 있게 된다. 또 사회보장급여로 지급하는 생계비가 7.4% 오르면서 경제에 연간 110억 달러의 자금이 추가로 투입된다.

- **7월 1일**: 상무부는 5월 경기선행 종합지수가 0.3% 오르며 세 달째 상승세를 이어갔다고 밝혔다. 지난 3월 이전까지 경기선행 종합지수는 10개월 연속 하락하거나 전달과 변동 없는 정체 상태를 이어갔다.

- **7월 1일**: 뉴욕 경제예측기관의 사장으로 레이건 대통령에게 경제 자문을 하고 있는 앨런 그린스펀은 경제가 '몇 주일 내에' 뚜렷한 회복

세를 보일 것이라고 밝혔다.

- **7월 6일**: 의외의 사람들이 경제가 강하게 반등할 것이라고 믿는 낙관론에 합류했다. 뉴욕에서 자신의 이름을 붙인 자산운용회사를 운용하고 있는 로버트 윌슨Robert Wilson은 수년간 고평가됐다고 판단하는 주식을 빌려 공매도해 온 것으로 유명하다. 하지만 최근 윌슨은 공매도를 그리 많이 하지 않는다. 그는 최근 고금리 환경에서도 경기가 회복될 수 있다는 견해에 흥미를 갖고 있는데, 이는 "모든 사람들이 그런 일은 일어날 수 없다고 생각하기 때문"이라고 한다.

- **7월 12일**: 비록 강도가 평소보다 약할지는 몰라도 지속적인 경기회복의 조짐이 나타났다는 것이 주식시장에 형성된 대략적인 공감대다. 건축허가 건수부터 통화 공급량까지 경기를 알려주는 수많은 핵심지표들이 이 같은 경기회복 전망을 뒷받침하고 있다.

- **7월 12일**: 주식시장은 언제나 경기침체의 가장 저점에서 또는 그 저점보다 조금 앞서 반등하기 시작해 경기회복이 이어지는 동안 힘차게 뻗어 올라간다. 주식시장의 모든 신호가 침체를 예고했으나 침체가 오지 않을 수는 있다. 하지만 실현되지 않을 회복의 신호를 보낸 적은 없다. 만약 경기가 회복되기 시작됐다면 주식시장이 회복의 출발선에서 활기차게 반등하기는커녕 오히려 하락한 첫 사례가 될 것이다.

- **7월 14일**: 6월 소매판매는 1.5% 감소했다. 하지만 경제전문가들은 소비자들이 곧 지출을 늘리면서 완만한 경기회복을 촉진할 것으로 예상하고 있다. 2분기 소매판매는 전분기보다 3.1% 늘었다.

- **7월 29일**: 레이건 대통령은 경기회복이 이미 시작됐다고 강조하면

서도 '경기회복세가 둔화되고 있다'는 점에 대해선 인정했다.

- **8월 2일:** 2분기 물가 디플레이터는 5%로, 1981년 9.4%의 절반 수준에 불과했다.

- **8월 5일:** 미국 상공회의소의 한 경제학자는 최근 보고서에서 다음과 같이 지적했다. 기업들의 이익이 질적인 측면에서 개선되면서 이익 총액에 감가상각비를 더한 기업의 현금 흐름이 큰 폭으로 늘고 있다. 올 1분기 계절적 요인을 반영해 연간으로 환산한 기업의 현금 흐름은 1981년 수준을 뛰어넘었다.

- **8월 6일:** 아리조나주 세도나의 로버트 에거트Robert Eggert가 이끄는 민간 경제연구기관인 블루칩이코노믹인디케이터는 매달 40명 이상의 저명한 경제학자들을 대상으로 설문조사를 실시해 각종 경제지표 전망치를 발표하고 있다. 이런 점에서 블루칩이코노믹인디케이터의 전망치는 전문가들의 합의에 가장 근접해 있다고 할 수 있다. 블루칩이코노믹인디케이터의 경제학자들은 앞으로 12개월간 GNP가 실질 기준으로 평균 3.3% 성장할 것으로 예상하고 있다. 설문조사에 참여한 모든 경제학자들이 최소한 GNP가 플러스 성장할 것으로 내다봤지만 성장률 전망치는 1.3%에서 6% 이상으로 범위가 넓었다. 최근의 평균성장률 전망치 3.3%는 6월 설문조사 때의 3.6%보다는 낮아진 것이다.

- **8월 12일:** 소매업체들의 7월 매출액이 1% 증가하며 미국 경제가 서서히 침체에서 빠져나오고 있다는 또 하나의 증거를 제시했다.

- **8월 18일:** 미국 재무부 장관이자 전 메릴린치 회장인 리건은 애널리스트인 카우프만이 금리가 하락할 것으로 전망하자 공감을 표했다.

그러나 금리가 떨어질 것으로 보는 근거에 대해서는 반대 입장을 분명히 했다. 카우프만은 미국 경제가 앞으로도 계속 부진할 것이기 때문에 금리가 내려갈 것으로 봤다. 이에 대해 리건은 '답은 맞지만 근거는 틀렸다'며 '그는 경제가 견고하게 살아나고 있다는 신호들을 놓치고 있다'고 지적했다.

- **8월 23일:** 7월 공장 내구재 주문이 3.2% 늘었다. 내구재 주문이 증가하기는 지난 3월 이후 처음이다. 이는 앞으로 수개월 내에 산업생산이 개선될 것을 예고하는 전조일 수 있다.

- **9월 22일:** 미국 경제는 이번 3분기에 물가상승률을 반영한 실질 기준으로 연율 1.5% 성장할 것으로 추정된다. 정부가 발표한 수정치에 따르면, 2분기 경제성장률은 계절적 요인을 반영해 연율 2.1%로 나타났다.

- **9월 27일:** 놀랍게도 창업이 거의 사상 최고 수준으로 늘어났다. 지난해 자본이득세 [자본이득세는 주식, 채권, 부동산, 기업, 특허권 등 자본자산을 매각할 때 발생하는 이득에 부과하는 세금을 말한다. 국내에는 토지와 건물 등의 양도로 발생하는 소득에 과세하는 양도소득세가 있다 – 옮긴이] 최고세율이 20%로 1978년의 49%에 비해 대폭 낮아지면서 소기업 창업에 대한 투자가 촉진됐다.

- **10월 1일:** 뉴욕의 경제학자로 레이건 대통령에게 경제 자문을 하고 있는 앨런 그린스펀은 '실질' GNP, 즉 물가상승률을 감안한 모든 재화와 서비스 생산물의 총가치가 4분기에 연율 2.3% 성장하는 데 그칠 것으로 전망했다. 또 경제가 1983년 1분기에도 이와 비슷한 부진한 흐름을 이어갈 것으로 예상했다.

- **10월 5일:** 민간 경제연구기관인 컨퍼런스보드는 미국 경제에 대한 기업 경영자들의 신뢰도가 3분기 연속 개선됐다고 밝혔다.

정부의 경제성장률 추정치를 보면 경기회복은 이미 1982년 2분기에 진행되고 있음을 알 수 있다. 2분기 실질 GDP [원서에 인용된 〈WSJ〉 기사에는 경제성장과 관련해 계속 GNP를 사용하고 있는데 저자는 여기에서 GDP라는 표현을 썼다. 저자가 GNP를 GDP로 단순 오기한 것인지 원래 GDP를 말하려 한 것인지는 불분명하다 - 옮긴이]는 실제로 연율 2.2%와 맞먹을 정도로 성장했다. 블루칩이코노믹인디케이터의 경제학자들은 향후 12개월간 경제가 평균 3.3% 성장할 것으로 예상했는데, 실제로 경제는 3.2% 성장해 전망이 정확했음으로 드러났다. 1982년 침체장 바닥은 경제가 회복되면서 향후 경제에 대해 낙관론이 매우 고조됐을 때 마련됐다.

1921년과 1932년, 1949년처럼 다시 한번 침체장 바닥은 호재가 고갈돼 비관론이 팽배할 때가 아니라 주식시장이 외면하는 가운데 호재가 늘어날 때 나타난다는 사실을 확인할 수 있다. 또 네 번의 침체장 바닥을 모두 분석해 보면 자동차 판매량이 투자자들에게 매우 중요한 경기 선행지표가 된다는 사실도 알 수 있다.

1982년에 자동차 부문은 경기 전반과 증시가 바닥을 치기 꽤 오래 전부터 회복 기미가 뚜렷했다. 월간 기준으로 신차 등록대수가 가장 적었던 때는 1982년 1월로 전년 같은 달보다 20%가 줄었다.

1982년 6월에는 신차 등록대수가 전년 같은 달보다 4% 감소하는 데 그쳤고 이는 자동차 판매가 더 좋아질 신호로 투자자들 사이에서 널리 회자됐다. 20세기 가장 극심했던 네 번의 침체장을 분석해보면 자동차 부문은 비슷한 양상으로 회복되는데 경기침체로 자동차 가격이 떨어지면 억눌렸던 수요가 분출하면서 자동차 판매가 살아난다는 것이다. 1921년과 1932년, 1949년에는 자동차 가격의 하락세가 뚜렷했다. 1982년에는 자동차 가격이 떨어지지 않았기 때문에 이전 침체장만큼 상황이 뚜렷하지 않았다.

1982년 9월 1일자 〈WSJ〉를 보면, GM이 1983년에 출시하는 모델의 가격을 1.9% 올리기로 했다는 기사가 있다. 신차 가격은 계속 올랐지만 신차를 사는 데 드는 비용은 빠르게 하락했다. 1981년에는 거의 대부분의 기간 동안 대출 우대금리가 20%를 넘어섰지만 1982년 초에는 16% 밑으로 떨어졌다. 자동차 가격이 거의 변동이 없는 가운데 대출 금리가 하락했다는 것은 자동차를 사는 데 드는 비용이 1981년보다 1982년에 더 떨어졌다는 것을 의미했다. 이 같은 사실상의 가격하락이 자동차 수요를 촉진하며 1921년과 1932년, 1949년처럼 경제 전반의 수요 개선과 경기회복을 예고하는 전조가 됐다. 이처럼 불황으로 주가가 하락했을 때 자동차 부문은 침체장과 경기 부진이 끝나고 있다는 것을 알려주는 좋은 선행지표가 된다.

주요한 침체장 바닥에서 주목해야 할 또 다른 특징은 새로운 강세장을 촉발하는 경기회복이 일반적으로 뉴잉글랜드주에서 시작된다는 점이다. 다음은 〈WSJ〉 1982년 7월 19일자 기사다.

수년간 계속된 침체 속에서 시달려오던 미국 동북 지역이 최근 위기에서 순조롭게 벗어나는 모습을 보여주고 있다. 뉴잉글랜드는 동북 지역 중에서도 가장 경기가 가라앉은 지역이었다. 하지만 뉴잉글랜드는 지난 몇 년간 마이크로컴퓨터와 통신 등 전반적인 첨단산업으로 지역 성장의 축을 이동시켜 바야흐로 새로운 호황을 맞으려 하고 있다. 뉴잉글랜드주는 미국의 다른 지역보다 대략 10년 앞서 이 같은 산업의 전환을 이뤄왔다.

〈WSJ〉의 이 기사는 뉴잉글랜드주의 경제가 오랜 기간에 걸쳐 상당한 변화를 겪어왔음을 보여준다. 하지만 이 같은 변화에도 불구하고 뉴잉글랜드주의 경기가 회복되고 있다는 소식은 극심했던 네 번의 침체장 바닥보다 수주일 정도 앞섰다는 사실에는 변함이 없다.

물가 안정과 침체장

앞서 1921년과 1932년, 1949년의 침체장 바닥에서는 가격안정이 침체장의 종말을 예고하는 가장 중요한 요인이었다. 앞서 세 번의 침체장에서는 물가하락이 멈추면서 증시하락 역시 막을 내렸다. 반면 물가상승이 경제구조로 고착화됐던 1980년대 초 침체장에서는 매우 다른 양상이 나타났다. 특히 1980년대 초는 경기침체 속에서 물가상승률이 매우 높은 수준에서 둔화되고 있을 때였다. 만약 디플레이션을 소비자물가 지수의 하락으로 정의한다면, 1982년 11월까지 물가하락의 조짐은 전혀 없었다. 1982년 4분기에야 소비자물가 지수는 전분기에 비해 0.6% 떨어졌을 뿐이었다. 이처럼 매우 짧은 소폭의 물가하락은 1921년과 1932년, 1949년 당시 디플레이션과 비교해 매우 대조되는 현상이다. 1921년과 1932년에는 금본위제가 디플레이션이 나타나는 데 주요한 역할을 했고, 1949년에는 제2차 세계대전 이후 조정 과정이 디플레이션을 유발한 주요한 구조적 요인이었다. 이세 번의 침체장에서 디플레이션이 왜 나타났고 디플레이션의 소멸이 왜 증시에 긍정적으로 작용했는지는 이미 상세히 살펴봤다. 하지만 1982년 침체장 바닥 때는 상황이 매우 달랐다. 이때는 브레튼우즈 체제마저 종말을 고하면서 Fed의 통화정책을 공식적으로 제한할 수 있는 마지막 대외적 요인이 사라졌다. 또 금융시장은 거의 20여 년간 치솟는 물가상승률로 심각한 손상을 입은 상태로, Fed가 만약 다시 한번 인플레이션과의 전쟁에서 패한다면 투매를 유발하는 공황 상태에 빠질 기미였다. 그럼에도 놀라운 사실은 1982년의 침체장 바닥 역시 디플레이션의 종말과 함께 찾아왔다는 점이다. 물론 1982년에 주식시장이 전반적인 물가 지수의 하락세가 멈추면서 상승 탄력을 받은 것은 아니었다. 앞서도 설명했지만 당시 소비자물가 지수는 이미 새로운 강세장이 펼쳐지고 있던 11월까지 하락하지도 않았기 때문이다. 1982년에 주식시장의 핵심적인 전환점은 1921년과 1932년, 1949년과 마찬가지로 상품가격의 안정이었다.

이 책의 앞부분에서 확인했듯이 몇몇 핵심 상품의 가격이 안정되면 이 안정세가 다른 상품가격으로 확산되고 궁극적으로는 전반적인 물가의 안정세로 연결된다. 1921년과 1932년, 1949년에는 전반적인 물가수준의 안정을 예고하는 몇몇 상품가격의 첫 안정 신호에 주가가 긍정적으로 반응했다. 흥미롭게도 1982년은 전체적으로 물가가 오르던 인플레이션 환경이었음에도 이와 비슷한 양상을 드러냈다. 소비자물가 지수를 기준으로 하면 이 기간에 디플레이션은 거의 나타나지 않았거나 나타났다 해도 극히 제한적이었다. 하지만 상품가격을 기준으로 보면 디플레이션이 뚜렷했다. 미국의 상품조사연구소Commodity Research Bureau, CRB [CRB는 상품과 선물의 가격 동향을 분석해 제공하는 barchart.com의 한 사업부서로 각종 상품에 대한 가격과 이를 집계해 만든 상품 지수에 대한 자료를 보유하고 있다. CRB 금속 현물지수는 구리와 납, 철강, 주석, 아연 등 금속의 실제 인도 가격 또는 입찰 가격을 기하평균해 산출한다. CRB 연속 상품 지수는 통상 CRB 지수라 불리는 대표 지수로 원유, 천연가스, 금, 구리, 설탕, 면, 커피, 옥수수 등 19개 상품의 6개월 이내 선물가격을 기하평균해 계산한다 – 옮긴이]가 발표하는 원자재 선물가격 지수인 CRB 지수는 1980년 11월 최고점부터 1982년 10월 저점 때까지 30% 이상이 하락했다. 표4-22를 보면, 1982년에 CRB 금속 현물지수는 6월에 바닥을 치고 올라간 반면 좀 더 많은 상품을 포괄하는 CRB 연속 상품 지수는 10월 무렵에 바닥을 형성했다.

전반적인 상품가격은 증시가 바닥을 치고 2개월 후인 10월에 저점

표4-22_CRB 지수와 CRB 금속 현물지수: 1982년 1월~12월

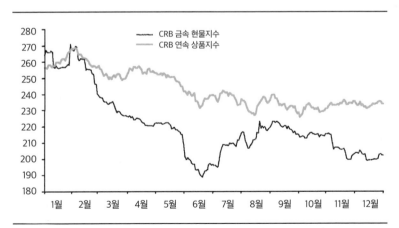

자료: 데이터스트림

을 형성했지만 금속 가격은 증시가 바닥을 치기 2개월 전에 최저치를 기록한 뒤 반등했다. CRB 지수에서 확인할 수 있듯 1982년에 증시가 상품가격 급등으로 크게 위축돼 있었을 것이라고 예상했다면 크나큰 오해를 하고 있었던 셈이다. 당시 Fed는 인플레이션의 조짐만 보여도 물가상승 압력을 억누르려 강한 조치를 취했기 때문에 상품가격 반등은 실질 금리가 더 올라갈 것이란 신호로 해석될 수도 있었다. 특히 투자자들의 관심이 Fed가 인플레이션과의 싸움에서 이길 수 있는지 여부에 온통 집중돼 있던 상황에서 상품가격 상승은 Fed가 다시 한번 인플레이션을 정복하는 데 실패했다는 악재로 받아들여질 수도 있었다. 하지만 놀라운 일은 이 같은 여건에서도 상품 디플레이션의 소멸은 다시 한번 침체장의 종말로 연결되었다는 점이다.

이 책에서 분석한 네 번의 침체장 바닥 모두 상품가격이 하락세를 멈출 즈음에 증시도 하락세를 그치고 반등을 시작했다.

표4-22는 전반적인 상품가격과 금속 가격의 움직임을 함께 보여준다. 금속 가격만 반영하는 지수를 따로 제시한 이유는 금속, 그중에서도 특히 구리가 더 넓은 범위의 상품들보다 가격이 먼저 안정되는 경향이 있기 때문이다. 구리 가격은 1981년 8월 고점에서 1982년 5월까지 16%가 하락했다. 구리 가격은 6월까지 한 달여간 17%가 더 떨어졌지만 이후 빠르게 반등해 증시가 바닥을 쳤던 8월에는 5월 수준으로 회복됐다. 6월 저점에서 구리 가격의 급반등은 상품가격이 바닥을 쳤을 수도 있다는 첫 신호가 됐다. CRB 금속 현물가격 지수는 전반적인 상품가격 지수와 달리 1982년 6월에 바닥을 형성한 뒤 그해 말까지 저점 훨씬 위에 머물렀다. 다른 세 번의 침체장에서 구리 가격은

1921년 8월, 1949년 6월에 바닥을 쳤고 1932년에는 7월에 저점에 도달했다(물론 1932년의 경우 구리 가격이 한 차례 바닥을 친 뒤 올랐다가 1933년 초 제2차 은행위기 때 또다시 기존 저점을 뚫고 내려가 신저점을 형성하긴 했다).

네 번의 침체장에서 모두 구리 가격은 증시보다 앞서거나 또는 증시와 비슷한 시기에 반등을 시작했다. 이 원칙은 심지어 구리를 비롯한 상품가격 상승이 인플레이션을 자극해 긴축적인 통화정책을 유발할 수도 있었던 1982년에도 유효했다. 따라서 상품가격의 안정은 침체장이 바닥에 도달했음을 알리는 좋은 지표이며 구리 가격안정은 전반적인 상품가격의 안정이 임박했음을 예고하는 최고의 선행지표라 할 수 있다.

상품가격은 강하게 반등하며 CRB 지수는 1982년 10월 저점에서 10개월만에 24%가 급등했다. 이 기간 동안 증시는 강세를 이어갔다. 전반적인 물가수준이 하락하고 있을 때나 상승하고 있을 때나 상품가격 안정이 주가에 긍정적으로 작용한다는 사실은 상품가격이 상당히 중요한 정보를 갖고 있음을 의미한다. 이는 증시가 저평가된 상태에서 주가가 계속 하락하고 있을 때 상품가격이 안정되고 있다는 것은 경기 회복이 임박했다는 증거가 되기 때문일 것이다. Fed가 물가상승의 조짐이 조금이라도 보이면 즉각 달려들어 조치를 취할 것으로 생각되던 1982년조차 상품가격의 안정은 최소한 최종 수요가 회복되고 있다는 신호로 해석됐다. 당시 채권시장은 이미 Fed가 인플레이션과의 전쟁에서 이겼다는 판단을 내리고 있었기 때문에 상품가격의 안정은 앞으로 물가상승 압력이 커질 것이란 우려보다는 경기회복이 임박했다는 신호로 더 중요하게 다가왔을 것이다. 금리가 떨어지면서 경기회복의 조짐이 나타나자 다우존스 지수는 1982년 8월 바닥에서부터 1년 도 안 돼 50% 이상 급등했다. 이러한 긍정적인 현상이 나타나는 이유 가 무엇이든 침체장이 끝났는지 확인하려면 전반적인 상품가격, 특히 구리 가격이 안정되고 있는지 지켜볼 필요가 있다.

상품의 가격들이 미래에 어떻게 움직일지 예측해서 주식이라는 또 다른 가격들이 앞으로 어떤 모습을 보일지 전망하기는 쉽지 않 다. 주가를 예측하는 것만큼이나 다른 종류의 가격, 즉 상품가격을 예상하기도 어렵기 때문에 결국 미래의 상품가격을 추정해 주가를 전망하는 이 같은 분석방법은 현실에서는 별 실효성이 없다고 할 수 있다. 따라서 상품가격이 바닥을 다지는 과정에서 재고 수준이 어 느 정도인지 확인하는 것이 매우 중요하다. 〈WSJ〉를 보면 1921년과 1932년, 1949년 침체장 바닥 때 재고 수준이 낮아지면 낙관적인 신 호로 받아들여졌다. 1982년에도 재고가 1분기에 제2차 세계대전 말 이후 실질 기준으로 가장 큰 폭으로 떨어지면서 비슷한 상황이 나 타났다. 상품가격은 상승세든 하락세든 쉽고 빠르게 추세가 바뀔 수 있다. 하지만 상품가격이 재고가 매우 낮은 상태에서 오르고 있다 면 쉽게 하락세로 돌아서기 어렵다. 투자자들은 상품가격이 상승세 를 이어갈 것이라는 믿음을 가질 필요가 있지만 상품가격이 떨어지 고 있는 상황에서 가격이 안정될 것이라는 희망만 갖고 주식투자에 나설 이유는 없다. 역사를 보면 상품가격의 상승세가 지속될 것인지 여부는 구리 가격이 오르는 것을 보고 판단해도 늦지 않았다. 또 주 식에 대한 밸류에이션이 대폭 낮아진 침체장에서 재고가 극히 낮은 가운데 상품가격이 오르고 있다면 가격상승세가 이어질 것이라는 확신을 가져도 좋다. 특히 자동차에 대한 최종 수요까지, 앞으로 늘어날 것이란 단순 예측이 아니라 실제로 늘고 있다는 통계가 나온다면 역사의 가르침에 비춰볼 때 침체장 바닥은 확실히 매우 가까이에 있다.

장기간에 걸쳐 나타난 침체장의 바닥들을 비교하면서 부딪치는 핵심 문제 중 하나는 제도와 체계의 변화를 어떻게 반영할 것인가 하는 점이다. 제도적으로 급격한 변화가 있었다면 과거의 한 가지 사건을 미래 어느 시점에 그대로 적용해 향후 전개 방향을 예측하는 것이 의미가 있을까? 특히 통화 시스템 자체가 매우 급격하게 변해버렸다면 서로 다른 시기의 두 침체장을 비교해 공통점을 찾아내는 것이 실효성이 있을까?

1921년부터 1982년까지 미국의 통화 시스템은 엄청난 변화를 겪었으며 궁극적으로는 고정환율제가 완전히 폐기됐다. 환율이 고정돼 있을 때는 국내 가격의 조정이 경제 전체와 금융시장에 결정적인 영향을 미친다고 추측해볼 수 있다. 환율 변화가 제한돼 있기 때문에 국내 가격조정이 경기 사이클의 변동에 중요한 역할을 하게 된다. 마찬가지로 미국의 통화 시스템이 변동환율제로 바뀌었을 때는 국내 가격의 조정이 경기 사이클 변화에 미치는 영향이 줄어든다고 유추해볼 수 있다. 이 같은 사실이 경제에 어떤 의미를 갖든 관계없이 앞선 세 번의 침체장 바닥과 마찬가지로 통화 시스템이 급격하게 바뀌어버린 1982년에도 가격 변화는 여전히 주식투자자들에게 중요한 정보였다. 고정환율제가 폐기되면서 대외적인 통화정책의 중심축이 사라져버리긴 했지만, 1921년과 1932년, 1949년 침체장 바닥에서 배울 수 있는 가격과 관련한 교훈은 1982년에도 유효했다. 가격과 관련한 교훈은 제도가 구조적으로 변했다 해도 이에 따른 영향을 가장 덜 받는다고 할 수 있다.

유동성과 침체장

가끔 인플레이션으로부터 이익을 얻는 사람이 누구인지 자기 자신에게 물어보라. 빚진 사람들, 사회의 패자들이 혜택을 얻는다. 정부는 세율을 올리지 않고도 더 많은 세금을 거둘 수 있으니 이득이다. 그렇다면 인플레이션의 혜택을 누리지 못하는 사람은 누구일까? 주머니에 돈을 가지고 있는 사람, 지불해야 할 돈을 다 지불한 사람이다.

존 업다이크,《토끼는 부자다》

이 책을 통해 Fed의 정책적 입장을 판단하는 것이 과학보다는 예술에 가깝다는 사실을 알게 됐을 것이다. Fed의 재무상태표에 주목해온 이유도 Fed의 동향을 지켜보는 투자자들에게 침체장 바닥을 판단할 때 지침이 될 만한 정보를 제공하는 데 있다. 이와 관련해선 Fed의 정책적 입장이 어떻게 바뀌고 있는지 살펴보는 것이 단순히 재무상태표의 변화를 분석하는 것보다 훨씬 더 유익하다는 사실이 앞서 침체장 분석 결과에서 드러났다. 1982년 침체장 바닥에서도 이와 매우 유사한 교훈을 얻을 수 있다.

1982년 여름에 투자자들은 Fed의 재무상태표 조정과 관련해 매우 명확한 지침을 갖고 있었다. Fed는 은행권의 비차입 지불준비금

(비차입 준비금) 증가세와 통화 유통량이 일치한다고 보고 비차입 준비금을 조절하는 정책[중앙은행, 즉 Fed는 2가지 방법으로 은행들의 지불준비금 수요를 충족시킨다. 첫째는 공개시장에서 유가증권을 매입해 돈을 푸는 방법이다. 이는 은행의 비차입 준비금으로 쌓인다. 둘째는 중앙은행의 할인창구를 통해 은행에 자금을 빌려주는 방법이다. 중앙은행의 할인창구란, 은행이 중앙은행에서 돈을 빌리는 통로를 말한다. 은행은 중앙은행에 돈을 빌릴 때 기업이나 개인에 대출해주고 받은 유가증권, 즉 어음을 담보로 제공해야 하고 이자를 지급해야 하는데 이 이자율을 재할인율이라고 한다. 은행이 중앙은행에 돈을 빌릴 때 어음을 재할인받아야 한다는 의미에서 중앙은행의 할인창구란 표현을 쓴다. 이렇게 중앙은행에서 빌린 돈은 은행의 차입 준비금이 된다. 중앙은행은 비차입 준비금이 많이 늘었다고 판단되면 공개시장에서 은행의 유가증권을 매수하지 않는 방식으로 돈을 풀지 않거나 오히려 유가증권을 매각해 시중의 현금을 거둬들인다. 이렇게 되면 은행들은 중앙은행의 할인창구에서 직접 돈을 빌려 차입 준비금을 늘릴 수밖에 없다. 이때 중앙은행이 재할인율을 올리면 은행들은 지불준비금 차입에 들어가는 비용이 늘기 때문에 차입을 줄이려 하게 되고 은행권에 자금이 마르게 된다. 은행권에 자금 공급이 줄면 자금 수요에 비해 공급이 부족하게 되고 자연히 자금을 조달하는 데 드는 비용, 금리가 올라가게 된다 – 옮긴이]을 썼다. Fed는 통화 유통량의 증가 속도가 너무 빠르다는 판단이 들면 공개시장에서 긴축정책을 써서 지불준비금을 중앙은행, 즉 Fed에서 직접 빌릴 수밖에 없도록 만들어 연방기금 금리에 상승 압력을 가했다. 이 결과 실제로 금리가 오르면 자금 수요가 줄어 통화 유통량의 증가 속도가 떨어졌다. Fed가 가장 최근의 통화 공급 자료에 어떻게 반응하고 있는지 가장 확실하게 알려면 비차입 준비금의 변동을 보면 됐다. 표4-23은 Fed가 통화정책으로 통화량 목표제를 채택한 이후 비차입 준비금의 변화를 나타낸 것이다.

표4-23을 보면, 1982년부터 비차입 준비금의 증가세에 가속도가 붙기 시작했는데 이는 Fed가 통화정책을 완화했다는 의미다. Fed는 1980년에 첫 유동성 긴축으로 경기가 급격히 위축되자, 표4-23에서 알 수 있듯 정책을 급격히 전환했다. 하지만 Fed가 1980년 초 통화 긴축에서 방향을 바꾼 다음에도 비차입 준비금의 증가세는 두드러지지 않았다. 계절적 요인을 반영해 계산해보면, 1980년 7월부터 1982년 4월까지 21개월간 비차입 준비금은 1.8% 늘어나는 데 그쳤다. 뚜렷한 변화는 1982년 5월에 감지됐다. 이때 비차입 준비금은 계절적 요인을 반영했을 때 전달에 비해 2.4%가 늘었다. 이때를 계기로 비차입 준비금은 새로운 증가 추세에 접어들어 이후 10개월간 10.6% 급증했다.

표4-23을 보면 비차입 준비금의 증가세가 뚜렷하지만 그 당시에

표4-23_미국 예금기관의 비차입 준비금

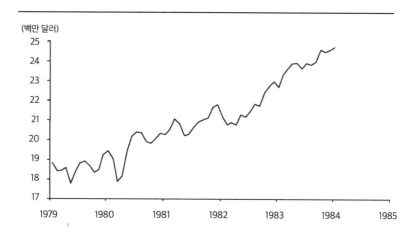

자료: 데이터스트림
※주: 계절적 요인 조정

는 이 같은 추세 변화를 분별하기가 쉽지 않았다. 통계상 이 같은 추세의 변화는 8월이 되어서야 명확하게 드러났다.

비차입 준비금의 증가세는 1982년 5월부터 뚜렷하게 가팔라지기 시작했으나 투자자들 입장에서는 이 같은 변화가 통화량 목표제를 지키려는 Fed의 단순한 정책적 반응 때문인지 아니면 새로운 통화정책으로의 전환 때문인지 판단하기가 어려웠다. 통화 공급량 통계가 변동성이 매우 크다는 점을 감안하면 통화 공급량과 관련해 비차입 준비금의 증가세에 가속도가 붙는 이유를 해석해내기는 쉽지 않았다. 1982년 여름에 발간된 〈WSJ〉를 보면 비차입 준비금이 어떤 달에는 통화 공급량에 비해 미미하게 여겨지지만 바로 다음 달에는 통화 공급량에 비해 과도하게 보인다는 점을 알 수 있다.

1982년 6월 중순에 협의통화 증가율은 연율 6.7%로 Fed의 목표치 3.5%를 크게 웃돌았다. 따라서 Fed가 협의통화 증가율을 낮추기 위해 비차입 준비금의 증가세를 억제할 것이라는 예상을 할 수 있는 상황이었다. 하지만 당시엔 복잡한 문제가 있었다. 이자가 붙는 당좌예금, NOW Negotiable Order of Withdrawal 계좌의 등장이었다. 당좌예금에도 이자가 붙으니 이제 예금자들은 더 많은 돈을 당좌예금에 예치해두려 할 것이다. NOW 계좌가 나오지 않았더라도 예금자들이 이 돈을 저축하지 않고 쇼핑에 소비했을 것이라고 말할 순 없지만 당좌예금에 돈이 더 많이 유입될 것이라는 전망은 논리적으로 타당했고, 이 결과 협의통화 증가율이 상승할 것이라는 예상도 충분히 가능했다. 따라서 시장은 협의통화 증가율이 Fed의 조치로 억제될지 NOW 계좌의 영향으로 오히려 확대될지 가늠하지 못한 채 혼란에 빠졌다.

베어마켓

6월 16일에 Fed가 지난 3년간 계속 통화량 목표치를 초과했다는 보고서가 국제결제은행에서 나왔지만 협의통화 증가율을 전망하는 데 별다른 도움은 되지 않았다. 만약 Fed가 통화량 목표치를 통상적으로 초과한다면 협의통화 자료를 근거로 Fed의 향후 정책 방향을 예측하기는 더욱 힘들어진다.

협의통화의 변동성이 크다는 점도 문제를 어렵게 만들었다. ⟨WSJ⟩에 따르면, 6월 중순에 크게 늘었던 협의통화 증가율이 6월 마지막 주에는 Fed 목표치 이내로 줄어든 것으로 나타났다. '기본적인 통화 공급량을 의미하는 협의통화는 6월 30일까지 일주일간 37억 달러 급감하며 Fed의 목표치 밑으로 넉넉하게 내려갔다.' 이 기사를 읽고 협의통화가 Fed 목표치 아래로 충분히 내려갔으니 앞으로 통화정책이 완화될 것이라고 예상할 수도 있지만, 사실 이 기사의 핵심은 협의통화 통계가 매우 변동성이 크다는 점이다. 실제로 9월에는 협의통화 증가율이 연율로 16%에 달할 정도로 급격히 높아져 시장의 혼란은 더욱 커졌다. 9월 협의통화 증가율을 접하고 Fed가 유동성을 조이기 시작할 것으로 생각했다면 이는 완전한 오판이었다.

Fed가 통화 공급량의 증가율 목표치를 정해놓고도 이를 자주 초과하고 NOW 계좌로 인해 협의통화 통계가 왜곡되는 상황에서 은행권의 비차입 준비금이 급속도로 늘어난다는 것은 무엇을 의미하는 것일까? 6월에는 통화 공급량이 큰 폭으로 증가했지만 Fed는 은행권의 비차입 준비금이 늘어나도록 허용했다. 7월에는 통화 공급량이 '급감'함에 따라 Fed가 시장에 유동성을 공급했던 것으로 파악된다. 당시 ⟨WSJ⟩ 기사를 보면 전문가들도 통화 공급량과 이에 대한

Fed의 태도를 두고 어떤 해석을 내려야 할지 상당한 곤란을 겪었던 것으로 보인다.

당시 통화 공급량 통계에 주목했던 전문가들은 전반적으로 잘못된 전망을 내릴 수밖에 없었다. 재정수지 악화를 중시하며 이를 우려했던 전문가들 역시 틀린 예상을 하기는 마찬가지였다. 〈WSJ〉에 따르면, 폴 볼커 Fed 의장은 6월 14일 의회에서 재정 악화에 대한 정부의 조치가 있어야 신용 조건을 완화할 수 있다고 말했다. 정치인들은 이 논의를 더 이상 진전시키지 못했고 많은 사람들이 조만간 통화정책이 완화되는 일은 없을 것이라고 생각한 것은 당연했다. 국제결제은행이 연차총회에서 1982년 하반기에 금리가 오를 것으로 확신했던 이유도 아마 재정 문제 때문일 것이다. 가장 예리한 분석기관조차 금리가 떨어질 가능성은 거의 없다고 봤던 것이다.

- **7월 6일:** 뉴욕 컨설팅회사의 사장이자 레이건 대통령의 경제 고문인 앨런 그린스펀은 "올 상반기 내에 예산과 관련해 타협이 이뤄질 것으로 기대했으나 내 생각이 틀렸다"라고 말했다. 그린스펀은 당초 6월 30일에 우대금리가 11.75%, 3개월 만기 단기국채 금리가 8.8%, 30년 만기 장기국채 수익률이 12.9% 수준을 형성할 것으로 전망했다. 하지만 6월 30일에 3개월 만기 단기국채 금리는 그린스펀의 예상보다 훨씬 높은 12.6%로 마감했다. 반면 30년 장기국채 금리는 13.875%로 거래를 마쳤다. 그린스펀은 "예산 문제를 감안하면 장기적으로 낙관적인 전망을 하기 어렵다"며 "예산을 억제하기 위한 의회의 헌신적인 노력이 요구될 것"이라고 말했다.

미래의 Fed 의장인 앨런 그린스펀이 금리가 떨어지기 어려울 것으로 예상하며 당시 금융시장의 대체적인 의견에 따랐던 반면 Fed 의장이었던 폴 볼커는 다른 전망을 내놓았다.

- **7월 21일:** 사상 최고 수준의 재정적자를 메우기 위해 재무부의 국채 발행이 늘어날 수밖에 없는 상황에서 Fed 의장인 폴 볼커는 상원 은행위원회에서 "(이 문제가) 금리하락을 가로막는 넘지 못할 장해물은 아니다"라고 말했다. 정부가 자본시장을 압박하고 있는 한 금리가 급격하게 떨어지진 않겠지만 볼커는 "금리가 내려가면서 이 시기를 헤쳐나갈 수 있기를 희망한다"고 말했다.

불가능한 조합으로 보이는 장기 금리하락과 지속적인 재정적자가 동시에 진전되고 있는 동안 전문가들은 이 같은 추세가 곧 바뀔 것이란 전망을 확고하게 고수했다. 채권시장이 상승세를 이어가는 동안 믿을 수 없다는 반응이 쌓여갔다. 당시 〈WSJ〉에는 다음과 같은 기사들이 실렸다. 'Fed의 대대적인 통화정책 완화는 아마도 끝난 것으로 보인다.'(8월 2일) '많은 경제학자들이 주택담보대출 금리가 올해 안에 큰 폭으로 떨어질 가능성은 거의 없다고 보고 있다.'(8월 3일) '하지만 대부분의 경제학자들은 금리가 더 떨어지진 않을 것으로 전망하고 있다.'(8월 19일) '그러나 대부분의 애널리스트들은 어떤 종류의 경기 회복이든, 심지어 미약한 회복이라 해도 내년까지 금리가 더 떨어지지는 못할 것으로 믿고 있다.'(9월 13일) 많은 전문가들이 재정적자로 인해 채권 금리가 더 떨어지기 어렵다고 예상했지만 이는 맞지 않았다. 이는 경제위기가 진행되면서 안전 자산인 국채에 대한 수요가 급증하며 공급을 초과했기 때문이다.

Fed가 비차입 준비금이 급속히 늘어나는 것을 허용하고 있다는 증거는 이미 1982년 5월부터 뚜렷했지만 이를 가지고 Fed의 향후 통화정책을 해석하기는 쉽지 않았다. 많은 경제전문가들은 통화 공급량 통계로 Fed의 입장을 해석하는 데 익숙해져 있었다. 1982년 여름에 있었던 결정적인 변화는 Fed가 사실상 통화 공급량을 조절하는 통화량 목표제를 포기했다는 점이다. Fed가 이 같은 정책 변화를 공개적으로 밝히진 않았지만 볼커의 발언을 해석하는 데 어느 정도 훈련된 사람이라면 7월 말에 이 같은 변화를 확실하게 감지할 수 있었다. 〈WSJ〉는 7월 21일 볼커가 상원 은행위원회에서 통화정책 반기 보고를 하는 자리에서 다음과 같이 말했다고 보도했다.

게다가 특히 강조하고 싶은 것은 예방적인 유동성 조치만으로도, 경제적 격랑으로 예상보다 강한 자금 수요가 발생하는 여건에서는 통화량 증가율이 목표했던 범위를 소폭 넘어선다 해도 감내해야 한다는 점이다.

극히 절제된 언어로 표현하긴 했지만 결국 전달하고자 하는 핵심은 '경제적 격랑'이 있을 때는 통화량 목표제를 버릴 수 있다는 것이다. 볼커는 의원들의 질문에 대답하는 과정에서 최근에 있었던 드라이스데일국공채와 펜스퀘어은행의 파산이 자신이 의미하는 '경제적 격랑'의 요건에 맞지 않는다는 점을 인정했다. 당시 볼커는 알고 있었지만 일반 대중들은 모르고 있었던 것은 멕시코의 국가 부도 사태가 임박했고 국공채 딜러인 롬바드 월Lombard Wall이 곤경에 빠졌다는 사실이었다. Fed가 통화정책을 전환할 만한 '경제적 격랑'은 진행되고 있었고, Fed는 이미 통화량 목표제를 사실상 포기한 상태였다. Fed가 정책적 입장을 바꾼 결정적인 원인은 또 다른 국가들의 부도 위기가 미국 은행 시스템에 타격을 줄 수 있다는 점이었다. 7월 은행들의 재무상태표는 인정하기 어려울 정도로 악화됐고 멕시코 상황도 나빠지기만 했다. 7월 30일에 〈WSJ〉에는 다음과 같은 칼럼이 실렸다.

연간 수십억 달러의 손실을 내고 있는 저축대부조합[한국의 상호신용금고와 비슷한 금융회사 – 옮긴이]과 달리 대부분의 은행들은 부실채권으로 인한 손실을 충분히 메울 만한 돈을 계속 벌어들이고 있다. 이상한 것은 최근의 부실채권 급증 사태가 은행들의 1분기 손익계산서에는 거의 반영되지 않았다는 점이다. 실제로 뉴욕에 위치한 투자은행인 키프, 브루예트&우즈Keefe, Bruyette&Woods가 집계하는 24개 은행들로 구성된 은행지수를 보면, 전체 자산에서 차지하는 비율을 기준으로 부실채권은 5년 전에 비해 절반 수준밖에 되지 않는다. 콘티넨털일리노이의 무수익채권은 54% 늘어난 13억 달러이며 체이스 은행은 47% 증가한 10억 500만 달러다. 아마도 가장 위험한 은행들은 해외 사업 비중이 높은 곳일 것이다. 시티은행은 전체 대출의 3분의 2가량이, 매뉴팩처러스하노버는 전체 대출의 50%가량이 해외에서 발생한 것이다. 하지만 한 증권 애널리스트는 '폴란드가 돈을 갚을 길이 전혀 없다 해도 단 10센트도 부실채권으로 분류되지 않고 있다'고 지적했다. 과거에 대형 은행들은 설사 어떤 국가가 심각한 경제위기에 직면했다 해도 국가가 부도나는 일은 결코 없었을 것이라며 그 국가의 채권이 안전하다고 강조했다.

〈WSJ〉의 9월 15일 기사 내용을 살펴보면, 당시 전 세계 은행 시스템을 위협했던 국가 부도 사태가 어느 정도 심각했는지 가늠해볼 수 있다.

폴란드, 멕시코, 아르헨티나, 동독, 브라질, 나이지리아, 칠레, 자이르, 유고슬라비아, 볼리비아, 베네수엘라, 페루, 탄자니아, 수단, 인도네시아, 루마니아, 그리고 12개가량의 다른 국가들. 이는 국제 금융시장에서 은행들을 악몽에 시달리게 하고 있는 국가들의 목록이다. 목록 제일 앞에 등장하는 폴란드와 멕시코는 이미 외환보유액이 고갈돼 부도 사태에 직면해 있다. 다른 국가들도 은행에서 채권의 가치를 거의 인정받지 못하고 있다.

정부와 은행들이 가장 걱정하는 것은 아르헨티나와 브라질이 채무불이행을 선언하면 도미노처럼 다른 국가들도 줄줄이 부도를 선언할 수 있다는 점이다. 국가 부도 사태가 확산되면 수많은 대형은행이 파산하면서 전 세계적인 금융위기가 닥치게 되고 결국엔 세계경제가 1930년대에 있었던 대공황과 비슷한 심각한 침체에 빠질 수 있다. 개발도상국들의 채무는 1973년 1,000억 달러에서 지난해 말에는 5,400억 달러로 급증했다. 올해는 6,400억 달러에 달할 것으로 전망되고 있다. 이 가운데 3,270억 달러가 미국과 서유럽 은행들이 빌려준 것이다. 서독에서 해외 대출이 가장 많은 은행 가운데 하나인 코메르츠은행은 폴란드와 멕시코 사태가 터지기 전까지는 "어떠한 국가도 스스로 부도 사태를 맞도록 내버려 두지 않을 것이라는 믿음이 은행들 사이에 존재했다"고 말했다. 또 1970년대 이후에는 해외 대출을 하지 않고선 어떤 은행도 "대형 은행으로 남아 있을 수 없었다"고 덧붙였다.

은행들이 치명적인 위험에 직면한 가운데 7월 1일 열린 FOMC에서는 통화량 목표제를 무시하고 은행에 추가적인 유동성을 지급해야 한다는 중대한 결정이 내려졌다. 볼커가 7월 21일 상원 은행위원회에서 했던 발언은 이처럼 새로운 통화정책이 채택됐다는 사실을 미세하게나마 시사하는 첫 신호였다.

Fed는 통화량 증가율이 목표치를 초과하는 것을 공개적으로 허용하면서 연방기금 금리가 과도하게 오르는 것을 막아야 한다는 점에 대해서도 비공개적으로 합의했다. FOMC에서 금리를 일정 수준 이상으로 오르지 못하도록 '제한'을 두자는 논의는 통화량 증가율이 목표치를 초과해도 이를 '허용'하기로 의견을 모은 가운데 이뤄졌다. 이는 Fed가 통화량 증가율뿐만 아니라 금리까지 목표제로 관리한다는 의미로 통화정책의 변화를 의미했다. 은행권의 비차입 준비금이 급속하게 늘고 통화량 증가율이 Fed의 목표치를 벗어났음에도 통화정책이 완화됐던 배경에는 이러한 정책 변화가 있었다. 볼커 Fed 의장의 미묘한 발언을 해석할 수만 있었다면 이야말로 통화정책이 완화되고 있다는 최고의 신호였다.

통화량 목표제가 사실상 폐기됐다는 사실을 파악했다면, 이후 Fed에서 나오는 모든 유동성 신호는 주식투자자에게 '가도 좋다'는 의미임을 알았을 것이다. 7월 19일부터 6개월간 재할인율은 3.5%포인트 가 낮아졌다. 통화량 증가율에 대한 정책적 변화는 1982년 10월에 Fed가 연방기금 금리 역시 목표제로 관리하겠다고 발표하면서 마침 내 공식화됐다. 중요한 것은 어떤 단계에서도 국채시장이 통화정책 이 완화될 것이란 전망에 위협당하지 않았다는 점이다. 1982년 8월 부터 10월까지 장기국채 수익률은 14%에서 10.5% 수준으로 떨어졌 다. 주식시장은 장단기 국채수익률이 떨어지고 있는 가운데 상승했 다. 이 모든 변화가 8월 초 멕시코의 파산과 함께 '경제적 격랑'이 나 타난 뒤 일어났다. 유동성 분석가들은 과거 통화량 목표제의 관점에 서 Fed의 정책적 태도를 해석하느라 1982년 하반기에 통화정책이 어느 정도로 완화될지 예측하지 못했다. 볼커 의장의 신중한 발언을 이해해 통화량 목표제가 사실상 폐기됐고 결과적으로 통화정책이 큰 폭으로 완화될 것이란 점을 예측할 수 있었던 사람들이 정책 변화의 혜택을 입을 수 있었다.

일반적으로 Fed의 재무상태표를 분석해 유동성 변화를 파악하 고 이를 통해 침체장의 바닥을 판단하는 방법은 정확도가 떨어진다. 이 방법은 1921년과 1932년에 침체장 바닥을 맞추는 데 실패했고 1949년에는 통계를 해석하기 극히 어려워 뭐라 판단을 내리기가 곤 란하다. Fed의 대차 대조표 분석이 1982년에는 침체장 바닥을 알려 주는 지표로 비교적 높은 정확도를 보였지만, 이 경우 유동성 완화 를 촉발시킨 계기는 1982년 7월 금융위기의 조짐들이었다.

1982년에는 금본위제나 브레튼우즈 체제로 인한 제한이 없어 Fed 가 이러한 경제적 문제에 좀 더 자유롭게 대처할 수 있었다. Fed 의장이 1982년 7월에 했던 말이 최소한 경제적 격랑이 있을 때는 유동성을 완화하겠다는 뜻이라는 사실을 파악했다면 복잡하게 유동성을 분석할 필요도 없었다.

주식시장은 개발도상국의 채무불이행 위험이 공개됐을 때 바닥을 쳤고 국가 부도와 관련한 소식이 악화될수록 미국의 주식과 채권 가격은 상승했다. 1982년의 침체장에서 한 가지 교훈을 얻을 수 있다면 주식시장은 Fed가 위험에 빠진 금융 시스템을 구원하려고 나설 때 긍정적으로 반응한다는 점이다. 1982년에 투자자들은 Fed가 정책적으로 적절하게 대처하고 채권시장이 위험에 처하지만 않는다면 악재가 나와도 그리 신경 쓰지 않았던 것으로 보인다.

이전 세 번의 침체장 가운데 Fed가 금융 시스템을 지원하려고 나섰던 적은 한 번뿐이었다. 1931년 여름에 Fed는 유동성을 완화하고 금융 시스템을 지원하기 위해 정책을 조율하는 노력을 펼쳤지만 영국 파운드화가 평가절하되자 자본이 미국에서 유출돼 이 정책을 폐기해야 했다. 미국 역시 금본위제를 포기해 달러의 금 교환 가치가 급락할 것이란 우려 때문에 금이 유출되면서 달러화 가치가 하락 압력을 강하게 받았기 때문이다. 1982년에는 이 같은 대외적인 제약 조건이 이미 오래전에 사라졌고 무엇이든 Fed가 조치를 취하면 1931년처럼 자본 유출을 유발하는 것이 아니라 금융시장을 안정시키려는 Fed의 의지를 드러내는 것으로 투자자들의 환영을 받았다. 현재는 미국 국채의 외국인 보유 비중이 사상 최고로 높은데, 이것이 통화정책의 비공식적인 제약 요인으로 작용하고 있는지에 대해서는 앞으로 논의가 필요하다.

이 책을 통해 침체장의 바닥을 발견하는 데 통화량의 변화를 분석하는 것이 도움이 되는지 살펴봤다. 1921년과 1932년, 1949년에 통화량 변화는 침체장 바닥을 알려주는 정확한 신호가 되지 못했고 이는 1982년에도 마찬가지였다. 이전 세 번의 침체장에서는 통화량 증가율이 침체장 바닥 이후 상당히 뒤늦게 반등했지만 1982년 침체장 때는 오히려 주식시장에 앞서 개선됐다. 전반적인 통화량 증가율은 1981년 4월부터 명목 기준으로도, 실질 기준으로도 반등하는 조짐이 점점 더 뚜렷해졌다. 하지만 통화량 증가율이 가속화하기 시작한 이후 16개월간 다우존스 지수는 거의 24%가 하락했다. 통화량 증가율은 1981년에 급격히 상승한 데 이어 1982년에는 명목 기준으로도, 실질 기준으로도 높은 수준에서 정체된 모습을 보였다. 1982년과 1983년에는 통화량 증가율이 가속도가 붙어 상승하지는 않았다. 신용 증가율도 통화량 증가율과 매우 비슷한 양상을 보여준다. 신용 증가율 역시 침체장이 바닥을 치기 훨씬 이전인 1980년 4분기부터 반등하기 시작했다. 1980~1982년 침체장에서 신용 증가율을 보고 바닥을 가늠하려 했다면 크게 잘못된 결정을 내릴 수밖에 없었을 것이다.

이 책에서는 유동성이 완화되는 시기를 가리키는 신호로 Fed의 재무상태표에 주목해왔다. 이는 Fed가 이른바 '탄력적 통화 공급'을 확대하고자 하는 시기를 판단하는 잣대가 된다. Fed가 조절하는 금리와 재할인율도 Fed의 향후 정책적 입장을 예측할 수 있게 해주는 가늠자다. 네 번의 침체장 가운데 한 번을 제외하곤 재할인율이 침체장 바닥을 판별하는 신호로 어느 정도 효과가 있었다. 1921년에는 Fed가 5월에 재할인율을 처음 인하했고 8월에 침체장은 바닥을 쳤다. 5월에 주식에 투자했다면 8월까지 손실은 20%가량이었다. 1949년에는 3월에 Fed가 인플레이션을 충분히 잡았다고 판단하고 있다는 신호가 여신 정책의 변화에서 드러났다. 이후 7월에 증시는 바닥을 쳤고 3월부터 7월까지 주식시장은 10% 하락했다.

1980~1982년 침체장에서는 1981년 10월에 Fed가 처음으로 재할인율을 인하했다. 증시는 1982년 8월에야 바닥을 쳤지만 첫 재할인율 인하 때부터 바닥 때까지 주식시장의 하락률은 10%를 넘지 않았다. Fed가 처음 재할인율을 낮췄을 때 유동성이 완화될 것으로 보고 주식투자에 나섰다면 바닥 때까지 손실은 제한적인 반면 바닥 이후 얻을 수 있는 자본이득은 훨씬 컸다. 이런 점에서 재할인율 인하는 주식투자의 시기를 알려주는 좋은 신호다.

하지만 1929~1932년 침체장에서는 Fed가 처음 재할인율을 인하했던 1929년 11월 1일 직후에 주식투자에 나섰다면 엄청난 손실을 입었을 것이다.

1929년 사례만 논외로 한다면 Fed의 정책으로 유발된 침체기 때는 금리가 처음 인하될 때가 주식을 싸게 살 수 있는 좋은 기회였다. 1921년과 1949년, 1982년 모두 Fed의 금리인상이 경기침체의 원인이었다. Fed가 물가상승 압력을 충분히 잡았다고 판단했을 때가 주식 매수의 호기였다. 이 세 번의 침체장에서 공히 Fed는 인플레이션을 억제하기 위해 금리를 올렸고 인플레이션과의 싸움에서 이겼다는 판단이 섰을 때 금리를 내렸다. 하지만 1929년 상황은 달랐다. 1920대에는 경제가 고속 성장을 누렸지만 물가상승 압력이 심각하지 않았다. 1929년 말

에 미국 경제를 초토화시켰던 것도 Fed의 금리인상이 아니었다. 제
1차 세계대전의 결과로 야기된 세계 금융 시스템의 불균형이 1929년
대공황의 원인이었다. 당시 독일은 막대한 전쟁 배상금을 부담해야 했
고 연합국도 전쟁 때 발생한 부채를 상환해나가야 했다. 여기에 세계
각국이 부적절하게 금본위제로 복귀를 시도하면서 전 세계 금융 시스
템이 취약해진 상태에서 경제가 가라앉았다. 1929~1932년 침체장을
예외로 한다면 첫 금리인하 이후에 주식을 매수하는 전략은 성공 가
능성이 매우 높다. 전례로 봤을 때 이 경우 주식시장이 바닥을 칠 때까
지 10% 정도의 손실은 감내해야 한다. 하지만 주식시장의 역사를 보
면 하락률은 최소한으로 제한되는 반면 이후 상승 여력은 비교도 안
될 정도로 크다는 사실을 알 수 있다.

처음 금리가 인하된 직후 주식투자에 나서는 전략을 따를 때 또 한
가지 염두에 둬야 할 점이 있다. Fed가 통화량 목표제를 시행하면서
1980년 중반에 급격한 정책 변화가 있었다는 점이다. 1980년 5월에
처음으로 금리가 인하됐지만 이후 재할인율이 반등하더니 1982년
8월에 금리가 다시 내려갈 때까지 상승세를 이어갔다. 중간에 금리
가 다시 올랐어도 1982년 8월 침체장 바닥 때까지 주식투자에 따른
자본 손실은 10% 이내로 제한됐다. 하지만 실질 기준으로는 자본 손
실이 거의 2배에 달했다. 당시 기준 금리가 내려갔다 올랐다 등락했
던 이유는 통화량 목표제 때문이었다. 목표한 통화량을 맞추기 위해
재할인율이 인하됐다가 다시 반등했다는 점을 감안하면 기준 금리가
떨어졌다 올랐다 하는 현상은 통화량 목표제에서만 국한돼 나타난다
고 할 수 있다. 1929년 11월과 1980년 5월의 예외적인 사건을 경계

하되, 금리가 처음으로 인하되며 Fed가 인플레이션을 잡는 데 성공했다는 신호가 나오면 주식을 매수할 준비를 하라. 주식을 싸게 살 수 있는 절호의 기회다.

낙관론자와 비관론자

그는 자연을 사랑하지만 자연에 있는 것들 가운데 이름을 아는 것은 거의 없다. 어떤 나무가 소나무인지, 가문비나무인지, 전나무인지 모른다. 마찬가지로 그는 돈을 사랑하지만 돈이 어떻게 자기에게 흘러들어오는지, 어떻게 새나가는지 이해하지 못한다.

존 업다이크,《토끼는 부자다》

침체장 바닥에서는 낙관론자들의 씨가 마른다는 신화가 있다. 하지만 1982년 침체장 바닥에서도 낙관론자들은 전혀 사라지지 않았다. 당시 〈WSJ〉를 보면 침체장이 끝나가고 있을 뿐만 아니라 새로운 강세장이 시작되고 있다는 수많은 전문가들의 논평을 확인할 수 있다.

- **6월 14일**: 웰링턴자산운용/TDP&L의 다니엘 아헌Daniel Ahern은 지난달 자동차 판매가 늘어나고 4, 5월 소매판매가 수개월만에 최고 수준으로 증가하는 등 전반적인 소비 심리가 개선되는 조짐이 나타나고 있다고 언급했다. 그는 다음 달부터 시행되는 소득세 10% 감면과 물가상승률에 맞춰 조정되는 사회보장급여가 '상당한' 내수 부양 효과를 가져올 것이라고 전망했다.

- **6월 15일:** 우리는 여전히 대부분의 주식들이 저점을 지났다고 보고 있으며, 시장이 경기 부진을 나타내는 각종 지표와 뉴스를 잘 소화해내고 있다고 믿고 있다.

  -도널드슨Donaldson, 러프킨&젠레트의 에릭 밀러Eric Miller

- **6월 18일:** '황금 제일주의자'가 금을 버렸다. 20여 년간 금에 투자하라고 주장해왔던 제임스 다인즈James Dines가 최근 자신의 투자 정보지를 받아보고 있는 구독자들에게 금을 팔라고 권고했다. 이를 두고 주식시장에서는 '황금의 시대'가 끝났다는 진단이 나오고 있다.

- **6월 23일:** 레이드로아담스&펙의 부사장인 앨런 풀Alan Poole은 "침체장은 (거래량이 급증하면서 주가가 급락하는) 매도 절정과 함께 막을 내리거나 오랫동안 주가 변동 없이 보합세를 보이다 서서히 끝나가는데 우리는 지금 정체기를 지나고 있는 것으로 보인다"고 밝혔다.

- **6월 28일:** 보스턴에 위치한 키스톤커스터디언펀드의 수석 부사장인 제임스 맥콜James McCall은 "우리는 현재 주식시장이 바닥을 지나고 있다고 보고 있으며 이 때문에 이전보다 주식에 대해 훨씬 더 낙관적이다"라고 말했다.

- **7월 2일:** 16억 달러 규모의 드레퓌스펀드가 지난해 좋은 수익을 냈던 공공설비 관련 주식의 비중을 최근 줄이고 있다. 아울러 보유하고 있던 현금으로 주식을 매수하고 있다. 드레퓌스펀드 사장인 하워드 스타인Howard Stein은 "지금 사고 있는 주식 대부분이 그때보다 훨씬 더 쉽게 50%의 수익을 낼 것으로 보고 있다"고 말했다.

- **7월 14일:** 메릴린치, 피어스, 페너&스미스와 골드만삭스, 베어스턴스, E.F.휴튼 등 대형 증권사들이 제각기 지금 살 만한 추천 주식들

의 명단을 발표했다. 하지만 이들 사이에 공통점이 한 가지 있는데, 최고 전략가들이 모두 지금은 채권에서 발을 빼고 나오는 것이 바람직하다고 조언하고 있다는 점이다.

- **7월 27일:** 키더피바디의 부사장인 랠프 아캄포라Ralph Acampora는 "최근 주식시장의 하락은 금리인하를 반영하는 과정에서 나타난 정상적인 조정일 뿐"이라며 "주가가 떨어질 때는 거래량이 줄어드는 경향이 있다"고 말했다. 아울러 최근 주식시장이 반등할 때마다 내수주가 급등했다고 지적했다.

- **7월 28일:** 콜로라도주 콜로라도 스프링스에 위치한 컬럼비아캐피털서비스의 존 브러시John Brush는 "지난해에 있었던 금리인하와 기업이익이 더 이상 나빠지긴 어려워 보인다는 분석은 역사적으로 주식시장이 바닥에 도달했음을 의미한다"라고 지적했다. 그는 또 "물가상승률은 향후 수년간 낮게 유지될 것이 확실시된다"고 덧붙였다.

- **7월 30일:** 골드만삭스 투자정책위원회 회장인 리온 쿠퍼맨Leon Cooperman은 "추가적이고 지속적인 금리인하가 있어야 전통적인 의미에서 강세장에 진입했다고 입증할 수 있다"고 말했다. 그는 "금리인하는 주식시장을 끌어올리는 핵심 요인으로 경기회복이 실질적으로 진행되고 있으며 PER이 높아질 수 있다는 신뢰를 갖기 위해서 필요하다"고 강조했다.

- **8월 2일:** L.A.의 캐피털가디언트러스트의 회장인 로버트 커비Robert Kirby는 "나는 보통 시장의 공통된 견해, 즉 컨센서스에 대해 회의적인데 이번만은 금리가 떨어질 때까지 주식시장이 어느 쪽으로도 가지 않을 것이란 시장 컨센서스에 동의하지 않을 수 없다"고 밝혔다.

커비는 또 올 들어 다우존스 지수가 800 밑으로 떨어질 때마다 순자산가치와 비교한 주가 수준이 지난 50~60년 사이 그 어느 때보다 더 낮게 내려간다는 사실이 믿어지지 않는다고 말했다.

- **8월 6일:** 스미스바니, 해리스업햄의 앨런 쇼Alan Shaw는 "비관론은 여전히 존재한다"며 "은행과 기업의 재정 파탄, 높은 금리, 인플레이션이 재발할 가능성, 정치적 혼란, 기업들의 2분기 실적 부진, 중동 지역의 긴장감 고조 등이 전망을 회색으로 칠하고 있다"고 지적했다.

- **8월 12일:** 다우존스 지수 바닥

- **8월 13일:** 필라델피아에 위치한 피델리티은행의 수석 이코노미스트인 레이시 헌트Lacy Hunt는 "최근의 신뢰의 문제는 통화정책이 아니라 재정정책 때문"이라며 "정치적 결단을 통해 사회보장 문제에 대처하지 않으면 재정적자는 앞으로 1984년과 1985년에 점점 더 확대될 것"이라고 말했다.

- **8월 13일:** 오클라호마주에 위치한 캐피털 투자자문의 사장인 리처드 민셜Richard Minshall은 주식시장이 최근 "호재에도 지속적인 오름세를 이어가지 못하고 있는데, 이는 아마도 침체장이 끝나려면 매도 절정 [매도 절정은 투자자들이 주식이 오를 것이라는 희망을 잃고 너나없이 주식을 내다 팔면서 거래량이 급증하는 가운데 주가가 급락하는 현상을 뜻한다. 투매나 투자자들의 항복이라는 의미와 비슷하게 쓰인다 – 옮긴이]이 필요하다는 의미일 것"이라고 지적했다.

- **8월 18일:** 자산운용사인 글리켄하우스의 대표인 셋 글리켄하우스Seth Glickenhaus는 "금리가 급락하고 있어 자금 조달 비용이 지금처럼 물가상승률보다 높은 수준을 유지하지 못할 것"이라며 "이로 인

해 미국 역사상 최고의 호황장 하나가 촉진될 것"이라고 말했다. 그는 "다우존스 지수가 지금보다 훨씬 높이 올라갈 것으로 예상하고 있는데 터무니없는 예측이라고 말할 수도 있겠지만 결국엔 1,200도 뛰어넘을 것"이라고 밝혔다.

- **8월 18일:** 전날 오전 일찍 골드만삭스 역시 주가상승을 지지한다는 입장을 표명했다. 골드만삭스가 고객들에게 주식 비중을 현재의 35%에서 55%로 올리고 채권과 현금 비중을 낮추라고 권고했다. 골드만삭스는 솔로몬브러더스와 마찬가지로 기관투자가들과 주로 거래하는 증권사다.

- **8월 18일:** 전날 거래량이 급증한 이유는 한 애널리스트의 깜짝 보고서 때문이었다. 솔로몬브라더스의 신용 애널리스트인 헨리 카우프만Henry Kaufman은 오랫동안 금리에 대해 비관적인 전망을 고수해왔는데 전날 보고서에선 앞으로 12개월 안에 금리가 크게 하락할 것으로 예상한다고 밝혔다. 카우프만은 장기국채 금리가 현재의 12.5% 수준에서 9%대까지 낮아질 것으로 내다봤다. 단기 금리 역시 3%포인트 떨어질 것으로 전망했다.

- **8월 18일:** 워싱턴페리스의 증권중개인 조너선 거트먼Jonathan Gutman은 "상승세가 여기서 그치진 않을 것"이라며 "주식시장은 반등할 시점이었는데 38포인트 정도가 아니다"라고 말했다. 그는 "일각에서는 현재의 반등이 1980년대 호황장의 시작일 뿐이라는 전망도 내놓고 있다"고 전했다.

- **8월 18일:** A.G.에드워즈&선즈의 알프레드 골드만Alfred Goldman은 "주식시장이 진정으로 바닥을 치려면 주식에 대한 극도의 혐오와

불신 속에 기관투자가들이 (대규모 매도세로) 철저하게 항복하는 과정이 필요하다"고 말했다. 하지만 그는 "지금 주식시장의 분위기는 꽤 만족스러워 하고 주식에 대한 신뢰도 높다"며 "이처럼 별다른 충격이나 고통 없이 호황을 맞는다면 이례적인 일일 것"이라고 밝혔다.

- **8월 19일:** 기관투자가들이 주식을 대거 사들이며 NYSE의 하루 거래량이 사상 최대 수준으로 늘어났지만 개인투자자들은 관망세를 유지했다. 증권중개인들은 개인투자자들이 경기침체와 주가하락세가 정말 끝났는지 믿지 못하고 있는 것으로 보인다고 밝혔다.

- **8월 23일:** 메릴린치의 기술적 분석가들은 지난주 반등을 호황장의 출발로 보기 어렵다는 의견을 내놓았다. 주식시장 애널리스트인 리처드 맥케이브는 다른 장기 호황장에서는 본격적인 상승세가 시작되기 전에 기관투자가들의 절망적 투매가 있었는데 지금은 그런 항복의 기미가 보이지 않는다고 지적했다.

- **8월 24일:** 지난주 화요일 NYSE의 거래량이 거의 9,300만 주에 달했을 때 체결 거래건수는 9만 5,000건에 그쳤다. 이는 개인투자자들의 매매가 활발했던 1981년 거래량이 비슷했던 날의 거래건수 13만 건과 비교해 크게 줄어든 것이다.

- **8월 25일:** 어제 우량주들이 급락하긴 했지만 주식시장 전반적으로는 거래량이 거의 1억 2,200만 주까지 늘어난 가운데 상승세를 이어갔다. 이날 거래량은 사상 두 번째로 많은 것이다. 배치할시의 차석 부사장은 "하락 폭은 얕았고 약세가 대세로 자리 잡기엔 시간도 부족했다"며 "결과적으로 주식시장은 전체적으로 강세를 유지했는데 이는 호황장의 전형적인 모습"이라고 말했다.

- **9월 2일**: 해리스, 업햄의 자크 테리엇Jacques Theriot은 "최근 몇 주일간 열광적인 매수세에도 불구하고 기관투자가들의 현금 보유액은 여전히 풍부하고 시장에는 저평가된 주식들이 여전히 눈에 띤다"며 "주식시장의 추가 하락은 짧게 끝날 것으로 보인다"고 말했다.

- **9월 3일**: 딘위터의 부사장겸 수석 시장 애널리스트인 도널드 킴시 Donald Kimsey는 "기관투자가들의 현금이 바닥을 드러냈다는 결정적인 증거가 나올 때까지 주식시장에서 지속적인 하락세는 없을 것"이라고 말했다. 그는 "과거 사례를 봤을 때 투자심리가 일단 비관론에서 낙관론으로 바뀌면 주식시장은 투자자들이 쉽게 진입할 수 있도록 허용하지 않으려는 경향이 있다"고 말했다[이는 주가가 떨어질 때 매수하려고 기다리는 투자자들에게 좀처럼 기회가 오지 않을 것이라는 의미다 – 옮긴이].

- **9월 10일**: 필라델피아에 자리한 캐시먼파렐&어소시에이츠의 제임스 패럴 주니어James Farrell Jr는 '역사의 지혜'에 따르면, 전통적으로 큰 폭의 상승이 있으면 조정이 뒤따르게 된다고 말했다. 하지만 그는 이번에도 그런 조정이 오기를 기다린다면 머지않아 '실망하게 될 것'이라며 '조정이 소폭에 그칠 것이기 때문'이라고 밝혔다. 그는 "주식시장에 들어오려고 대기하고 있는 자금이 많은 데다 연금펀드 매니저들은 이번 분기 말 보고서에서 현금 보유 비율이 높게 기록되기를 원치 않고 있다"며 얕은 조정에 그칠 것으로 보는 이유를 설명했다. 아울러 "전 세계적으로도 미국 주식시장에서 안전한 피난처를 찾으려는 자금이 풍부하다"고 덧붙였다.

- **9월 17일**: 딘위터레이놀즈의 투자정책위원회 위원인 리 아이들먼은 "지난 몇 주일간 주식시장이 보여준 모습은 우리가 믿고 있었듯 새

로운 호황 사이클의 시작이었다"며 "8월의 폭발적 상승세조차 다가올 엄청난 랠리의 극히 일부일 뿐"이라고 말했다. 또 초기 국면에서 상승세는 통상 30%인데, "50%가 넘을 가능성이 높다"고 밝혔다.

- **9월 21일**: 시어슨/아메리칸익스프레스 부사장 피터 다푸조Peter Dapuzzo는 "주식시장은 최근의 상승세를 다지고 있는 중"이라며 "주가가 하락할 때 거래량이 줄어든다는 점이 긍정적"이라고 말했다. 또 "개인투자자들은 중간 정도 가격의 실적이 괜찮은 주식, 즉 옐로칩에 관심을 두고 있는 것으로 보인다"고 덧붙였다.

- **9월 23일**: 시카고에 위치한 루미스세일스의 부사장 마이클 머레이Michael Murray는 주식시장의 변동성이 매우 큰 것으로 보이지만 최근 몇 주일 사이에 축적된 전반적인 동력은 주식시장이 지금보다 훨씬 더 높이 올라갈 수 있음을 시사한다고 밝혔다. 그는 또 "이 과정에서 중요한 사실은 인플레이션이 나타나지 않고 있다는 점인데 이는 주식투자자들에게 결국 유리하게 작용할 것"이라고 지적했다.

- **9월 23일**: E.F.휴튼의 뉴턴 진데르Newton Zinder는 9월 15일까지 한 달간 NYSE의 공매도잔액이 25% 증가한 데 대해 "커다란 호황장의 초기 국면에서 월간 공매도잔액이 큰 폭으로 늘어나는 일이 종종 있다"고 지적했다. 그는 1975년 2월과 1970년 6월, 1962년 6월에 공매도잔액이 큰 폭의 비율로 증가했다고 밝혔다.

- **9월 29일**: 골드만삭스 투자정책위원장 리온 쿠퍼맨은 "우리는 주식시장이 현재 새로운 호황장의 초기 국면에 접어들었다고 믿고 있다"고 밝혔다. 또 "제2차 세계대전 후 호황장은 평균 30개월간 지속됐으며 저점부터 고점까지 평균수익률은 66%였다"고 지적했다.

1982년에 주식시장이 바닥에 다다랐을 때 수많은 사람들이 낙관적인 견해를 밝혔으며 일부는 상당히 정확하게 장기 호황장으로 바뀐다고 말해 1980년대 위대한 호황장의 시작을 예견했다.

1982년에도 침체장은 거래량이 크게 늘어나며 주가가 폭락하는 투매의 과정 없이 바닥에 도달했다. 대규모 거래를 동반한 주식시장의 마지막 급락은 1921년에도 없었고 1932년과 1949년에도 나타나지 않았다. 침체장이 바닥을 치려면 이 같은 주식투자에 대한 철저한 항복이 있어야 한다고 믿었던 사람들은 실망할 수밖에 없었다.

A.G.에드워즈&선즈의 알프레드 골드만은 거래량 급증을 동반한 마지막 급락이 없었기 때문에 침체장이 끝난 것이 아니라고 지적했다(WSJ, 1982년 8월 18일). 랠리가 시작되고 10일이 지난 뒤 메릴린치의 리처드 맥케이브는 투자자들이 주식에 진저리를 치며 매도하는 항복의 과정이 없었다는 점을 들어 상승세가 지속될지 의문이라는 의견을 밝혔다. 때로는 침체장 바닥 때 거래량이 급증하며 주가가 급락하기도 한다는 사실을 부인하는 것은 아니다. 다만 20세기 들어 주가가 가장 심하게 저평가됐던 네 번의 침체장 바닥에서는 투매로 인한 폭락이 없었다는 점만은 분명하다. 1968년부터 1982년까지 증시가 등락하는 동안 수많은 전환점이 있었고 마지막 투매로 인한 폭락이 이러한 등락 과정에서는 있었을 수 있다.

1982년처럼 주가가 극도로 저평가된 침체장 바닥에서는 주가가 횡보하거나 조금씩 떨어지다가 거래량이 점차 줄어드는 가운데 급락하는 모습이 나타난다. 주가가 옆으로 기는 모습으로 횡보할 때 주식시장은 호재에도, 악재에도 예상했던 것보다 훨씬 더 담담한 반응을

표4-24_항복은 없었다: 다우존스 지수와 NYSE의 거래량

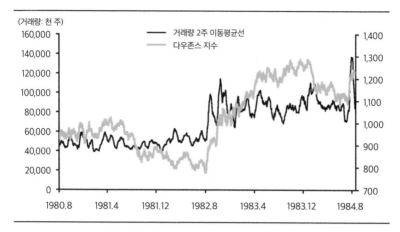

자료: 다우존스&Co., NYSE

보인다. 주가는 거래량이 제한된 가운데 반등할 수도 있고 1982년처럼 거래량이 늘어나면서 회복될 수도 있지만 새로운 호황장에 일단 진입하면 초기 국면에서는 늘 거래량이 큰 폭으로 증가했다. 주가 수준이 높아진 가운데 거래량이 늘기 시작하면 침체장이 끝났다는 확실한 신호로 해석해도 좋다.

1982년에는 1921년과 1932년, 1949년 침체장 바닥 때와 다른 모습도 발견된다. 가장 큰 차이점은 1982년 침체장 바닥 때는 이미 몇 년 전부터 주식의 회전율이 크게 높아져 있었다는 점이다. 다른 침체장 바닥 때는 주식에 대한 관심을 보여주는 잣대인 회전율이 몇 년 전부터 늘어나지 않았다. 사실 회전율의 절대적인 수치와 침체장 바닥과는 거의 연관이 없는 것처럼 보인다. 1982년에는 연간 회전율이 42%였다. 1949년에는 13%에 불과했고 1932년에는 32%, 1921년에는 59%였다. 1982년에는 침체장이 바닥을 치고 처음 반등할 때 거래량

베어마켓

이 크게 늘어났다. 이 점도 앞선 세 번의 침체장과 차이점이다. 앞선 세 번의 침체장에서는 거래량이 저조한 가운데 첫 반등이 일어났다.

수많은 기술적 지표들이 1968~1982년 침체장의 바닥을 파악하는 데 효과가 있었지만 모든 침체장 바닥에서 공통적으로 나타나는 특징은 주가가 떨어질 때 거래량이 줄고 주가가 오를 때 거래량이 늘어난다는 것이다. 이는 매도 압력이 완화되고 있음을 보여준다는 의미에서 바닥을 예고하는 정확한 기술적 지표이다.

1982년 여름에는 금리가 떨어지지 않으면 주가가 오를 수 없다는 분명한 공감대가 투자자들 사이에 형성돼 있었다. 또 지속적인 재정수지 악화로 인해 금리가 떨어지기 어려울 것이란 의견이 대세를 이뤘다. 다시 한번 강조하지만 고질적인 재정적자라는 부정적인 경제현상에 초점을 맞췄다면 주식시장의 상승세를 놓칠 수밖에 없다.

금리는 1982년에 급격히 떨어졌으며 1980년대 내내 늘어가는 재정적자에도 불구하고 하락세를 계속했다. 금리 하락의 직접적인 원인은 미국 경제가 아니라 해외에 있었다.

미국의 재정수지는 날로 악화됐지만 세계 금융 시스템이 위기에 직면하면서 단기 금리가 떨어지기 시작했다. 단기 금리의 하락폭도 놀라운 수준이었지만 장기 금리마저 급락했다는 점이 더 놀라웠다. 이러한 환경에서 주식시장이 큰 폭으로 뛰어오른 것은 당연했다. 하지만 과연 누가 주식의 밸류에이션 자체를 끌어올릴 수 있는 장기 금리의 급락을 예상할 수 있었을까? 1982년에 이를 전망했던 사람이 바로 솔로몬브라더스의 신용 애널리스트인 헨리 카우프만이었다. 카우프만은 주식시장이 큰 폭으로 상승했던 날 장기 금리에 대한 전망을 바꿨다. 당시 주식시장이 거래량이 늘어난 가운데 급등한 이유는 상당 부분 카우프만의 발언 덕분이었다.

카우프만은 주로 비관적인 전망을 내놓는다는 의미에서 '닥터 둠 (나쁜 운명의 예언자)'이라 불렸다. 하지만 자금에 대한 수요와 공급을 기반으로 한 그의 전망은 매우 정확하다는 평판을 얻고 있었다. 카우프만은 여름 휴가에서 돌아온 8월 17일에 금리에 대한 비관론을 버리고 낙관론으로 돌아섰다. 그는 자신의 자서전《돈과 시장에 대하여On Money and Markets》에서 견해를 바꾼 이유를 다음과 같이 설명했다.

솔로몬에서 급한 일을 처리한 다음 동료들에게 전화를 걸어 최근의 금리 상황에 대해 정보를 수집했다. 여러 사람들과 전화한 후 나는 앞으로 금리가 상당폭 하락할 수밖에 없을 것이라는 결론을 내렸다. 무엇이 변했을까? 우선 경제가 정체돼 있어 물가상승률이 미미할 것으로 예상됐다. 둘째, 금융 시스템의 위기와 격렬한 국제 경쟁이 경제의 발목을 잡고 있다는 판단이 들었다. 기업들은 심한 압력에 직면해 재무상태표를 쇄신해야 하는 입장이었다. 동시에 금융기관들은 공격적으로 대출과 투자에 나설만한 처지가 아니었다. 대출을 억제하는 또 다른 요인은 미국에서도, 해외에서도 국제 채무 부담이 엄청나게 늘었다는 점이었다.

카우프만이 경기 부진을 이유로 금리 하락을 예상했지만 그가 금리 전망을 바꿨다는 사실 자체가 다우존스 지수를 일일 기준 최대 상승 폭으로 끌어올렸다. 카우프만의 금리 전망은 정확했다. 재정적자가 계속되는 상황에서 장기 금리가 떨어질 수 있다는 사실은 당시 많은 사람들을 놀라게 했다. 1982년 6월에 상원은 예산 결의를 통해 1983년 회계연도 재정적자를 1,039억 달러 이내에서 맞추라고 요구했다(하지만 1983년 재정적자는 2,080억 달러까지 늘어났다). 금리는 재정수지가 악화되는 가운데 하락세를 계속했다. 1982년에 재정수지 적자는 GDP의 3.9%로 제2차 세계대전 이후 최대치에 달했다. 재정수지는 계속 나빠져서 1985년에는 GDP의 5.9%로 고점을 쳤다. 이는 루스벨트 대통령이 뉴딜 정책을 추진하던 1930년대 평화시 최고 수준을 뛰어넘는 것이었다. 그럼에도 금리는 계속 떨어졌고 경제는 회복됐다. 이는 1982년 여름 당시 투자자들도 가장 낙관적인 전문가조차 이러한 결과를 예측하기가 어려웠다.

> 뉴욕의 경영 컨설팅회사 사장으로 레이건 대통령의 가까운 고문인 앨런 그린스펀은 미국 경제가 '몇 주일이면' 회복의 조짐을 보일 것이라고 전망했다. 그는 의회가 향후 수년에 걸쳐 재정수지 적자를 줄여나갈 것이라는 확신을 금융시장에 심어주지 못하는 한 금리가 떨어지지 않을 것으로 내다봤다.
>
> WSJ, 1982년 7월 1일

1932년 여름에도 재정수지 악화에 대한 비슷한 우려가 금융시장에 존재했다. 당시에도 재정적자 확대가 강력한 경기회복과 주식시장의 호황에 큰 영향을 주지 못했다. 이 두 번의 역사적 사례는 지속적인 재정수지 악화가 반드시 채권과 주식의 상승세에 방해가 되는 것은 아니라는 사실을 명백히 보여준다.

1921년과 1932년, 1949년 침체장 때는 해밀턴과 리아, 섀퍼 등이 연구했던 다우 이론이 바닥 시점을 거의 정확하게 잡아냈다. 안타깝게도 다우 이론은 완벽히 체계화된 것이 아니기 때문에 다우 이론가들이 서로 다른 전망을 내놓기도 한다. 1982년에는 많은 다우 이론가가 활동하고 있었고 증시 향방에 대한 전망도 제각기 달랐다. 하지만 최소한 1982년 10월에 다우 이론상 매수 신호가 나타났다는 분석은 있었다. 이때는 다우존스 지수가 이미 바닥에서 거의 30%가량 오른 뒤였다. 하지만 이는 2000년까지 이어지는 장기 호황장의 전체 상승률에 비춰보면 극히 미미한 수준에 불과하다. 1982년에는 다우 이론이 바닥 시점을 명확하게 제시하지 못했지만 그럼에도 침체장 바닥을 판단하는 데 상당한 도움이 됐던 것으로 보인다.

이전 세 번의 침체장에서 반등 초기 국면에 공매도 투자자들이 빌린 주식을 갚지 않고 있으면 상승세가 지속될 수 있다는 신호였다. 1982년 8월에는 공매도 투자자들이 폭발적인 거래량을 동반한 급반등 때 빌린 주식을 갚지 않았을 뿐만 아니라 오히려 더 많은 주식을 빌려 공매도 잔고를 늘렸다. 5월 14일에 빌린 뒤 갚지 않은 공매도 주식수는 1억 360만 주였으나 8월 중반에는 9,640만 주로 줄었다. 하지만 8월에 증시가 반등한 뒤에는 오히려 공매도 잔고가 급격히 늘어나 9월 15일에는 1억 2,050만 주로 사상 최고치를 기록했다. 공매도 투자자들이 주식시장의 첫 반등 때 비관론을 포기하지 않고 공매도 입장을 유지하면 주가상승이 좀 더 길게 이어질 가능성이 높다는 사실이 역사 속에서 확인된다.

〈WSJ〉를 보면 1982년 여름에 주식투자자들의 관심은 향후 금리의 움직임이었다. 당시에는 이전 침체장과 비교해 기업들의 실적 전망에 대한 언급이 거의 없었다. 이는 아마도 Fed의 새로운 통화정책인 통화량 목표제의 영향으로 보인다. 1982년에는 통화량 목표제의 영향으로 금리가 매우 높은 수준으로 유지될 것으로 예상됐다. 고금리는 통상 기업들의 실적 회복에 걸림돌로 작용하기 때문에 금리가 떨어질 때까지 기업들의 실적은 회복되기 어려울 것으로 전망됐다. 당시 주식투자자들이 기업이익이 아니라 금리에 주목했던 이유도 이런 배경에서 이해할 수 있다. 주식시장은 채권시장이 본격적인 상승세를 시작하고 장단기 금리가 하락하던 1982년 8월에 바닥을 쳤다.

당시 투자자들이 기업의 이익이 개선되는 징후를 보고 주식 매수에 나서려 했다면 1983년 2분기까지 기다려야 했을 것이다. 20세기에 가장 극심했던 네 번의 침체장 모두 기업이익은 주식시장보다 더 늦게 바닥을 치고 개선됐다. 네 번의 침체장에서 기업이익의 저점은 주식시장 바닥보다 4~7개월, 평균 6개월 뒤처졌다.

채권시장과 침체장

한때 정원사의 오두막으로 쓰였던 펜 파크의 돌로 지은 작은 집이 7만 8,000달러였다. 재니스는 선금으로 2만 5,000달러를 지불하려 했지만 해리는 인플레이션 시대에는 부채가 있는 것이 유리하다고 말했다. 또 주택담보대출 이자는 세금 공제가 되며 최저 1만 달러 이상을 넣어야 하는 6개월 만기 시장금리 연동형 정기예금money market certificates의 금리가 요즘 거의 12%에 달한다고 설명했다.

존 업다이크, 《토끼는 부자다》

1950년대부터 시작된 채권시장의 침체는 1981년 10월에 끝이 났다. 미국 장기국채 수익률은 1946년 4월 2.03%에서 1981년 10월 첫 주에 15.1%까지 상승했다. 국채시장은 물가상승률이 하락해도 환호하지 않았다. 연율 환산 물가상승률은 1980년 3월에 14.6%까지 올랐다가 9월에는 11%로 낮아졌다. 채권시장은 상품가격 하락에도 그리 긍정적으로 반응하지 않았다. CRB 선물 지수는 1980년 11월에 고점을 친 뒤 1981년 9월까지 20% 하락했다. 물가가 잡혔다는 증거는 많았지만 채권시장을 불안하게 만들었던 핵심요인은 물가가 아니었다.

채권투자자들은 단기 금리가 너무 높다는 점과 당시 공화당 정부가 추진하고 있던 공급 측면의 경제정책[경제의 공급 측면에 초점을 둔 경제정책으로 미국 레이건 정부가 채택해 추진했다. 생산자본의 축적과 투자 활성화를 통한 생산성 증대를 목적으로 하며 이를 달성하기 위한 수단은 감세와 규제 완화, 정부 지출 감소 등이다. 반면 영국의 경제학자인 존 메이너드 케인스John Maynard Keynes는 수요 측면을 강조해 소비와 투자라는 수요를 유효한 수준으로 확보하는 것이 중요하며 이를 위해서는 정부의 지출이 필요하다고 주장했다. 경기침체 때 정부가 지출을 늘리면 더 많은 돈이 시중에 유통돼 소비와 투자가 살아나 경제가 회복된다는 논리다 - 옮긴이]과 민주당이 장악하고 있던 의회 사이의 역학관계에서 재정수지 전망을 가장 걱정했다.

1979년 10월 이후 Fed는 통화 공급 증가율을 관리하기 시작했고 이 결과 단기 금리는 Fed가 목표로 하는 통화 증가율에 따라 조정됐다. 따라서 아무도 단기 금리가 어느 정도 수준에서 맞춰질 것인지 예측할 수 없었다. 1981년 여름에는 통화량 목표제로 인해 연방기금 금리가 20%까지 올랐다. 9월에는 금리가 15% 가깝게 떨어졌다. 하지만 통화량 목표제에서는 금리 변동성이 너무 심했기 때문에 당시에는 이 같은 변화가 지속적인 금리 하락의 시작이라는 사실을 예측하기가 어려웠다. 투자자들의 인식에 변화가 생긴 것은 1981년 4분기부터였다. 1981년 10월부터 1982년 7월까지 미국 장기국채 수익률은 2%포인트가량이 하락해 13.1%로 내려갔다.

장기국채 금리를 떨어뜨린 핵심요인 중 하나는 지속적인 물가상승률의 급격한 하락이었다. 이 기간 동안 연율로 환산한 물가상승률은 거의 4%가 내려갔다. 1982년 7월 물가상승률은 1980년 3월 고점과 비교해 절반도 되지 않았다. 물가상승률이 지속적으로 떨어지고 Fed가 금리 하락세를 용인한다는 사실이 뚜렷해지자 채권투자자들은 마침내 변화를 감지하기 시작했다. 사실 국채의 명목수익률이 고점을

표4-25_미국 국채 수익률(장기)과 무디스의 BAA 회사채 수익률

자료: Fed

치고 하락했어도 실질 금리는 조금씩 오르고 있었다. 1981년 9월과 1982년 7월의 소비자 물가상승률을 감안해 국채의 실질수익률을 계산해보면 1981년 9월에 4.4%에서 1982년 7월에는 7.4%로 올랐다. 국채시장의 장기 호황장이 시작됐음에도 실질 금리가 올랐다는 것은 채권투자자들이 금리의 장기 전망에 대해서는 여전히 회의적인 견해를 갖고 있었음을 의미한다.

1982년 여름 〈WSJ〉를 보면, 국채 금리를 높은 수준에 머물도록 했던 채권투자자들의 걱정이 무엇이었는지, 또 1982년 8월 17일 결정적으로 채권시장의 심리가 변하게 된 계기가 무엇이었는지 파악할 수 있다. 〈WSJ〉는 실질수익률이 높게 유지됐던 원인으로 '최근 기업의 파산 신청이 확산되고 있고' '미국 재무부가 대규모로 자금을 조달해야 할 필요가 있으며' '드라이스데일국공채가 최근에 파산했다'는 점을 꼽았다. 퍼시픽 투자자문의 연금펀드매니저인 윌리엄 그로스William Gross는 〈WSJ〉 6월 15일자 기사에서 이러한 상황을 다음과 같이 요약했다. '금융 시스템은 현재 광범위한 압력에 직면해 있고 이는 실질적인 위기로 이어질 수 있다. 이런 때는 안전한 것이 낫다.' 이러한 두려움이 고조되면서 투자자들은 8월 17일에 우르르 국채 매수에 나섰다. 헨리 카우프만이 채권에 대해 낙관적인 전망을 피력한 것도 긍정적인 영향을 미쳤다. 하지만 긍정적인 영향은 아마도 카우프만의 채권 낙관론이 경기가 더 나빠질 것이란 예상에 근거를 두고 있었기 때문일 것이다. 금융 시스템의 안정성에 의문이 제기되고 있는 상황에서 '이런 때는 안전한 것이 낫다'는 심리가 국채 가격을 끌어올렸다. 갑작스럽게 미국 국채에 호감을 보인 것은 미국 투자자들만

이 아니었다. '멕시코의 국가 부도 위기와 아르헨티나의 경제위기 가능성에 대한 루머로 전 세계 투자자들이 더 많은 돈을 금과 미국 국채시장에 투자했다.'(WSJ, 9월 3일) 국채시장의 분위기는 미국 금융 시스템의 안정성도 위협당할 수 있다는 신호가 처음으로 나타난 이후 긍정적으로 바뀌었다.

채권투자자들이 단기 금리가 다시 급등할 가능성이 희박하다고 확신하고, 국채시장이 본격적인 상승세를 시작한 것은 금융위기의 신호가 뚜렷해진 직후였다. 이런 환경에서 전망이든, 현실이든 사상 최대 규모의 재정적자는 단기 금리와 장기 금리의 지속적인 하락세를 막을 수가 없었다. 아울러 국채시장은 1981년 9월에 기술적으로는 바닥을 쳤으나 국채 가격이 실질적으로 오르기 시작한 것은 Fed가 통화량 목표제를 폐기한 1982년 7월이었다. 이는 매우 역설적이다. FOMC는 통화량 목표제를 포기한 것처럼 비춰지면 채권시장에 부정적일 것이라고 걱정해왔다. 채권투자자들은 Fed가 통화량 목표제를 버렸다는 정책적 변화는 사실상 무시하고 금융시장의 붕괴 가능성이 높아졌다는 점에 주목해 안정적인 국채에 몰려들었다. 이 같은 금융위기에 대한 두려움이 Fed의 물가 억제책에 대한 걱정과 재정적자 확대에 대한 우려를 압도하며 국채 수요를 늘려 국채 가격을 끌어올렸다.

1982년에는 1921년과 1932년처럼 회사채 시장의 바닥이 국채시장보다는 늦게 시작됐고 주식시장보다는 빨랐다. 1949년에는 회사채 시장이 국채시장보다 더 빨리 바닥을 쳤지만 이는 극히 이례적인 사례로 Fed가 국채수익률을 일정 범위에서 억제하는 정책을 썼기 때문이었다. 1949년에도 국채시장과 회사채시장이 주식시장보다 더 빨리 바닥에서 회복되기 시작했다. 1982년 침체장 바닥의 경우 장기 국채 시장이 1981년 10월 첫째 주에 가장 먼저 저점을 치고 회복되기 시작했다. 무디스의 BAA 회사채 지수는 1982년 2월에야 최고점을 기록하며 가격이 바닥을 쳤다.

무디스의 BAA 회사채 지수는 1982년 2월 중순에 17.3%로 고점을 친 뒤 하락해 7월에는 16.8%까지 내려갔다. 회사채 시장이 반등했음에도 BAA 회사채와 국채의 수익률 격차인 리스크 프리미엄은 확대됐다. 이는 당시 금융위기 우려가 고조되며 국채에 대한 선호도가 높아지고 있었기 때문으로 보인다. 1982년에는 이처럼 금융시장의 바닥 순서가 다른 침체장과 마찬가지로 국채, BAA 등급 회사채, 주식의 순이었다. 당시 BAA 회사채의 리스크 프리미엄이 고점을 치고 난 뒤에 주식투자에 나섰다면 바닥 시점에서 한참 지난 뒤였을 것이다.

몇몇 상품가격이 안정되고 있다는 증거가 점점 더 많아지면 이는 주식시장이 개선될 것이라는 신호다. 상품가격은 회사채 가격에 대해서도 선행지표 역할을 한다. 이 같은 상품과 주식, 회사채 간 기본적인 관계는 통화 시스템이 전체적으로 바뀌고 Fed가 물가하락이 아니라 물가급등과 싸우던 1982년에도 유효하게 유지됐다. 2월부터 7월까지 회사채 가격은 상품가격이 하락하는 가운데 소폭 개선됐다. 그러나 BAA 회사채의 리스크 프리미엄은 상품가격이 개선된 이후인 1982년 11월에 고점을 치고 뚜렷하게 회복되기 시작했다.

이 같은 순서가 우연의 일치일지는 모르지만 1982년에도 상품가격과 회사채 시장, 주식시장, 국채시장이 회복되는 순서는 1921년이나 1932년과 똑같았다.

1921년과 1932년, 1949년 침체장 때 바닥이 다가왔음을 알려줬던 신호들이 1982년에도 여전히 유효하게 작용했다. 이는 공통적인 분석의 틀을 찾는 투자자들에게 고무적이다. 1982년에는 이전과 통화 시스템 자체가 매우 달랐기 때문에 침체장 바닥의 신호 역시 다를 것으로 예상됐지만 이전과 다르지 않았다. 이 책은 투자자들에게 침체장 바닥을 가늠하게 해주는 올바른 지표들을 제시하는 데 목적을 두고 있다. 하지만 이 책에서 소개한 바닥을 예고하는 지표들이 나타나고 있다고 해도 이 지표들의 긍정적인 변화가 지속적인지 여부에 주목해야 한다. 2005년에는 미국의 주식시장이 어디에 있었고 또 어디를 향해 가고 있었는지 몇 가지 질문을 던지며 침체장 바닥을 분석하는 방대한 작업을 마무리하는 것이 적절할 것이다.

곰에게 쫓겨 무대에서 퇴장.

윌리엄 세익스피어,《겨울 이야기》

1921년과 1932년, 1949년 침체장 때 주가하락이 끝났는지 판단하는 데 도움이 됐던 기준들이 1982년 침체장 때도 똑같이 적용할 수 있다는 사실은 놀랍다. 그동안 주식시장의 제도적 틀이 크게 변했다는 점을 감안하면 지난 네 번의 침체장 사이에 존재하는 유사성은 특히 흥미롭다. 따라서 투자자들은 주식시장이 바닥인지 여부를 가늠할 수 있는 이 기준들에 주목해야 한다. 이러한 기준들은 '아인슈타인 문제'에 비유할 수 있다. 놓친 모든 것이 다른 대부분의 사람들이 가지고 있는 것보다 더 나은 답이 될 수 있다[아인슈타인 문제는 금붕어를 기르는 사람을 찾는 문제로 알려져 있다. 여러 문장을 읽어 가면서 각 나라 사람이 어떤 동물을 기르는지 연결하다 보면 나머지 남은 사람이 금붕어를 기르는 사람이 된다 – 옮긴이]. 다음은 이러한 질문들에 대답을 하기 위한 시도다. 이런 시도는 향후 수십 년간 미국 증시에서 길을 찾는 데도 큰 기여를 할 것이다.

전략

이 책은 주식에 투자했을 때 최고의 수익을 올릴 수 있었던 네 번의 증시 바닥을 다루고 있다. 증시가 바닥일 때 주가가 가장 싸다는 것은 너무나 당연한 참된 진리다. 과거 침체장에서 투자자들이 주식의 가치를 평가할 때 활용할 수 있었던 가장 좋은 기준은 Q비율이었다. 그다음으로는 CAPE 비율이 유용하게 사용됐다. 하지만 PER은 1932년에는 4.7배, 1949년에는 11.7배로 과거 침체장 바닥 때마다 범위가 너무 넓었다는 단점이 있다. 심지어 물가상승률을 감안한 이익을 사용해서 CAPE 비율을 계산한다 해도 범위가 5.2배에서 9.1배로 여전히 넓다.

주가는 아주 천천히 싸진다. Q비율이 최고점에서 최저점으로 내려가는 데 평균 9년이 걸린다. 1929~1932년 침체장을 제외하면 주식의 가치가 조정되는 평균 기간은 14년으로 늘어난다. 미국 증시에 대한 밸류에이션이 사상 최고에 달했던 때는 2000년 3월이었으며 밸류에이션이 극단적으로 높아진 뒤에는 서서히 저평가 상태로 내려가는 기간이 언제나 뒤따르게 된다.

1929~1932년을 제외한 나머지 세 번의 침체장은 경제성장을 배경으로 진행됐다. 나머지 세 번의 오랜 침체장이 진행되는 동안 실질 GDP는 평균 52%가 늘었고 명목 GDP는 평균 285%가 증가했다.

반면 침체장이 진행되는 동안 공시된 기업의 이익성장률은, 최소한 실질 기준으로는 매우 저조했다. 다만 기업의 이익증가율 -67%에서 +28%로 각 침체장마다 격차가 심했다. 네 번의 침체장에서 명목 이익증가율 역시 -67%에서 119%로 범위가 넓었다.

전반적인 물가수준의 상당한 변동도 주식의 가치를 낮추는 촉매역할을 한다. 1921년과 1949년, 1982년 세 번의 침체장에서는 높은 인플레이션에 뒤이어 디플레이션이 나타나며 가격 혼란이 극심했다. 다만 1982년에 나타난 디플레이션은 상품가격에만 국한됐다. 1932년에는 처음에 인플레이션이 없었으나 디플레이션이 매우 극심했다는 점에서 실질적인 물가수준의 혼란이 심했다고 할 수 있다. 가격이 급변동하며 혼란스러워지는 시기에는 미래의 기업이익과 주식의 핵심 대체자산이라 할 수 있는 국채 가격에 대한 불확실성이 고조된다. 이 같은 불확실성은 다시 주식에 대한 밸류에이션을 낮추는 역할을 하게 된다. 과거 네 번의 침체장 모두 경기가 침체됐을 때 바닥을 쳤다. 또한 가격이 하락세를 멈추고 안정되는 조짐을 보이면 이는 침체장 바닥이라는 신호로 해석할 수 있었다. 특히 상품가격의 안정은 전반적인 가격이 안정될 것이라는 징조가 됐다. 전체 상품 가운데 구리 가격의 변화는 특히 증시가 바닥을 쳤는지 가늠하는 데 정확한 기준이었다. 가격안정세가 지속적인지 판단하려면 재고가 낮은 수준으로 떨어졌는지, 낮은 가격에서 상품 수요가 늘고 있는지, 상품이 원가 미만으로 팔리고 있는지 등을 살펴봐야 한다.

침체장의 역사를 돌아보면, 침체장이 진행되는 동안 최소한 일시적으로는 국채 매도가 일어난다. 다만 1929~1932년 침체장 때는 1929년 9월부터 1931년 6월까지 국채 가격이 올라 조금 다른 양상을 보였다. 하지만 그 뒤부터 국채 매도가 시작돼 1932년 1월까지 이어졌다. 결과적으로 가격하락세가 심했던 1921년과 1932년 침체장에서도 어느 정도 국채에 대한 매도세는 있었다.

전술

투자자들은 주가가 고평가에서 저평가로 바뀌는 과정 중 마무리 단계라 판단할 때 핵심전략 요인들을 살펴봐야 한다. 전략적인 요인들을 검토했을 때 주식 밸류에이션이 낮아지는 과정이 거의 끝났다는 생각이 든다면 전술적 요인들을 점검해 시장의 바닥이 어디인지 가늠하려는 시도를 해야 한다. 앞에서 살펴봤듯 주가가 회복되기에 앞서 먼저 국채 가격이 회복되는 경향이 있다. 1932년에는 채권시장이 바닥을 치고 회복을 시작한 지 7개월 뒤에 주식시장이 바닥을 쳤다. 1921년과 1949년, 1982년 침체장 때는 주식시장이 채권시장보다 각각 14개월과 9개월, 11개월 뒤에 바닥을 쳤다. 채권시장이 바닥을 친 이후에 주식시장이 바닥을 형성할 때까지 다우존스 지수의 하락률은 1921년이 23%, 1932년이 46%, 1949년이 14%, 1982년이 6%였다.

회사채 시장의 강세장도 주식시장이 바닥을 치기 이전에 시작된다. 1921년에는 회사채 가격의 회복이 증시 바닥에 2개월 앞섰고 1932년에는 1개월, 1982년에는 5개월 빨랐다. 1949년 침체장 때는 회사채 가격 회복이 훨씬 빨리 나타났는데, 시기를 어떻게 보느냐에 따라 증시 바닥에 무려 15~17개월가량 앞섰다. 1949년에는 그러나 제2차 세계대전 이후에 채권시장이 다소 왜곡된 영향이 있었기 때문에 이처럼 회사채 시장과 주식시장 사이에 바닥 형성 시기가 크게 차이가 났던 것으로 보인다.

1932년을 제외한 나머지 세 번의 장기 침체장을 보면 주가가 바닥을 치기에 앞서 Fed의 금리인하가 있었다. 1921년과 1949년에는 Fed가 금리를 내리고 3개월 뒤, 1982년에는 11개월 뒤에 증시가 바닥을 쳤다. 금리인하부터 증시 바닥 때까지 다우존스 지수의 하락률은 세 번의 침체장에서 모두 20%를 넘지 않았다. 1929~1932년에는 상황이 좀 달랐다. Fed는 1929년 11월에 금리를 낮췄는데, 그때는 침체장이 아직 초기 단계에 불과했다.

증시 바닥을 가늠할 수 있는 나머지 전술적 요인들은 짧게 요약했다.

- 경기회복과 증시회복은 대략 동시에 일어난다. 자동차산업은 증시보다 빨리 회복되는 경향이 있다.
- 침체장이 바닥에 도달하면 경제와 관련해 좋은 소식들이 늘어나지만 시장은 이를 외면한다. 증시 바닥에서는 수많은 낙관론자들이 주식을 사라고 목소리를 높이지만 투자자들로부터 무시당한다.
- 많은 전문가들이 국가의 재정수지가 악화됐다는 이유로 경기회복과 증시회복이 쉽지 않을 것이라고 말한다. 하지만 이들의 말은 틀린 것으로 드러날 것이다.
- 기업의 이익감소세는 증시가 바닥을 치고 한참 지난 후에도 당분간 계속될 것이다.
- 증시가 바닥을 치기 전에 주가가 하락할 때는 거래량이 줄고 주가가 오를 땐 거래량이 늘어나는 시기가 찾아온다. 침체장이 끝날 때는 거래량이 줄면서 주가가 결정적으로 급락하는 특징이 나타난다. 침체됐던 주가가 처음으로 반등한 뒤 새로운 고점을 형성하면서 거래량이 늘어났다면 주가하락세가 마무리됐다고 확신해도 좋다.
- 증시 바닥에서는 공매도 투자자가 많아진다. 공매도 잔고는 증시 바

닥에서 매우 높은 수준으로 올라가며 증시가 바닥을 치고 새로운 호황장이 시작된 이후 몇 주일 동안 계속 늘어난다.

- 다우이론은 주식을 사라는 신호로 효과가 있다.

위에 소개한 내용들은 침체장이 바닥에 가까워졌을 때 나타나는 특징들이다. 어떤 동물이 털을 갖고 있다는 것만으로 곰이라고 단정할 수 없듯이 위에 소개한 특징들 중 어떤 하나가 나타났다고 그에 상응하는 만큼 금융 상황이 긍정적으로 변했다고 확신할 수는 없다. 여기에 소개한 침체장 바닥의 특징들은 '아인슈타인 문제'의 금융판이라고 할 수 있다. 지금이 침체장의 바닥인지 확인하기 위해 여러분은 위에 소개한 기준들이 지금 상황과 맞는지 질문을 던져보고 답을 찾아야 한다. 모든 기준들에 대해서는 아니더라도 최소한 대부분의 기준에 대해서는 답을 내야 한다.

그때, 그리고 지금

내가 아는 한, 우리는 아직 도감을 보고 어떤 야생동물이 도감에 있는 그 동물과 일치하는지 확실하게 확인할 수 있는 단계에 와 있지 않다. 하지만 가능한 한 실용적인 용도로 만들어진 이 특별한 도감으로 지금이 침체장 바닥인지 아닌지 맞춰보려는 시도를 해보지 않는다면 임무 소홀이라고 할 수 있다. 앞서 소개한 전략적 특징들 중 하나에 따르면, 미국 주식시장은 2000년부터 밸류에이션이 하락하기 시작하는 침체장에 들어섰으며 아직도 여전히 침체장 전반부에 있다고 할 수 있다.

1999년 말에 미국 증시의 Q비율은 사상 최고 수준에 도달했다. CAPE 비율 역시 거의 신고점까지 올랐다. Q비율은 기하평균으로 2.9배였고 CAPE 비율은 1881년부터 2005년 6월까지의 평균 대비 170%가 더 높았다. 이처럼 증시에 대한 밸류에이션이 최고조에 달했을 때는, 밸류에이션이 떨어지기 시작해 심하게 할인평가 되는 수준으로, 저평가 상태로 떨어지는 것 외에 다른 일이 일어난 적이 역사상 없었다. 앞에서 살펴봤듯 1929~1932년 침체장을 제외하고는 이처럼 고평가된 상태에서 저평가된 상태로의 이동은 천천히 이뤄졌다. 이 같은 밸류에이션에 대한 조정에는 9년에서 14년이 걸렸다. 지금 증시는 사상 최고치를 치고 5년이 지났을 뿐이다[이 책 초판이 발행된 2005년을 기준으로 한 것이다 – 옮긴이].

　CAPE 비율이 증시의 장기 평균으로 돌아가려면 2005년 6월 수준에서 40%가 하락해야 한다. 증시가 거대한 침체장의 바닥까지 확인하려면 과거 사례를 봤을 때 2005년 6월 수준에서 60~84%가 떨어져야 한다. 하락폭이 얼마나 클지는 앞으로 기업의 이익이 어떻게 나오느냐에 달려 있다.

　또 다른 밸류에이션 기준인 Q비율은 2005년 6월 말 기준으로 적정 가치 대비 44%가 더 높은 상태다. Q비율이 20세기 들어 네 번의 거대한 침체장 바닥 수준까지 내려가려면 2005년 6월 말 수준에서 67%가 떨어져야 한다. Q비율이 정확히 어느 정도 조정을 받아야 증시 바닥을 형성하는지는 기업의 자산을 대체하는 데 드는 비용이 기업이 증시에서 평가받는 가치에 비해 얼마나 빨리 늘어나느냐에 달려 있다.

　아직 전반적인 물가에서의 혼란은 일어나지 않아 주가를 싼 수준으로 끌어내릴 만한 불확실성은 없었다. 그러나 증시의 밸류에이션 하락이 몇 년간 진행되고 난 이후에야 물가가 최종적인 조정 단계에 들어가는 것은 흔히 있는 일이다. 밀턴 프리드먼이 지적했듯, 인플레이션이 '언제 어느 곳에서나 나타나는 통화 현상'이라면 현재의 제도적 틀을 감안할 때 앞으로 있을 전반적인 물가 불안정이 인플레이션으로 연결될 가능성은 높다.

국채 가격의 하락도 아직까지 없었다. 회사채 가격 역시 떨어지지 않았다. 역사를 돌아보면 국채와 회사채 가격도 조정이 필요하다는 것을 알 수 있다.

Fed의 금리인하도 없었다. 오히려 금리인상이 있었다. 경기침체도 없다. 따라서 현재의 침체장이 역사 속 다른 침체장과 같아 보이려면 앞으로 몇 가지 일이 더 일어나야 한다. 주가는 적정가치 밑으로 떨어질 것이며 이를 촉진하는 촉매제는 한 차례의 디플레이션이나 이보다는 더 가능성이 있는 것으로는 인플레이션이 될 것이다. 채권시장도 하락할 것이며 경기도 침체에 빠져야 한다. 침체장이 끝나기 전에 다우존스 지수는 최소한 60%, (현재의 기업이익과 자산 대체 비용을 감안했을 때는) 아마도 80% 이상 하락해야 할 것으로 보인다.

이 침체장은 2009년 이후, 아마도 2014년 가까이 돼서 끝날 것이다. 그 무렵에 이 책을 다시 읽는다면 이 침체장이 과연 바닥을 형성했는지 확인하는 데 도움을 얻을 수 있을 것이다. 무엇보다 그러는 동안 곰을 잡으러 숲에 들어가야 한다면 늘 정신을 차리고 있어야 할 것이다.

감사의 글

나는 오늘날 자본시장을 다룬 이론들과 금융의 역사를 다룬 대부분의 책들에 실망을 느끼고 이 책을 쓰게 되었다. 전자, 즉 자본시장을 다룬 이론들은 역사에 대한 연구를 등한시하고, 후자, 즉 금융역사서들은 현실의 세세한 요소들을 무시하는 경향이 있다. 그래서 나는 이책의 목적을 금융시장의 구체적인 역사가 어땠는지를 분석하여 보여주는 것으로 삼았다. 책을 쓰면서 많은 전문가의 도움을 받았는데, 마크 파버,《내일의 금맥》, '애덤 스미스'란 필명으로 알려진 조지 굿맨 George Goodman,《머니 게임》《슈퍼 머니》《페이퍼 머니》, 배리 위그모어 Barrie Wigmore,《대공황과 그 여파The Crash and Its Aftermath》《1980년대 증권시장Securities Markets in the 1980s》, 샌디 네언Sandy Nairn,《시장을 움직이는 엔진Engines That Move Markets》, 존 리틀우드John Littlewood,《주식시장The Stock Market》등이 그들이다. 내 책이 여기서 소개한 저자들의 저서 절반만큼이라도 가치가 있다면 이 책을 쓰느라 보낸 2년이 시간낭비는 아니었다고 위안 삼을 수 있을 것이다. 그리고 이 책이 금융시장의 실제 역사를 서술한 책으로 평가받는다면 내 목표는 달성되는 것이다.

우선 이 책은 크레디리요네증권Credit Lyonnais Securities Asia, CLSA 아시아-태평양 시장의 최고경영자겸 회장인 게리 쿨Gary Coull이 없었다면 결코 빛을 보지 못했을 것이다. 그는 CLSA가 책을 출판해야 하며, 그 책 중 하나를 내가 써야 한다고 생각했다. 나는 책을 써보라는 그의 제안을 기꺼이 받아들였지만 책을 쓰는 속도는 너무나도 더뎠다. 나는 CLSA의 직원으로서 회사가 여러 가지 장점을 가지고 있다고 생각한다. 그런 회사가 인내심을 갖고 기다려주었다는 사실은 나에게 놀라움과 위안을 동시에 주었다. 오랫동안 많은 것을 가르쳐주었던 게리와 CLSA의 전현직 직원들에게 감사의 뜻을 전한다. 특히 짐 워커Jim Walker 박사, 에드먼드 브래들리Edmund Bradley, 조너선 슬론Jonathan Slone, 조너선 컴튼Jonathan Compton, 마이크 맥코이Mike McCoy, 리처드 피비스Richard Pyvis에게 감사하다.

이 책은 지금껏 분석된 방대한 자료에 접근할 수 있었기에 가능했다. 적절한 자료를 찾을 수 있도록 도와준 머레이 스콧Murray Scott에게 감사를 전한다. 그는 수많은 자료 속에서 꼭 맞는 자료를 찾아내는 방법을 잘 알고 있었다. 원하는 자료가 잘 찾아지지 않으면 리처드 쉴러가 자료를 찾을 수 있는 새로운 방법으로 안내해줬다. 그래도 원하던 자료를 찾지 못해 결국엔 비행기를 타고 미국으로 날아가는 방법밖에 없을 것 같을 때는 뉴욕공립도서관 사서들이 힘이 되어 주었다. 수천 킬로미터 떨어진 곳에 살고 있는, 한 번도 만난 적 없는 사람을 위해 그들이 베풀어준 친절에 감사드린다. 이 책은 특히 〈WSJ〉에 많은 도움을 받았다. 이 존경할 만한 신문의 16개월 치를 읽는 것은 엄청난 일이었다. 더구나 프로퀘스트 서비스가 없었더라면 지난 16개월

치를 찾아 읽는다는 것은 꿈도 꾸지 못했을 것이다. 프로퀘스트 덕분에 나는 멀리 떨어진 곳에서도 1889년 이후 〈WSJ〉의 모든 기사와 광고를 찾아볼 수 있었다.

지난 4년간 나는 '금융시장의 실제 역사(www.didaskoeducation.org)'라는 강좌를 개설해 운영해왔다. 나는 이 강좌를 통해 금융시장에 대해서 많이 배울 수 있었고 또 수강생들이 금융시장에 대한 이해도를 높이는 데도 조금은 기여할 수 있었다. 이 강좌는 스튜어트아이보리 재단 덕분에 가능했고, 금융계 최고의 전문가들이 기꺼이 동참해줬다. 이를 통해 200여 년에 걸친 금융시장의 역사와 사건들을 조사해온 저자 및 학자들과 함께 일하며 배울 수 있었다. 나는 이 강좌에 동참했던 학자 가운데 이 책과 관련해 특히 마이클 올리버Michael Oliver, 고든 페퍼Gordon Pepper, 앤드류 스미더스, 스티븐 라이트에게 감사를 전하고 싶다. 마이클과 고든은 어마어마한 금융자료 속에서 이 책에 필요한 해석을 찾을 수 있도록 도와줬다. 앤드류와 스티븐은 그들의 책 《월스트리트 평가하기》의 내용을 인용할 수 있도록 허락해 주었다. 토빈의 Q비율(기업의 시장가치/ 기업의 실질 순자산)이나 돈에 관한 주제를 설명해놓은 곳에서 실수가 발견된다면 그 책임은 원저자가 아니라 전적으로 나에게 있을 것이다.

나는 이 책을 일반 독자들도 쉽게 이해할 수 있도록 쓰고 싶었다. 하지만 모든 부분을 쉽게 설명하는 데는 실패한 것 같다. 투자전문가인 내 친구조차도 이 책의 어떤 부분은 읽기가 어렵다고 했다. 하지만 다행히도 이 책의 편집자 팀 크립Tim Cribb과 사이먼 해리스Simon Harris가 나의 두서없는 글을 이해하기 쉽도록 만져 주었다. 팀과 사이먼의 도움이 없었다면 이 책은 아직 세상에 나오지 않았을지도 모른다. 소질 면에서나 기질 면에서나 그들이 나에게 보여준 역량과 포기하지 않는 꿋꿋함을 존경한다.

또 아내 쉴러와 아들 로리, 딜런에게 감사를 전한다. 그들은 나의 오랜 부재와 금융역사에 관한 지루한 이야기들을 잘 참아주었다. 몇 십 년간 나를 이끌어주고 응원해주었던 부모님에게도 특별한 감사를 드린다. 나의 아버지는 벨파스트에 있는 정육점에서 사업에 관해 알아야 할 대부분을 이미 오래전에 가르쳐 주었다. 나의 어머니는 인생에는 사업보다 훨씬 더 중요한 일들이 많다는 깨달음을 주셨다.

옮긴이 | 권성희

연세대학교 식품영양학과를 졸업하고 1993년 〈한국경제신문〉에 입사했다. 이곳에서 유통부와 문화부를 거친 후 경제주간지 〈한경BUSINESS〉 창간 멤버로 참여했다. 이후 2000년 〈머니투데이〉에 입사, 국제부와 증권부, 정치경제부를 거쳐 〈머니투데이방송MTN〉 경제증권부장을 지냈으며, MTN 후 〈머니투데이〉에서 국제부장, 증권부장, 금융부장, 디지털 콘텐츠 총괄 부국장을 거쳐 현재는 국제부 선임기자로 일하고 있다. 저서로 《그들은 어떻게 유명해졌을까》, 《준비하는 엄마는 돈 때문에 울지 않는다》가 있고, 역서로 《피터 린치의 이기는 투자》, 《가치투자의 비밀》, 《존 템플턴의 성공론》, 《존 템플턴의 행복론》, 《리치스탄》, 《독점의 기술》 등이 있다.

감수자 | 송선재(와이민)

고려대학교 경영학과를 졸업하고 텍사스 주립대University of Texas at Austin에서 MBA 과정을 밟았다. 건국대학교 부동산 대학원도 졸업했다. 미국 가치투자 펀드 티톤 캐피털 파트너스Teton Capital Partners에서 근무하다가 한국에 돌아와 하나증권에 입사해 현재까지 근무하고 있다. 자동차 담당 애널리스트로 활동하며 다수의 뛰어난 리포트를 발간했고, 〈한국경제〉, 〈매일경제〉, 〈Refinitiv〉에서 선정하는 한국 베스트 애널리스트 자동차 분야 1위에 다수 선정되기도 했다. KBS, MBC, 유튜브 〈삼프로TV〉 등 매체에 출연했고, 투자자들 사이에서 최고의 투자 블로그로 인정받는 블로그 〈와이민, 투자자로서의 삶〉에 투자 원리, 철학, 방법 등을 소개하고 있다. 《스스로 좋은 투자에 이르는 주식 공부》를 저술했으며, 《100배 주식》을 번역했다. 《찰스 슈왑 투자 불변의 법칙》을 감수한 바 있다.

네 번의 금융위기에서 발견한 부의 기회

베어마켓

제1판 1쇄 발행 | 2023년 4월 12일
제1판 6쇄 발행 | 2023년 10월 19일

지은이 | 러셀 내피어
옮긴이 | 권성희
감　수 | 송선재
펴낸이 | 김수언
펴낸곳 | 한국경제신문 한경BP
책임편집 | 박혜정
교정교열 | 최원정
저작권 | 백상아
홍　보 | 서은실 · 이여진 · 박도현
마케팅 | 김규형 · 정우연
디자인 | 권석중
본문디자인 | 디자인 현

주소 | 서울특별시 중구 청파로 463
기획출판팀 | 02-3604-590, 584
영업마케팅팀 | 02-3604-595, 562　FAX | 02-3604-599
H | http://bp.hankyung.com　E | bp@hankyung.com
F | www.facebook.com/hankyungbp
등록 | 제 2-315(1967. 5. 15)

ISBN 978-89-475-4885-4　03320